CLASSICI ITALIANI

COLLEZIONE FONDATA DA FERDINANDO NERI
DIRETTA DA
MARIO FUBINI

ORLANDO INNAMORATO

Amorum Libri

di

Matteo Maria Boiardo

A CURA DI

ALDO SCAGLIONE

Ristampa riveduta

Volume secondo

UNIONE TIPOGRAFICO-EDITRICE TORINESE

Stampato in Italia - 1966

Tipografia Icardi, Largo Sempione, 182 - Torino

ORLANDO INNAMORATO

LIBRO II

LIBRO SECONDO [1] DE ORLANDO INAMORATO, NEL QUAL SEGUENDO LA COMENCIATA ISTORIA, SE TRATA DE LA IMPRESA AFRICANA CONTRO CARLO MANO E LA INVENZIONE DE RUGIERO, TERZO PALADINO PRIMOGENITO DE LA INCLITA CASA DA ESTE

1. Il Primo Libro conteneva l'innamoramento d'Orlando ed era dedicato ad Ercole duca di Ferrara: in questo Secondo viene in luce Rugiero (scoperto nel nascondiglio di Atlante), esaltato come fondatore di Casa d'Este. Così il poema viene ad avere la medesima impostazione del *Furioso*: l'amore d'Orlando e l'esaltazione degli Estensi, sullo sfondo della guerra di Agramante; con la differenza che quel che là è contemporaneo e parallelo, quindi più armonico, qui è successivo e giustapposto, quasi segno del diverso modo di comporre dei due Autori: il B. più improvvisato, corrente, occasionale, meno organicamente programmatico. Queste peculiarità si fanno più evidenti al Terzo Libro, che appare come nuovo materiale gratuitamente aggiunto, disorganico perfino nel titolo. Certo un giudizio definitivo sull'organicità materiale del poema non si può dare in quanto esso rimane incompiuto; comunque l'organicità poetica si salva assai meglio, ché pur in questa dispersione di fatti la vena si sente sempre unica e fluente. È vero che principiando questo libro il B. intendeva proprio mutare di tono e quasi di genere, inserendo l'epopea nel romanzo; ma di fatto i suoi propositi non arrivarono a guastar troppo. Come poi fosse sorta, e perché proprio a questo punto, cotale pretesa encomiastica e financo politica, secondo un'ipotesi non improbabile la cosa starebbe in questi termini: sulla casa d'Este correva voce che scendesse da Gano di Maganza (così troviamo in Giovanni di Non, *Liber de generatione aliquorum civium urbis Paduae*, facendo eco all'ostilità dei Padovani per gli Estensi). Già in un poema latino non divulgato Tito Vespasiano Strozzi, zio del B., aveva impreso a liberare la Casa da quella nomea, facendola derivare a sua volta da Ettore troiano, attraverso Ruggiero: ivi troviamo molti particolari seguiti poi fedelmente dal B. (vedi II, I, 70-74 e III, V, 18 sgg.):

le vicende di Ruggiero II a Rissa e la morte della moglie in esilio, dopo aver dato alla luce Ruggiero; l'educazione di questi da parte di Atlante, ecc. (vedi *Origo estensium principum ex Titi Strozae Borsiade excerpta*, in: Bertoni, *Nuovi Studi su M. M. B.*). Ora, i primi canti dell'*Innamorato* avevano trovato nelle corti un'eco straordinariamente lusinghiera: naturale quindi che proprio al B. toccasse continuare le voci dello zio, in un'opera ben più fortunata e popolare, quindi veramente efficace. L'incitamento sarebbe venuto dallo stesso Ercole I, secondo un'ipotesi convalidata da parecchie circostanze. Ricordiamo ancora che le vicende di Rugiero sono esemplate su quelle di Achille: come questi dall'astuzia di Ulisse a Sciro, così Rugiero è scoperto da Brunello nel nascondiglio di Atlante dopo lunga ricerca, poichè fu dichiarato elemento essenziale alla vittoria dal re di Garamanta (come nel mito greco Calcante): Rugiero poi è destinato a perire ucciso a tradimento, come appunto Achille (il parallelo è stato notato dal Carrara, *I due Orlandi*, e poi dal Reichenbach).

CANTO PRIMO

1.   Nel grazïoso tempo onde natura
Fa più lucente la stella d'amore,
Quando la terra copre di verdura,
E li arboscelli adorna di bel fiore,
Giovani e dame ed ogni creatura
Fanno allegrezza con zoioso core;
Ma poi che 'l verno viene e il tempo passa,
Fugge il diletto e quel piacer si lassa.

2.   Così nel tempo che virtù fioria
Ne li antiqui segnori e cavallieri,
Con noi stava allegrezza e cortesia,
E poi fuggirno per strani sentieri,
Sì che un gran tempo smarirno la via,
Né del più ritornar ferno pensieri;
Ora è il mal vento e quel verno compito,
E torna il mondo di virtù fiorito.

3.   Ed io cantando torno alla memoria
Delle prodezze de' tempi passati,
E contarovi la più bella istoria
(Se con quïete attenti me ascoltati)
Che fusse mai nel mondo, e di più gloria,
Dove odireti e degni atti e pregiati

CANTO I. — Espone il Poeta la discendenza di Agramante da Alessandro. Il Re dei pagani disegna di invadere la Francia e convoca i suoi vassalli. Prevale l'impeto bellicoso di Rodamonte sulla prudenza degli anziani, e la spedizione è decisa a patto che si trovi prima Rugiero.

2. — 4-6. Trattasi, dopo il periodo dei torbidi a Ferrara (rivolta di Nicolò – settembre 1476), delle guerre contro il Papa e i Napoletani (settembre 1478).

3. — 6. *Dove odireti...*: al Libro I, I, 1, 5 trovavamo un'immagine

De' cavallier antiqui, e le contese
Che fece Orlando alor che amore il prese.

4.   Voi odireti la inclita prodezza
E le virtuti de un cor pellegrino,
L'infinita possanza e la bellezza
Che ebbe Rugiero, il terzo paladino;
E benché la sua fama e grande altezza
Fu divulgata per ogni confino,
Pur gli fece fortuna estremo torto,
Ché fu ad inganno il giovanetto morto.

5.   Nel libro de Turpino io trovo scritto
Come Alessandro, il re di gran possanza,
Poi che ebbe il mondo tutto quanto afflitto
E visto il mare e il cel per sua arroganza,
Fu d'amor preso nel regno de Egitto
De una donzella, ed ebbela per manza;
E per amor che egli ebbe a sua beltade,
Sopra il mar fece una ricca citade.

6.   E dal suo nome la fece chiamare,
Dico Alessandria, ed ancor si ritrova;
Dapoi lui volse in Babilonia andare,
Dove fu fatta la dolente prova,
Che un suo fidato l'ebbe a velenare,
Onde convien che 'l mondo si commova,
E questo un pezzo e quello un altro piglia;
Il mondo tutto a guerra se ascombiglia.

simile, ove però il verbo era *vedereti*: i testi più antichi portavano *odireti*, come qui, ma si era accettata, col F. e lo Z., l'altra lezione per ragioni più che altro estetiche. Là trattavasi probabilmente di lezioni ambedue autentiche.

4. — 4. *terzo paladino* (come nel titolo): i Rugieri furono tre: il secondo fu il padre di questo. Vedi III, V, 29-33. Qui il titolo franco di *paladino* viene attribuito per le relazioni leggendarie fra Carlo e la dinastia calabrese: relazioni da cui derivò la battaglia d'Aspromonte (originariamente i *paladini* erano nobili che vivevano nel Palazzo di Carlo in Aquisgrana).

5. — 3-4. Il B. non mostra simpatia per Alessandro, pur con tutta l'ammirazione per la sua grandezza; è che egli vien presentato come antenato dei terribili re pagani, loro gran vanto. — 6. *manza*, amanza, amante e fidanzata.

6. — 5. Invece Alessandro morì a Babilonia di febbre. — 6-7. trattasi delle divisioni dei Diàdochi (*si commova*, si sommuova, si perturbi nel suo ordinamento).

7. Stava in Egitto alora la fantina,
Che fu nomata Elidonia la bella,
Gravida de sei mesi la meschina.
Quando sentitte la trista novella,
Veggendo il mondo che è tutto in ruina,
Intrò soletta in una navicella,
Che non avea governo di persona,
Ed a fortuna le vele abandona.

8. Lo vento in poppa via per mar la caccia,
In Africa quel vento la portava.
Sereno è il celo e il mar tutto in bonaccia,
La barca a poco a poco in terra andava.
Quella donzella, levando la faccia,
Visto ebbe un vecchiarel che ivi pescava:
A questo aiuto piangendo dimanda,
E per mercede se gli racomanda.

9. Quel la ricolse con umanitate,
E poi che 'l terzo mese fu compito,
Ne la capanna di sua povertate
La dama tre figlioli ha parturito.
Quivi fu fatta poi quella citate
Che Tripoli è nomata, in su quel lito,
Per gli tre figli che ebbe quella dama;
Tripoli ancora la città se chiama.

10. E come il cel dispone gioso in terra,
Fôrno quei figli di tanto valore,
Che il re Gorgone vinsero per guerra,
Qual de l'Africa prima era segnore.
L'un d'essi fu nomato Sonniberra,
Che fu il primo che nacque, e fu il maggiore;
Il secondo Attamandro, e il terzo figlio
Nome ebbe Argante, e fu bel come un giglio.

11. E tre germani preser segnoria
De Africa tutta, come io ho contato,
E la rivera della Barberia

---

9. — 1. *Quel la*: preferisco staccare, mentre le altre edizioni hanno *quella*.

E la terra de' Negri in ogni lato.
Non per prodezza né per vigoria,
Non per gran senno acquistâr tutto il stato,
Ma la natura sua, ch'è tanto bona,
Tirava ad obedirli ogni persona.

12. Perché l'un più che l'altro fu cortese,
E sempre l'acquistato hanno a donare;
Onde ogni terra e ciascadun paese
Di grazia gli veniva a dimandare.
E così subiugâr senza contese
Dallo Egitto al Morocco tutto il mare,
Ed infra terra quanto andar si puote
Verso il deserto, alle gente remote.

13. Morirno senza eredi e duo maggiori,
E solo Argante il regno tutto prese,
Che ebbe nel mondo trïonfali onori;
E di lui l'alta gesta poi discese,
Della casa Africana e gran segnori,
Che ferno a' Cristïan cotante offese,
E preser Spagna con grande arroganza,
Parte de Italia, e tempestarno in Franza.

14. Nacque di questo il possente Barbante,
Che in Spagna occiso fu da Carlo Mano;
E fu di questa gente re Agolante,
Di cui nacque il feroce re Troiano,
Qual in Bergogna col conte d'Anglante
Combattè e con duo altri sopra il piano,
Ciò fu don Chiaro e 'l bon Rugier vassallo:
Da lor fu morto, e certo con gran fallo.

15. Del re Troiano rimase un citello,
Sette anni avea quando fu il patre occiso:
Di persona fu grande e molto bello,
Ma di terribil guardo e crudel viso.
Costui fu de' Cristian proprio un flagello,

13. — Come si vede, siamo non solo nel leggendario, ma nell'antistorico; non si tien conto dell'avvicendamento di razze e religioni.
14. — Con questi fatti, ripetutamente altrove rammentati, si entra nel ciclo tradizionale delle *chansons*.

Sì come in questo libro io ve diviso.
State, segnori, ad ascoltarme un poco,
E vederiti il mondo in fiamma e in foco.

16.   Vinti duo anni il giovanetto altiero
Ha già passati, ed ha nome Agramante,
Né in Africa si trova cavalliero
Che ardisca di guardarlo nel sembiante,
Fuor che un altro garzone, ancor più fiero,
Che vinti piedi è dal capo alle piante,
Di summo ardire e di possanza pieno;
Questo fu figlio del forte Ulïeno.

17.   Ulïeno di Sarza, il fier gigante,
Fu patre a quel guerrier di cui ragiono,
Qual fu tanto feroce ed arrogante,
Che pose tutta Francia in abandono;
E dove il sol si pone e da levante
De l'alto suo valor odise il suono.
Or vo' contarvi, gente pellegrine,
Tutta la cosa dal principio al fine.

18.   Fece Agramante a consiglio chiamare
Trentaduo re, che egli ha in obidïenzia;
In quattro mesi gli fie' radunare,
E fuor tutti davanti a sua presenzia.
Chi vi gionse per terra e chi per mare.
Non fu veduta mai tanta potenzia;
Trentadue teste, tutte coronate,
Biserta entrarno, in quella gran citate.

19.   Era in quel tempo gran terra Biserta,
Che oggi è disfatta al litto alla marina,
Però che in questa guerra fu deserta:
Orlando la spianò con gran roina.
Or, come io dissi, alla campagna aperta
Fuor se accampò la gente saracina;

---

16. — 2. Vedi l'esordio del *Furioso*, sui disegni di vendetta da parte
di Agramante in conseguenza della morte di Troiano.
17. — 6. *odise*, odesi, si ode. — 7. *pellegrine*, nobili.
19. — 2-3. Biserta sarà distrutta da Orlando e Astolfo (*Fur.*, XLI,

Dentro a la terra entrarno con gran festa
Trentaduo re con le corone in testa.

20.   Eravi un gran castello imperïale,
Dove Agramante avea sua residenzia:
Il sol mai non ne vide uno altro tale,
Di più ricchezza e più magnificenzia.
A duo a duo montarno i re le scale,
Coperti a drappi d'ôr per eccellenzia;
Intrarno in sala, e ben fu loro aviso
Veder il celo aperto e il paradiso.

21.   Lunga è la sala cinquecento passi,
E larga cento aponto per misura:
Il cel tutto avea d'oro a gran compassi,
Con smalti rossi e bianchi e di verdura.
Giù per le sponde zaffiri e ballassi
Adornavan nel muro ogni figura,
Però che ivi intagliata, con gran gloria,
Del re Alessandro vi è tutta la istoria.

22.   Lì si vedea lo astrologo prudente,
Qual del suo regno se ne era fuggito,
Che una regina in forma de serpente
Avea gabbata, e preso il suo appetito.
Poi se vedeva apresso incontinente
Nato Alessandro, quel fanciullo ardito,

XLIII, XLIV). — 8. In questi solenni parallelismi epici è sensibile il mutamento di tono rispetto al I Libro: *Trentadue teste, tutte coronate | Biserta entrarno...; ... entrarno... | Trentaduo re con le corone in testa.* | Anche l'accentuazione dei versi ha preso un ritmo più uniforme, scandito, marziale.

21. — 3. *compassi,* cerchi. — 5. *ballassi*: balascio, balasso o balastro è una varietà di rubino.

22. — Storie risalenti al romanzo greco attribuito a Callistene. Nectanabo, un grande mago re d'Egitto, saputo che Filippo il Macedone intendeva distruggere il suo regno, durante la di lui spedizione per vendicarsene si recò in Macedonia presso la moglie Olimpia, e la circuì facendole intendere che era destinata ad avere un figlio dal dio Ammone: poi si fece passare per quello tramutandosi in drago e si introdusse presso Olimpia. Filippo stesso rimase poi interdetto, per prudenza o per timore, e così nacque Alessandro. Accenni alla leggenda troviamo in Plutarco. Nell'*Entrée d'Espagne* (v. 10408) si ricorda *comant il* (Alexandre) *oncist suen meistre endivin,* il quale *Naptanabus oit non, sajes d'art e d'engin.*

E come dentro ad una gran foresta
Prese un destrier che avea le corna in testa.

23.   Buzifal avea nome quel ronzone:
Così scritto era in quella depintura;
Sopra vi era Alessandro in su l'arcione,
E già passato ha il mar senza paura.
Qui son battaglie e gran destruzïone:
Quel re di tutto il mondo non ha cura;
Dario gli venne incontra in quella guerra,
Con tanta gente che coprì ogni terra.

24.   Alessandro il superbo l'asta abassa,
Pone a sconfitta tutta quella gente,
E più Dario non stima ed oltra passa;
Ma quel ritorna ancora più possente,
E di novo Alessandro lo fraccassa.
Poi se vedeva Basso il fraudolente,
Che a tradimento occide il suo segnore,
Ma ben lo paga il re di tanto errore.

25.   E poi si vede in India travargato,
Natando il Gange, che è sì gran fiumana;
Dentro a una terra soletto è serrato,
Ed ha d'intorno la gente villana.
Ma lui ruina il muro in ogni lato
Sopra a' nemici e quella terra spiana;
Passa più oltra e qui non se ritiene;
Ecco il re d'India, che adosso gli viene.

26.   Porone ha nome, ed è sì gran gigante:
Non ritrova nel mondo alcun destriero,

23. — 1. *Buzifal* (*Bocifal* nell'*Entrée*, v. 12603), Bucefalo, noto cavallo
domato da Alessandro: secondo la tradizione antica e medievale aveva
un corno sulla fronte (qui: *le corna*). Marco Polo parlava di cavalli del
Balascian (tra Pamir e Samarcanda), che «tutti nascevano con un corno
sulla fronte come Bucefalo il loro antenato» (ed. Benedetto, pag. 58).
24. — 6. *Basso*: Besso, satrapo della Battriana, uccise Dario III di
Persia ponendo fine alla dinastia di Ciro, e ne usurpò il potere. Ma Alessandro partendo da Ecbàtana lo raggiunse e lo uccise.
25. — 1. *travargato*, travarcato, passato. — 2. veramente passò solo
l'Indo e l'Ifase, e non arrivò che ai limiti della pianura del Gange. —
3-4. è assediato dagli indigeni.

Ma sempre lui cavalca uno elefante.
Or sua prodezza non gli fa mestiero,
Né le sue gente, che n'avea cotante,
Perché Alessandro, quel segnore altiero,
Vivo lo prende; e, com'om di valore,
Poi che l'ha preso, il lascia a grande onore.

27.   Eravi ancora come il basilisco
Stava nel passo sopra una montagna,
E spaventa ciascun sol col suo fisco,
E con la vista la gente magagna;
Come Alessandro lui se pose a risco
Per quella gente ch'era alla campagna,
E, per consiglio di quel sapïente,
Col specchio al scudo occise quel serpente.

28.   In somma ogni sua guerra ivi è depinta
Con gran ricchezza e bella a riguardare.
Possa che fu la terra da lui vinta,
A duo grifon nel cel si fa portare
Col scudo in braccio e con la spada cinta;
Poi dentro a un vetro se calla nel mare,

27. — 3. *fisco*, fischio. — 4. reca danno, ferisce con lo sguardo. *Maga-gnare* (ant. fr. *mehaignier, mahaignier*, sost. *mehaing*; per il Diez dal ted. *man-hamian* = mutilare l'uomo) vale: guastare e, di frutta, guastarsi. — 8. è una derivazione del mito di Perseo e Medusa, come già i particolari di Prasildo nell'*Orto di Medusa*. Perseo usò lo specchio di Atena camminando all'indietro, per non guardare il viso della Gòrgone direttamente. Le leggende su Alessandro avevano una ben nota redazione nell'*Alexandre*, come quelle su Troia nel *Roman de Troie* di Benoît. Cfr. *I nobili fatti di Alessandro Magno*.
28. — 3. Qui incominciano le leggende prettamente medievali, di fantastica inverisimiglianza. Secondo il *Manuscrit de la Bibl. Imp. N° 789* (pubblicato da P. Meyer in *Alexandre le Grand*, Paris, 1886), Alessandro ancor giovane – mentre qui tali imprese sono riferite agli anni seguenti le grandi conquiste –, contro il consenso del precettore Aristotele, volle farsi sollevare in aria da due grifoni del padre, per contemplare il suo regno. Fece digiunare tre giorni i grifoni, poi li attaccò ad una sedia su cui si fissò lui stesso, e fece sollevare i grifoni mostrando loro un cappone sulla cima di una pertica, fra il terrore degli astanti (capp. XVIII-XXI). Ancora fece costruire una cassa di vetro fasciata di lame di ferro, vi si chiuse con dei viveri e un gallo, poscia si fece calare nel mare da una nave mediante una catena di cento tese. Ma una burrasca fece naufragare la nave ed allora Alessandro, sapendo che il mare *non può soffrire il sangue appena versato*, tagliò la testa al gallo, sicché la cassa fu respinta verso l'alto. Un marinaio ed un pescatore lo trassero poi a riva (capp. XXII-XXIII).

E vede le balene e ogni gran pesce,
E campa, e ancor quivi di fuora n'esce.

29.   Dapoi che vinto egli ha ben ogni cosa,
Vedesi lui che è vinto da l'amore;
Perché Elidonia, quella grazïosa,
Con soi begli occhi gli ha passato il core.
Evi da poi sua morte dolorosa,
Come Antipatro, il falso traditore,
L'ha avelenato con la coppa d'oro;
Poi tutto 'l mondo è in guerra e gran martoro.

30.   Fugge la dama misera tapina,
Ed è ricolta dal vecchio cortese,
E parturisce in ripa alla marina
Tre fanciulletti alle rete distese;
Ed evi ancor la guerra e la roina
Che fanno e tre germani in quel paese,
Sonniberra, Attamandro e il bello Argante:
L'opre di lor sono ivi tutte quante.

31.   Intrarno e re la gran sala mirando,
Ciascun per meraviglia venìa meno;
Genti legiadre e donzelle danzando
Aveano il catafalco tutto pieno.
Trombe, tamburi e piffari sonando,
Di romor dolce empian l'aer sereno.
Sopra costoro ad alto tribunale
Stava Agramante in abito reale.

32.   Ad esso fier' quei re gran riverenzia,
Tutti chinando alla terra la faccia;
Lui gli racolse con lieta presenzia,
E ciascadun di lor baciando abraccia.
Poi fece a l'altra gente dar licenzia.
Incontinente la sala se spaccia:

---

29. — 3. *Elidonia,* vedi 7-2. — 6. s'è già detto che Alessandro morì
invece di febbre. La leggenda del veleno inviatogli da Antipatro attraverso
Cassandra e Jollas era negata già da Arriano.
31. — 7. *tribunale,* trono (latin.).

Restarno i re con tutti e consiglieri,
Duci e marchesi e conti e cavallieri.

33.   Di qua di là da l'alto tribunale
Trentadue sedie d'ôr sono ordinate;
Poi l'altre son più basse e diseguale,
Pur vi sta gente di gran dignitate.
Là più si parla, chi bene e chi male,
Secondo che ciascuno ha qualitate;
Ma, come odirno il suo segnor audace,
Subitamente per tutto si tace.

34.   Lui cominciò: — Segnor, che ivi adunati
Seti venuti al mio comandamento,
Quanto cognosco più che voi me amati,
Come io comprendo per esperimento,
Più debbo amarvi ed avervi onorati;
E certamente tutto il mio talento
È sempre mai d'amarvi, e il mio disio
Che 'l vostro onor se esalti insieme e il mio.

35.   Ma non già per cacciare, o stare a danza,
Né per festeggiar dame nei giardini,
Starà nel mondo nostra nominanza,
Ma cognosciuta fia da tamburini.
Dopo la morte sol fama ne avanza,
E veramente son color tapini
Che d'agrandirla sempre non han cura,
Perché sua vita poco tempo dura.

36.   Né vi crediate che Alessandro il grande,
Qual fu principio della nostra gesta,
Per far conviti de ottime vivande
Vincesse il mondo, né per stare in festa.
Ora per tutto il suo nome si spande,
E la sua istoria, che è qui manifesta,

35. — 4. *da tamburini*: grazie alla vita del campo, alle grandi imprese militari. — I *per* han valore strumentale e causale.
   36. — 2. *gesta*, famiglia, schiatta.

Mostra che al guadagnar d'onor si suda,
E sol s'acquista con la spada nuda.

37.   Onde io vi prego, gente di valore,
Se di voi stessi aveti rimembranza,
E se cura vi tien del vostro onore,
S'io debbo aver di voi giamai speranza,
Se amati ponto me, vostro segnore,
Meco vi piaccia di passare in Franza,
E far la guerra contra al re Carlone
Per agrandir la legge di Macone. —

38.   Più oltra non parlava il re niente,
E la risposta tacito attendia.
Fu diverso parlar giù tra la gente,
Secondo che 'l parer ciascuno avia.
Tenuto era fra tutti il più prudente
Branzardo, quel vecchion, re di Bugia,
E, veggendo che ogni om solo a lui guarda,
Levasi al parlamento e più non tarda.

39.   — Magnanimo segnor, — disse il vecchione,
— Tutte le cose de che se ha scïenzia,
O ver che son provate per ragione,
O per esempio, o per esperïenza;
E così, rispondendo al tuo sermone,
Dapoi ch'io debbo dir la mia sentenzia,
Dirò che contra del re Carlo Mano
Il tuo passaggio fia dannoso e vano.

40.   Ed evi a questo ragion manifesta.
Carlo potente al suo regno si serra,
Ed ha la gente antiqua di sua gesta,
Che sempre sono usati insieme a guerra;
Né, quando la battaglia è in più tempesta,
Lasciaria l'un compagno l'altro in terra;
Ma a te bisogna far tua gente nova,
Qual con l'usata perderà la prova.

38. — 6. *Bugia,* ancor oggi Bugia sulla costa algerina.
39. — 3. *che* è pleonastico.
40. — 7-8. la tua gente inesperta contro quella usata alla guerra,
soccomberebbe.

41.   Esempio ben di questo ci può dare
Il re Alessandro, tuo predecessore,
Che con gente canuta passò il mare,
Ma insieme usata con tanto valore.
Dario di Persia il venne a ritrovare,
E messe molta gente a gran romore:
Perché l'un l'altro non recognoscia,
Morta e sconfitta fu quella zinia.

42.   La esperïenzia voria volentieri
Poterla dimostrare in altra gente
Che nella nostra, perché Caroggieri,
Qual del bisavol tuo fu discendente,
Passò in Italia con molti guerreri.
Tutti fôr morti con pena dolente:
Fu morto Almonte e Agolante il soprano,
E dopo tutti il tuo patre Troiano.

43.   Sì che lascia per Dio! la mala impresa,
E frena l'ardir tuo con tempo e spaccio.
Dolce segnor, s'io te faccio contesa,
Sicuramente più de gli altri il faccio,
E d'ogni danno tuo troppo mi pesa,
Ché piccoletto t'ho portato in braccio;
E tanto più me stringe il tuo periglio,
Ch'io te ho come segnore e come figlio. —

44.   Fu il re Branzardo a terra ingenocchiato,
Poi nel suo loco ritorna a sedere.
In piedi un altro vecchio fu levato,
Ch'è 'l re d'Algoco, ed ha molto sapere:
Nostro paese avea tutto cercato,
Però che fu mandato a provedere
Dal re Agolante ogni nostro confino,
Ed è costui nomato il re Sobrino.

45.   — Segnor, — disse costui — la barba bianca,
Qual porto al viso, dà forse credenza

---

41. — 4. *usata con tanto valore*, fatta esperta con imprese di valore.
— 7. *l'un l'altro* (nel medesimo esercito, di Dario).

Che per vecchiezza l'animo mi manca;
Ma per Macon ti giuro e sua potenza,
Che, a bench'io senta la persona stanca,
De l'animo non sento differenza
Da quel ch'egli era nel tempo primiero,
Che andai a Rissa a ritrovar Rugiero.

46. Sì che non creder che per codardia
Il tuo passaggio voglio sconfortare,
Né per la tema della vita mia,
Che in ogni modo poco può durare.
Benché di piccol tempo e breve sia,
Spender la voglio sì come ti pare;
Ma, come quel che son tuo servo antico,
Quel che meglio mi par, conseglio e dico.

47. Sol per duo modi in Franza pôi passare:
Quei lochi ho tutti quanti già cercati.
L'uno è verso Acquamorta il dritto mare:
Partito serìa quel da disperati,
Ché, come in terra vogli dismontare,
Staranno al litto e Cristïani armati,
Tutti ordinati nel suo guarnimento:
Dece di lor varran de' nostri cento.

48. Par l'altro modo più convenïente,
Passando giù nel stretto al Zibeltaro:
Marsilio re di Spagna, il tuo parente,
Avrà questa tua impresa molto a caro,
E teco ne verrà con la sua gente,
Né avrà Cristianitate alcun riparo.
Così se dice, ma il mio core estima
Che più serà che fare al fin, che prima.

---

45. — 8. sull'assedio e presa di Rissa, vedi III, V, 31. Questo *Rugiero* è padre del *novo Rugier*.

47. — 3. *Acquamorta, Aiguesmortes*, capoluogo del Canton du Gard. Vedi III, IV, 7: *Ove quel monte in Acquamorta bagna, | il qual divide Francia dalla Spagna*. La località è ad ovest delle foci del Rodano, e l'omonimo golfo va dal Rodano a Sète, traendo la denominazione dalle paludi numerose nella zona. Il B. la sposta verso la Spagna (II, VI, 18), pensandola come regione. Vedi pure *Fur.*, II, 63: *tutto il lito d'Acquamorta*.

49.   Nella Guascogna scenderemo al piano,
E quella gente poneremo al basso;
Ma qui ritrovaremo a Montealbano
Ranaldo il crudo, che diffende il passo.
Dio guardi ciascadun dalla sua mano!
Non si può contrastare a quel fracasso;
Poi che l'avrai sconfitto e discacciato,
Ancor te assalirà da un altro lato.

50.   Carlo verrà con tutta la sua corte:
Non è nel mondo gente più soprana.
Né stimar che sian dentro da le porte,
Ma sotto alle bandiere, in terra piana.
Verrà quel maladetto che è sì forte,
Che ha il bel corno d'Almonte e Durindana:
Non è riparo alcuno a sua battaglia,
Ché ciò che trova, con la spada taglia.

51.   Cognosco Gano e cognosco il Danese,
Che fu pagano, e par proprio un gigante,
Re Salamone e Oliviero il marchese,
Ad uno ad un lor gente tutte quante.
Nui se trovamo seco alle contese,
Quando passò tuo avo, il re Agolante;
Io gli ho provati: possote acertare
Che 'l bon partito è de lasciargli stare. —

52.   Parlò in tal forma quel vecchio canuto,
Quale io ve ho racontata, più né meno.
Il re de Sarza fu un giovane arguto:
Questo era il figlio del forte Ulïeno,
Maggiore assai del patre e più membruto.
Nullo altro fu d'ardir più colmo e pieno,
Ma fu superbo ed orgoglioso tanto,
Che disprezava il mondo tutto quanto.

53.   Levossi in piede e disse: — In ciascun loco
Ove fiamma s'accende, un tempo dura
Piccola prima, e poi si fa gran foco;
Ma come viene al fin, sempre se oscura,
Mancando del suo lume a poco a poco.
E così fa l'umana creatura,

Che, poi che ha di sua età passato il verde,
La vista, il senno e l'animo si perde.

54.   Questo ben chiar si vede nel presente
Per questi duo che adesso hanno parlato,
Perché ciascun di lor già for prudente,
Ora è di senno tutto abandonato,
Tanto che niega al nostro re potente
Quel che, pregando ancor, gli ha dimandato;
Così dà sempre ogni capo canuto
Più volentier consiglio che lo aiuto.

55.   Non vi domanda consiglio il segnore,
Se ben la sua proposta aveti intesa,
Ma per sua riverenza e vostro onore
Seco il passaggio alla reale impresa.
Qualunque il niega, al tutto è traditore,
Sì che ciascun da me faccia diffesa,
Qual contradice al mandato reale,
Ch'io lo disfido a guerra capitale. —

56.   Così parlava il giovanetto acerbo,
Che è re di Sarza, come io vi contai.
Rodamonte si chiama quel superbo,
Più fier garzon di lui non fu giamai;
Persona ha de gigante e forte nerbo:
Di sue prodezze ancor diremo assai.
Or guarda intorno con la vista scura,
Ma ciascun tace ed ha di lui paura.

57.   Era in consiglio il re di Garamanta,
Quale era sacerdote de Apollino,
Saggio, e de gli anni avea più de nonanta,
Incantatore, astrologo e indovino.
Nella sua terra mai non nacque pianta,

---

54. — 3. *for*, furono: potrebbe essere *concordatio ad sensum*, però il testo è duro per i verbi che seguono al singolare. Il F. corregge *fu*, contro tutte le stampe. Forse la parola originaria era un'altra, poi alterata Vedi però, per la libertà di concordanza nel B., II, 39, 8, Nota.

57. — 1. *Garamanta*: i Garamanti, adoratori di Ammone, abitavano nel Sudàn a sud delle Sirti. Nel *Mambriano* vengono ricordati per l'assedio di Utica, ove Orlando e Astolfo li debellarono. — 2. *Apollino*: corruzione del greco *Apollon*; nelle leggende cavalleresche è dio pagano come Trivi-

Però ben vede il celo a ogni confino:
Aperto è il suo paese a gran pianura;
Lui numera le stelle e il cel misura.

58.   Non fu smarito il barbuto vecchione,
A benché Rodamonte ancor minaccia,
Ma disse: — Bei segnor, questo garzone
Vôl parlar solo e vôl che ogni altro taccia.
Pur che esso non ascolti il mio sermone,
Il mal che mi può far, tutto mi faccia;
Ascoltati de Dio voi le parole,
Ché non di lui, ma de gli altri mi dole.

59.   Gente devota, odeti ed ascoltati
Ciò che vi dice il dio grande Apollino:
Tutti color che in Francia fian portati,
Dopo la pena del lungo camino
Morti seranno e per pezzi tagliati,
Non ne camparà grande o picciolino:
E Rodamonte con sua gran possanza
Diverrà pasto de' corbi de Franza. —

60.   Poi che ebbe detto, se pose a sedere
Quel re, che ha molta tela al capo involta.
Ridendo Rodamonte a più potere
La profezia di quel vecchione ascolta.
Ma quando quieto lo vide e tacere,
Con parlare alto e con voce disciolta
— Mentre che siam qua, — disse — io son contento
Che quivi profetezi a tuo talento;

61.   Ma quando tutti avrem passato il mare,
E Franza struggeremo a ferro e a foco,
Non me venistù intorno a indovinare,
Perch'io serò il profeta di quel loco.
Male a quest'altri pôi ben minacciare,
A me non già, che ti credo assai poco,

gante e Macone. — 6. perciò può con lo sguardo dominarne da ogni parte
l'orizzonte.
    58. — 5. sia pure che egli non ascolti.

Perché scemo cervello e molto vino
Parlar te fa da parte de Apollino. —

62.   Alla risposta di quello arrogante
Riseno molti e odirla volentieri.
Giovani assai della gente africante
A quell'impresa avean gli animi fieri;
Ma e vecchi, che passâr con Agolante
E che provarno e nostri cavallieri,
Mostravan che questo era per ragione
De Africa tutta la destruzïone.

63.   Grande era giù tra quelli il ragionare,
Ma il re Agramante, stendendo la mano,
Pose silenzio a questo contrastare;
Poi con parlar non basso e non altano
Disse: — Segnor, io pur voglio passare
In ogni modo contra a Carlo Mano,
E voglio che ciascun debbia venire,
Ch'io soglio comandar, non obedire.

64.   Né vi crediate, poi che la corona
Serà di Carlo rotta e dissipata,
Aver riposo sotto a mia persona.
Vinta che sia la gente battizata,
Adosso a li altri il mio cor se abandona,
Fin che la terra ho tutta subiugata;
Poi che battuta avrò tutta la terra,
Ancor nel paradiso io vo' far guerra. —

65.   Or chi vedesse Rodamonte il grande
Levarsi allegro con la faccia balda,
— Segnor, — dicendo — il tuo nome si spande
In ogni loco dove il giorno scalda;
Ed io te giuro per tutte le bande
Tenir con teco la mia mente salda;
In celo e ne l'inferno il re Agramante
Seguirò sempre, o passarogli avante. —

62. — 2. *Riseno... e odirla*, risero e la udirono.

66.　　Questo affirmava il re di Tremisona,
　　Sempre seguirlo per monte e per piano:
　　Alzirdo ha nome, ed ha franca persona.
　　Questo affirmava il forte re de Orano,
　　Che pur quello anno avea preso corona;
　　E 'l re de Arzila, levando la mano,
　　Promette a Macometto e giura forte
　　Seguire il suo segnor sino alla morte.

67.　　Che bisogna più dir? ché ciascun giura:
　　Beato chi mostrar si può più fiero!
　　Non vi si vede faccia di paura,
　　Ciascun minaccia con sembiante altiero.
　　Benché a quei vecchi par la cosa dura,
　　Pur ciascadun promette di legiero;
　　Ma il re di Garamanta, quel vecchione,
　　Comincia un'altra volta il suo sermone

68.　　— Segnor, — dicendo — io voglio anch'io morire
　　Poi che al tutto è disfatta nostra gente;
　　Teco in Europa ne voglio venire.
　　Saturno, che è segnor dello ascendente,
　　Ad ogni modo ci farà perire;
　　Sia quel che vôle, io non ne do nïente,
　　Ché in ogni modo ho tanti anni al gallone,
　　Che campar non puotria lunga stagione.

69.　　Ma ben ti prego per lo Dio divino,
　　Che al manco in questo me vogli ascoltare.
　　Ciò te dico da parte de Apollino,
　　Da poi che hai destinato di passare.
　　Nel regno tuo dimora un paladino,
　　Che di prodezza in terra non ha pare;
　　Come ho veduto per astrologia,
　　Il megliore omo è lui che al mondo sia.

70.　　Or te dice Apollino, alto segnore,
　　Che se con teco avrai questo barone,

66. — 1. *Tremisona* e — 6. *Arzila*, vedi II, XXII, 16.
68. — 4. Il pianeta Saturno, che ora domina l'orizzonte in fase ascendente.

In Francia acquistarai pregio ed onore,
E cacciarai più volte il re Carlone.
Se vuoi sapere il nome e il gran valore
Del cavalliero e la sua nazïone,
Sua matre del tuo patre fu sorella,
E fu nomata la Galacïella.

71.   Questo barone è tuo fratel cugino,
Che ben provisto t'ha Macon soprano
De far che quel guerrier sia saracino,
Ché, quando fusse stato cristïano,
La nostra gente per ogni confino
Tutta a fraccasso avria mandato al piano.
Il patre di costui fu il bon Rugiero,
Fiore e corona de ogni cavalliero.

72.   E la sua matre misera, dolente,
Da poi che fu tradito quel segnore,
E la città de Rissa in foco ardente
Fu ruïnata con molto furore,
Tornò la tapinella a nostra gente,
E parturì duo figli a gran dolore;
E l'un fu questo di cui t'ho parlato:
Rugier, sì come il patre, è nominato.

73.   Nacque con esso ancora una citella,
Ch'io non l'ho vista, ma ha simiglianza
Al suo germano, e fior d'ogni altra bella,
Perché esso di beltate il sole avanza.
Morì nel parto alor Galacïella,
E' duo fanciulli vennero in possanza
D'un barbasore, il quale è nigromante,
Che è del tuo regno, ed ha nome Atalante.

---

70. — 6. nazïone, nascita, schiatta.
73. — 1. citella (zitella), fanciulla. Nel *Furioso* si scoprirà che questa sorella di Rugiero è Marfisa. — 7. barbasore, valvassore; oggi vale sputasentenze che si dà arie solenni. — 8. *Atalante* o Atlante è erede omonimo del mitologico personaggio che reggeva il mondo stando sui monti che da lui derivavano il nome vivo ancor oggi (*Catene del Grande e Alto Atlante*). In quei monti appunto si trovava il giardino artificiale in cui il mago custodiva Rugiero.

74.　　Questo si sta nel monte di Carena,
E per incanto vi ha fatto un giardino,
Dove io non credo che mai se entri apena.
Colui, che è grande astrologo e indovino,
Cognobbe l'alta forza e la gran lena
Che dovea aver nel mondo quel fantino,
Però nutrito l'ha, con gran ragione,
Sol di medolle e nerbi di leone;

75.　　Ed hallo usato ad ogni maestria
Che aver se puote in arte d'armeggiare;
Sì che provedi d'averlo in balìa,
A bench'io creda che vi avrai che fare.
Ma questo è solo il modo e sola via
A voler Carlo Mano disertare;
Ed altramente, io te ragiono scorto,
Tua gente è rotta, e tu con lor sei morto. —

76.　　Così parlava quel vecchio barbuto:
Ben crede a sue parole il re Agramante,
Perché tra lor profeta era tenuto
E grande incantatore e nigromante,
E sempre nel passato avea veduto
Il corso delle stelle tutte quante,
E sempre avanti il tempo predicia
Divizia, guerra, pace, caristia.

77.　　Incontinente fu preso il partito
Quel monte tutto quanto ricercare,
Sin che si trovi quel giovane ardito,
Che deggia seco il gran passaggio fare.
Questo canto al presente è qui finito;
Segnor, che seti stati ad ascoltare,
Tornati a l'altro canto, ch'io prometto
Contarvi cosa ancor d'alto diletto.

74. — 1. *Carena,* diramazione dei monti d'*Atlante.*

CANTO SECONDO

1.   Se quella gente, quale io v'ho contata
Ne l'altro canto, che è dentro a Biserta,
Fusse senza indugiar di qua passata,
Era Cristianità tutta deserta,
Però che era in quel tempo abandonata
Senza diffesa: questa è cosa certa,
Ché Orlando alora e il sir de Montealbano
Sono in levante al paese lontano.

2.   De Orlando io vi contai pur poco avante,
Che Brigliadoro avea perso, il ronzone,
Quando la dama con falso sembiante
L'avea fatto salire a quel petrone.
Ora lasciamo quel conte d'Anglante,
Ch'io vo' contar de l'altro campïone,
Dico Ranaldo, il cavalliero adorno,
Qual con Marfisa a quel girone è intorno.

3.   E mentre che Agramante e sua brigata
Va cercando Rugier, qual non se trova,
Ranaldo, che ha la mente anco adirata,
Poi che visto non ha l'ultima prova

CANTO II. — Per liberare una donzella prigioniera Prasildo, Iroldo
e Ranaldo finiscono in fondo ad un lago. Grifone e Aquilante con Origille
cadono nel tranello del Ponte dalle Rose e son destinati a morte. Marfisa
uccide Oberto, fa prigioni Balano, Antifor, Chiarione, Adriano e si scontra
con Sacripante.

1. — Paiono dimenticate le profezie di Apollo, che peraltro nelle
intenzioni del Poeta han da essere veraci (dell'avveramento s'incaricherà
l'Ariosto).

Della battaglia ch'io ve ho racontata,
Sempre il sdegno crudel più si rinova:
Dico della battaglia ch'io contai,
Ch'ebbe col conte con tormento assai.

4.　　Né sa pensar per qual cagion partito
Sia il conte Orlando da quella frontera,
Perché né l'un né l'altro era ferito,
Poco o nïente d'avantaggio vi era.
Ben stima lui che non serìa fuggito
Mai con vergogna per nulla maniera:
Ma, sia quel che si voglia, è destinato
Sempre seguirlo insin che l'ha trovato.

5.　　Poi che venuta fu la notte bruna,
Armase tutto e prende il suo Baiardo,
E via camina al lume della luna.
Astolfo a seguitarlo non fu tardo,
Ché vôl con lui patire ogni fortuna.
Iroldo è seco e Prasildo gagliardo;
E già non seppe la forte regina
De lor partita insino alla mattina.

6.　　E mostrò poi d'averne poca cura,
O sì o no che ne fusse contenta.
Cavalcano e baroni alla pianura
D'un chiuso trotto, che giamai non lenta.
Ora passata è via la notte scura,
E l'aria de vermiglio era dipenta,
Perché l'alba serena, al sol davante,
Facea il ciel colorito e lustrigiante.

7.　　Davanti a gli altri il figlio del re Otone,
Astolfo dico, sopra a Rabicano,
Dicendo sue devote orazïone,

4. — 7. *destinato*, deciso.
5. — Il mondo è piccolo per i nostri cavalieri erranti: senza il minimo indizio si ricercano da un continente all'altro: tutte le strade conducono a Orlando, o chi altri si desideri.
6. — 5-8. È una delle molte freschissime figurazioni dell'aurora in cui l'arte pittorica del B. è sempre felice.

Come era usato il cavallier soprano.
Ecco davanti sede in su un petrone
Una donzella e batte mano a mano;
Battese 'l petto e battese la faccia
Forte piangendo, e le sue treccie straccia.

8.   — Misera me! — diceva la donzella
— Misera me! tapina! isventurata!
O parte del mio cor, dolce sorella,
Così non fosti mai nel mondo nata,
Poi che quel traditor sì te flagella!
Meschina me! meschina! abandonata!
Poi che fortuna mi è tanto villana,
Ch'io non ritrovo aiuto a mia germana. —

9.   — Qual cagione hai, — Astolfo gli diciva
— Che ti fa lamentar sì duramente? —
In questo ragionar Ranaldo ariva,
Gionge Prasildo e Iroldo di presente.
La dama tutta via forte piangiva,
Sempre dicendo: — Misera! dolente!
Con le mie mane io mi darò la morte,
S'io non ritrovo alcun che mi conforte. —

10.   Poi, vòlta a quei baron, dicea: — Guerrieri,
Se aveti a' vostri cor qualche pietate,
Soccorso a me per Dio! che n'ho mestieri
Più che altra che abbia al mondo aversitate.
Se drittamente seti cavallieri,
Mostratimi per Dio! vostra bontate
Contra a un ribaldo, falso, traditore,
Pien di oltraggio villano e di furore.

11.   Ad una torre non quindi lontana
Dimora quel malvaso furibondo,
Di là da un ponte, sopra a una fiumana
Che poi fa un lago orribile e profondo.
Io là passava ed una mia germana,
La più cortese dama che aggia il mondo;
E quel ribaldo del ponte discese,
La mia germana per le chiome prese,

12.   Villanamente quella strascinando,
Sin che di là dal ponte fu venuto.
Io sol cridavo e piangia lamentando,
Né gli puotea donare alcuno aiuto.
Lui per le braccia la venne legando
Al tronco de un cipresso alto e fronduto,
E poi spogliata l'ebbe tutta nuda,
Quella battendo con sembianza cruda. —

13.   Abondava alla dama sì gran pianto,
Che non puotea più oltra ragionare.
A tutti quei baron ne incresce tanto
Quanto mai si potrebbe imaginare;
E ciascadun di lor si dona vanto,
Sapendo il loco, de ella liberare,
Ed in conclusïone il duca anglese
A Rabicano in croppa quella prese.

14.   E forse da due miglia han cavalcato,
Quando son gionti al ponte di quel fello.
Quel ponte per traverso era chiavato
De una ferrata, a guisa di castello,
Che arivava nel fiume a ciascun lato;
Nel mezo a ponto a ponto era un portello.
A piedi ivi si passa de legieri,
Ma per strettezza non vi va destrieri.

15.   Di là dal ponte è la torre fondata
In mezo a un prato de cipresso pieno;
Il fiume oltra quel campo se dilata
Nel lago largo un miglio, o poco meno.
Quivi era presa quella sventurata,
Ch'empiva di lamenti il cel sereno;
Tutta era sangue quella meschinella,
E quel crudele ognior più la flagella.

16.   A piede stassi armato il furïoso:
Dalla sinistra ha di ferro un bastone,
Il flagello alla destra sanguinoso;

---

14. — 4. *ferrata*, inferriata, che sbarrava il ponte per tutta la larghezza aprendo solo un angusto passaggio nel mezzo.

Batte la dama fuor de ogni ragione.
Iroldo di natura era pietoso:
Ebbe di quella tal compassïone,
Che licenzia a Ranaldo non richiede,
Ma presto smonta ed entra il ponte a piede,

17.　　Perché a destrier non se puote passare,
Come io ve ho detto, per quella ferrata.
Quando il crudele al ponte il vide entrare,
Lascia la dama al cipresso legata.
Il suo baston di ferro ebbe a impugnare,
E qui fo la battaglia incominciata;
Ma durò poco, perché quel fellone
Percosse Iroldo in testa del bastone;

18.　　E come morto in terra se distese,
Sì grande fu la botta maledetta.
Quello aspro saracino in braccio il prese,
E via correndo va come saetta,
Ed in presenza a gli altri lì palese
Come era armato dentro il lago il getta.
Col capo gioso andò il barone adorno:
Pensati che già su non fie' ritorno.

19.　　Ranaldo de l'arcione era smontato
Per gire alla battaglia del gigante,
Ma Prasildo cotanto l'ha pregato,
Che fu bisogno che gli andasse avante.
Quel maledetto l'aspetta nel prato,
E tien alciato il suo baston pesante;
Questa battaglia fu come la prima:
Gionse il bastone a l'elmo nella cima.

20.　　Quel cade in terra tutto sbalordito;
Via ne 'l porta il Pagano furibondo,
E, proprio come l'altro a quel partito,
Gettalo armato nel lago profondo.
Ranaldo ha un gran dolore al cor sentito,
Poiché quel par d'amici sì iocondo
Tanto miseramente ha già perduto,
E presto sì, che a pena l'ha veduto.

20. — 7. altra lez. (Z.): *aggia*, secondo il Triv. e la stampa del 1486.

21.   Turbato oltra misura, il ponte passa
         Con la vista alta e sotto l'arme chiuso;
         Va su l'aviso e tien la spada bassa,
         Come colui che è di battaglia aduso.
         Quell'altro del bastone un colpo lassa,
         Credendol come e primi aver confuso;
         Ma lui, che del scrimire ha tutta l'arte,
         Leva un gran salto e gettasi da parte.

22.   Lui d'un gran colpo tocca quel fellone,
         Ferendo a quel con animo adirato;
         Ma l'arme di colui son tanto bone,
         Che non han tema di brando arrodato.
         Durò gran pezzo quella questïone:
         Ranaldo mai da lui non fu toccato,
         Cognoscendo colui che è tanto forte,
         Che gli avria dato a un sol colpo la morte.

23.   Esso ferisce di ponta e di taglio,
         Ma questo è nulla, ché ogni colpo è perso,
         E tal ferire a quel non nôce uno aglio.
         Mosse alto crido quello omo diverso,
         E via tra' il suo bastone a gran sbaraglio
         Contra a Ranaldo, e gionselo a traverso,
         E tutto gli fraccassa in braccio il scudo:
         Cade Ranaldo per quel colpo crudo.

24.   A benché in terra fo caduto apena,
         Che salta in piedi e già non se sconforta;
         Ma quel feroce, che ha cotanta lena,
         Prendelo in braccio e verso il lago il porta.
         Ranaldo quanto può ben se dimena,
         Ma nel presente sua virtute è morta:
         Tanto di forza quel crudel l'avanza,
         Che de spiccarsi mai non ha possanza.

25.   Correndo quel superbo al lago viene,
         E come gli altri il vol gioso buttare;

---

22. — 4. *arrodato*, arrotato, affilato.
23. — 3. *non nôce uno aglio*: simile nesso dialettale s'era incontrato
al I, XXVIII, 26: *non giovava uno aglio*.

A lui Ranaldo ben stretto si tiene,
Né quel si può da sé ponto spiccare.
Cridò il crudel: — Così far si conviene! —
Con esso in braccio giù se lascia andare;
Con Ranaldo abracciato il furïoso
Cadde nel lago al fondo tenebroso.

26.   Né vi crediati che faccian ritorno,
Ché quivi non vale arte di notare,
Perché ciascuno avea tante arme intorno,
Che avrian fatto mille altri profondare.
Astolfo ciò vedendo ebbe tal scorno,
Che è come morto e non sa che si fare.
Perso Ranaldo ed affocato il vede,
Né, ancor vedendo, in tutto bene il crede.

27.   Presto dismonta e passa la ferrata,
In ripa al lago corse incontinente.
Una ora ben compita era passata,
Dentro a quell'acqua non vede nïente.
Or s'egli aveva l'alma adolorata
Dovetelo stimar certamente;
Poi che perduto ha il suo caro cugino,
Più che si far non sa quel paladino.

28.   Passava il ponte ancor quella donzella
Ed a l'alto cipresso se ne è gita;
Dal troncon desligò la sua sorella,
E de' soi panni l'ebbe rivestita.
Astolfo non attende a tal novella,
Preso di doglia cruda ed infinita:
Crida piangendo e battese la faccia,
Chiedendo morte a Dio per sola graccia.

29.   E tanto l'avea vento il gran dolore,
Che se volea nel lago trabuccare,
Se non che le due dame con amore
L'andarno dolcemente a confortare.

26. — 7. affocato, affogato.
29. — 1. vento, vinto.

— Che? — dician lor — Baron d'alto valore,
Adunque ve voleti disperare?
Non se cognosce la virtute intera
Se non al tempo che fortuna è fiera. —

30.   Molti saggi conforti gli san dare,
Or l'una or l'altra con suave dire,
E tanto seppen bene adoperare,
Che da quel lago lo ferno partire.
Ma come venne Baiardo a montare,
Credette un'altra volta di morire,
Dicendo: — O bon ronzone! egli è perduto
Il tuo segnore, e non gli hai dato aiuto? —

31.   Molte altre cose a quel destrier dicia
Piangendo sempre il duca amaramente;
In mezo de due dame ne va via,
Baiardo ha sotto il cavallier valente.
Sopra de Rabican l'una venìa,
L'altra de Iroldo avea il destrier corrente;
Quel de Prasildo, tutto desligato
E senza briglia, rimase nel prato.

32.   E caminando insino a mezo il giorno,
Ad un bel fiume vennero arivare,
Dove odirno suonare uno alto corno.
Ora de Astolfo vi voglio lasciare,
Perché agli altri baron faccio ritorno.
Che ad Albraca la rocca hanno a guardare,
E sempre fan battaglia a gran diffesa
Contra a Marfisa di furore accesa.

33.   Torindo era di fuor con la regina,
Ed ha un messaggio a Sebasti mandato,
Alla terra di Bursa, che confina
A Smirne, a Scandeloro in ogni lato:
Per tutta la Turchia con gran roina
Ciascun che può venir ne venga armato.

32. — 7. altra lez.: *e gran diffesa*.
33. — 3-4. *Bursa*, Brussa. — *Scandeloro*, fra Castri Rubri (Castel-
rosso) e Dragante, in Caramania di fronte a Cipro (si legge in una carta
della Sala delle Carte del Palazzo Ducale di Venezia). Le reminiscenze

Questi conduce il forte Caramano,
Che de Torindo è suo carnal germano.

34.   Egli ha giurato mai non si partire
D'intorno a quella rocca al suo vivente,
Sin che non vede Angelica perire
Di fame o foco, e tutta la sua gente;
Però sì gran brigata fie' venire,
Per esser fuor nel campo sì potente,
Che non possan gir quei de dentro intorno,
Che or mille volte n'escon fuora il giorno.

35.   Perché il fiero Antifor e il re Ballano
Stan sempre armati sopra dello arcione;
Oberto dal Leone e re Adrïano,
Re Sacripante e il forte Chiarïone
Sopra la gente di Marfisa al piano
Callano spesso a gran destruzïone;
La dama esser non puote in ogni loco,
Ché ben fuggian da lei come dal foco.

36.   Acciò che 'l fatto ben vi sia palese,
Aquilante non vi era, né Grifone,
Né Brandimarte, il cavallier cortese.
Questo fo il primo che lasciò il girone,
Perché l'amor de Orlando tanto il prese,
Nel tempo che con lui fu compagnone,
Che, come sua partenza oditte dire,
Subitamente se 'l pose a seguire.

37.   E figli de Olivieri il simigliante
Ferno ancor lor la seguente matina,
Dico Grifone e 'l fratello Aquilante:
E tanto ogni om de' duo forte camina,
Che al conte Orlando trapassarno avante.

topografiche vengono impiegate liberamente per fare il verso. — 7. *Ca-*
ramano: è nome formato su quello di un popolo del centro della Turchia
(nel *Giorno, Mattino*, v. 864, troviamo *il Caramano* come produttore del-
l'oppio turco).

34. — 1. F.: *mai mai si patire*, ma *patire* è lez. evidentemente errata:
infatti al V, 51 si ripeterà che queste truppe al loro arrivo ad Albraca
giurano *mai non partirse, che...*

Essendo gionti sopra a una marina,
In mezo ad un giardin tutto fiorito
Trovarno un bel palagio su quel lito.

38.   Una logia ha il palagio verso il mare,
Davanti vi passarno e duo guerreri;
Quivi donzelle stavano a danzare,
Ché vi avean suon diversi e ministeri.
Grifon passando prese a dimandare
A duo, che tenian cani e sparavieri,
Di cui fosse il palagio; e l'un rispose:
— Questo si chiama il Ponte dalle Rose.

39.   Questo è il mar del Baccù, se nol sapeti.
Dove è il palagio adesso e 'l bel giardino,
Era un gran bosco, ben folto de abeti,
Dove un gigante, che era malandrino,
Stava nel ponte che là giù vedeti;
Né mai passava per questo confino
Una donzella o cavalliero errante,
Che lor non fusse occisi dal gigante.

40.   Ma Poliferno fu bon cavalliero,
E da poi fatto re per suo valore,
Occise quel gigante tanto fiero;
Tagliò poi tutto il bosco a gran furore,
Dove fece piantar questo verziero,
Per fare a ciascadun che passi, onore.
Ciò vedreti esser ver, come io vi dico;
Al ponte anco ha mutato il nome antico.

41.   Ché 'l Ponte Periglioso era chiamato,
Or dalle Rose al presente si chiama:
Ed è così provisto ed ordinato,
Che ciascun cavalliero ed ogni dama,
Quivi passando, sia molto onorato,
Acciò che se oda nel mondo la fama
Di quel bon cavallier, che è sì cortese
Che merta lodo in ciascadun paese.

---

39. — 1. *mar del Baccù*, Mar Caspio. — 8. *lor non fusse occisi*: forme
singolari e plurali frammiste con la solita libertà grammaticale.

42.   Là non potreti adunque voi passare,
Se non giurati, a la vostra leanza,
Per una notte quivi riposare;
Sì ch'io ve invito a prender qui la stanza,
Prima che indrieto abbiati a ritornare. —
Disse Grifon: — Questa cortese usanza
Da me, per la mia fè, non serà guasta,
Se 'l mio germano a questo non contrasta. —

43.   Disse Aquilante: — Sia quel che ti piace. —
E così dismontarno alla marina.
Verso il palagio va Grifone audace,
Ed Aquilante apresso li camina.
Gionti a la logia, non se pôn dar pace,
Tanta era quella adorna e peregrina.
Dame con gioco e festa, ministreri
Vennero incontra a quei duo cavallieri.

44.   Incontinenti fôrno disarmati,
E con frutti e confetti e coppe d'oro
Se rinfrescarno e cavallier pregiati,
Poi nella danza entrarno anche con loro.
Ecco a traverso de' fioriti prati
Venne una dama sopra Brigliadoro;
Istupefatto divenne Grifone,
Come alla dama vide quel ronzone.

45.   Similmente Aquilante fu smarito,
E l'uno e l'altro la danza abandona,
E verso quella dama se ne è gito,
E ciascadun di lor seco ragiona,
Dimandando a qual modo e a qual partito
Abbia il destriero, e che è della persona
Che suolea cavalcar quel bon ronzone.
Lei d'ogni cosa li rende ragione,

46.   Come colei che è falsa oltra misura,
E del favolegiare avea il mestiero.
Dicea che sopra un ponte alla pianura

43. — 7. *ministreri*, ministri, servitori.

Avea trovato morto un cavalliero,
Con una sopravesta di verdura
E uno arboscello inserto per cimiero;
E che un gigante apresso morto gli era,
Feso d'un colpo insino alla gorgiera;

47.   Che già non era il cavallier ferito,
Ma pista d'un gran colpo avea la testa.
Quando Aquilante questo ebbe sentito,
Ben gli fuggì la voglia di far festa,
Dicendo: — Ahimè! baron, chi t'ha tradito?
Ch'io so ben che a battaglia manifesta
Non è gigante al mondo tanto forte,
Qual condutto se avesse a darti morte. —

48.   Grifon piangendo ancor se lamentava,
E di gran doglia tutto se confonde;
E quanto più la dama dimandava,
Più de Orlando la morte gli risponde.
La notte oscura già s'avicinava,
Il sol di drieto a un monte se nasconde;
E duo baron, ch'avean molto dolore,
Nel palagio alogiarno a grande onore.

49.   La notte poi nel letto fuor' pigliati,
E via condutti ad una selva oscura,
Dove fôrno a un castello impregionati,
Al fondo d'un torrion con gran paura,
Dove più tempo sterno incatenati,
Menando vita dispietata e dura.
Un giorno il guardïan fuora li mena,
Legati ambe le braccia di catena.

50.   Seco legata mena la donzella
Che sopra Brigliadoro era venuta;
Un capitano con più gente in sella
In questa forma quei baron saluta:
— Oggi aveti a soffrir la morte fella,
Se Dio per sua pietate non ve aiuta. —
La dama se cambiò nel viso forte,
Come sentì che condutta era a morte.

51.   Ma già non se cambiarno e duo germani,
        Ciascuno è bene a Dio racomandato.
        Avanti a sé scontrarno in su quei piani
        Un cavalliero a piedi e tutto armato.
        Eran da lui ancor tanto lontani,
        Che non l'avrebbon mai rafigurato;
        Ma poi dirovi a ponto questo fatto,
        Che nel presente più di lor non tratto;

52.   E tornovi a contar di quel castello
        Qual era assedïato da Marfisa.
        Chiarïone ogni giorno era al zambello
        Con gli altri che la istoria vi divisa;
        La regina cacciava or questo or quello,
        Ma non la aspetta alcun per nulla guisa;
        Già tutti quanti, eccetto Sacripante,
        L'avian provata nel tempo davante.

53.   Esso non era della rocca uscito,
        Però che nella prima questïone
        De una saetta fu alquanto ferito,
        Sì che non può vestir sua guarnisone.
        Già tutto un mese integro era compito
        Poi che qua gionto fu il re Galafrone,
        Quando tutti e baroni una matina
        Saltâr nel campo di quella regina.

54.   Cridan le gente: — Ad arme! — tutte quante;
        Ciascun di quei baron sembra leone.
        Il re Ballano a tutti vien davante,
        Poi Antifor e Oberto e Chiarïone,
        Il re Adrïano è drieto e Sacripante:
        Di quella gente fan destruzïone.
        Ben ha cagion ciascun de aver paura,
        Tutta è coperta a morti la pianura.

55.   L'un doppo l'altro de quei baron fieri
        Venian di qua di là, gente tagliando;
        I scudi hanno alle spalle e bon guerrieri,
        E ciascuno a due man mena del brando.

Vanno a terra pedoni e cavallieri,
Ogniom davanti a lor fugge tremando;
Rotti e spezzati vanno a gran furore:
Ecco Marfisa gionta a quel rumore.

56.   Giunse alla zuffa la dama adirata:
Già non bisogna tempo a lei guarnire,
Però che sempre se trovava armata.
Quando Ballano la vide venire,
Che ben sapea sua forza smisurata,
In altra parte mostra di ferire,
E più li piace ciascuno altro loco
Che la presenza di quel cor di foco.

57.   Già tutti insieme avean prima ordinato
Che l'un con l'altro se debba aiutare,
Perché la dama ha l'animo adirato
E contra a tutti vôlse vendicare.
Come Ballano adunque fu voltato,
Lei prende dietro a quello a speronare,
Cridando: — Volta! volta! can fellone,
Ché oggi non giongi tu dentro al girone. —

58.   Così cridando il segue per il piano;
Ma il forte Antifor de Albarossia
Di drieto la ferisce ad ambe mano;
Lei non mostra curare e tira via.
Disposta è di pigliare il re Ballano,
Che a spron battuti innanzi le fuggia;
Vien di traverso Oberto a gran tempesta,
E lei ferisce al mezo della testa.

59.   Non se ne cura la dama nïente,
Ché dietro al re Ballano in tutto è volta.
Or Chiarïone a guisa di serpente
Mena a due mani e ne l'elmo l'ha còlta,
Ma lei non cura il colpo e non lo sente;

---

56. — 2. *a lei guarnire*, ad armarla; non ha bisogno di tempo per
armarsi - perché aveva giurato di non disarmarsi fino a che non avesse
vinto Agricane, Gradasso e Carlomagno: vedi I, XVI, 30.

Tutta a seguir Ballano è lei disciolta.
Lui, che a le spalle sente la regina,
Voltasi e mena un colpo a gran ruina.

60.   Mena a due mano e le redine lassa,
Gionse nel scudo alla dama rubesta;
Come una pasta per traverso il passa,
E mezo il tira a terra a gran tempesta.
Lei gionse lui ne l'elmo e lo fraccassa,
E ferillo aspramente nella testa;
Sì come morto l'abatte disteso,
Dalle sue gente incontinente è preso.

61.   Ma non vi pone indugio la donzella,
Per la campagna caccia Chiarïone;
Ciascun de gli altri adosso a lei martella;
Non gli stima lei tutti un vil bottone.
Già tolto Chiarïone ha fuor di sella,
E via lo manda preso al paviglione;
Questo veggendo quel de Albarossia,
A più poter davanti li fuggia.

62.   Ma lei lo gionse e ne l'elmo l'afferra;
Al suo dispetto lo trasse de arcione,
E poi tra le sue gente il getta a terra
Come fusse una palla di cottone.
Or comincia a finirse la gran guerra,
Però che 'l re Adrïano è già pregione;
Re Sacripante qui non se ritrova,
Altrove abatte e fa mirabil prova.

63.   Oberto dal Leon, quel sire arguto,
Mette a sconfitta sol tutta una schiera.
Marfisa da lontan l'ebbe veduto,
Spronagli adosso la donzella fiera;
Da cima al fondo gli divise il scuto,
E fende sotto il sbergo ogni lamiera,
E maglia e zuppa tutta disarmando
Sino alla carne fie' toccare il brando.

64.   Quel cavallier, turbato oltra misura,
Lascia a due mano un gran colpo di spata.
Di cotal cosa la dama non cura,
Né parve aponto che fosse toccata:
Ché l'elmo che avea in capo e l'armatura
Tutta era per incanto fabricata;
Ma lei contra de Oberto s'abandona,
Sopra de l'elmo un gran colpo gli dona.

65.   Con tal roina quel colpo discende,
Che l'elmo non l'arresta de nïente;
La fronte a mezo il naso tutta fende,
Il brando calla giù tra dente e dente,
E l'arme e busto taglia, e ciò che prende.
Mena a fraccasso la spada tagliente,
Né mai si ferma insino in su l'arcione:
Cadde in due parte Oberto dal Leone.

66.   Re Sacripante col brando a due mano
Fende e nemici e taglia per traverso;
Tuttavia combattendo, di lontano
Ebbe veduto quel colpo diverso,
Quando Oberto in due parte cadde al piano.
Non ha l'animo lui per questo perso,
Ma, speronando con molta roina,
Col brando in mano afronta la regina;

67.   E nella gionta un gran colpo li mena:
Non ebbe mai la dama uno altro tale,
Che quasi se stordì con grave pena.
Par che il re Sacripante metta l'ale,
Né l'estrema possanza e l'alta lena
Della regina a questo ponto vale;
Tanto è veloce quel baron soprano,
Che ciascun colpo della dama è vano.

64. — 2. *Lascia*: cfr. fr. *lâcher*.
65. — 8. Vien proprio da dire: finalmente un morto! Ché con tutti questi duelli cruenti e furibondi rimangon sempre tutti più sani e vispi di prima (Ranaldo e compagni buttati nel lago, non era che una scaltra trovata del Poeta per farci trepidare: li ritroveremo al fondo, in piena salute). Per quell'uditorio ci volevano guerre e battaglie, sì, ma decorative e non sul serio — se non per la truppa.

68.   Egli era tanto presto quel guerrero,
Che a lei girava intorno come occello,
E schiffava e soi colpi de legiero,
Ferendo spesso a lei con gran flagello.
Frontalate avea nome quel destriero,
Qual fu cotanto destro e tanto isnello,
Che quando Sacripante a quello è in cima,
Gli omini tutti e il mondo non istima.

69.   Quel bon destrier, che fu senza magagna,
E sì compito che nulla gli manca,
Baglio era tutto a scorza di castagna,
Ma sino al naso avea la fronte bianca.
Nacque a Granata, nel regno di Spagna:
La testa ha schietta e grossa ciascuna anca;
La coda e côme bionde a terra vano,
E da tre piedi è quel destrier balzano.

70.   Quando gli è sopra Sacripante armato,
De aspettar tutto il mondo si dà vanto;
Ben ha di lui bisogno in questo lato,
Né mai ne la sua vita ne ebbe tanto,
Dapoi che con Marfisa èssi afrontato.
La zuffa vi dirò ne l'altro canto,
Che per l'uno e per l'altro, a non mentire,
Assai fu più che far ch'io non so dire.

---

69. — 2. *Baglio*, baío. — 7. *côme*, chiome, criniera. — 8. *balzano*, stri
sciato di bianco.

CANTO TERZO

1. Marfisa vi lasciai, ch'era affrontata
    Ne l'altro canto al re de Circasia.
    Benché sia forte la dama pregiata,
    Quel re circasso un tal destriero avia,
    Che non vi era vantaggio quella fiata.
    De ira Marfisa tutta se rodia,
    E mena colpi fieri ad ambe mano;
    Ma nulla tocca e ciascaduno è vano.

2. Ecco il re che ne vien come un falcone,
    Gionge a traverso quella nel guanzale;
    Essa risponde a lui d'un riversone
    Quanto puote più presto, ma non vale,
    Ché via passa de un salto quel ronzone
    Da l'altro lato, come avesse l'ale.
    Mena a quel canto ancor la dama adorna:
    De un altro salto lui di qua ritorna.

3. Il re percosse lei sopra una spalla,
    Ma non se attacca a quella piastra il brando,
    E giù nel scudo con fraccasso calla,
    Quanto ne prende a terra roïnando.
    Or se Marfisa un sol colpo non falla,
    Per sempre il pone della vita in bando;

CANTO III. — Mentre è alle prese con Marfisa, Sacripante ode che il suo regno è messo a ferro e fuoco da Mandricardo. Non trovandosi Rugiero, l'astrologo ammonisce di ricercarlo con l'aiuto dell'anello di Angelica, e Brunello si propone di rubarlo. Rodamonte, impaziente, si dispone a salpare da solo. Orlando libera i figli di Olivieri e Origille, e sa di essere presso il giardino di Orgagna.

Lettera autografa del Boiardo a Ercole I duca di Ferrara

(Modena, Archivio di Stato).

Se una sol volta a suo modo l'afferra,
Feso in due pezzi lo distende a terra.

4.　　Come un castello in cima d'un gran sasso
Intorno è d'ogni parte combattuto,
Giù manda pietre e travi a gran fraccasso,
Chiunche è di sotto sta ben proveduto;
Mentre che la roina calla al basso,
Ciascun cerca schiffando darsi aiuto:
Questa battaglia avea cotal sembiante,
Che è tra Marfisa e il forte Sacripante.

5.　　Lei sembrava dal celo una saetta,
Quando menava sua spada tagliente,
E mettia nel ferir cotanta fretta,
Che l'aria sibillava veramente.
Ma giamai Sacripante non l'aspetta,
Mai non è in terra quel destrier corrente;
Di qua, di là, da fronte e da le spalle,
Quasi in un tempo col brando l'assalle.

6.　　Tutto il cimier gli avea tagliato in testa
E rotto il scudo a quella zuffa dura;
Stracciata tutta avea la sopravesta,
Ma non puotea falsar quella armatura.
Intorno da ogni canto la tempesta:
Lei di suo tempestar nulla si cura;
Aspetta il tempo, e nel suo cor si spera
Finire a un colpo quella guerra fiera.

7.　　Tra loro il primo assalto era finito,
Ed era l'uno e l'altro retirato;
Un messagier nel viso sbigotito
Nel campo ariva ed è molto affannato.
Dove era Sacripante esso ne è gito,
E stando a lui davanti ingenocchiato,
Piangendo disse con grave sconforto:
— Male novelle del tuo regno porto.

6. — 4. *falsar*, violare, alterare, intaccare.

8.   Re Mandricardo, che fu de Agricane
        Primo figliol e del suo regno erede,
        Ha radunato le gente lontane
        E nella Circassia già posto ha il piede,
        E morto ha il tuo fratel con le sue mane.
        Te solamente el tuo regno richiede;
        Come ti veda nel campo scoperto
        Re Mandricardo, fuggirà di certo.

9.   Perché venne novella in quel paese
        Della tua morte, e gran malenconia.
        Quel re malvaso, come questo intese,
        Passò nel regno con molta zenia;
        Al fiume di Lovasi il ponte prese,
        Ed arse la città di Samachia;
        Quivi Olibandro, il tuo franco germano,
        Come io t'ho detto, occise di sua mano.

10.   Poi tutto il regno come una facella
        Mena a roina e mette a foco ardente;
        E tu combatti per una donzella,
        Né te muove pietà della tua gente,
        Che sol te aspetta e sol di te favella,
        E de altro aiuto non spera nïente.
        La tua patria gentil per tutto fuma,
        Il fer la strazia e il foco la consuma. —

11.   Cangiosse il re gagliardo al viso altiero,
        E lacrimava di dolore e de ira,
        E rivoltava in più parte il pensiero;
        Sdegno ed amore il petto gli martira.
        L'uno a vendetta il muove de legiero,
        L'altro a diffesa di sua dama il tira;
        Al fin, voltando il core ad ogni guisa,
        Ripone il brando e va nanti a Marfisa.

12.   A lei raconta la cosa dolente
        Che questo messagier gli ha riportata,
        E la destruzïon della sua gente,

8. — 1. *Mandricardo*: ecco introdotto un nuovo singolarissimo personaggio, che tanta parte avrà ancora nel *Furioso*.

Contra a ragione a tal modo menata;
Onde la prega ben piatosamente,
Quanto giamai potesse esser pregata,
Con dolce parolette e bel sermone,
Che indi se parta e lasci quel girone.

13.   Marfisa li comincia a proferire
Tutta sua gente e la propria persona;
Ma de volerse quindi dipartire
Non vôl ch'altri, né lui mai ne ragiona:
Sin che non veda Angelica perire,
Quella impresa giamai non abandona.
Adunque mal d'acordo più che prima,
Ciascun de l'ira più salisce in cima.

14.   E cominciarno assalto orrendo e fiero
Più che mai fosse stato ancor quel giorno.
Re Sacripante ha quel presto destriero,
A modo usato le volava intorno,
E ben comprende lui che di legiero
Potrebbe aver di tal zuffa gran scorno;
Ché, se molta ventura non l'aita,
Ad un sol colpo è sua guerra finita.

15.   Ma de straccarla al tutto se destina
O ver morir per sua mala ventura,
E ferisce la dama a gran roina;
Ma non se attacca il brando a l'armatura,
E non se move la forte regina,
Come colei che tal cosa non cura.
E' mena colpi orrendi ad ambe mano,
Ma sempre falla e se affatica in vano.

16.   Tanto lunga tra lor fu la battaglia,
Che altro tempo bisogna al ricontare.
Adesso di saperla non ve incaglia,
Ché a loco e a tempo ve saprò tornare;
Ma nel presente io torno alla travaglia
Del re Agramante, che ha fatto cercare
Il monte di Carena a ogni sentiero,
E non si trova il paladin Rugiero.

17.   Mulabuferso, che è re di Fizano,
        Fier di persona e d'ogni cosa esperto,
        Cercato ha tutto quel gran monte invano,
        Qua verso il mare e là verso il deserto,
        Sì che nel fuoco poneria la mano,
        Che in cotal loco non è lui di certo;
        Onde a Biserta torna ad Agramante,
        E con tal dire a lui si pone avante:

18.   — Segnor, per fare il tuo comandamento
        Cercato ho di Carena il monte altiero;
        Dopo lunga fatica e grave stento
        Visto ho l'ultimo dì quel che il primiero.
        Onde io te acerto e affermo in iuramento,
        Che là non se ritrova alcun Rugiero;
        Quel già fu morto a Rissa con gran guai,
        Né altro credo io che sia più nato mai.

19.   Sì che, piacendo al re di Garamanta,
        Dove il dimori puote indovinare,
        Poi che quella arte di saper si vanta;
        Ma noi ben siam più pacci ad aspettare
        Questo vecchiardo, che le serpe incanta,
        Ché già dovremmo aver passato il mare.
        Lui va cercando quel che non se trova,
        Perché tua gente a guerra non se mova. —

20.   Re Rodamonte, come l'ebbe odito,
        A gran fatica lo lasciò finire.
        Forte ridendo, con sembiante ardito
        Disse: — Ciò prima ben sapevo io dire,
        Che quello aveva il nostro re schernito,
        Volendo questa guerra differire.
        Mal aggia l'omo che dà tanta fede
        Al ditto di altri e a quel che non si vede!

21.   Nova maniera al mondo è di mentire,
        E tanto è già di ciò poca vergogna,
        Che a misurare il celo han preso ardire

18. — 7. *Rissa*: vedi III, V, 30.

Per far più colorita sua menzogna,
Annunzïando quel che die' venire.
E' conta a ciascadun quel che si sogna,
Dicendo che Mercurio e Iove e Marte
Qua faran pace, e guerra in quelle parte.

22.   Se egli è alcun dio nel cel, ch'io nol so certo,
Là stassi ad alto, e di qua giù non cura:
Omo non è che l'abbia visto esperto,
Ma la vil gente crede per paura.
Io de mia fede vi ragiono aperto
Che solo il mio bon brando e l'armatura
E la maza ch'io porto e 'l destrier mio
E l'animo ch'io ho, sono il mio dio.

23.   Ma il re di Garamanta, nella cenere
Segnando cerchi con verga d'olivo,
Dice che quando il sol fia gionto a Venere,
Sarà d'ogni malizia il mondo privo;
E quando a primavera l'erbe tenere
Seran fiorite nel tempo giolivo,
Alor non debba il re passare in Franza,
Ma stiasi queto e grattasi la panza.

24.   Del mio ardito segnor mi meraviglio,
Che queste zanze possa supportare;
Ma se questo vecchion nel zuffo piglio,
Che qua ce tiene e non ce lascia andare,
In Franza il ponerò senza naviglio.
Per l'aria lo trarò di là dal mare;
Non so che me ritenga, e manca poco
Ch'io non vi mostri adesso questo ioco. —

25.   Sorrise alquanto quel vecchio canuto,
Poi disse: — Le parole e il viso fiero
Che mi dimostra quel giovane arguto,
Non mi pôn spaventare a dirvi il vero.

---

22. — 3. *esperto,* sperimentato, per esperienza (avverbiale).
23. — 8. meglio suonerebbe *grattisi*; come al solito il B. ha usato la
forma indicativa in luogo del congiuntivo di 1ª coniugazione che egli
conosce poco.

Come vedeti, egli ha il viso perduto,
Benché mai tutto non l'avesse intiero,
Né se cura di Dio, né Dio de lui;
Lasciànlo stare e ragionam d'altrui.

26.   Io ve dissi, segnore, e dico ancora,
Che sopra la montagna di Carena
Quel giovane fatato fa dimora,
Che al mondo non ha par di forza e lena;
Né so se ve ricorda, io dissi alora
Che se avrebbe a trovarlo molta pena,
Però che 'l suo maestro è negromante,
E ben lo guarda, ed ha nome Atalante.

27.   Questo ha un giardino al monte edificato,
Quale ha di vetro tutto intorno il muro,
Sopra un sasso tanto alto e rilevato
Che senza tema vi può star sicuro.
Tutto d'incerco è quel sasso tagliato;
Benché sia grande a maraviglia e duro,
Da gli spirti de inferno tutto quanto
Fu in un sol giorno fatto per incanto.

28.   Né vi si può salir, se nol concede
Quel vecchio che là sopra è guardïano.
Omo questo giardin giamai non vede,
O stiali apresso o passi di lontano.
Io so che Rodamonte ciò non crede:
Mirati come ride quell'insano!
Ma se uno annel ch'io sazo, pôi avere,
Questo giardino ancor potrai vedere.

29.   L'annello è fabricato a tal ragione
(Come più volte è già fatto la prova)
Che ogni opra finta de incantazïone
Convien che a sua presenzia se rimova.
Questo ha la figlia del re Galafrone,
Qual nel presente in India se ritrova,

25. — 5. *viso*, senso della vista (cioè il senno).
27. — 5. *d'incerco*, d'in cerchio, intorno.
29. — 2. *fatto*: i participi nel B. concordano liberamente. — 3-4. **cioè**

Presso al Cataio, intra un girone adorno,
Ed ha l'assedio di Marfisa intorno.

30.   Se questo annello in possanza non hai,
Indarno quel giardin se può cercare,
Ma sii ben certo non trovarlo mai.
Dunque senza Rugier convien passare,
E tutti sosterriti estremi guai,
Né alcun ritornarà di qua dal mare;
Ed io ben vedo come vôl fortuna
Che Africa tutta sia coperta a bruna. —

31.   Poi che ebbe il vecchio re così parlato
Chinò la faccia lacrimando forte.
— Più son — dicea — de gli altri sventurato,
Ché cognosco anzi il tempo la mia sorte;
Per vera prova di quel che ho contato,
Dico che gionta adesso è la mia morte:
Come il sol entra in cancro a ponto a ponto,
Al fine è il tempo di mia vita gionto.

32.   Prima fia ciò che una ora sia passata;
Se comandar volete altro a Macone,
A lui riportarò vostra ambasciata.
Tenete bene a mente il mio sermone,
Ch'io l'aggio detto e dico un'altra fiata:
Se andati in Franza senza quel barone
Qual ve ho mostrato che è la nostra scorta,
Tutta la gente fia sconfitta e morta. —

33.   Non fu più lungo il termine o più corto,
Come avea detto quel vecchio scaltrito:
Nel tempo che avea detto cadde morto.
Il re Agramante ne fu sbigotito,
E preseno ciascun molto sconforto;
E qualunche di prima era più ardito,
Veggendo morto il re nanti al suo piede,
Ciò che quel disse, veramente crede.

---

ogni incanto diventa vano. — 7. *intra un girone,* chiusa entro una cerchia
di mura.

34.   Ma sol de tutti Rodamonte il fiero
Non se ebbe di tal cosa a spaventare,
Dicendo: — Anco io, segnor, ben che legiero,
Avria saputo questo indovinare;
Ché quel vecchio malvaggio e trecolero
Più lungamente non puotea campare.
Lui, che era de anni e de magagne pieno,
Sentia la vita sua che venìa meno.

35.   Or par che egli abbi fatto una gran prova,
Poi che egli ha detto che 'l debbe morire.
È forse cosa istrana o tanto nova
Vedere un vecchio la vita finire?
Stative adunque, e non sia chi si mova;
Di là dal mare io vo' soletto gire,
E provarò se 'l celo ha tal possanza,
Che me diveti incoronare in Franza. —

36.   E più parole non disse nïente,
Ma quindi se partì senza combiato.
In Sarza ne va il re che ha il core ardente,
E poco tempo vi fu dimorato,
Che alla città de Algier è con sua gente,
Per travargare il mar da l'altro lato.
Dipoi vi contarò del suo passaggio,
E la guerra che 'l fece e il gran dannaggio.

37.   Li altri a Biserta sono al parlamento:
Diverse cose se hanno a ragionare.
Il re Agramante ha ripreso ardimento,
E vole ad ogni modo trapassare.
Ciascuno andar con esso è ben contento,
Purché Rugier si possi ritrovare;
Non si trovando, ogniom vi va dolente:
Il re Agramante anco esso a questo assente.

38.   E nel consiglio fa promissïone,
Se alcun si trova che sia tanto ardito

---

34. — 3. Il F. corregge *ben de legiero*, ma anche così dà senso: benché
non sia tanto addentro, tanto profondo in astrologia. — 5. *trecolero*,
stizzoso (F.); ingannatore (C.).
35. — 8. da vietarmi di prender la corona.

Che a quella figlia del re Galafrone
Vada a levar l'annel che porta in dito,
Re lo farà di molte regïone,
E ricco di tesor troppo infinito.
Tutti han la cosa molto bene intesa,
Ma non se vanta alcun di tale impresa.

39.   Il re de Fiessa, che è tutto canuto,
Disse: — Segnor, io voglio un poco uscire,
E spero che Macon mi doni aiuto:
Un mio servente ti vuo' fare odire. —
Già lungo tempo non fu ritenuto,
E fece un ribaldello entro venire,
Che altri sì presto non fu mai di mano;
Brunello ha nome quel ladro soprano.

40.   Egli è ben piccioletto di persona,
Ma di malicia a meraviglia pieno,
E sempre in calmo e per zergo ragiona:
Lungo è da cinque palmi, o poco meno,
E la sua voce par corno che suona;
Nel dire e nel robbare è senza freno.
Va sol di notte, e il dì non è veduto,
Curti ha i capelli, ed è negro e ricciuto.

41.   Come fu dentro, vidde zoie tante
E tante lame d'ôr, come io contai;
Ben se augura in suo core esser gigante
Per poter via di quel portare assai.
Poi che fu gionto al tribunale avante,
Disse: — Segnore, io non posserò mai,
Sin che con l'arte, inganni, o con ingegno
Io non acquisti il promettuto regno.

42.   Lo annello io l'averò ben senza errore,
E presto il portaraggio in tua masone;
Ma ben ti prego che in cosa maggiore
Ti piaccia poi di me far parangone.
Tuor la luna dal cel giù mi dà il core,

39. — 5. *non fu ritenuto*, non si trattenne (fuori).
41. — 6. *posserò*, poserò.

E robbare al demonio il suo forcone,
E per sprezar la gente cristïana
Robberò il Papa e 'l suon de la campana. —

43.   Il re se meraviglia ne la mente
Veggendo un piccolin tanto sicuro;
Lui ne va per dormire incontinente,
Che poi gli piace de vegiare al scuro.
Non se ne avide alcun di quella gente
Che molte zoie dispiccò del muro.
Ben se lamenta di sua poca lena;
Tante ne ha adosso, che le porta apena.

44.   Tutto il consiglio fu da poi lasciato,
E fu finito il lungo parlamento;
Ciascun nella sua terra è ritornato
Per adoprarsi a l'alto guarnimento.
Quel re cortese avea tanto donato,
Che ciascadun de lui ne va contento;
E zoie e vasi d'oro, arme e destrieri
Donava, e a tutti cani e sparavieri.

45.   Ogni om zoioso se parte cantando,
Coperti a veste de arïento e d'oro.
Lasciogli gire e torno al conte Orlando,
Lo qual lasciai con pena e con martoro
Per la campagna ai piedi caminando,
Poiché ha perduto il destrier Brigliadoro.
Lamentase di sé quel sire ardito,
Poi che si trova a tal modo schernito,

46.   Dicendo: « Quella dama io dispiccai
Di tanta pena e della morte ria,
E lei poi m'ha condutto in questi guai
Ed hamme usato tanta scortesia.
Sia maledetto chi se fida mai

---

42. — 8. lez. F. (1513): *al Papa el suon;* ma non dà molto senso colle-
gare le due cose; invece si tratterebbe di due furti distinti: deruberò il
Papa e magari alle campane perfino il loro suono – come prova suprema
di abilità, ed estrema smargiassata.
43. — 4. gli piace vegliare di notte.

Per tutto il mondo in femina che sia!
Tutte son false a sostenir la prova:
Una è leale, e mai non se ritrova.»

47. La bocca se percosse con la mano,
Poi che ebbe detto questo, il sire ardito,
A sé dicendo: «Cavallier villano,
Chi te fa ragionare a tal partito?
Eti scordato adunque il viso umano
Di quella che d'amor te ha il cor ferito?
Ché per lei sola e per la sua bontate
L'altre son degne d'esser tutte amate.»

48. Così dicendo vede di lontano
Bandiere e lancie dritte con pennoni;
Ver lui van quella gente per il piano,
Parte sono a destrier, parte pedoni.
Davanti a gli altri mena il capitano
Duo cavallieri a guisa de prigioni,
Di ferro catenati ambe le braccia.
Ben presto il conte li cognobbe in faccia;

49. Perché l'uno è Grifon, l'altro Aquilante,
Che son condotti a morte da costoro.
Una donzella, poco a quei davante,
Era legata sopra a Brigliadoro.
Pallida in viso e trista nel sembiante,
Condutta è con questi altri al rio martoro:
Orrigille è la dama, quella trista.
Ben lei cognobbe il conte in prima vista;

50. Ma nol dimostra, e va tra quella gente,
E chiede di tal cosa la cagione.
Un che avea la barbuta ruginente
E cinto bene al dosso un pancirone,
Disse: — Condutti son questi al serpente
Il qual divora tutte le persone
Che arrivan forastiere in quel paese,
Dove fôr questi ed altre gente prese.

47. — 5. *Eti*, ti sei.
49. — 8. *il conte* è sogg.

51.   Questo è il regno de Orgagna, se nol sai,
E sei presso al giardin de Fallerina.
Cosa più strana al mondo non fu mai:
Fatto l'ha per incanto la regina;
E tu securo in queste parte vai?
Ma serai preso con molta roina
E dato al drago, come gli altri sono,
Se presto non te fuggi in abandono. —

52.   Molto fu alegro alora il paladino,
Poi che cognobbe in questo ragionare
Che egli era pervenuto a quel giardino,
Qual convenia per forza conquistare.
Ma quel bravel, che ha viso di mastino,
Disse: — Ancor, paccio, stai ad aspettare?
Come qui t'abbia il capitano scorto,
Incontinente serai preso e morto. —

53.   Finito non avea questo sermone,
Che 'l capitano, che l'ebbe veduto,
Gridò: — Pigliàti presto quel bricone,
Che in soa mala ventura è qui venuto.
Adrieto il menarete alla pregione,
Poi che 'l drago per oggi fia pasciuto
De questi tre che or ne vanno alla morte:
Domane ad esso toccarà la sorte. —

54.   Ciascun presto pigliarlo se procura:
Tutta se mosse la gente villana.
Il conte, che de lor poco se cura,
Imbracciò il scudo e trasse Durindana.
Adosso li venian senza paura,
Ché non sapean sua forza sì soprana;
Ciascun s'affretta ben d'esservi in prima,
Perché aver l'arme del guerrier se stima.

55.   Ma presto fe' cognoscer quel ch'egli era,
Come fo gionto con seco alla prova,
Tagliando questo e quello in tai maniera,

---

52. — 3-4. Cioè si trattava del giardino a cui l'aveva inviato Angelica.

Che dove è un pezzo, l'altro non si trova.
Un grande, che portava la bandiera:
— Saldo! — diceva — e non sia che si mova.
Saldo, brigata! — a gran voce cridava;
Ma lui di dietro e ben largo si stava.

56.   Per questo suo cridare alcun non resta,
A furia tutti quanti se ne vano;
Orlando è sempre in mezo a gran tempesta,
E gambe, e teste, e braccie manda al piano.
Gionse a quel grande, e dàgli in su la testa
Un grave colpo col brando a due mano.
Tutto lo fende insino alla cintura:
Non domandar se gli altri avean paura.

57.   Il capitano fo il primo a fuggire,
Perché degli altri avea meglior ronzone,
E fuggendo al compagno prese a dire:
— Questo è colui che occise Rubicone,
E tutti quanti ce farà morire,
Se Dio non ce dà aiuto ed il sperone.
Tristo colui che in quel brando s'abatte!
Gli omini e l'arme taglia come un latte. —

58.   Fu Rubicone da Ranaldo occiso;
Non so, segnor, se più vi ricordati,
Che fu a traverso de un colpo diviso,
Quando Iroldo e Prasildo fôr campati.
Or questo capitano ha preso aviso,
Mirando quei gran colpi smisurati,
Che quello una altra volta sia tornato;
Sempre, fuggendo, pargli averlo a lato.

59.   Ma il conte Orlando non lo seguitava,
Poi che sconfitta quella gente vede.
— Via! Via, canaglia! — dietro li cridava;
E poi tornava, sì come era, a piede
Verso e pregioni. Ciascun lacrimava,
Né apena esser campato alcun se crede.

57. — 6. *ed il sperone*, sogg. coordinato con *Dio*.
58. — Vedi I, XVII, 27.

Ma la donzella, che cognobbe il conte,
Morta divenne ed abassò la fronte.

60.　　Bella era, come io dissi, oltre misura,
Ed a beltate ogni cosa risponde,
Sì che ancor la vergogna e la paura
La grazia del suo viso non asconde.
Veggendo il conte sua bella figura,
Dentro nel spirto tutto se confonde;
Né iniuria se ramenta né l'inganno,
Ma sol gli dôl che lei ne prende affanno.

61.　　Or che bisogna dir? Tanto gli piace,
Che prima che i nepoti la disciolse;
Ma lei, ch'è tutta perfida e fallace,
Come sapea ben fare, il tempo colse;
Piangendo ingenocchion chiedea la pace.
Il conte sostenir questo non volse
Che ella più stesse in quel dolente caso,
Ma rilevolla e fie' pace de un baso.

62.　　In questa forma repacificati,
Il conte rimontò nel suo ronzone,
Da poi quei duo guerreri ha desligati.
La dama sol tenìa gli occhi a Grifone,
Ché già se erano insieme inamorati
Nel tempo che fôr messi alla prigione;
Né mancato era a l'uno o l'altro il foco,
Ben che sian stati in separato loco.

63.　　E non doveti avere a meraviglia
Se, più che 'l conte lei Grifone amava;
Però che Orlando avea folte le ciglia,
E d'un de gli occhi alquanto stralunava.
Grifon la faccia avea bianca e vermiglia,
Né pel di barba, o poco ne mostrava;
Maggiore è bene Orlando e più robusto,
Ma a quella dama non andava al gusto.

---

61. — 8. fece la pace con un bacio.
62. — 3. *Da poi... ha,* dopo che ebbe.

64.   Sempre gli occhi a Grifon la dama tiene,
  E lui guardava lei con molto affetto,
  Con sembianze piatose e d'amor piene;
  Con sospir caldi da lei fende il petto;
  E sì scoperta questa cosa viene,
  Che Orlando incontinente ebbe sospetto;
  E, per non vi tenire in più sermoni,
  Il conte diè licenzia a quei baroni,

65.   Dicendo che quel giorno convenia
  Condurre a fine un fatto smisurato,
  Dove non ha bisogno compagnia,
  Perché fornirlo solo avea giurato.
  Che bisogna più dir? Lor ne van via;
  E già non si partîr senza combiato,
  E da tre volte in sù, senza fallire,
  Il conte li ricorda il dipartire.

66.   Orlando giù dismonta della sella,
  Poi che è Grifon partito ed Aquilante,
  E con la dama sol d'amor favella,
  Benché fosse mal scorto e sozzo amante.
  Eccoti alora ariva una donzella
  Sopra d'un palafren bianco ed amblante.
  Poi che ebbe l'uno e l'altro salutato,
  Verso del conte disse: — Ahi sventurato!

67.   Disventurato! — disse — qual destino
  Te ha mai condutto a sì malvaggia sorte?
  Non sai tu che de Orgagna è qui il giardino,
  Né sei due miglia longe dalle porte?
  Fugge presto, per Dio! fugge, meschino,
  Ché tu sei tanto presso dalla morte,
  Quanto sei presso a l'incantato muro;
  E tu qua zanzi e stai come sicuro! —

64. — 4. la spiegazione più soddisfacente di questo infelice verso sarebbe: « a furia di caldi sospiri si rompe il petto per amore di lei » (Z.); F., arbitrariamente: con sospir caldi ch'a lei fende il petto.
 65. — 7-8. tanto tergiversavano nell'accommiatarsi, che più di tre volte il conte ebbe ad esortarli ad andarsene.
 66. — 4. sozzo, « non polito », inesperto alle maniere dell'amor cortigiano. Lo Z. vi vede un vero giudizio disdegnoso del Poeta.

68.   Il conte a lei rispose sorridendo:
— Voglioti sempre assai ringrazïare,
Perché, al dir che me fai, chiaro comprendo
Che a te dispiace il mio pericolare;
Ma sappi che fuggirme io non intendo,
Ché dentro a quel giardino io voglio intrare.
Amor, che ivi mi manda, me assicura
Di trare al fine tanta alta aventura.

69.   Se mi puoi dar consiglio, o vero aiuto,
Come aggia in cotal cosa fare, o dire,
Estremamente ti serò tenuto.
Quel che abbia a fare, io non posso sentire,
Ché omo non trovo che l'abbia veduto,
Né che me dica dove io debba gire;
Sì che per cortesia ti vo' pregare
Che me consigli quel ch'io debba fare. —

70.   La damigella, ch'era grazïosa,
Smontò nel prato il bianco palafreno,
Ed a lui ricontò tutta la cosa,
Ciò che dovea trovar, né più, né meno.
Questa aventura fu maravigliosa,
Come io vi contarò ben tutto apieno
Nel canto che vien dietro, se a Dio piace;
Bella brigata, rimanete in pace.

CANTO QUARTO

1.   Luce de gli occhi miei, spirto del core,
Per cui cantar suolea sì dolcemente
Rime legiadre e bei versi d'amore,
Spirami aiuto alla istoria presente.
Tu sola al canto mio facesti onore,
Quando di te parlai primeramente,
Perché a qualunche che di te ragiona,
Amor la voce e l'intelletto dona.

2.   Amor primo trovò le rime e' versi,
i suoni, i canti ed ogni melodia;
E genti istrane e populi dispersi
Congionse Amore in dolce compagnia.
Il diletto e il piacer serian sumersi,
Dove Amor non avesse signoria;
Odio crudele e dispietata guerra,
Se Amor non fusse, avrian tutta la terra.

3.   Lui pone l'avarizia e l'ira in bando,
E il core accresce alle animose imprese,
Né tante prove più mai fece Orlando,
Quante nel tempo che de amor se accese.
Di lui vi ragionava alora quando

CANTO IV. — Orlando riceve da una donzella un libro che svela i tranelli del giardino. Nella notte Origille gli sottrae Brigliadoro e Durindana. Orlando uccide il drago, conquista la spada magica di Falerina, uccide la Sirena, il toro, l'Arpia, l'asino, la Fauna, tre giganti, ed esce finalmente dal giardino.

1. — Tratterebbesi della donna del *Canzoniere*. (Lo Zingarelli invece vi vede accennato solo l'amore in se stesso, e non propriamente quella donna; così pure il Carrara. La nostra è pure l'opinione del Reichenbach).

Con quella dama nel prato discese;
Or questa cosa vi voglio seguire,
Per dar diletto a cui piace de odire.

4.   La dama, che col conte era smontata,
Gli dicea: — Cavalliero, in fede mia,
Se non che messagiera io son mandata,
Dentro a questo giardin teco verria;
Ma non posso indugiare una giornata
Del mio camino, ed è lunga la via.
Or quel ch'io te vo' dire, intendi bene:
Esser gagliardo e saggio ti conviene.

5.   Se non vôi esser di quel drago pasto,
Che d'altra gente ha consumata assai,
Convienti di tre giorni esser ben casto,
Né camparesti in altro modo mai.
Questo dragone fia il primo contrasto
Che alla primiera entrata trovarai:
Un libro ti darò, dove è depinto
Tutto 'l giardino e ciò ch'è dentro al cinto. —

6.   Il dragone che gli omini divora,
E l'altre cose tutte quante dice,
E descrive il palagio ove dimora
Quella regina, brutta incantatrice.
Ier entrò dentro e dimoravi ancora,
Perché con succo de erbe e de radice
E con incanti fabrica una spata
Che tagliar possa ogni cosa affatata.

7.   . In questo non lavora se non quando
Volta la luna e che tutto se oscura.
— Or te vo' dir perché ha fatto quel brando
E pone al temperarlo tanta cura.
In Ponente è un baron, che ha nome Orlando,
Che per sua forza al mondo fa paura:
La incantatrice trova per destino
Che costui desertar debbe il giardino.

8.   Come se dice, egli è tutto fatato
In ogni canto, e non si può ferire,

E con molti guerreri è già provato,
E tutti quanti gli ha fatto morire;
Perciò la dama il brando ha fabricato,
Perché il baron che io ho detto, abbia a perire,
Benché lei dica che pur sa di certo
Che il suo giardin da lui serà deserto.

9.   Ma quel che più bisogna avea scordato,
E speso ho il tempo con tante parole.
Non se può entrare in quel loco incantato
Se non aponto quando leva il sole.
Poi ch'io son quivi, è bon tempo passato:
Più teco star non posso, e me ne dole.
Or piglia il libro e ponevi ben cura:
Iddio te aiuti e doneti ventura. —

10.   Così dicendo gli dà il libro in mano,
E da lui tol combiato la fantina;
Ben la ringrazia il cavallier soprano:
Lei monta il palafreno e via camina.
Va passeggiando il conte per il piano,
Poi che indugiar conviene alla mattina;
Ben gli rincresce il gioco che gli è guasto
Ch'esser conviene a quella impresa casto:

11.   Perché Origille, quella damigella
Che avea campata, seco dimorava.
Amore e gran desio dentro il martella,
Ma pur indugïar deliberava.
La luna era nel celo ed ogni stella,
Il conte sopra a l'erba si posava,
Col scudo sotto il capo e tutto armato;
La damigella a lui stava da lato.

12.   Dormiva Orlando, e sornacchiava forte
Senz'altra cura il franco cavalliero;
Ma quella dama, che è di mala sorte
Ed a seguir Grifone avea il pensiero,
Fra sé deliberò dargli la morte;
E, rivolgendo ciò l'animo fiero,

Vien pianamente a lui se approssimando,
E via dal fianco gli distacca il brando.

13.   Tutto è coperto il conte d'armatura:
Non sa la dama il partito pigliare,
Né de ferirlo ponto se assicura,
Onde destina di lasciarlo stare.
Lei prende Brigliadoro alla pastura,
E prestamente su vi ebbe a montare,
E via camina e quindi s'alontana,
E porta seco il brando Durindana.

14.   Orlando fu svegliato al matutino,
E del brando s'accorse e del ronzone.
Pensati se de questo fu tapino,
Che 'l credette morir di passïone;
Ma in ogni modo entrar vôle al giardino:
E bench'egli abbia perduto il ronzone
E il brando di valor tanto infinito,
Non se spaventa il cavalliero ardito.

15.   Via caminando come disperato,
Verso il giardino andava quel barone;
Un ramo d'uno alto olmo avea sfrondato,
E seco nel portava per bastone.
Il sole aponto alora era levato,
Quando lui gionse al passo del dragone;
Fermossi alquanto il cavallier sicuro,
Guardando intorno del giardino al muro.

16.   Quello era un sasso de una pietra viva,
Che tutta integra atorno l'agirava;
Da mille braccie verso il ciel saliva,
E trenta miglia quel cerchio voltava.
Ecco una porta a levante s'apriva:
Il drago smisurato zuffellava,
Battendo l'ale e menando la coda;
Altro che lui non par che al mondo s'oda.

17.   Fuor della porta non esce nïente,
Ma stavi sopra come guardïano;

12. — 7. *se approssimando:* sé scrivono gli altri editori.

Il conte se avicina arditamente
Col scudo in braccio e col bastone in mano.
La bocca tutta aperse il gran serpente,
Per ingiottire quel baron soprano;
Lui, che di tal battaglia era ben uso,
Mena il bastone e colse a mezo 'l muso.

18.   Per questo fu il serpente più commosso,
E verso Orlando furïoso viene;
Lui con quel ramo de olmo verde e grosso
Menando gran percosse gli dà pene.
Al fin con molto ardir gli salta adosso,
E cavalcando tra le coscie il tiene;
Ferendo ad ambe mano, a gran tempesta
Colpi radoppia a colpi in su la testa.

19.   Rotto avea l'osso, e il suo cervello appare,
Quella bestia diversa, e cadde morta.
Il sasso, che era aperto a questo intrare,
S'accolse insieme, e chiuse questa porta.
Or non sa il conte ciò che debba fare,
E nella mente alquanto se sconforta;
Guardasi intorno e non sa dove gire,
Ché chiuso è dentro e non potrebbe uscire.

20.   Era alla sua man destra una fontana,
Spargendo intorno a sé molta acqua viva;
Una figura di pietra soprana,
A cui del petto fuor quella acqua usciva,
Scritto avea in fronte: 'Per questa fiumana
Al bel palagio del giardin se ariva.'
Per infrescarse se ne andava il conte
Le man e 'l viso a quella chiara fonte.

21.   Avea da ciascun lato uno arboscello
Quel fonte che era in mezo alla verdura,
E facea da se stesso un fiumicello
De una acqua troppo cristallina e pura;
Tra' fiori andava il fiume, e proprio è quello
Di cui contava aponto la scrittura,
Che la imagine al capo avea d'intorno;
Tutta la lesse il cavalliero adorno.

22.   Onde si mosse a gire a quel palaggio,
         Per pigliare in quel loco altro partito;
         E caminando sopra del rivaggio
         Mirava il bel paese sbigotito.
         Egli era aponto del mese di maggio,
         Sì che per tutto intorno era fiorito,
         E rendeva quel loco un tanto odore,
         Che sol di questo se allegrava il core.

23.   Dolce pianure e lieti monticelli
         Con bei boschetti de pini e d'abeti,
         E sopr'a verdi rami erano occelli,
         Cantando in voce viva e versi queti.
         Conigli e caprioli e cervi isnelli,
         Piacevoli a guardare e mansueti,
         Lepore e daini correndo d'intorno,
         Pieno avean tutto quel giardino adorno.

24.   Orlando pur va drieto alla rivera,
         Ed avendo gran pezzo caminato,
         A piè d'un monticello alla costera
         Vide un palagio a marmori intagliato;
         Ma non puotea veder ben quel che gli era,
         Perché de arbori intorno è circondato.
         Ma poi, quando li fu gionto dapresso,
         Per meraviglia uscì for di se stesso.

25.   Perché non era marmoro il lavoro
         Ch'egli avea visto tra quella verdura,
         Ma smalti coloriti in lame d'oro
         Che coprian del palagio l'alte mura.
         Quivi è una porta di tanto tesoro,
         Quanto non vede al mondo creatura,
         Alta da diece e larga cinque passi,
         Coperta de smiraldi e de balassi.

26.   Non se trovava in quel ponto serrata,
         Però vi passò dentro il conte Orlando.

22. — Cfr. il giardino d'Alcina nel *Fur.*, VI, 20-27.
23. — 7. *lepore*, lepri. — 8. *Pieno avean*, riempivano. Cfr., per questa
ottava, Boccaccio, *Teseida*, VII, 51-52.

Come fu gionto nella prima entrata,
Vide una dama che avea in mano un brando,
Vestita a bianco e d'oro incoronata,
In quella spada se stessa mirando.
Come lei vide il cavallier venire,
Tutta turbosse e posesi a fuggire.

27.   Fuor della porta fuggì per il piano;
Sempre la segue Orlando tutto armato,
Né fu ducento passi ito lontano,
Che l'ebbe gionta in mezo di quel prato.
Presto quel brando gli tolse di mano,
Che fu per dargli morte fabricato,
Perché era fatto con tanta ragione,
Che taglia incanto ed ogni fatagione.

28.   Poi per le chiome la dama pigliava,
Che le avea sparse per le spalle al vento,
E di dargli la morte minacciava
E grave pena con molto tormento,
Se del giardino uscir non gl'insegnava.
Lei, ben che tremi tutta di spavento,
Per quella tema già non se confonde,
Anci sta queta e nulla vi risponde;

29.   Né per minaccie che gli avesse a fare
Il conte Orlando, né per la paura
Mai gli rispose, né volse parlare,
Né pur di lui mostrava tenir cura.
Lui le lusenghe ancor volse provare,
Essa ostinata fo sempre e più dura;
Né per piacevol dir né per minaccia
Puote impetrar che lei sempre non taccia.

30.   Turbossi il cavallier nel suo coraggio,
Dicendo: — Ora me è forza esser fellone;
Mia serà la vergogna e tuo il dannaggio,
Benché di farlo io ho molta ragione. —
Così dicendo la mena ad un faggio,
E ben stretta la lega a quel troncone
Con rame lunghe, tenere e ritorte,
Dicendo a lei: — Or dove son le porte? —

31.   Lei non risponde al suo parlar nïente,
E mostra del suo crucio aver diletto.
— Ahi, — disse il conte — falsa e fraudolente!
Ch'io lo posso sapere al tuo dispetto.
Or mo di novo mi è tornato a mente
Che in un libretto l'aggio scritto al petto,
Qual mi mostrarà il fatto tutto a pieno. —
Così dicendo sel trasse di seno.

32.   Guardando nel libretto ove è depento
Tutto il giardino e di fuore e d'intorno.
Vede nel sasso, ch'è d'incerco acento,
Una porta che n'esce a mezogiorno;
Ma bisogna a l'uscir aver convento
Un toro avanti, che ha di foco un corno,
L'altro di ferro, ed è tanto pongente,
Che piastra o maglia non vi val nïente.

33.   Ma prima che vi ariva, un lago trova,
Dove è molta fatica a trapassare,
Per una cosa troppo strana e nova,
Sì come apresso vi vorò contare;
Ma il libro insegna vincer quella prova.
Non avea il conte a ponto a indugïare,
Ma via camina per l'erba novella,
Lasciando al faggio presa la donzella.

34.   Via ne va lui per quelle erbe odorose,
E poi che alquanto via fu caminato,
L'elmo a l'orecchie empì dentro di rose,
Delle qual tutto adorno era quel prato.
Chiuse l'orecchie, ad ascoltar si pose
Gli occei, ch'erano intorno ad ogni lato:
Mover li vede il collo e 'l becco aprire,
Voce non ode e non potrebbe odire,

35.   Perché chiuso se aveva in tal maniera
L'orecchie entrambe a quelle rose folte,

---

32. — 3. vede nel muro che cinge il giardino tutt'intorno (letteralmente: che è cintura, *acento*). — 5-6. bisogna prima (*avanti*) domare (*aver convento, convinto*)...

Che non odiva, al loco dove egli era,
Cosa del mondo, ben che attento ascolte;
E caminando gionse alla rivera,
Che ha molte gente al suo fondo sepolte.
Questo era un lago piccolo e iocondo
D'acque tranquille e chiare insino al fondo.

36.   Non gionse il conte in su la ripa apena,
Che cominciò quell'acqua a gorgoliare;
Cantando venne a sommo la Sirena.
Una donzella è quel che sopra appare,
Ma quel che sotto l'acqua se dimena
Tutto è di pesce e non si può mirare,
Ché sta nel lago da la furca in gioso;
E mostra il vago, e il brutto tiene ascoso.

37.   Lei comincia a cantar sì dolcemente,
Che uccelli e fiere vennero ad odire:
Ma, come erano gionti, incontinente
Per la dolcezza convenian dormire.
Il conte non odìa de ciò nïente,
Ma, stando attento, mostra di sentire.
Come era dal libretto amaestrato,
Sopra la riva se colcò nel prato.

38.   E' mostrava dormir ronfando forte:
La mala bestia il tratto non intese,
E venne a terra per donarli morte;
Ma il conte per le chiome ne la prese.
Lei, quanto più puotea, cantava forte,
Ché non sapeva fare altre diffese,
Ma la sua voce al conte non attiene,
Che ambe l'orecchie avea di rose piene.

39.   Per le chiome la prese il conte Orlando,
Fuor di quel lago la trasse nel prato,
E via la testa gli tagliò col brando,
Come gli aveva il libro dimostrato,
Sé tutto di quel sangue rossegiando,

36. — 7. *furca*, forca, inguine.
38. — 8. Queste ripetizioni (vv. 34-3, 35-2) sono spia di un comporre privo di disciplina.

E l'arme e sopraveste in ogni lato.
L'elmo se trasse e dislegò le rose;
Tinto di sangue poi tutto se 'l pose

40.   Di quel sangue avea tocco in ogni loco,
Perché altramente tutta l'armatura
Avrebbe consumata a poco a poco
Quel toro orrendo e fora di natura,
Che avea un corno di ferro ed un di foco.
Al suo contrasto nulla cosa dura,
Arde e consuma ciò che tocca apena:
Sol se diffende il sangue di sirena.

41.   Di questo toro sopra vi ho contato,
Che verso mezogiorno è guardïano.
Il conte a quella porta fu arivato,
Poi che ebbe errato molto per il piano.
Il sasso che 'l giardino ha circondato
S'aperse alla sua gionta a mano a mano,
E una porta di bronzo si disserra:
Fuora uscì il toro a mezo della terra.

42.   Muggiando uscitte il toro alla battaglia,
E ferro e foco nella fronte squassa,
Né contrastar vi può piastra né maglia,
Ogni armatura con le corne passa.
Il conte con quel brando che ben taglia,
A lui ferisce ne la testa bassa,
E proprio il gionse nel corno ferrato:
Tutto di netto lo mandò nel prato.

43.   Per questo la battaglia non s'arresta;
Con l'altro corno, ch'è di foco, menà
Con tanta furia e con tanta tempesta,
Che il conte in piede si mantiene apena.
Arso l'avria da le piante alla testa,
Se non che il sangue di quella sirena
Da questa fiamma lo tenìa diffeso,
Che avrebbe l'arme e il busto insieme acceso.

44.   Combatte arditamente il conte Orlando,
Come colui che fu senza paura;

Mena a due mano irato e fulminando
Dritti e roversi fuor d'ogni misura.
Egli ha gran forza ed incantato ha il brando,
Onde a' suoi colpi nulla cosa dura;
Ferendo e spalle e testa ed ogni fianco,
Fece che 'l toro al fin pur venne manco.

45.   Le gambe tagliò a quello e il collo ancora,
Con gran fatica se finì la guerra.
Il toro occiso senza altra dimora
Tutto se ascose sotto della terra;
La porta, che era aperta alora alora,
A l'asconder di quel presto si serra;
La pietra tutta insieme è ritornata,
Porta non vi è, né segno ove sia stata.

46.   Il conte più non sa quel che si fare,
Ché de l'uscita non vede nïente;
Prende il libretto e comincia a guardare,
D'intorno al cerchio va ponendo mente;
Vede il vïaggio che debbe pigliare
Dietro ad un rivo che corre a ponente,
Ove di zoie aperta è una gran porta;
Uno asinello armato è la sua scorta.

47.   Ma presto narrarò com'era fatto
Questo asinello, e fu gran meraviglia.
Dio guardi il conte Orlando a questo tratto,
Che alla riva del fiume il camin piglia.
Via ne va sempre caminando ratto,
E seco nella mente se assotiglia,
Perché 'l libro altro ancor gli avea mostrato,
Prima che gionga a l'asinello armato.

48.   Così pensando, a mezo del camino
Uno arbore atrovò fuor di misura:
Tanto alto non fo mai faggio né pino,
Tutto fronzuto di bella verdura.
Come da longe il vide il paladino,
Ben si ricorda di quella scrittura
Che gli mostrava il suo libretto aponto,
Però provede prima che sia gionto.

49.   Fermosse sopra il fiume il cavalliero,
E 'l scudo prestamente desimbraccia,
Da l'elmo tolse via tutto il cimiero,
Alla fronte di quello il scudo allaccia,
Sì che 'l copria davanti tutto intiero,
Verso la vista e sopra della faccia.
Dinanti ai piedi aponto in terra guarda:
Altro non vede e il suo camin non tarda.

50.   E come il loco avea prima avisato,
Al tronco drittamente via camina.
Un grande occello ai rami fu levato,
Che avea la testa e faccia di regina,
Coi capei biondi e il capo incoronato;
La piuma al collo ha d'oro e purpurina,
Ma il petto, il busto e le penne maggiore
Vaghe e dipente son d'ogni colore.

51.   La coda ha verde e d'oro e di vermiglio,
Ed ambe l'ale ad occhi di pavone;
Grande ha le branche e smisurato artiglio,
Proprio assembra di ferro il forte ungione.
Tristo quello omo a chi dona di piglio,
Ché lo divora con destruzïone.
Smaltisce questo occello una acqua molle,
Qual, come tocca gli occhi, il veder tolle.

52.   Levosse dalle rame con fraccasso
Quel grande occello, e verso il conte andava,
Il qual veniva al tronco passo passo
Col scudo in capo, e gli occhi non alciava,
Ma sempre a terra aveva il viso basso;
E l'occellaccio d'intorno agirava,
E tal rumor faceva e tal cridare,
Che quasi Orlando fie' pericolare.

53.   Ché fu più volte per guardare in suso;
Ma pur se ricordava del libretto,
E sotto il scudo se ne stava chiuso.

52. — Le peculiarità principali di questo uccello sono da rapportarsi
alle mitologiche Arpie, ritratte ancora dall'Ariosto nel XXXIII, 108-128.

Alciò la coda il mostro maledetto,
E l'acqua avelenata smaltì giuso.
Quella cade nel scudo, e per il petto
Calla stridendo, come uno oglio ardente;
Ma nella vista non toccò nïente.

54.   Orlando se lasciò cadere in terra,
Tra l'erbe, come ceco, brancolando.
Calla l'occello e nel sbergo l'afferra,
E verso il tronco il tira strasinando.
Il conte a man riversa un colpo serra;
Proprio a traverso lo gionse del brando,
E da l'un lato a l'altro lo divise,
Sì che, a dir breve, quel colpo l'occise.

55.   Poi che mirato ha il conte quello occello,
Sotto il suo tronco a l'ombra morto il lassa,
E raconcia il cimiero alto a pennello,
E 'l scudo al braccio nel suo loco abassa.
Verso la porta dove è l'asinello,
Drieto a ponente, in ripa al fiume passa,
E poco caminò che ivi fu gionto,
E vide aprir la porta in su quel ponto.

56.   Mai non fo visto sì ricco lavoro
Come è la porta nella prima faccia.
Tutta è di zoie, e vale un gran tesoro;
Non la diffende né spata né maccia
Ma uno asino coperto a scaglie d'oro,
Ed ha l'orecchie lunghe da due braccia:
Come coda di serpe quelle piega,
E piglia e strenge a suo piacere e lega.

57.   Tutto è coperto di scaglia dorata,
Come io vi ho detto, e non si può passare;
Ma la sua coda taglia come spata,
Né vi può piastra né maglia durare;
Grande ha la voce e troppo smisurata,
Sì che la terra intorno fa tremare.
Ora alla porta il conte s'avicina:
La bestia venne a lui con gran roina.

58.   Orlando lo ferì de un colpo crudo,
Né lo diffende l'incantata scaglia;
Tutto il scoperse insino al fianco nudo,
Perché ogni fatason quel brando taglia.
L'asino prese con l'orecchie il scudo,
E tanto dimenando lo travaglia,
Di qua di là battendo in poco spaccio,
Che al suo dispetto lo levò dal braccio.

59.   Turbosse oltra misura il conte Orlando,
E mena un colpo furïosamente;
Ambe l'orecchie gli tagliò col brando,
Ché quella scaglia vi giovò nïente.
Esso le croppe rivoltò cridando,
E mena la sua coda, che è tagliente,
E spezza al franco conte ogni armatura:
Lui è fatato, e poco se ne cura;

60.   E de un gran colpo a quel colse ne l'anca
Dal lato destro, e tutta l'ha tagliata,
E dentro agionse nella coscia stanca.
Non è riparo alcuno a quella spata;
Quasi la tagliò tutta, e poco manca.
Cadde alla terra la bestia incantata,
Cridando in voce di spavento piena,
Ma il conte ciò non cura e il brando mena.

61.   Mena a due mano il conte e non s'arresta,
Benché cridi la bestia a gran terrore.
Via de un sol colpo gli gettò la testa
Con tutto il collo, o la parte maggiore.
Alor tutta tremò quella foresta,
E la terra s'aperse con rumore,
Dentro vi cadde quella mala fiera;
Poi se ragionse, e ritornò com'era.

62.   Or fora il conte se ne vuole andare,
Ed alla ricca porta èsse invïato,
Ma dove quella fosse non appare:
Il sasso tutto integro è riserrato.
Lui prende il libro e comincia a mirare;

Poi che ogni volta rimane ingannato
E dura indarno cotanta fatica,
Non sa più che se facci o che se dica.

63.   Ciascuna uscita sempre è stata vana
E con arisco grande di morire;
Pur la scrittura del libretto spiana
Che ad ogni modo non se puote uscire
Per una porta volta a tramontana,
Ma là non vi val forza, e non ardire,
Né 'l proprio senno né l'altrui consiglio,
Ché troppo è quello estremo e gran periglio.

64.   Perché un gigante smisurato e forte
Guarda la uscita con la spata in mano,
E se egli avvien che dato li sia morte,
Duo nascon del suo sangue sopra il piano,
E questi sono ancor de simil sorte:
Ciascun quattro produce a mano a mano,
Così multiplicando in infinito
Il numero di lor forte ed ardito.

65.   Ma prima ancor che se possa arivare
A quella porta, che è tutta d'argento,
Per quella serrata, vi è molto che fare,
E bisognavi astuzia e sentimento.
Ma il conte a questo non stette a pensare,
Come colui che avea molto ardimento,
Seco dicendo a sua mente animosa:
« Chi può durare, al fin vince ogni cosa.»

---

63. — 4. costr.: *che non ad ogni modo se puote*; cioè si può solo seguendo il libro e con molta saggezza.

65. — 1-4. Nessun interprete ha inteso questo oscuro passo senza cadere in qualche difetto di senso. – Prima che si possa arrivare a quella porta, alla quale appunto si arriva attraverso, per mezzo di quella *serrata*, passaggio obbligato costituito dal gigante sul ponte (71, 3-5), vi è ancor molto da fare, e occorre astuzia e senno (si tratta delle tavole imbandite e della Fauna, da cui bisogna diffidare). Non è possibile che il v. 4 si riferisca alla prova del gigante e al passaggio della porta, ché per quelli ha detto alla 63, 6-7 che non val *forza* né *ardire* né proprio *senno* né altrui *consiglio*, mentre qui si tratta appunto di *astuzia* e *sentimento*. Il v. 3 è ipermetro: il F. corregge con *perché è serrata*, che non dà senso. Z.: « forse vi è qualche leggero guasto che non giungiamo a individuare ». — *che è tutta d'argento* va letto come fra parentesi, e si fa pausa solo dopo *serrata*.

66.   Così fra sé parlando il camin prese
Giù per la costa verso tramontana,
E vide, come al campo giù discese,
Una valle fiorita e tutta piana,
Ove tavole bianche eran distese,
Tutte apparate intorno alla fontana;
Con ricche coppe d'oro in ogni banda
Eran coperti de ottima vivanda.

67.   Né quanto intorno se puote mirare,
Disotto al piano e di sopra nel monte,
Non vi è persona che possi guardare
Quella ricchezza che è intorno alla fonte;
E le vivande se vedean fumare.
Gran voglia di mangiare aveva il conte;
Ma prima il libracciol trasse del petto,
E, quel leggendo, prese alto sospetto.

68.   Guardando quel libretto, il paladino
Vide la cosa sì pericolosa.
Di là dal fonte è un boschetto di spino,
Tutto fiorito di vermiglia rosa,
Verde e fronzuto; e dentro al suo confino
Una Fauna crudel vi sta nascosa:
Viso di dama e petto e braccia avia,
Ma tutto il resto d'una serpe ria.

69.   Questa teneva una catena al braccio,
Che nascosa venìa tra l'erba e' fiori,
E facea intorno a quella fonte un laccio,
Acciò, se alcun, tirato da li odori,
Intrasse alla fontana dentro al spaccio,
Fosse pigliato con gravi dolori;
Essa, tirando poi quella catena,
A suo mal grado nel boschetto il mena.

70.   Orlando dalla fonte si guardava,
E verso il verde bosco prese a gire.

___

67. — 3. Orlando non vede nessuno a custodire quell'imbandigione e
vietarvi l'accesso.

Come la Fauna di questo si addava,
Uscì cridando e posesi a fuggire;
Per l'erba, come biscia, sdrucellava,
Ma presto il conte la fece morire
De un colpo solo e senza altra contesa,
Ché quella bestia non facea diffesa.

71. Poi che la Fauna fu nel prato morta,
Ver tramontana via camina il conte,
E poco longi vide la gran porta,
Che avea davanti sopra un fiume un ponte.
Su vi sta quel che ha tanta gente morta,
Col scudo in braccio e con l'elmo alla fronte;
Par che minacci con sembianza cruda,
Armato è tutto ed ha la spada nuda.

72. Orlando se avicina a quel gigante,
Né de cotal battaglia dubitava,
Perché in sua vita ne avea fatto tante,
Che poca cura di questa si dava.
Quello omo smisurato venne avante,
Ed un gran colpo de spata menava.
Schifollo il conte e trassese da lato,
E quel ferisce col brando affatato.

73. Gionse al gigante sopra del gallone,
Non lo diffese né piastra né maglia,
Ma, fraccassando sbergo e pancirone,
Insino a l'altra coscia tutto il taglia.
Ora se allegra il figlio di Melone,
Credendo aver finita ogni battaglia,
E prese de l'uscir molto conforto,
Poi che vide il gigante a terra morto.

74. Quello era morto, e 'l sangue fuora usciva,
Tanto che ne era pien tutto quel loco;
Ma, come fuor del ponte in terra ariva,
Intorno ad esso s'accendeva un foco.
Crescendo ad alto quella fiamma viva

70. — 5. *sdrucellava*, sdrucciolava, strisciava.

Formava un gran gigante a poco a poco;
Questo era armato e in vista furibondo,
E dopo il primo ancor nascìa il secondo.

75.   Figli parean di 'l foco veramente,
Tanto era ciascun presto e furïoso,
Con vista accesa e con la faccia ardente.
Ora ben stette il conte dubbïoso;
Non sa quel che far debba nella mente:
Perder non vôle, e 'l vincere è dannoso,
Però, ben che li faccia a terra andare,
Rinasceranno, e più vi avrà che fare.

76.   Ma de vincere al fin pur se conforta,
Se ne nascesser ben mille migliara,
Ed animoso se driccia alla porta.
Quei duo giganti avean presa la sbara;
Ciascuno aveva una gran spada torta,
Perché eran nati con la simitara.
Ma il conte a suo mal grado dentro passa,
Prende la sbarra e tutta la fraccassa.

77.   Unde ciascun di lor più fulminando
Percote adosso del barone ardito;
Ma poca stima ne faceva Orlando,
Ché non puotea da loro esser ferito.
Lui riposto teneva al fianco il brando,
Perché avea preso in mente altro partito;
Adosso ad un di lor ratto se caccia,
E sotto l'anche ben stretto l'abbraccia.

78.   Aveano entrambi smisurata lena,
Ma pur l'aveva il conte assai maggiore.
Leval il conte ad alto e intorno il mena,
Né vi valse sua forza, o suo vigore,
Ché lo pose riverso in su l'arena.
L'altro gigante con molto furore
Di tempestare Orlando mai non resta
Da ciascun lato e basso e nella testa.

75. — 5. *nella mente* è da unire a *non sa*: non sa pensare.
76. — 7. *suo*, loro, dei giganti.

79.   Lui lascia il primo, com'era disteso,
        E contra a questo tutto se disserra;
        Sì come l'altro a ponto l'ebbe preso,
        E con fraccasso lo messe alla terra.
        L'altro è levato de grande ira acceso:
        Orlando lascia questo e quello afferra;
        E mentre che con esso fa battaglia,
        Levasi il primo e intorno lo travaglia.

80.   Andò gran tempo a quel modo la cosa,
        Né se potea sperare il fin giamai;
        Non può prendere il conte indugia o posa,
        Ché sempre or l'uno or l'altro gli dà guai.
        Durata è già la zuffa dolorosa
        Più che quattro ore, con tormento assai
        Per l'uno e l'altro; a benché 'l conte Orlando
        A duo combatte e non adopra il brando.

81.   Per non multiplicarli, il cavalliero
        Batteli a terra e non gli fa morire,
        Ma per questo non esce del verziero,
        Ch'e duo giganti il vetano a partire.
        Lui prese combattendo altro pensiero
        Subitamente, e mostra di fuggire;
        Per la campagna va correndo il conte,
        Ma quei due grandi ritornarno al ponte.

82.   Ciascun sopra del ponte ritornava,
        Come de Orlando non avesse cura;
        E lui, che spesso in dietro si voltava,
        Credette che restasser per paura;
        Ma quella fatason che li creava
        Quivi li tenea fermi per natura.
        Sol per diffesa stan di quella porta,
        E fanno al fiume ed al suo ponte scorta.

83.   Il conte questo non aveva inteso,
        Ma via da lor correndo se alontana;
        Alla valletta se ne va disteso,
        Che ha 'l bel boschetto a lato alla fontana,
        Dove la Fauna avea quel laccio teso

Per pascerse de sangue e carne umana.
Tavole quivi son da tutte bande;
Il laccio è teso intorno alle vivande.

84.　　　Era quel laccio tutto di catena,
Come di sopra ancora io v'ho contato.
Orlando lo distacca e dietro il mena,
Strasinando alle spalle, per il prato:
Tanto era grosso, che lo tira appena.
Con esso al ponte ne fu ritornato,
E pose un de' giganti a forza a terra,
E braccie e gambe a quel laccio gl'inferra.

85.　　　Benché a ciò fare vi stesse buon spaccio,
Perché l'altro gigante lo anoiava;
Ma a suo mal grado uscì di quello impaccio,
Ed ancora esso per forza atterrava;
Come l'altro il legò proprio a quel laccio.
Ora la porta più non se serrava,
E puote Orlando a suo diletto uscire;
Quel che poi fece, tornati ad odire.

86.　　　Perché se dice che ogni bel cantare
Sempre rincresce quando troppo dura,
Ed io diletto a tutti vi vo' dare
Tanto che basta, e non fuor di misura;
Ma se verreti ancora ad ascoltare,
Racontarovi di questa ventura
Che aveti odita, tutto quanto il fine,
Ed altre istorie belle e pellegrine.

CANTO QUINTO

1.   Vita zoiosa, e non finisca mai,
A voi che con diletto me ascoltati.
Segnori, io contarò dove io lasciai,
Poi che ad odire sete ritornati,
Sì come Orlando con fatica assai
Quei duo giganti al ponte avea legati.
Vinto ha ogni cosa il franco paladino,
Ed a sua posta uscir può del giardino.

2.   Ma lui tra sé pensava nel suo core
Che se a quel modo fuora se n'andava,
Non era ben compito de l'onore,
Né satisfatto a quella che 'l mandava;
Ed era ancora al mondo un grande errore,
Se quel giardino in tal forma durava,
Ché dame e cavallier d'ogni contrate
Vi erano occisi con gran crudeltate.

3.   Però si pose il barone a pensare
Se in alcun modo, o per qualche maniera
Questo verzier potesse disertare;
Così la lode e la vittoria intiera
Ben drittamente acquistata gli pare,
Poi che l'usanza dispietata e fiera
Che struggea tante gente pellegrine,
Per sua virtute sia condutta a fine.

CANTO V. — Orlando distrugge il giardino di Falerina; la quale allora promette di liberare i prigionieri del Ponte di Dragontina. Brunello invola l'anello ad Angelica, il ronzone a Sacripante e la spada a Marfisa. Galafrone invia il re circasso in Sericana per aiuti.

4.   Legge il libretto, e vede che una pianta
        Ha quel giardino in mezzo al tenimento,
        A cui se un ramo de cima se schianta,
        Sparisce quel verziero in un momento;
        Ma di salirvi alcun mai non si vanta,
        Che non guadagni morte o rio tormento.
        Orlando, che non sa che sia paura,
        Destina de compir questa ventura.

5.   Ritorna adietro per una vallata,
        Che proprio ariva sopra al bel palaggio
        Ove la dama prima avea trovata,
        Che mirandosi al brando stava ad aggio;
        E lui lì presso la lasciò legata,
        Come sentesti, a quel tronco di faggio;
        Così la ritrovò legata ancora:
        Ivi la lascia e non vi fa dimora.

6.   De gionger alla pianta avea gran fretta;
        Ed ecco in mezo di quella pianura
        Ebbe veduta quella rama eletta,
        Bella da riguardare oltra misura.
        D'arco de Turco non esce saetta
        Che potesse salire a quella altura;
        Salendo e rami ad alto e' fa gran spaccio,
        Né volta il tronco alla radice un braccio.

7.   Non è più grosso, ed ha li rami intorno
        Lunghi e sotili, ed ha verde le fronde;
        Quelle getta e rinova in ciascun giorno,
        E dentro spine acute vi nasconde.
        Di vaghe pome d'oro è tutto adorno;
        Queste son grave e lucide e rotonde,
        E son sospese a un ramo piccolino:
        Grande è il periglio ad esser lì vicino.

8.   Grosse son quanto uno omo abbia la testa,
        E come alcuno al tronco s'avicina,

6. — 8. la sua circonferenza non misura più di un braccio.
7. — 8. altra lez. (F.): *ad esserli vicino.*

Pur sol battendo i piedi alla foresta,
Trema la pianta lunga e tenerina;
E cadendo le pome a gran tempesta,
Qualunche è gionto da quella roina
Morto alla terra se ne va disteso,
Perché non è riparo a tanto peso.

9.   Alti li rami son quasi un'arcata;
Il tronco da lì in gioso è sì polito,
Che non vi salirebbe anima nata,
E se alcun fosse di salire ardito,
Non serìa sostenuto alcuna fiata,
Perché alla cima non è grosso un dito.
Ogni cosa sapeva Orlando a posto:
Letto nel libro aveva ciò che io conto.

10.   E lui prende nel cor tanto più sticcia
Quanto le cose son più faticose,
E per trar questo al fin la mente adriccia.
Taglia de un faggio le rame frondose
Subitamente, e fece una gradiccia;
Crosta di prato e terra su vi pose,
Poi sopra alle sue spalle e alla testa
Stretta la lega, e va che non s'arresta.

11.   Aveva il conte una forza tamanta,
Che già portava, come Turpin dice,
Una colonna integra tutta quanta
D'Anglante a Brava per le sue pendice.
Or, come gionto fu sotto la pianta,
Tutta tremò per sino alla radice.
Le sue gran pome, ciascuna più greve,
Vennero a terra e spesse come neve.

12.   Il conte va correndo tutta fiata,
E de gionger al tronco ben s'appresta,
Ché già tutta la terra è dissipata,
Né manca di cader l'aspra tempesta.
Ora era carca tanto quella grata,

9. — 1. *arcata*, tiro d'arco.
10. — 5. *gradiccia*, graticcio (*grata* al 12-5).

Che sol di quel gran peso lo molesta,
E se ben presto al tronco non ariva,
Quella roina della vita il priva.

13.   Come fu gionto a quella pianta gaglia,
Non vi crediati che voglia montare;
Tutta a traverso de un colpo la taglia:
La cima per quel modo ebbe a schiantare.
Come fu in terra, tutta la prataglia
D'intorno intorno cominciò a tremare;
Il sol tutto se asconde e il celo oscura,
Coperse un fumo il monte e la pianura.

14.   Ove sia il conte non vede nïente,
Trema la terra con molto romore.
Eravi per quel fumo un fuoco ardente,
Grande quanto una torre, ancor maggiore;
Questo è un spirto d'abisso veramente,
Che strugge quel giardino a gran furore,
E, come al tutto fu venuto meno,
Ritornò il giorno e fiesse il cel sereno.

15.   La pietra che 'l verzier suolea voltare,
Tutta è sparita e più non se vedia;
Ora per tutto si può caminare.
Largo è il paese, aperto a prateria,
Né fonte né palagio non appare;
De ciò che vi era, sol la dama ria,
Io dico Falerina, ivi è restata,
Sì come prima a quel tronco legata.

16.   La qual piangendo forte lamentava,
Poi che disfatto vidde il suo giardino.
Né come prima tacita si stava
Negando dar risposta al paladino;
Ma con voce pietosa lo pregava
Che aggia mercè del suo caso tapino,
Dicendogli: — Baron, fior de ogni forte,
Ben ti confesso ch'io merto la morte.

13. — 1. *gaglia*, gaia: vedi 6-4.
14. — Scena apocalittica e piena di mistero. — 5. *abisso*, inferno.

17.   Ma se al presente me farai morire,
Sì come io ne son degna in veritade,
E dame e cavallier farai perire,
Che son pregioni, e fia gran crudeltade.
Acciò che intendi quel che ti vo' dire,
Sappi che io feci con gran falsitade
Questo verziero e ciò che gli era intorno,
In sette mesi; ora è sfatto in un giorno.

18.   Per vendicarme sol de un cavallero
E de una dama sua, falsa, putana,
Io feci il bel giardin, che, a dirti il vero,
Ha consumata molta gente umana;
Né ancora mi bastò questo verzero:
Io feci un ponte sopra a una fiumana,
Dove son prese e dame e cavallieri,
Quanti ne arivan per tutti e sentieri.

19.   Quel cavalliero è nomato Arïante,
Origilla è la falsa che io contai.
Or de costoro io non dico più avante,
A benché vi serìa da dire assai.
Per mia sventura tra gente cotante
Alcun de questi duo non gionse mai,
E già più gente è morta a tal dannaggio
Che non ha rami o fronde questo faggio.

20.   Perché al giardin, che fu meraviglioso,
Tutti eran morti quanti ne arivava;
Ma il numero più grande e copïoso,
Il ponte ch'io t'ho detto mi mandava,
Perché avea in guardia un vecchio doloroso,
Che molta gente sopra vi guidava.
Il ponte non bisogna che io descriva,
Ma per se stesso chiude chi ve ariva.

21.   Né è molto tempo che una incantatrice,
Quale è figliola del re Galafrone,
Che ora col patre, sì come se dice,

21. — Vedi I, XIV.

Assedïata è dentro ad un girone,
Passando alor di qua, quell'infelice,
Al ponte fo condutta dal vecchione,
E poi, con modo che io non sazo dire,
Partisse, e tutti gli altri fie' fuggire.

22.   Ma molti vi ne sono ora al presente,
Perché ne prende sempre il vecchio assai,
E come io serò occisa, incontinente
Il ponte e lor non si vedran più mai,
E meco perirà cotanta gente:
E tu cagion di tutto il mal serai.
Ma se mi campi, io ti prometto e giuro
Che lasciarò ciascun franco e sicuro.

23.   E se non dài al mio parlar credenza,
Menami teco, come io son, legata
(Presa o disciolta, io non fo differenza,
Ché ad ogni modo io son vituperata),
E disfarò la torre in tua presenza,
E tutta salvarò quella brigata.
Piglia il partito, adunque, che ti pare,
O fa l'altri morire, o mi campare. —

24.   Presto questo partito prese il conte,
Ché morta non l'avrebbe ad ogni guisa;
Ni per grave dispetto ni per onte
Avrebbe Orlando una donzella occisa.
D'acordo adunque se ne vanno al ponte,
Ma più di lor la istoria non divisa,
E torna ove lasciò, poco davante,
Marfisa alla battaglia e Sacripante.

25.   La zuffa per quel modo era durata,
Che io vi contai ne l'assalto primiero;
Marfisa di tal arme era adobbata,
Che di ferirla non facea mistiero
Ponta di lancia ni taglio di spata;
E Sacripante aveva il suo destriero
Che è sì veloce che si vede apena,
Onde la dama indarno e colpi mena.

26.   Ma mentre che tra lor sopra quel piano
       È la battaglia de più colpi spessa,
       A benché ciascadun al tutto è vano,
       Ché essa non nôce a lui né lui ad essa,
       Brunello il ladro, il quale era Africano,
       E fo servente del gran re de Fiessa,
       Avea passate molte regïone,
       E de improviso è già gionto al girone.

27.   Agramante mandò questo Brunello,
       Perché davanti a lui se era avantato
       Venire ad Albracà dentro al castello,
       Ove è la dama dal viso rosato,
       E tuore a lei di dito quello annello,
       Quale era per tale arte fabricato,
       Che ciascaduno incanto a sua presenza
       Perdea la possa con la appariscenza.

28.   Fatto era questo per trovar Rugiero,
       Che era nascoso al monte di Carena,
       E però questo ladro tanto fiero
       Vien con tal fretta e tal tempesta mena.
       Sopra a quel sasso n'andava legiero,
       Che non vi avria salito un ragno a pena,
       Però che quel castello in ogni lato
       A piombo, come muro, era tagliato.

29.   E sol da un canto vi era la salita,
       Tutta tagliata a botta di piccone,
       E sol da questa è la intrata e la uscita,
       Dove alla guarda stan molte persone;
       Ma verso il fiume è la pietra polita,
       Né di guardarvi fasse menzïone,
       Però che con ingegno né con scale,
       Né se vi può salir, se non con l'ale.

---

27. — 8. Il F. spiega: « col solo apparire di esso », ma sarebbe una
ripetizione dell'*a sua presenza*: invece: l'incanto perdeva la *possa*, la
capacità d'effetto, la forza intima insieme con la manifestazione materiale
– che trattandosi d'incanto non era concreta ma appunto mera appariscenza, « fenomeno ».

30.   Brunello è d'araparsi sì maestro,
Che su ne andava come per un laccio;
Tutta quella alta ripa destro destro
Montava, e gionse al muro in poco spaccio.
A quello ancor se attacca il mal cavestro,
Menando ambi dui piedi e ciascun braccio
Come egli andasse per una acqua a nôto,
Né fu bisogno al suo periglio un voto;

31.   Perché montava cotanto sicuro,
Come egli andasse per un prato erboso.
Poi che passato fu sopra del muro,
A guisa de una volpe andava ascoso;
E non credati che ciò fosse al scuro,
Anci era il giorno chiaro e luminoso;
Ma lui di qua e di là tanto si cella,
Che gionto fu dove era la donzella.

32.   Sopra la porta quella dama gaglia
Si stava ascesa riguardando il piano,
E remirava attenta la battaglia
Che avea Marfisa con quel re soprano.
Gran gente intorno a lei facea serraglia:
Chi parla, e chi fa cenno con la mano,
Dicendo: — Ecco Marfisa il brando mena,
Re Sacripante la camparà apena. —

33.   Altri diceva: — E' farà gran diffese
Contra quella crudele il buon guerrero,
Pur che non venga con seco alle prese,
E guardi che non pèra il suo destriero. —
A questo dire il ladro era palese,
Che alla notte aspettar non fa pensiero;
Tra quella gente se ne va Brunello
Tutto improviso, e prese quello annello.

34.   E non l'arebbe la dama sentito,
Se non che sbigotì della sua faccia.
Lui con l'anel che gli ha tolto de dito,

---

30. — 1. *araparsi,* arrapparsi, arrampicarsi. — 8. né ebbe bisogno
di un voto per la sua salvezza.

Di fuggir prestamente si procaccia,
Correndo al sasso dove era salito.
Dietro tutta la gente è posta in caccia;
Ché Angelica piangendo se scapiglia
Cridando: — Ahimè tapina! piglia! piglia!

35.   Piglia! piglia! — cridava — ahimè tapina!
Ché consumata son, s'el non è preso. —
Ciascun per agradire alla regina
A suo poter avrebbe il ladro offeso.
Lui passa il muro e salta la roina,
Per quella pietra se ne va sospeso,
E per la ripa va mutando il passo
Come per gradi, e gionge al fiume basso.

36.   Né vi crediati che fusse confuso,
Benché quella acqua sia grossa e corrente:
Come un pesce a natare egli era aduso;
Entra nel fiume, e di lui par nïente.
Fuor de l'acqua teniva aponto il muso,
E pareva una rana veramente;
Quei del castel, guardando in ogni lato
E nol veggendo, il credeno affocato.

37.   Angelica per questo se dispera,
E ben se batte il viso la meschina.
Brunello uscì dapoi della rivera,
Per la campagna via forte camina;
Gionse dove era la battaglia fiera
Tra il re circasso e la forte regina.
Ivi firmosse alquanto per mirare,
Ma l'uno e l'altro alor se vôl posare;

38.   Perché il secondo assalto era bastato,
E ciascadun di lor vôl prender posa.
Dicea Brunello: « Io non serò firmato,
Che io non guadagni vosco alcuna cosa.

35. — 7-8. giù per la ripa muove i piedi come se camminasse, come se scendesse per dei gradini.
36. — 4. par, appare, è visibile.

Se non vi spoglio, aveti bon mercato;
Ma poi che seti gente valorosa,
Io voglio usarvi alquanta cortesia:
Ciò che io vi lascio, è della robba mia. »

39.　　Così dicea Brunello in la sua mente,
E vede a Sacripante quel destriero,
Il qual da parte si stava dolente
Avendo del suo regno gran pensiero,
Che gli parea vedere in foco ardente,
Come contato avea quel messaggiero;
E tal doglia di questo ha Sacripante,
Che non se avede quel che abbi davante.

40.　　Diceva lo Africano: « Or che omo è questo
Che dorme in piede, ed ha sì bon ronzone?
Per altra volta io lo farò più desto. »
E prese in questo dire un gran troncone,
E la cingia disciolse presto presto,
E pose il legno sotto dello arcione;
Né prima Sacripante se ne avede,
Che quel se parte, e lui rimane a piede.

41.　　A questa cosa mirava Marfisa,
Ed avea preso tanta meraviglia,
Che, come fosse dal spirto divisa,
Stringea la bocca ed alciava le ciglia.
Il ladro la trovò tutta improvisa
In tal pensiero, e la spata li piglia;
Quella attamente li trasse di mano,
E via spronando fugge per il piano.

42.　　Marfisa il segue e cridando il minaccia,
—— Giotton, —— dicendo —— e' ti costarà cara! ——
Ma lui si volta e fagli un fico in faccia;
E fuggendo dicea: —— Così se impara! ——
Il campo è tutto in arme e costui caccia,
Cridando: —— Piglia! piglia! para! para! ——

39. —— 3. *Il qual* (Sacripante).

Ma lui, che si trovava un tal destriero,
De lo esser preso avea poco pensiero.

43. Or Sacripante rimase stordito
Per meraviglia, e non avria saputo
Dire a qual modo sia quel fatto gito,
Se non che esso il destriero avea perduto.
« Dove è colui, — dicea — che m'ha schernito?
Or come fece, ch'io non l'ho veduto?
Esser non puote che uno inganno tanto
Non sia da spirti fatto per incanto.

44. E se gli è ciò, mia dama con l'annello
Ancor farami avere il bon destriero.
Ben mi è vergogna: ma quale omo è quello
Che possa riparare a tal mestiero? »
Così dicendo tornasi al castello
Pensoso, anzi turbato nel pensiero;
Ma, come gionto fu dentro alla porta,
Angelica trovò che è quasi morta:

45. Quasi morta di doglia la donzella,
Pensando che riceve un tal dannaggio.
Re Sacripante per nome l'appella,
Dicendo: — Anima mia, chi te fa oltraggio? —
Lei sospirando, piangendo favella,
Dicendo: — Ormai diffesa più non aggio.
Presto nelle sue man me avrà Marfisa,
E serò in pena e con tormento occisa.

46. Aggio perduta tutta la diffesa
Che aver suoleva a l'ultima speranza,
E so che prestamente serò presa,
E poco tempo de viver me avanza.
E tanto questo danno più mi pesa,
Quanto io l'ho recevuto come a cianza,
E più non sazo, trista, dolorosa,
Chi m'abbia tolta così cara cosa. —

46. — 6. m'è cascato addosso come nulla fosse.

47.   Non sapea il re di quel fatto niente,
Ché era nel campo, come aveti odito;
Ma detto gli fu poi da quella gente
Come il ladro l'annel tolse de dito
E fuggitte alla ripa prestamente,
E fu impossibil de averlo seguito,
Perché se era gettato giù del sasso,
Sì che egli era affocato al fiume basso.

48.   Il re diceva: — Se Macon mi vaglia,
Che costui non deve esser affocato
(Così foss'egli!), perché alla battaglia
Il mio destrier di sotto m'ha robbato,
E fuggito ne è via per la prataglia.
Benché Marfisa l'abbia seguitato,
Non serà preso, e ben lo so di certo,
Ché del destrier ch'egli ha ne sono esperto. —

49.   Mentre che tra costor se ragionava,
E 'l dir de l'una cosa l'altra spiana,
Colui che in guarda a l'alta rocca stava,
— A l'arme! — crida, e suona la campana;
E dà risposta a chi lo dimandava,
Che una gran gente ariva in su la piana,
Con tante insegne grande e piccoline,
Che ne stupisce e non ne vede il fine.

50.   Or questa gente che là giù venìa,
Perché sappiati il fatto ben certano,
Venuta è tutta quanta de Turchia
(Qua la conduce il forte Caramano):
Ducento millia e più quella zinia,
Che con gran cridi se accampa nel piano.
Torindo questa gente fa venire,
Ché vôl vedere Angelica perire.

51.   Sono accampati sopra alla pianura,
E ciascadun giurando se destina
Mai non partirse, che di quella altura
Verà la rocca al basso con roina.

51. — 4. verà, vedrà: lez. incerta (cfr. fr. verra. Altrove il B. ha sarai
per saprai). Risolvono di non partire prima di aver visto...

Angelica tremava di paura
Veggendosi diserta, la meschina,
Ché il campo de' nemici è sì cresciuto;
Lei de alcuno altro non aspetta aiuto.

52. Or si va di quel tempo racordando
Che la soccorse il franco paladino
Con tanti bon guerreri, io dico Orlando,
Che avea mandato a quel falso giardino;
La fortuna e se stessa biastemando,
E l'amor de Ranaldo e il rio destino,
Qual l'ha tanto infiammata e tanto accesa,
Che gli ha tolto ogni aiuto e ogni diffesa.

53. Sol seco è Sacripante, il bon guerriero,
Ma questo alla battaglia non uscia,
Poi che perduto aveva quel destriero
Che contra di Marfisa il mantenia,
E stava del suo regno in gran pensiero,
Che avea perduto, e in gran malenconia;
Ma più pena sentiva e più dolore
Veggendo quella dama in tanto errore.

54. Del destriero e del regno che è perduto
Non avrebbe quel re doglia né cura,
Pur che potesse dare alcuno aiuto
A quella dama che è in tanta paura.
Il castel per tre mesi è proveduto
Di vittualia dentro a l'alte mura;
Prima adunque che 'l tempo sia finito,
Bisogno è di pigliare altro partito.

55. Venne in consiglio lo re Galafrone
Col re circasso e sua figlia soprana.
Disse quel vecchio: — Oditi una ragione,
Ché ogni altra di soccorso mi par vana.
Un mio parente tiene la regione
Di là da l'India, detta Sericana,
E lui Gradasso si fa nominare,
Qual di prodezza al mondo non ha pare.

56.   Settanta dui reami in sua possanza
Ha conquistato con la sua persona,
E vinto ha tutto il mare e Spagna e Franza;
Per lo universo il suo nome risuona.
Ora di novo per molta arroganza
Ha tolto dal suo capo la corona,
Ed ha giurato mai non la portare
Se non compisce quel ch'egli ha da fare.

57.   Perché al tempo passato, alora quando
Vinse la Franza e prese Carlo Mano,
Quel gli promise de mandare un brando
Che al mondo non è un altro più soprano,
Qual era de un baron che ha nome Orlando.
Ora ha aspettato molto tempo in vano,
Onde destina tornare in Ponente,
E prender Carlo e tutta la sua gente.

58.   E dentro alla città di Druantuna,
Che è la sua sedia antiqua e stabilita,
Per far passaggio gran gente raduna;
E, secondo che intendo per odita,
Tanta non ne fui mai sotto la luna
Un'altra fiata ad arme insieme unita;
Benché reputo quella gente a cianza,
Dico a rispetto de la sua possanza.

59.   Sì che a camparci de man di Marfisa,
Questo serebbe lo ottimo rimedio;
Ma non ritrovo il modo né la guisa
A far sapere a lui di questo assedio;
Ch'io so che lui verrebbe alla recisa,
Né mai mi lasciarebbe in tanto attedio:
Ma non so trovar modo né vedere
Che questa cosa gli faccia asapere. —

---

56. — 3. ... e *Franza*: veramente Astolfo lo aveva poi abbattuto
ponendo così fine alla guerra.
57. — La questione di Durindana e di Baiardo, che Gradasso voleva
conquistare, non è troppo chiara. Carlo glieli aveva, sì, promessi, come
prezzo del riscatto generale, ma poi Astolfo aveva sconfitto Gradasso:
allora però il testo menzionò solo la perdita di Baiardo (I, VII, 3, 4): ora
torna in questione la spada.

60.   Seguiva Galafron con questo dire
        A Sacripante voltando le ciglia:
        — Tu sei, figliolo, uno omo di alto ardire,
        E tanto amor mi porti ed a mia figlia,
        Che tu sei posto più volte a morire,
        Né Mandricardo, che 'l tuo regno piglia,
        Né il tuo caro Olibandro, che hai perduto,
        Mai ti puote distor dal nostro aiuto.

61.   Dio faccia che una volta meritare
        Possiamo te con degno guidardone,
        Ben ch'io non credo mai poterlo fare;
        Ma ciò che abbiamo e le proprie persone
        Seran disposte nel tuo comandare.
        Ciò te giuro a la fede di Macone,
        Che la mia figlia e tutto il regno mio
        Seran disposti sempre al tuo desio.

62.   Ma questo proferirti fia perduto,
        Ché serà il regno e noi seco diserti,
        Se non trovamo a qualche modo aiuto;
        Ed io che tutti quanti li aggio esperti
        E lungamente ho il fatto proveduto
        E i soccorsi palesi e li coperti,
        Dico che siamo a l'ultimo perire,
        Se 'l re Gradasso non se fa venire.

63.   Sì che, figlio mio caro, io te scongiuro
        Per nostro amore e tua virtù soprana,
        Che non ti para questo fatto duro
        Di ritrovar Gradasso in Sericana;
        E questa sera, come il cel sia scuro,
        Potrai callar nell'oste in su la piana,
        Ché quella gente ne stima sì poco,
        Che non fa guarda al campo in verun loco. —

64.   Sacripante non fie' molte parole,
        Come colui che ha voglia de servire,
        E de altro nella mente non si dole,

61. — 1. *meritare,* premiare secondo il merito.

Se non che presto non si può partire;
Ma come a ponto fu nascoso il sole,
E cominciosse il celo ad oscurire,
Iscognosciuto, come peregrino,
Per mezo l'oste prese il suo camino.

65.   Né mai sopra di lui fu riguardato;
Va di gran passo e porta il suo bordone,
Ma sotto la schiavina è bene armato
Di bona piastra, ed ha il brando al gallone.
Rimase Galafrone assedïato
Con la sua figlia nel forte girone;
E Sacripante, che de andare ha cura,
Trovò nel suo vïaggio alta ventura.

66.   Questa odirete, come l'altre cose
Che insieme tutte quante sono agionte.
E seran ben delle meravigliose,
Perché fu in India al Sasso della Fonte;
Ma primamente, gente dilettose,
Io ve vorò contar di Rodamonte:
Di Rodamonte vo' contarvi in prima,
Che una vil foglia il suo Macon non stima,

67.   E meno ancor s'accosta ad altra fede:
Tien per suo Dio l'ardire e la possanza,
E non vôle adorar quel che non vede.
Questo superbo, che ha tanta arroganza,
Pigliar soletto tutto il mondo crede,
Ed al presente vôl passar in Franza,
E prenderla in tre giorni si dà vanto,
Come odirete dir ne l'altro canto.

---

65. — 2. Sacripante si nasconde sotto l'abito del pellegrino, con *schiavina, tasca, cappello* e *bordone* (XVIII, 5). Non lo incontreremo più fino alla fine del canto XVII (65-67), e nel resto del poema non ha più che un posto del tutto marginale. Vedi p. 594, nota.

CANTO SESTO

1. Convienmi alciare al mio canto la voce,
    E versi più superbi ritrovare;
    Convien ch'io meni l'arco più veloce
    Sopra alla lira, perch'io vo' contare
    De un giovane tanto aspro e sì feroce,
    Che quasi prese il mondo a disertare:
    Rodamonte fu questo, lo arrogante,
    Di cui parlato ve ho più volte avante.

2. Alla città d'Algeri io lo lasciai,
    Che di passare in Franza se destina,
    E seco del suo regno ha gente assai:
    Tutta è alloggiata a canto alla marina.
    A lui non par quella ora veder mai
    Che pona il mondo a foco ed a roina,
    E biastema chi fece il mare e il vento,
    Poi che passar non puote al suo talento.

3. Più de un mese di tempo avea già perso
    De quindi in Sarza, che è terra lontana,
    E poi che è gionto, egli ha vento diverso,
    Sempre Greco o Maestro o Tramontana;
    Ma lui destina o ver di esser sumerso,
    O ver passare in terra cristïana,

CANTO VI. — Nonostante la burrasca Rodamonte salpa e naufraga presso Monaco; ma le sue forze non ne son dome, e riesce a fugare le truppe di Arcimbaldo longobardo e quelle del luogo. Quindi arrivano le schiere di Desiderio e quelle di Carlo con Namo e Bradamante.

1. — 3-4. l'immagine è tolta dalla sorta di viola usata dai cantambanchi per accompagnamento.

Dicendo a' marinari ed al patrone
Che vôl passare, o voglia il vento, o none.

4.   — Soffia, vento, — dicea — se sai soffiare,
Ché questa notte pure ne vo' gire;
Io non son tuo vassallo e non del mare,
Che me possiati a forza retenire;
Solo Agramante mi può comandare,
Ed io contento son de l'obidire:
Sol de obedire a lui sempre mi piace,
Perché è guerrero, e mai non amò pace. —

5.   Così dicendo chiamò un suo parone
Che è di Moroco ed è tutto canuto;
Scombrano chiamato era quel vecchione,
Esperto di quella arte e proveduto.
Rodamonte dicea: — Per qual cagione
M'hai tu qua tanto tempo ritenuto?
Già son sei giorni, a te forse par poco,
Ma sei Provenze avria già posto in foco.

6.   Sì che provedi alla sera presente
Che queste nave sian poste a passaggio,
Né volere esser più di me prudente,
Ché, s'io me anego, mio serà il dannaggio;
E se perisce tutta l'altra gente,
Questo è il minor pensier che nel core aggio,
Perché, quando io serò del mare in fondo,
Voria tirarmi adosso tutto il mondo. —

7.   Rispose a lui Scombrano: — Alto segnore,
Alla partita abbiam contrario vento;
Il mare è grosso e vien sempre maggiore.
Ma io prendo de altri segni più spavento,
Ché il sol callando perse il suo vigore,
E dentro a i novaloni ha il lume spento;
Or si fa rossa or pallida la luna,
Che senza dubbio è segno di fortuna.

3. — 8. *o none*, o non, o no (*e* eufonico e per la rima).
5. — 1. *parone*, come *patrone* al 3-7.
7. — 8. *fortuna*, fortunale, burrasca.

8.   La fulicetta, che nel mar non resta,
Ma sopra al sciutto gioca ne l'arena,
E le gavine che ho sopra alla testa,
E quello alto aeron che io vedo apena,
Mi dànno annunzio certo di tempesta;
Ma più il delfin, che tanto se dimena,
Di qua di là saltando in ogni lato,
Dice che il mare al fondo è conturbato.

9.   E noi se partiremo al celo oscuro,
Poi che ti piace; ed io ben vedo aperto
Che siamo morti, e de ciò te assicuro;
E tanto di questa arte io sono esperto,
Che alla mia fede te prometto e giuro,
Quando proprio Macon mi fésse certo
Ch'io non restassi in cotal modo morto,
"Va tu, — direbbi — ch'io mi resto in porto." —

10.   Diceva Rodamonte: — O morto o vivo,
Ad ogni modo io voglio oltra passare,
E se con questo spirto in Franza arivo,
Tutta in tre giorni la voglio pigliare;
E se io vi giongo ancor di vita privo,
Io credo per tal modo spaventare,
Morto come io serò, tutta la gente,
Che fuggiranno, ed io serò vincente. —

11.   Così de Algeri uscì del porto fuore
Il gran naviglio con le vele a l'orza;
Maestro alor del mare era segnore,
Ma Greco a poco a poco se rinforza;
In ciascaduna nave è gran romore,
Ché in un momento convien che si torza:
Ma Tramontana e Libezzo ad un tratto
Urtarno il mare insieme a rio baratto.

8. — 1. *fulicetta*, folaghetta, fòlaga. — 3. *gavine*, sorta di gabbiani. —
4. *aeron*, airone.
  10. — Il crescendo eroicomico delle « rodomontate » è all'acme, con
effetto psicologico ed icastico veramente riuscito.

12.   Allor se cominciarno e cridi a odire,
           E l'orribil stridor delle ritorte;
           Il mar cominciò negro ad apparire,
           E lui e il celo avean color di morte;
           Grandine e pioggia comincia a venire,
           Or questo vento or quel si fa più forte;
           Qua par che l'unda al cel vada di sopra,
           Là che la terra al fondo se discopra.

13.   Eran quei legni di gran gente pieni,
           De vittuaglia, de arme e de destrieri,
           Sì che al tranquillo e ne' tempi sereni
           Di bon governo avean molto mestieri;
           Or non vi è luce fuor che di baleni,
           Né se ode altro che troni e venti fieri,
           E la nave è percossa in ogni banda:
           Nullo è obedito, e ciascadun comanda.

14.   Sol Rodamonte non è sbigotito,
           Ma sempre de aiutarse si procaccia;
           Ad ogni estremo caso egli è più ardito,
           Ora tira le corde, or le dislaccia;
           A gran voce comanda ed è obedito,
           Perché getta nel mare e non minaccia;
           Il cel profonda in acqua a gran tempesta,
           Lui sta di sopra e cosa non ha in testa.

15.   Le chiome intorno se gli odìan suonare,
           Che erano apprese de l'acqua gelata;
           Lui non mostrava de ciò più curare,
           Come fusse alla ciambra ben serrata.
           Il suo naviglio è sparso per il mare,
           Che insieme era venuto di brigata,
           Ma non puote durare a quella prova:
           Dov'è una nave, l'altra non si trova.

16.   Lasciamo Rodamonte in questo mare,
           Che dentro vi è condutto a tal partito:
           Ben presto il tutto vi vorò contare;

14. — 6. perché butta a mare chi esitasse ad obbedire né si tien solo
alle minacce.

Ma perché abbiati il fatto ben compito,
Di Carlo Mano mi convien narrare,
Che avea questo passaggio presentito,
E benché poco ne tema o nïente,
Avea chiamata in corte la sua gente.

17.   E disse a lor: — Segnori, io aggio nova
Che guerra ci vuol fare il re Agramante.
Né lo spaventa la dolente prova,
Ove fur morte de sue gente tante;
Né par che dalla impresa lo rimova
L'esempio de suo patre e de Agolante,
Che morti fur da noi con vigoria:
Or ne viene esso a fargli compagnia.

18.   Ma pure in ogni forma ce bisogna
Guarnir per tutto il regno a bona scorta,
Perché, oltra al vituperio e alla vergogna,
La trista guarda spesso danno porta.
Costor verranno o per terra in Guascogna,
O per mare in Provenza, o ad Acquamorta,
E però voglio che con gente armata
Ogni frontiera sia chiusa e guardata. —

19.   Poi che ebbe detto, chiama il duca Amone,
Ed a lui disse: — Poi che se ne è andato
Quel tuo figliol, che fu sempre un giottone,
Farai che Montealban sia ben guardato.
Manda tua gente fore a ogni cantone,
E fa che incontinente io sia avisato
Ciò che se faccia in terra ed in marina
Per tutta Spagna, dove te confina.

20.   Là son toi figli; ogniuno è bon guerrero,
Sì che non te bisogna una gran gente;
Se pure aiuto te farà mestiero,
Io commetto ad Ivone, il tuo parente,
E qui presente impono ad Angelero

---

18. — 4. *la trista guarda,* il far cattiva guardia.
19. — 8. *dove te confina,* dove confina col tuo feudo.

Che ciascadun te sia tanto obediente
Come proprio serìano a mia persona,
Sotto a l'oltraggio di questa corona.

21.   Così Guielmo, il sir de Rosiglione,
Ed Ariccardo, quel di Perpignano,
Con tutte le sue gente e sue persone
Vengano ad aloggiare a Montealbano. —
Di questo non si fece più sermone;
Lo imperator, rivolto a l'altra mano,
Disse: — Segnori, or con più providenza
Convien guardarsi il mar verso Provenza.

21.   Però voglio che il duca de Bavera
Di quella regïone abbia la impresa:
In mare, in terra tutta la rivera
Contra questi Africani abbia diffesa.
Benché sia cosa facile e leggiera
Vetare a' Saracin la prima scesa,
La gran fatica fia de indovinare
Il loco a ponto ove abbino a smontare.

23.   Per questo voglio che con seco mena
Tutti quattro i suoi figli a quel riparo,
Ed oltra a questi il conte de Lorena,
Dico Ansuardo, il mio paladin caro,
E Bradiamante, la dama serena,
Ché di Ranaldo vi è poco divaro
Di ardire e forza a questa sua germana;
Così Dio sempre me la guardi sana!

20. — 8. sotto la condizione che ogni disobbedienza sarebbe oltraggio a me.
    23. — 5. I primi testi hanno *Braidamonte* e *Bradiamonte*, ma non si
sa se riferire queste grafie al B. stesso non ancora deciso sulla forma
definitiva, o al copista che per la prima volta si lasciò influenzare dalla
forma precedente all'*Innamorato*. Così ancora succede al VII, 4, 5, poi
sempre la finale sarà *-mante*. Questa che come cavalleresca amazzone fa
il paio con Marfisa, la troviamo nel *Rubione* col nome appunto di *Brai-
damonte* (poi *Bradiamante* nel *Mambriano* del Cieco e *Bradamante* nel-
l'Ariosto). Era figlia del duca Amone e di una pagana di Dacia, e dopo
molte prodezze all'assedio d'Anferna in Tartaria sposò lo zio Giraldo da
Rossiglione. Queste sue vicende familiari sono ovviamente taciute dal B.,
mentre l'Ariosto le darà per madre legittima Beatrice: così l'origine degli
Estensi ne usciva adattata e ripolita.

24.   Ed Amerigo, duca di Savoglia,
         E Guido il Borgognon vada in persona,
         E la sua gesta seco si raccoglia
         Roberto de Asti e Bovo de Dozona.
         Chi non obedirà, sia chi si voglia,
         Serà posto ribello alla corona.
         Ora, Naimo mio caro, intendi bene:
         Tenire aperti gli occhi ti conviene.

25.   In molte parte te convien guardare
         Per non essere accolto allo improviso,
         Ché, stu li lasci a terra dismontare,
         Non andarà la cosa più da riso.
         Tien la vedetta per terra e per mare,
         E fa che de ogni cosa io n'abbia aviso,
         Ch'io starò sempre in campo proveduto
         A dare, ove bisogni, presto aiuto. —

26.   Fu in cotal forma il consiglio fermato,
         Sì come avea disposto Carlo Mano,
         E ciascadun da lui tolse combiato,
         Ed andò il duca Amone a Montealbano,
         Da molti bon guerreri accompagnato;
         E il duca Naimo per monte e per piano,
         Con pedoni e cavalli in quantitade,
         Gionse in Marsiglia dentro alla citade.

27.   Trenta migliara avea de cavallieri,
         Ed ha vinti migliara de pedoni;
         E tra lor cominciarno a far pensieri
         Qual terra ciascadun de quei baroni
         Tenesse al suo governo volentieri;
         Né già vi fôr tra lor contenzïoni,
         Ma ciascun, come a Naimo fu in talento,
         Prese la guarda e rimase contento.

28.   Torniamo a Rodamonte, che nel mare
         Ha gran travaglia contra alla fortuna;

28. — Ricomincia la stupenda descrizione della tempesta, di un'evidenza quasi materiale, dominata dalla figura corpulenta e prepotente di Rodamonte (vedi sopra tutto la 33). C.: « Notinsi i suoni cupi od aspri, il ritmo grave degli accenti battuti sempre sulla prima nei quattro ultimi versi ».

La notte è scura e lume non appare
De alcuna stella, e manco della luna.
Altro non se ode che legni spezzare
L'un contra a l'altro per quella onda bruna,
Con gran spaventi e con alto romore:
Grandine e pioggia cade con furore.

29.   Il mar se rompe insieme a gran ruina,
E 'l vento più terribile e diverso
Cresce d'ognor e mai non se raffina,
Come volesse il mondo aver somerso.
Non sa che farsi la gente tapina,
Ogni parone e marinaro è perso;
Ciascuno è morto e non sa che si faccia:
Sol Rodamonte è quel che al cel minaccia.

30.   Gli altri fan voti con molte preghiere,
Ma lui minaccia al mondo e la natura,
E dice contra Dio parole altiere
Da spaventare ogni anima sicura.
Tre giorni con le notte tutte intiere
Sterno abattuti in tal disaventura,
Che non videro al cielo aria serena,
Ma instabil vento e pioggia con gran pena.

31.   Al quarto giorno fu maggior periglio,
Ché stato tal fortuna ancor non era,
Perché una parte di quel gran naviglio
Condotta è sotto Monaco in rivera.
Quivi non vale aiuto né consiglio;
Il vento e la tempesta ognior più fiera
Ne l'aspra rocca e nel cavato sasso
Batte a traverso e legni a gran fracasso.

32.   Oltra di questo tutti e paesani,
Che cognobber l'armata saracina,
Cridando: — Adosso! adosso a questi cani! —
Callarno tutti quanti alla marina,

---

31. — 2. Nel B. il participio dei composti è spesso invariabile (forma
masch. col sogg. femm.). — 4. *in rivera*, sulla Riviera Ligure.

E ne' navigli non molto lontani
Foco e gran pietre gettan con roina,
Dardi e sagette con pegola accesa;
Ma Rodamonte fa molta diffesa.

33. Nella sua nave alla prora davante
Sta quel superbo, e indosso ha l'armatura,
E sopra a lui piovean saette tante
E dardi e pietre grosse oltra a misura,
Che sol dal peso avrian morto un gigante;
Ma quel feroce, che è senza paura,
Vôl che 'l naviglio vada, o male o bene,
A dare in terra con le vele piene.

34. Aveano e suoi di lui tanto spavento,
Che ciascaduno a gran furia se mosse,
Ed ogni nave al suo comandamento
Sopra alla spiagia alla prora percosse.
Traeva Mezodì terribil vento
Con spessa pioggia e con grandine grosse;
Altro non se ode che nave strusire
Ed alti cridi e pianti da morire.

35. Di qua di là per l'acqua quei pagani
Con l'arme indosso son per anegare,
E gettan frezze e dardi in colpi vani;
Mai non li lascia quella unda fermare.
In terra stanno armati e paesani,
Né li concedon ponto a vicinare,
E di Monico uscì, che più non tarda,
Conte Arcimbaldo e la gente lombarda.

36. Questo Arcimbaldo è conte di Cremona,
E del re Desiderio egli era figlio;
Gagliardo a meraviglia di persona,
Scaltrito, e della guerra ha bon consiglio.
Costui la rocca a Monico abandona

34. — 7. *strusire*, sdruscire, scardinarsi.
35. — 8. Monaco (*Monico*) era parte della Lombardia (Italia Settentrionale), dominata dai vassalli di Desiderio.
36. — 5. La *rocca* di Monaco è un anacronismo, perchè essa risulta costruita non prima del sec. XIII.

Sopra un destrier coperto di vermiglio,
E con gran gente calla alla riviera,
Ove apizzata è la battaglia fiera.

37.   A Monico il suo patre l'ha mandato,
Ch'è sopra alle confine di Provenza,
Perché intenda le cose in ogni lato,
E dàlli avviso in ciascuna occorrenza.
Il re dentro a Savona era fermato,
Dov'ha condutta tutta sua potenza
Con bella gente per terra e per mare,
Ché ad Agramante il passo vôl vetare.

38.   Ora Arcimbaldo con molti guerrieri,
Come io vi dico, sopra al mar discese,
E fie' tre schiere de' suoi cavallieri,
E sopra al litto aperto le distese.
Esso con soi pedoni e ballestrieri
Andò in soccorso a questi del paese,
Dove è battaglia orribile e diversa,
Benché l'armata sia rotta e somersa.

39.   Ché Rodamonte, orrenda creatura,
Fa più lui sol che tutta l'altra gente;
Egli è ne l'acqua fino alla centura,
Adosso ha dardi e sassi e foco ardente.
Ciascaduno ha di lui tanta paura,
Che non se gli avicina per nïente,
Ma da largo cridando con gran voce
Con lancie e frizze quanto può li nôce.

40.   Esso rassembra in mezo al mar un scoglio,
E con gran passo alla terra ne viene,
E per molta superbia e per orgoglio
Dove è più dirupato il camin tiene.
Or, bei Segnori, io già non vi distoglio
Ch'e Cristïan non se adoprassen bene;
Ma non vi fo remedio a quella guerra:
Al lor dispetto lui discese in terra.

36. — 8. *apizzata*, appiccata.
39. — 8. *frizze*, frecce.
40. — Meritamente a proposito di Rodamonte è stato ricordato Capaneo.

41.   Dietro vi viene di sua gente molta,
        Che da le nave e da i legni spezzati
        Mezo somersa insieme era ricolta,
        A benché molti ne erano affondati,
        Ché non ne campò il terzo a questa volta;
        E questi che alla terra eno arivati,
        Son sbalorditi sì dalla fortuna,
        Che non san s'egli è giorno o notte bruna.

42.   Ma tanto è forte il figlio de Ulieno,
        Che tutta la sua gente tien diffesa,
        Come fu gionto asciutto nel terreno,
        E comincia dapresso la contesa;
        Tra' Cristïan facea né più né meno
        Che faccia il foco nella paglia accesa,
        Con colpi sì terribili e diversi
        Che in poco d'ora quei pedon dispersi.

43.   In quel tempo Arcimbaldo era tornato,
        Per condur sopra al litto e cavallieri,
        E giù callava in ordine avisato,
        Come colui che sa questi mestieri.
        Ogni penone al vento è dispiegato,
        Di qua di là se alciarno e cridi fieri;
        Il conte di Cremona avanti passa,
        Ver Rodamonte la sua lancia abassa.

44.   Fermo in due piedi aspetta lo Africante;
        Arcimbaldo lo giunse a mezo il scudo,
        E non lo mosse ove tenìa le piante,
        Benché fu il colpo smisurato e crudo;
        Ma il Saracin, che ha forza de gigante,
        E teneva a due mane il brando nudo,
        Ferisce lui d'un colpo sì diverso,
        Che tagliò tutto il scudo per traverso.

45.   Né ancor per questo il brando se arrestava,
        Benché abbia quel gran scudo dissipato,
        Ma piastra e maglia alla terra menava,

42. — 8. *dispersi*, disperse (F.: *... d'ora ha...*).
43. — 3. *in ordine avisato*, in ordine studiato di attacco.

E fecegli gran piaga nel costato.
Certo Arcimbaldo alla terra n'andava,
Se non che da sua gente fu aiutato,
E fu portato a Monico alla rocca,
Come se dice con la morte in bocca.

46.   Tutti quei paesani e ogni pedone
Fôr da' barbari occisi in su l'arena,
Che eran sei miglia e seicento persone:
Non ne campâr quarantacinque apena.
Li cavallier fuggîr tutti al girone:
Non dimandar s'ogniom le gambe mena;
Ma se quei saracini avean destrieri,
Perian con gli altri insieme e cavallieri.

47.   Sino al castel fu a lor data la caccia,
Poi giù callarno quei pagani al mare,
Il quale era tornato ora a bonaccia:
Qua Rodamonte li fece aloggiare.
Ciascun de aver la robba se procaccia
Che somersa da l'onde al litto appare;
Tavole e casse ed ogni guarnimento
Sopra a quella acqua va gettando il vento.

48.   Fôr le sue nave intra grosse e minute
Che se partîr de Algier cento novanta;
Meglio guarnite mai non fôr vedute
Di bella gente e vittuaglia tanta;
Ma più che le due parte eran perdute,
Né se atrovarno a Monico sessanta;
E queste più non son da pace o guerra,
Ché 'l più de loro avean percosso in terra.

49.   Morti eran tutti quanti e lor destrieri,
E perduta ogni robba e vittuaglia;
Rodamonte al tornar non fa pensieri,
Né stima tutto il danno una vil paglia.
Va confortando intorno e suoi guerreri

46. — 3. *che eran* (i paesani). — 5. *al girone*, alla **rocca**
48. — 5. *due parte,* due terzi.

Dicendo: — Compagnoni, or non vi incaglia
Di quel che tolto ce ha fortuna o mare,
Ché per un perso, mille io vi vuo' dare.

50.　　E quivi non farem lungo dimoro,
Ché povra gente son questi villani.
Io vo' condurvi dove è il gran tesoro,
Giù nella ricca Francia a i grassi piani.
Tutti portano al collo un cerchio d'oro,
Come vedreti, questi fraudi cani,
Sì che del perso non vi dati lagno,
Ché noi siam gionti al loco del guadagno. —

51.　　Così la gente sua va confortando
Re Rodamonte con parlare ardito;
Questo e quello altro per nome chiamando,
Gli invita a riposar sopra a quel lito.
Or de Arcimbaldo vi verrò contando,
Che nel castel di Monico è fuggito,
Rotto e sconfitto ed a morte piagato,
Come di sopra a ponto io ve ho contato.

52.　　Come alla rocca fu dentro alle mura,
Al patre un messaggiero ebbe mandato,
Che gli contasse di questa sciagura
El fatto tutto, come era passato.
De avvisar Naimo ancora ha preso cura,
Qual già dentro a Marsilia era arivato,
E mandò ad esso un altro messaggiero,
Che gli raconta il fatto tutto intero.

53.　　Re Desiderio fu molto dolente,
Quando egli intese la novella fiera;
Uscitte de Savona incontinente,
Spiegando al vento sua real bandiera;
A Monico ne vien con la sua gente.
Da l'altra parte il duca di Bavera
Si mosse di Marsilia con gran fretta,
Per far de' Saracini aspra vendetta.

50. — 6. *fraudi,* frodolenti.

8. BOIARDO, II.

54. Ciascuna schiera a gran furia camina,
Dico Francesi e gente italïana,
E l'una vidde l'altra una matina
Da due vallette non molto lontana.
In mezo è Rodamonte alla marina,
Dove accampata ha sua gente africana.
Quel forte saracin dal crudo guardo
Vidde nel monte gionto il re lombardo,

55. Con tante lancie e con tante bandiere
Che una selva de abeti se mostrava;
Tutta coperta di piastre e lamiere
La bella gente il poggio alluminava.
Cridando Rodamonte in voce altiere
Chiama sua gente e l'armi dimandava,
E in un momento fu tutto guarnito
Di piastra e maglia il giovanetto ardito.

56. Fuor salta a piedi, e non avea destriero,
Ché per fortuna l'ha perso nel mare.
Or se leva a sue spalle il crido fiero
Per l'altra gente che nel poggio appare,
Io dico Naimo, Ottone e Belengiero,
Che d'altra parte vengono arivare,
Roberto de Asti e 'l conte di Lorena
Con Bradamante, che la schiera mena.

57. Avanti a gli altri vien quella donzella,
E bene al suo german tutta assomiglia;
Proprio assembra Ranaldo in su la sella,
E di bellezza è piena a meraviglia.
Costei mena la schiera a gran flagella;
Ma Rodamonte, levando le ciglia,
Gionta la gente vede in ogni lato,
Che quasi intorno l'ha chiuso e serrato.

58. A' suoi rivolto con la faccia oscura,
Disse: — Prendeti qual schiera vi piace,
O questa o quella, ch'io non ne do cura;
L'altra soletto, per lo Dio verace,
Voglio mandare in pezzi alla pianura. —

Così parlava quel giovane audace,
Ma la sua gente, che ha per lui gran core,
Verso e Lombardi è mossa con furore.

59.   Trombe e tamburi a un tratto e cridi altieri
Oditi fôrno intorno ad ogni lato;
Re Desiderio e' soi bon cavallieri
Mena a roina il popol ringegato;
A benché e Saracin eran sì fieri
Per la prodezza del suo re appregiato,
Che, ancor che fusser de' Lombardi meno,
Perdiano a palmo a palmo il suo terreno.

60.   Ma in questo loco è la battaglia zanza,
Dico a rispetto de l'altra vicina,
Dove contra ai baron che eran di Franza
Combatte Rodamonte a gran roina.
Costui ben certo di prodezza avanza
Quanti fôr mai di gente saracina;
In guerra non fu mai tanto fraccasso,
Però contar lo voglio a passo a passo.

61.   Il duca Naimo, che è saggio e prudente,
Come vede e nemici alla pianura,
Fermò sopra del monte la sua gente,
E divisela in terzo per misura.
La schiera che venìa primeramente,
Fu Bradiamante, ch'è senza paura;
La figliola de Amon, quella rubesta,
Venìa spronando con la lancia a resta.

62.   E seco al paro il conte de Lorena,
Ciò fu Ansuardo, de battaglia esperto,
Che giù callando gran tempesta mena,
E 'l conte de Asti, quel franco Roberto.
Questa è la prima schiera, che è ben piena:
Sedeci millia e più son per il certo.
Poi mosse la seconda con gran crido,
Sotto il duca Americo e il duca Guido.

63.   L'un di Savoia e l'altro è di Bergogna,
Ciascadun d'essi ha più franca persona.

Contarvi e capitani mi bisogna:
Con loro è gionto Bovo di Dozona;
Per fare a' Saracini onta e vergogna,
Questa schiera seconda s'abandona;
La terza guida Naimo il bon vecchione,
E Avorio e Avino e Belengiero e Ottone.

64.   Il padre e' quatro figli a questa schiera
Son posti di quel campo al retroguardo,
Con tutta la sua gente di Baviera.
Ora tornamo al saracin gagliardo,
Che non avea stendardo né bandiera,
Ma tutto solo a mover non fu tardo
Contra alla gente che il monte discende;
Solo ed a piede la battaglia prende.

65.   Piacciavi, bei segnor, di ritornare
Ad ascoltar la zuffa che io vo' dire,
Ché se mai prove odesti racontare
E colpi orrendi e diverso ferire,
E gente rotte a terra trabuccare,
Tutto è nïente a quel ch'io vo' seguire.
Nel fin del canto tornerò ad Orlando:
Adio, segnori; a voi mi racomando.

CANTO SETTIMO

1. Non fu, signor, contato più giamai
    Battaglia sì diversa e tanto orribile,
    Perché, come di sopra io vi contai,
    Rodamonte di Sarza, quel terribile,
    Contra de Naimo, che avea gente assai,
    Solo è afrontato, che è cosa incredibile;
    Ma Turpin, che dal ver non se diparte,
    Per fatto certo il scrisse alle sue carte.

2. Né so se 'l fu piacer del celo eterno
    Donar tanta prodezza ad un Pagano,
    O se 'l demonio, uscito dell'inferno,
    Combattesse per lui quel giorno al piano;
    E' pose nostra gente in tal squaderno,
    Che non fu data, al ricordare umano,
    Cotal sconfitta a nostra gente santa,
    Quale in quel giorno che il mio dir vi canta.

3. Tutte le schiere, come io ve ho contato,
    Giù della costa son callate al basso;
    Da l'altra parte Rodamonte armato
    Ha fesa la battaglia a gran fraccasso.
    La nostra gente come erba di prato
    Taglia a traverso e manda morta al basso;
    Pedoni e cavallier, debili e forti
    L'un sopra a l'altro van spezzati e morti.

CANTO VII. — Rodamonte tien testa da solo contro l'esercito franco; ma i suoi sono sbaragliati dai Longobardi. Orlando giunge con Falerina al lago di Morgana: Aridano si butta con lui nell'acqua.

3. — 4. *fesa*, fissa, fissato. F. *presa*.

4.   Sempre ferendo va quello africante
          Dritti e roversi, e cridando minaccia;
          Egli ha i nemici di dietro e davante,
          Ma lui col brando se fa ben far piaccia.
          Ecco gionta alla zuffa Bradamante,
          Quella donzella ch'è di bona raccia;
          Come fùlgor del cielo, o ver saetta,
          Ver Rodamonte la sua lancia assetta.

5.   Dal lato manco il gionse nel traverso
          E passò il scudo questa dama ardita,
          E quasi a terra lo mandò riverso,
          Benché non fece a quel colpo ferita;
          Ché 'l saracin, che fu tanto diverso,
          Ed avea forza incredibile e infinita,
          Portava sempre alla battaglia indosso
          Un cor di serpe, mezo palmo grosso.

6.   Ma non di manco pur fo per cadere,
          Come io ve dissi, per quella incontrata,
          Quando la dama che ha tanto potere
          Lo ferì al fianco con lancia arrestata;
          Tutta la gente che l'ebbe a vedere,
          Levò gran crido e voce smisurata;
          Né già per questo al pagan se avicina,
          Ma sol cridando aiuta la fantina.

7.   Lei già rivolto ha il suo destrier coperto,
          E torna adosso a quel saracin crudo.
          Or fuor de schiera uscì il conte Roberto
          E ferì Rodamonte sopra il scudo,
          Ed Ansuardo de battaglia esperto,
          Egli sprona anco adosso a brando nudo;
          Onde la gente, che ha ripreso core,
          Tutta se mosse insieme a gran furore,

8.   — Adosso! adosso! — ciascadun cridando,
          Con sassi e lancie e dardi oltra misura.

5. — 8. su questo tipo di armatura, vedi I, IV, 42, 2 (*cor* = cuoio).
7. — 5. sottinteso: *uscì*. — 6. anche lui (Ansuardo) sprona addosso
(a Rodamonte). F. e Z. leggono *E gli*, con complicazione del costrutto
sintattico, mentre sia la Melziana che la Marciana scrivevano *Egli*.

Rideva il saracin questo mirando,
Come colui che fu senza paura;
Mena a traverso il furïoso brando,
E gionse proprio a loco di cintura
Quello Ansuardo, conte di Lorena,
E morto a terra il pose con gran pena.

9.   Mezo alla terra e mezo nell'arcione
Rimase il busto di quel paladino:
Non fu mai vista tal destruzïone.
A Brandimante mena il saracino;
Lei non accolse, ma gionse il ronzone,
Che era coperto de usbergo acciarino;
Non giova usbergo né piastra né maglia,
Ché col e spalle a quel colpo li taglia.

10.   Onde rimase a terra la donzella,
Ché 'l suo destriero è in duo pezi partito.
Adosso a gli altri il saracin martella;
Roberto, il conte de Asti, ebbe cernito:
De un colpo il fende insino in su la sella.
Alor fu ciascaduno sbigotito,
Mirando il colpo di tanta tempesta:
Chi può fuggire, in quel campo non resta.

11.   Rimase, com'io dico, Brandimante
Col destrier morto adosso in su l'arena
Tra quelle genti occise, che eran tante,
Che più morta che viva era con pena.
E Rodamonte, busto de gigante,
Col brando tutto il resto a morte mena;
Sempre alla folta in mezzo è il gran pagano,
E manda pezzi da ogni banda al piano.

12.   Pezzi de omini armati e de destrieri
Da ciascun canto in su la terra manda:
Contarvi e colpi non vi fa mestieri,
Né quanto sangue per terra si spanda.
Vanno a fraccasso e nostri cavallieri,
Ciascun fuggendo a Dio si racomanda;
Ed a dir presto e ben la cosa intera,
Tutta a roina è già la prima schiera.

13.   E gionto è quel pagano alla seconda,
E rinovata è qui l'aspra battaglia,
Ché gente sopra a gente più ve abonda,
E fatto ha intorno al saracin serraglia;
Ma lui col brando tutti li profonda,
E men gli stima che un covon de paglia.
Il duca Naimo, che ogni cosa vede,
Per la gran doglia di morir se crede.

14.   — Segnor del cel, — dicea — se alcun peccato
Contra de noi la tua iustizia inchina,
Non dar l'onore a questo rinegato,
Che così strazia tua gente meschina! —
Questo dicendo, un messo ebbe mandato,
Che racontasse a Carlo la roina
Che era incontrata, e dimandasse aiuto,
Benché se tenga ormai morto e perduto,

15.   Poi che 'l pagano ha sì franca persona,
Che non trova riparo a sua possanza.
Ecco scontrato ha Bovo de Dozona,
E tutto feso l'ha fin nella panza.
Sua gente morto in terra lo abandona,
E ciascadun che avea prima baldanza,
Veggendo il colpo orrendo oltra al dovere,
Volta le spalle e fugge a più potere.

16.   Ma sempre a loro è in mezo il pagan fiero:
Tutti li occide senza alcun riguardo.
Chi fugge a piede, e chi fugge a destriero,
Ma nanti al saracin ciascuno è tardo,
Ché Rodamonte è sì presto e legiero,
Che al corso avea più volte gionto un pardo.
Non vi giova fuggire e non diffesa:
Tutti li manda morti alla distesa.

17.   Come al decembre il vento che s'invoglia,
Quando comincia prima la freddura:
L'arbor se sfronda e non vi riman foglia;

17. — 1. *s'invoglia*, si involge, si avvolge in vortici (*invogliare* =coprir
d'invoglia, involto).

Così van spessi e morti a la pianura.
Ecco Americo, il duca di Savoglia,
Ch'è rivoltato in sua mala ventura,
E gionse a mezo il petto lo Africano,
Roppe sua lancia, e fu quel colpo vano;

18.   Ché a lui ferì il pagan sopra la testa,
E tutto il parte insin sotto al gallone.
Or fugge ciascaduno e non se arresta;
Mai non se vidde tal confusïone.
Il duca Naimo una grossa asta arresta,
E move la sua schiera il bon vecchione,
E seco ha quattro figli, ogniom più fiero,
Avino, Avorio, Ottone e Belengiero.

19.   Cresce la zuffa e il crido se rinova,
E levasi il rumore e 'l gran polvino.
Primeramente Avorio il pagan trova,
E ben rompe sua lancia il paladino;
Ma Rodamonte sta fermo alla prova,
E non se piega il forte saracino;
E similmente nel colpir de Ottone
Stette in duo piedi saldo al parangone.

20.   L'un dopo l'altro Avino e Belengiero
A lui feriano adosso arditamente,
E scontrò Naimo ancora, il buon guerriero;
Ma, come gli altri, pur fece nïente.
Al quinto colpo quel saracin fiero
Alciò la faccia a guisa de serpente;
Crollando il capo disse: — Via, canaglia!
Ché tutti non valeti un fil di paglia. —

21.   Né più parole; ma del brando mena,
E gionse nella testa al franco Ottone.
Come a Dio piacque e sua Matre serena,
Voltosse il brando e colse de piattone,
E fo quel colpo di cotanta pena,
Che tramortito lo trasse d'arzone;
Né sopra a questo il saracin se arresta,
Ma dà tra gli altri e mena gran tempesta.

22.   E misse a terra duo de quei gagliardi,
Avorio e Belengier, feriti a morte;
E gli altri tutti, e nobili e codardi,
Seriano occisi da quel pagan forte,
Se Desiderio e' suoi franchi Lombardi
Non avesser turbata quella sorte,
Perché a quel tempo con sua gente scorta
La ria canaglia avea sconfitta e morta;

23.   E gionto era alle spalle al saracino,
Che roïnando gli altri avanti caccia
E già per terra avea disteso Avino,
Ferito crudelmente nella faccia.
Come un gran vento nel litto marino
Leva l'arena e il campo avanti spaccia,
Così quel crudo con la spada in mano
Tutta la gente manda morta al piano.

24.   Per l'aria van balzando maglie e scudi,
Ed elmi pien di teste, e braccie armate,
Ma benché taglia come corpi nudi
Sbergi e lameri e le piastre ferrate,
Pur rivoltava spesso gli occhi crudi
Alle sue gente rotte e dissipate,
E tutta via mirando alla sua schiera,
Facea battaglia avanti orrenda e fiera.

25.   Quale il forte leone alla foresta,
Che sente alle sue spalle il cacciatore,
Squassando e crini e torzendo la testa
Mostra le zanne e rugge con terrore;
Tal Rodamonte, odendo la tempesta
Che faceano e Lombardi, e 'l gran furore
Della sua gente rotta e posta in caccia,
Rivolta a dietro la superba faccia.

26.   Sua gente fugge, e chi più può sperona:
Beato se tenìa chi era il primiero.
Re Desiderio mai non li abandona,
Anci li caccia per stretto sentiero.
A lui davanti è il conte di Cremona,

Qual fu suo figlio e fu bon cavalliero,
Dico Arcimbaldo, e seco a mano a mano
Vien Rigonzone, il forte parmesano.

27.   Era costui feroce oltra a misura,
Ma legier di cervel come una paglia;
O ver guarnito, o senza l'armatura,
Battendo gli occhi intrava alla battaglia;
Né della vita né de onor si cura,
Ché sua ballestra non avea serraglia,
Dico, perché scoccava al primo tratto:
A dire in summa, el fu gagliardo e matto.

28.   Or questi duo la gente saracina,
Dico Arcimbaldo insieme e Rigonzone,
Cacciano in rotta con molta roina.
Del re di Sarza in terra è 'l confalone,
Ch'era vermiglio, e dentro una regina,
Quale avea posto il freno ad un leone:
Questa era Doralice de Granata,
Da Rodamonte più che il core amata.

29.   Però ritratta nella sua bandiera
La portava quel re cotanto atroce,
Sì naturale e proprio come ella era,
Che altro non li manca che la voce.
E lei mirando, alla battaglia fiera
Più ritornava ardito e più feroce,
Ché per tal guardo sua virtù fioriva,
Come l'avesse avante a gli occhi viva.

30.   Quando la vidde alla terra caduta,
Mai fu nella sua vita più dolente;
La fiera faccia di color si muta,
Or bianca ne vien tutta, or foco ardente.
Se Dio per sua pietate non ce aiuta,
Perduto è Desiderio e la sua gente,
Perché il pagano ha furia sì diversa,
Che nostra gente fia sconfitta e persa.

31.   Questa batttaglia tanto sterminata
Tutta per ponto vi verrò contando,

Ma più non ne vo' dire in questa fiata,
Perché tornar conviene al conte Orlando,
Quale era gionto al fiume della fata,
Sì come io vi lasciai alora quando
Con Falerina se pose a camino,
Poi che disfatto fu quel bel giardino:

32.   Quel bel giardino ove era guardïano
Il drago, il toro e l'asinello armato,
E quel gigante, che era ucciso in vano
Come di sopra vi fu racontato.
Tutto il disfece il senator romano,
Benché per arte fosse fabricato,
Ed alla dama poi dette perdono,
Per trar dal ponte quei che presi sono:

33.   Quei cavallier, che presi erano al ponte
Dal vecchio ingannator, come io contai.
Quivi n'andava drittamente il conte,
Per trar cotanta gente di tal guai,
Via caminando per piani e per monte;
Con seco è Falerina sempre mai,
A piede, come lui, né più né meno,
Ché non avean destrier né palafreno.

34.   Perduto aveva il conte Brigliadoro,
Come sapiti, e insieme Durindana;
Or, così andando a piè ciascun de loro,
Gionsero un giorno sopra alla fiumana,
Ove la falsa Fata del Tesoro
Avea ordinata quella cosa strana,
Più strana e più crudel che avesse il mondo,
Perché il fior de' baroni andasse al fondo.

35.   Fu profondato quivi il fio de Amone,
Come di sopra odesti raccontare,
E seco Iroldo e l'altro compagnone,
Che ancor mi fa pietate a ricordare;
Né dopo molto vi gionse Dudone,
Il qual venìa questi altri a ricercare,
Ché comandato li avea Carlo Mano
Che trovi Orlando e il sir de Montealbano.

36. Caminando il baron senza paura,
Cercato ha quasi il mondo tutto quanto;
E, come volse la mala ventura,
Gionse a quel lago fatto per incanto,
Ove Aridano, orrenda creatura,
Cotanta gente avea condutta in pianto,
Perché ogni cavalliero e damigella
Getta nel lago la persona fella.

37. Così fu preso e nel lago gettato
Dudone il franco, e non vi ebbe diffesa,
Perché Aridano in tal modo è fatato,
Che ciascadun che avea seco contesa,
Sei volte era di forza superchiato,
Onde veniva ogni persona presa;
Perché, se alcun baron ha ben possanza,
E lui sei tanta di poter lo avanza.

38. Tanta fortezza avea quel disperato
Che, come spesso se potea vedere,
Natava per quel lago tutto armato,
E tornava dal fondo a suo piacere;
E quando alcuno avesse profondato,
Giù se callava senz'altro temere,
E poi, notando per quella acqua scura,
Di lor portava a soma l'armatura.

39. E tanto era superbo ed arrogante,
Che delle gente occise e da lui prese
L'arme che avea spogliate tutte quante
A sé d'intorno le tenea suspese;
Ma a tutte l'altre se vedea davante,
Sopra a un cipresso bene alto e palese,
La sopravesta e l'arme de Ranaldo,
Che avea spogliato il saracin ribaldo.

40. Or, come io dissi, in su questa riviera
Ne gionge il conte caminando a piede,
E Falerina sempre a canto gli era;

37. — 3-8. la forza di Aridano è volta a volta proporzionale a quella
di chi lo incontra. Vedi 46, 7-8.

Ma quando quella dama il ponte vede,
Tutta se turba e cangia ne la ciera,
Biastemando Macone e chi li crede;
Poi dice: — Cavallier, con duol amaro
Tutti siam morti, e più non c'è riparo.

41.   Questo voluto ha il perfido Apollino
(Così poss'el cader dal celo al basso!)
Che ce ha guidato per questo camino,
Per roïnarce a quel dolente passo.
Or, perché intendi, quivi è un malandrino
Che già robbava ogniomo a gran fraccasso,
Crudele, omicidiale ed inumano,
E fu il suo nome, ed è ancora, Aridano.

42.   Ma non avea possanza e non ardire,
Ché è de rio sangue e de gesta villana;
Or tanto è forte, e il perché ti vo' dire,
Che cosa non fu mai cotanto strana.
Dentro a quel lago che vedi apparire,
Stavi una fata, che ha nome Morgana,
Qual per mala arte fabricò già un corno,
Che avria disfatto il mondo tutto intorno.

43.   Perché qualunche il bel corno suonava,
Era condutto alla morte palese.
Sì lunga istoria dirti ora mi grava,
Come le gente fusser morte, o prese.
In poco tempo un barone arivava
(Il nome suo non so, né il suo paese):
Lui vinse e tori, il drago e la gran guerra
Di quella gente uscita della terra.

44.   Quel cavallier, persona valorosa,
Così disfece il tenebroso incanto,
Onde la fata vien sì desdignosa
Che mai potesse alcun darsi tal vanto;
E fie' questa opra sì meravigliosa,
Che, ricercando il mondo tutto quanto,

43. — 5. *un barone* (Orlando stesso): vedi I, XXIV e XXV.

Non serà cavallier di tanto ardire,
Qual non convenga a quel ponte perire.

45. Ella si pensa che quel campïone
Che suonò il corno, quindi abbia a passare,
O ver che per ardir, come è ragione,
Venga questa aventura a ritrovare;
Così l'averà morto, o ver pregione,
Ché omo del mondo non potria durare.
Per far perir quel cavallier Morgana
Fatto ha quel lago, il ponte e la fiumana.

46. E ricercando tutte le contrate
De uno om crudel, malvaggio e traditore,
Trovò Aridano senza pïetate,
Che già la terra non avea peggiore,
E ben guarnito l'ha de arme affatate
E d'una maraviglia ancor maggiore,
Che qualunche baron seco s'affronta,
Sei tanta forza a lui vien sempre agionta.

47. Onde io mi stimo il vero, anci son certa
Che a tale impresa non potria durare;
Ed io con teco, misera, diserta
Dentro a quella acqua me vedo affogare,
Ché noi siam gionti troppo a la scoperta,
E non c'è tempo o modo di campare.
Non è rimedio ormai: noi siam perduti,
Come Aridano il fier ce abbia veduti. —

48. Il conte, sorridendo a tal parole,
Disse alla dama ragionando basso:
— Tutta la gente dove scalda il sole
Non mi faria tornare adietro un passo.
Sasselo Idio di te quanto mi dole
Poi che soletta in tal loco te lasso;
Ma sta pur salda e non aver temanza:
Il ferro è il mezo a l'om che ha gran possanza. —

45. — 5. già lo Z. avvertiva dover essere questa la lezione giusta,
pur scrivendo col F. *morte,* logicamente assai duro.
46. — 3. Poichè, fra tutte le citazioni del poema, solo qui si trova
nei testi *Arridano,* lo correggiamo come errore di copista.

49.   La dama ancor piangendo pur dicia:
— Fuggi per Dio, baron, campa la morte!
Ché il conte Orlando qua non valeria,
Né Carlo Mano e tutta la sua corte.
Lasciar m'incresce assai la vita mia,
Ma de la morte tua mi dôl più forte,
Ché io son da poco e son femmina vile,
Tu prodo, ardito e cavallier gentile. —

50.   Il franco conte a quel dolce parlare
A poco a poco si venìa piegando,
E destinava dietro ritornare.
Oltra quel ponte d'intorno guardando
L'arme cognobbe che suolea portare
Il suo cugin Ranaldo, e lacrimando:
— Chi mi ha fatto — dicea — cotanto torto?
O fior d'ogni baron, chi te me ha morto?

51.   A tradimento qua sei stato occiso
Dal falso malandrin sopra quel ponte,
Ché tutto il mondo non te avria conquiso,
Se teco avesse combattuto a fronte.
Ascoltami, baron; dal paradiso,
Ove or tu dimori, odi il tuo conte,
Qual tanto amavi già, benché uno errore
Commesse a torto per soperchio amore.

52.   Io te chiedo mercè, damme perdono,
Se io te offesi mai, dolce germano,
Ch'io fui pur sempre tuo, come ora sono,
Benché falso suspetto ed amor vano
A battaglia ce trasse in abandono,
E l'arme zelosia ce pose in mano.
Ma sempre io te amai ed ancor amo;
Torto ebbi io teco, ed or tutto me 'l chiamo.

53.   Che fu quel traditor, lupo rapace,
Qual ce ha vetato insieme a ritornare

49. — Acutamente il Reichenbach indicava questo particolare come
segno del costante travestimento cavalleresco operato dal B. sugli elementi
più refrattari delle sue storie: la diabolica, malvagia, perfida maga Falerina è diventata una gentile donzella sensibile alla pietà.

Tutti li Libri De Orlando. Inamorato.

Del Conte de Scandiano Mattheo Maria Boiardo Tratti Fidelmente Dal suo Emendatissimo erem plare Nouamente stampato z historiato.

✠

Cum Gratia z Priuilegio.

La prima pagina dell'*Orlando innamorato*

nella stampa del Rusconi (Venezia, 1506).

Alla dolce concordia e dolce pace,
A i dolci baci, al dolce lacrimare?
Questo è l'aspro dolor che mi disface,
Ch'io non posso con teco ragionare
E chiederti perdon prima ch'io mora;
Questo è l'affanno e doglia che me accora. —

54. Così dicendo Orlando con gran pianto
Tra' for la spada, e il forte scudo imbraccia:
La spada a cui non vale arme né incanto,
Ma sempre dove gionge il camin spaccia.
Il fatto già vi contai tutto quanto,
Sì che non credo che mistier vi faccia
Tornarvi a mente con quale arte e quando
Da Falerina fusse fatto il brando.

55. Il conte, de ira e de doglia avampato,
Salta nel ponte con quel brando in mano;
Spezza il serraglio e via passa nel prato,
Ove iaceva il perfido Aridano.
Sotto al cipresso stava il renegato,
Quelle arme del segnor de Montealbano,
Che erano al tronco de intorno, mirando,
Quando li gionse sopra 'l conte Orlando.

56. Smarrisse alquanto il malandrino in viso,
Quando a sé vide sopra quel barone,
Però che adosso gli gionse improviso;
Pur saltò in piede e prese il suo bastone,
E poi dicea: — Se tutto il paradiso
Te volesse aiutare e idio Macone,
E' non avrian possanza e non ardire,
Ché in ogni modo ti convien morire. —

57. Al fin delle parole un colpo lassa
Con quel baston di ferro il can fellone;
Gionse nel scudo e tutto lo fraccassa,
E cadde Orlando in terra ingenocchione.
A braccia aperte il saracin se abassa,
Credendolo portar sotto al gallone.

Come portar quelli altri era sempre uso
E poi nel lago profondarli giuso.

58.   Ma il conte così presto non si rese,
Benché cadesse, e non fu spaventato;
Per il traverso un gran colpo distese,
E gionse a mezo del scudo afatato.
A terra ne menò quanto ne prese,
E cadde il brando nel gallone armato,
Rompendo piastre e il sbergo tutto quanto,
Ché a quella spada non vi vale incanto.

59.   E se non era il saracin chinato,
Ché ben non gionse quella spata a pieno,
Tutto l'avrebbe per mezo tagliato,
Come un pezzo di latte, più né meno;
Pur fu Aridano alquanto vulnerato,
Onde li crebbe al cor alto veleno,
E mena del bastone in molta fretta;
Ma il conte l'ha assaggiato, e non l'aspetta.

60.   Gettosse Orlando in salto de traverso
E menò il brando per le gambe al basso,
Ed a quel tempo il saracin perverso
Callava il suo bastone a gran fraccasso.
Tirando l'uno e l'altro di roverso
Ben se gionsero insieme al contrapasso,
Ma il brando, che non cura fatasone,
Duo palmi e più tagliò di quel bastone.

61.   Mosse Aridano un crido bestïale,
E salta adosso al conte, d'ira acceso.
Nulla diffesa al franco Orlando vale,
Con tanta furia l'ha quel pagan preso,
E vien correndo, come avesse l'ale.
Alla riviera nel portò di peso,
E così seco, come era abracciato,
Giù nel gran lago se profonda armato.

62.   Da l'alta ripa con molta roina
Caderno insieme per quella acqua scura.

Quivi più non aspetta Falerina,
Ma via fuggendo su per la pianura
Giva tremando come una tapina,
Guardando spesso adietro con paura,
E ciò che sente e vede di lontano,
Sempre alle spalle aver crede Aridano.

63.   Ma lui bon tempo stette a ritornare,
Ché gionse con Orlando insino al fondo.
Più nel presente non voglio cantare,
Ché al tanto dir parole me confondo:
Piacciavi a l'altro canto ritornare,
Che la più strana cosa che abbia il mondo
E la più dilettosa e più verace
Vi contarò, se Dio ce dona pace.

62. — 7. *ciò che* vale « checché ».

CANTO OTTAVO

1.   Quando la terra più verde è fiorita,
    E più sereno il cielo e grazïoso,
    Alor cantando il rosignol se aita
    La notte e il giorno a l'arboscello ombroso;
    Così lieta stagione ora me invita
    A seguitare il canto dilettoso,
    E racontare il pregio e 'l grand'onore
    Che donan l'arme gionte con amore.

2.   Dame legiadre e cavallier pregiati,
    Che onorati la corte e gentilezza,
    Tiratevi davanti ed ascoltati
    Delli antiqui baron l'alta prodezza,
    Che seran sempre in terra nominati:
    Tristano e Isotta dalla bionda trezza,
    Genevra e Lancilotto del re Bando;
    Ma sopra tutti il franco conte Orlando;

3.   Qual per amor de Angelica la bella
    Fece prodezze e meraviglie tante,
    Che 'l mondo sol di lui canta e favella.
    E pur mo vi narrai poco davante

CANTO VIII. — Giunto al fondo del lago, Orlando uccide Aridano, poi si inoltra nel meraviglioso regno di Morgana. Ritrova, prigionieri, Ranaldo, Brandimarte e Dudone, e apprende che per liberarli deve afferrare la Fortuna per le chiome: ma la fata, accortasi di lui, fugge.

2. — 7. *re Bando*: del re Pant e della Regina Clavina era figlio Lancillotto del Lago (*Bandus* in ant. fr. era variante di *Baudouin*: v. ad es. *Le Roman de Troie*). Nella *Tavola Ritonda* compariva re Bando di Benoich, alleato di Artù, marito di Costanza; il figlio Lancillotto fu allevato dalla Dama del Lago sorella di Morgana e Artù.

3. — 3. Notevole testimonianza della popolarità delle leggende carolinge.

Come abracciato alla battaglia fella
Con Aridano, il perfido gigante,
Cadde in quel lago nel profondo seno;
Ora ascoltati il fatto tutto a pieno.

4.   Cadendo della ripa a gran fraccasso
Callarno entrambi per quella acqua scura,
Dico Aridano e lui tutti in un fasso.
Già giuso erano un miglio per misura,
E, roïnando tutta fiata a basso,
Cominciò l'acqua a farsi chiara e pura,
E cominciarno di vedersi intorno:
Un altro sol trovarno e un altro giorno.

5.   Come nasciuto fosse un novo mondo,
Se ritrovarno al sciutto in mezo a un prato,
E sopra sé vedean del lago il fondo,
Il qual, dal sol di suso aluminato,
Facea parere il luogo più iocondo;
Ed era poi d'intorno circondato
Quel loco d'una grotta marmorina
Tutta di pietra relucente e fina.

6.   Era la bella grotta a piede al monte:
Tre miglia circondava questo spaccio.
Ora torniamo a ragionar del conte,
Ch'è qui caduto col gigante in braccio,
Seco sempre ristretto a fronte a fronte,
E ben se aiuta per uscir de impaccio,
Ma pur se sbatte e se dimena invano:
Sei tanto è più de lui forte Aridano.

7.   Né l'un da l'altro si potean spiccare,
Sin che fur gionti in sul campo fiorito.
Quivi Aridano il volse disarmare,
Credendo averlo tanto sbigotito,
Che più diffesa non dovesse fare;
A benché tal pensier li andò fallito,
Però che non l'avea lasciato a pena,
Che 'l conte imbraccia il scudo e il brando mena.

8.   Alor se incominciò l'aspra tencione
E l'assalto crudele e dispietato.
Il saracino adopra quel bastone
Che avrebbe a un colpo un monte dissipato.
Da l'altra parte il fio di Melone
Avea quel brando ad arte fabricato,
Che cosa non fu mai cotanto fina,
E ciò che trova taglia con roina.

9.   Orlando a lui ferì primeramente,
Come li uscitte a ponto delle braccia,
E roppe avanti l'elmo relucente,
Benché non gionse il colpo nella faccia.
Diceva il saracin tra dente e dente:
— A questo modo la mosca se caccia,
A questo modo al naso si fa vento;
Ma ben ti pagarò, s'io non mi pento. —

10.   Tra le parole un gran colpo disserra,
Ma già non gionse il conte a suo talento,
Ché ben lo avria disteso morto a terra,
E tutto rotto con grave tormento.
Or se rinforza la stupenda guerra:
Quello ha possa maggior, questo ardimento,
E ciascadun de vincer se procura:
Battaglia non fu mai più orrenda e scura.

11.   Benché gran colpi menasse Aridano,
Non avea ponto Orlando danneggiato,
E giva sempre il suo bastone invano.
Ma il conte, che è di guerra amaestrato,
Menava bene il gioco d'altra mano,
E già l'aveva in tre parte impiagato.
Nel ventre, nella testa, nel gallone:
Fuora uscia il sangue a grande effusïone.

12.   E, per non vi tenire a notte scura,
L'ultimo colpo che Orlando li dona,
Tutto lo parte, insino alla centura,
Onde la vita e il spirto lo abandona,
E cadde morto sopra a la pianura.

Quivi d'intorno non era persona,
Altro che il monte e il sasso non appare;
Pur guarda il conte e non sa che si fare.

13.   La bianca ripa che girava intorno,
Non lasciava salire al monticello,
Quale era verde e de arboscelli adorno,
Tutto fiorito a meraviglia e bello.
E dalla parte ove apparisce il giorno,
Era tagliata a punta di scarpello
Una porta patente, alta e reale:
Più mai ne vidde il mondo un'altra tale.

14.   Guardando, come ho detto, intorno Orlando
Scòrse nel sasso la porta tagliata,
E verso quella a piede caminando
Vien prestamente e gionse su l'intrata;
E de ogni lato quella remirando,
Vide una istoria in quella lavorata
Tutta di pietre precïose e d'oro,
Con perle e smalti di sotil lavoro.

15.   Vedeasi un loco cento volte cinto
De una muraglia smisurata e forte;
Chiamavasi quel cerchio il Labirinto,
Che avea cento serraglie e cento porte;
Così scritto era in quel smalto e depinto,
E tutto parea pieno a gente morte,
Ché ogni persona che è d'intrare ardita,
Vi more errando e non trova la uscita.

16.   Mai non tornava alcuno ove era entrato,
E, come è detto, errando si moria;
O ver, dalla fortuna al fin guidato,
Dopo l'affanno della mala via,
Era nel fondo occiso e divorato
Dal Minotauro, bestia orrenda e ria,
Che avea sembianza d'un bove cornuto:
Più crudel mostro mai non fu veduto.

17.   Ritratta era in disparte una donzella,
           Che era ferita nel petto de amore
           De un giovanetto, e l'arte gli rivella
           Come potesse uscir di tanto errore.
           Tutta depinta vi è questa novella,
           Ma il conte, che a tal cosa non ha il core,
           Alle sue spalle quella porta lassa,
           E per la tomba caminando passa.

18.   Via per la grotta va senza paura,
           Ed era gito avante da tre miglia
           Senza alcun lume per la strata oscura,
           Alor che gl'incontrò gran meraviglia;
           Perché una pietra relucente e pura,
           Che drittamente a foco se assimiglia,
           Gli fece luce mostrandoli intorno,
           Come un sol fosse in cielo a mezo giorno.

19.   Questa davanti gli scoperse un fiume
           Largo da vinte braccia, o poco meno;
           Di là da lui rendea la pietra il lume,
           In mezo a un campo sì de zoie pieno,
           Che solo a dir di lor serìa un volume;
           E non ha tante stelle il cel sereno,
           Né primavera tanti fiori e rose,
           Quante ivi ha perle e pietre precïose.

20.   Avea quel fiume ch'è sopra contato,
           Di sopra un ponte di poca largura,
           Che non è mezo palmo misurato.
           Da ciascun lato stava una figura
           Tutta di ferro, a guisa d'omo armato.
           Di là dal fiume aponto è la pianura,
           Ove posto il tesoro è di Morgana;
           Ora ascoltati questa cosa strana.

---

17. — 1-4. Mito di Teseo e Arianna (v. 3: *gli*: alla donzella, mentre chi
deve *uscir* è Teseo). — 8. *tomba*, caverna, grotta.
18. — 5-8. C.: « grotte illuminate da carbonchi e piropi son temi fre-
quenti nei romanzi (cfr. le mura splendenti del giardino di Alcina nel-
l'*Orl. Fur.*, X, 58-60) ».

21.   Non avea posto il piede su la intrata
Del ponticello il figlio di Melone,
Che la figura ad arte fabricata
Levò da l'alto capo un gran bastone.
Bene avea il conte sua spata fatata
Per incontrare il colpo di ragione;
Ma non bisogna che a questo risponda,
Che dà nel ponte e tutto lo profonda.

22.   A questa cosa riguardava il conte
Meravigliando assai nel suo pensiero,
Ed ecco a poco a poco uno altro ponte
Nasce nel loco dove era il primiero.
Su vi entra Orlando con ardita fronte,
Ma de quindi varcar non è mistiero,
Ché la figura mai passar non lassa
Qual dà nel ponte, e sempre lo fraccassa.

23.   Il conte avea de ciò gran meraviglia,
Fra sé dicendo: « Or che voglio aspettare?
Se il fiume fusse largo diece miglia,
In ogni modo voglio oltra passare. »
Al fin delle parole un salto piglia:
Vero è che indietro alquanto ebbe a tornare
A prender corso; e, come avesse piume,
D'un salto armato andò di là dal fiume.

24.   Come fu gionto alla ripa nel prato
Ove Morgana ha posto il gran tesoro,
A sé davante vidde edificato
Un re con molta gente a concistoro.
Ciascun sta in piede, ed esso era assettato;
Tutte le membre avean formato d'oro,
Ma sopra eran coperti tutti quanti
Di perle, de robini e de diamanti.

25.   Parea quel re da tutti riverito;
Avanti avea la mensa apparecchiata
Con più vivande, a mostra di convito,
Ma ciascadun di smalto è fabricata.
Sopra al suo capo avea un brando forbito,

21. — Cfr. *Libro dei Sette Savi*, nov. XII.

Che morte li minaccia tutta fiata;
Ed al sinistro fianco, a men d'un varco,
Un che avea posto la saetta a l'arco.

26.   Avea da lato un altro suo germano,
Che lo rasomigliava di figura,
E tenea un breve scritto nella mano.
Così diceva a ponto la scrittura:
' Stato e ricchezza e tutto il mondo è vano
Qual se possede con tanta paura;
Né la possanza giova, né il diletto,
Quando se tiene o prende con sospetto.'

27.   Però stava quel re con trista ciera,
Guardando intorno per suspizïone.
A lui davanti, ne la mensa altiera,
Sopra de un ziglio d'oro era il carbone,
Che dava luce a guisa de lumiera,
Facendo lume per ogni cantone;
Ed era il quadro di quella gran piaccia
Per ciascun lato cinquecento braccia.

28.   Tutta coperta de una pietra viva
Era la piazza e d'intorno serrata;
Per quattro porte di quella se usciva,
Ciascuna riccamente lavorata.
Non vi ha fenestra e d'ogni luce è priva,
Se non che è dal carbone aluminata,
Qual rendeva là giù tanto splendore,
Che a pena il sole al giorno l'ha maggiore.

29.   Il conte, che di questo non ha cura,
Verso una porta prese il suo camino,
Ma quella nella entrata è tanto scura,
Che non sa dove andare il paladino.
Ritorna adietro e d'intorno procura
De l'altre uscite per ogni confino;
Tutte le cerca senza alcuna posa:
Ciascuna è più dolente e tenebrosa.

27. — 4. *carbone*, carbonchio, diamante, sorretto da un giglio d'oro.

30.   Mentre che pensa e sta tutto suspeso,
        Andògli il core a quella pietra eletta,
        Che nella mente parea foco acceso,
        Onde a pigliarla corse con gran fretta;
        Ma la figura che avea l'arco teso,
        Subitamente scocca la saetta,
        E gionse drittamente nel carbone,
        Spargendo il lume a gran confusïone.

31.   Cominciò incontinente un terremoto,
        Scotendo intorno con molto rumore.
        Mugiava in ogni lato il sasso voto:
        Odita non fu mai voce maggiore.
        Fermosse il conte stabile ed immoto,
        Come colui che fu senza terrore:
        Ecco il carbone al ziglio torna in cima,
        E rende il lume adorno come in prima.

32.   Orlando per pigliarlo torna ancora,
        Ma, come a ponto con la mano il tocca,
        Lo arcier che è a lato al re, senza dimora
        Una saetta d'oro a l'arco scocca;
        E durò il terremoto più d'un'ora,
        Squassando con rumor tutta la rocca;
        Poi cessò al tutto, e il bel lume vermiglio
        Tornò come era avanti in cima al ziglio.

33.   Or fa pensiero il bon conte de Anglante
        Avere al tutto quella pietra fina.
        Trasse a sé il scudo e quel pose davante
        Ove l'arciero il suo colpo destina;
        Poi prese il bel carbone, e 'n quello istante
        Gionse la frizza al scudo con roina,
        Ma non puote passarlo il colpo vano:
        Via ne va Orlando col carbone in mano.

34.   E come lo guidava la fortuna,
        Non prese a destra mano il suo vïaggio,
        Che serìa uscito de la grotta bruna

30. — 3. *nella mente*, all'impressione, a pensarci.

Salendo sempre suso, il baron saggio.
Là gioso ove non splende sol né luna,
Né se può ritornar senza dannaggio,
Callava il conte, verso la pregione
Ove Ranaldo stava con Dudone.

35.   Fôr questi presi sopra la rivera,
Sì come già davanti io vi contai,
E Brandimarte ancora con questi era,
Ed altri cavallieri e dame assai,
Ch'eran più de settanta in una schiera,
Che non avean speranza uscir giamai
Di quello incanto orribile e diverso,
Ma ciascadun si tiene al tutto perso.

36.   E sappiati che il franco Brandimarte
Non fu per forza, come gli altri, preso;
Ma Morgana la fata con mala arte
L'avea d'amor con falsa vista acceso;
E seguendola lui per molte parte,
Non fu da alcun giamai con arme offeso,
Ma con carezze e con viso iocondo
Fu trabuccato a quel dolente fondo.

37.   Or, come io dissi, il bon conte di Brava
Giù nella tomba alla sinistra mano
Per una scala di marmo callava
Più de un gran miglio, e poi gionse nel piano;
E col carbone avanti alluminava,
Perché altramente serìa gito invano,
Ché quel camino è sì malvaggio e torto,
Che mille fiate errando serìa morto.

38.   Poi che fu gionto in su la terra piana
Il conte, che a quel lume si governa,
Parbe vedere a lui molto lontana
Una fissura in capo alla caverna;

---

35. — 3. *E Brandimarte*: il Poeta non ha ancor detto come egli sia
finito quaggiù: l'ultima menzione di lui nel poema (II, II, 36) diceva della
sua partenza da Albraca dietro le orme di Orlando.

E, caminando per la strata strana,
A poco a poco pur par che discerna
Che quella era una porta al fin del sasso,
Qual dava uscita al tenebroso passo.

39.   L'aspra cornice di quel sasso altiero
Con tal parole a lettere era tagliata:
'Tu che sei gionto, o dama, o cavalliero,
Sappi che quivi facile è la entrata,
Ma il risalir da poi non è legiero
A cui non prende quella bona fata,
Qual sempre fugge intorno e mai non resta,
E dietro ha il calvo alla crinuta testa.'

40.   Il conte le parole non intese,
Ma passa dentro quella anima ardita,
E, come a ponto nel prato discese,
Voltando gli occhi per l'erba fiorita
Alto diletto riguardando prese;
Perché mai non se intese per odita,
Né per veduta in tutto quanto il mondo
Più vago loco, nobile e iocondo.

41.   Splendeva quivi il ciel tanto sereno,
Che nul zaffiro a quel termino ariva,
Ed era d'arboscelli il prato pieno,
Che ciascun avea frutti e ancor fioriva.
Longe alla porta un miglio, o poco meno,
Uno alto muro il campo dipartiva,
De pietre trasparente e tanto chiare
Che oltra di quello il bel giardino appare.

42.   Orlando dalla porta se alontana,
E mentre che per l'erba via camina,
Vidde da lato adorna una fontana

---

39. — 8. ed è calva nella nuca.
41. — Il giardino di Morgana s'incontra anche prima del B. nei poemi carolingi. Diceva il Rajna: « Si tratta del trasporto di un lembo del cielo brettone » in terreno carolingio: infatti l'elemento puramente fiabesco, soprattutto con sviluppi fantastici così compiaciuti e doviziosi, era proprio delle leggende bretoni. — 2. Cfr. Dante, *Parad.*, XXXI, 15: *tanto bianco, | Che nulla neve a quel termine arriva.*

D'oro e di perle e de ogni pietra fina.
Quivi distesa stavasi Morgana
Col viso al cielo e dormiva supina,
Tanto suave e con sì bella vista
Che rallegrata avrebbe ogni alma trista.

43.   Le sue fattezze riguardava il conte
Per non svegliarla, e sta tacitamente.
Lei tutti e crini avea sopra la fronte,
E faccia lieta, mobile e ridente;
Atte a fuggire avea le membre pronte,
Poca trezza di dietro, anzi nïente;
Il vestimento candido e vermiglio,
Che sempre scappa a cui li dà de piglio.

44.   — Se tu non prendi chi te giace avante,
Prima che la se sveglia, o paladino,
Frustarai a' tuoi piedi ambe le piante
Seguendola da poi per mal camino;
E portarai fatiche e pene tante,
Prima che tu la tenghi per il crino,
Che serai reputato un santo in terra
Se in pace soffrirai cotanta guerra. —

45.   Queste parole fur dette ad Orlando,
Mentre che attento alla fata mirava,
Onde se volse adietro, ed ascoltando
Verso la voce tacito ne andava;
E forse trenta passi caminando
A piè de l'alto mur presto arivava,
Qual tutto di cristallo è tanto chiaro,
Che oltra si vede senza alcun divaro.

46.   Così cognobbe lo ardito barone
Come colui che avanti avea parlato,
Di là da quel cristallo era pregione,
E prestamente l'ha rafigurato,
Perché quello era il suo franco Dudone;

44. — 8. se saprai sopportare tali tribolazioni con forza e pazienza.
45. — 8. *senza alcun divaro*, senza alcun divario, come se il muro
non fosse.

Ed ora l'un da l'altro è separato
Forse tre piedi, o poco meno, o tanto:
Pensati che ciascun facea gran pianto.

47.   Ben distendevan l'una e l'altra mano
Per abracciarse insieme ad ogni parte.
Dice a Dudone: — Io me affatico invano,
Ché in nulla forma mai potria toccarte. —
In quello giunse il sir de Montealbano,
Che a braccio ne venìa con Brandimarte,
E non sapevan del conte nïente;
Ciascun di lor piangendo fu dolente.

48.   Disse Ranaldo: — Egli ha pur l'armi in dosso,
E tiene al fianco ancor la spata cinta:
Ciascun de noi, per Dio! verrà riscosso,
Ché sua prodezza non serà mai vinta;
Abenché rallegrar pur non mi posso,
Perché io non so se l'ira ancora è estinta,
Quando per colpa mia quasi fui morto,
Alor che seco combatteva a torto.

49.   Ch'io non doveva per nulla cagione
Prender con seco alcuna differenza;
Egli è di me maggiore, e di ragione
Lo debbo sempre avere in riverenza. —
Diceva Brandimarte al fio d'Amone:
— Di questo ditto non aver temenza;
Così quindi te tragga Dio verace,
Come tra voi farò presto la pace. —

50.   E così l'un con l'altro ragionando,
Come vi dico, assai pietosamente,
Per caso allor se volse il conte Orlando,
Ed ambi li cognobbe incontinente;
E piangendo di doglia e sospirando,
Con parlar basso e con voce dolente
Li adimandava con qual modo e quanto
Fusser già stati presi a quello incanto.

51.   E poi che intese la fortuna loro,
Che ciascadun piangendo la dicia,

Prese dentro dal core alto martoro,
Perché forza né ingegno non valìa
A romper quel castello e il gran lavoro,
Qual chiudea intorno quella pregionia;
E tanto più se turba il conte arguto,
Che gli ha davanti e non può darli aiuto.

52.   Avanti a gli occhi suoi vedea Ranaldo
E gli altri tutti che cotanto amava,
Onde di doglia e di grande ira caldo
Per dar nel mur col brando il braccio alzava;
Ma cridarno e prigion tutti: — Sta saldo!
Sta, per Dio! queto, — ciascadun cridava,
— Ché, come ponto si spezzasse il muro,
Giù nella grotta caderemo al scuro. —

53.   Seguiva poi parlando una donzella,
La qual di doglia in viso parea morta,
E così scolorita era ancor bella;
Costei parlava al conte in voce scorta:
— Se trar ce vuoi di questa pregion fella,
Conviente gir, baron, a quella porta
Che de smiraldi e de diamanti pare;
Per altro loco non potresti entrare.

54.   Ma non per senno, forza, o per ardire,
Non per minaccie, o per parlar soave
Potresti quella pietra fare aprire,
Se non te dona Morgana la chiave;
Ma prima se farà tanto seguire,
Che ti parrebbe ogni pena men grave
Che seguir quella fata nel deserto
Con speranza fallace e dolor certo.

55.   Ogni cosa virtute vince al fine:
Chi segue vince, pur che abbia virtute;
Vedi qua tante gente peregrine,
Che speran per te solo aver salute.

---

52. — 8. *caderemo*, cadremmo; si tratta d'un condizionale, con evidente scempiamento dialettale.

Tutte noi altre misere, tapine,
Prese per forza al fondo sïàn cadute:
Tu sol, sopra ad ogni altro appregïato,
In questo loco sei venuto armato.

56. Sì che bona speranza ce conforta
Che avrai di questa impresa ancor l'onore,
Ed aprirai quella dolente porta,
Qual tutti ce tien chiusi in tal dolore.
Or più non indugiar, ché forse accorta
Non se è di te la fata, bel segnore;
Volgite presto e torna alla fontana,
Ché forse ancor vi trovarai Morgana. —

57. Il conte, che d'entrare avea gran voglia,
Subitamente al fonte ritornava;
Quivi trovò Morgana, che con zoglia
Danzava intorno e danzando cantava.
Né più legier se move al vento foglia,
Come ella senza sosta si voltava,
Mirando ora alla terra ed ora al sole,
Ed al suo canto usava tal parole:

58. — Qualunche cerca al mondo aver tesoro,
O ver diletto, o segue onore e stato,
Ponga la mano a questa chioma d'oro
Ch'io porto in fronte, e quel farò beato;
Ma quando ha il destro a far cotal lavoro,
Non prenda indugia, ché il tempo passato
Più non ritorna e non se ariva mai,
Ed io mi volto, e lui lascio con guai. —

59. Così cantava de intorno girando
La bella fata a quella fresca fonte,
Ma come gionto vidde il conte Orlando,
Subitamente rivoltò la fronte.
Il prato e la fontana abandonando,
Prese il vïaggio suo verso de un monte,
Qual chiudea la valletta piccolina;
Quivi fuggendo Morgana camina.

60.   Oltra quel monte Orlando la seguia,
        Ché al tutto di pigliarla è destinato,
        Ed essendoli dietro tutta via,
        Se avidde in un deserto essere entrato,
        Che strata non fu mai cotanto ria,
        Però che era sassosa in ogni lato;
        Ora alta, or bassa è nelle sue confine,
        Piena de bronchi e de malvaggie spine.

61.   Del rio vïaggio Orlando non se cura,
        Ché la fatica è pasto a l'animoso.
        Ora ecco alle sue spalle il cel se oscura,
        E levasi un gran vento furïoso;
        Pioggia mischiata di grandine dura
        Batte per tutto il campo doloroso;
        Perito è il sole e non si vede il giorno,
        Se il ciel non s'apre fulgorando intorno.

62.   Tuoni e saette e fùlgori e baleni
        E nebbia e pioggia e vento con tempesta
        Aveano il cielo e i piani e i monti pieni:
        Sempre cresce il furore e mai non resta.
        Quivi la serpe e tutti i suoi veleni
        Son dal mal tempo occisi alla foresta,
        Volpe e colombi ed ogni altro animale:
        Contra a fortuna alcun schermo non vale.

63.   Lasciati Orlando in quel tempo malvaggio,
        Né ve impacciati de sua mala sorte,
        Voi che ascoltando qua sedeti ad aggio:
        Fuggir se vôle il mal sino alla morte;
        Abenché lui tornasse in bon vïaggio,
        Perché ogni cosa vince l'omo forte;
        Ma chi può, scampar debbe al tempo rio.
        Bella brigata, io ve acomando a Dio.

63. — In questo episodio di Morgana-Fortuna l'impegno allegorico è
più che mai evidente; eppure la lezione pratico-morale è sopraffatta dal
più forte istinto del Poeta, quello che lo trae al meraviglioso e al puro
pittoresco. E la più chiara nota che ne emerge è piuttosto quella del vario
volontarismo del B., per cui *ogni cosa vince l'omo forte*, e *ogni cosa virtute
vince al fine*, come spesso altrove avevamo letto che amore vince ogni cosa.
Sempre la celebrazione della potenza dell'uomo reso eroico dalla volontà
o dalle passioni.

CANTO NONO

1.   Odeti ed ascoltati il mio consiglio,
Voi che di corte seguite la traccia:
Se alla Ventura non dati de piglio,
Ella si turba e voltavi la faccia;
Alor convien tenire alciato il ciglio,
Né se smarir per fronte che minaccia,
E chiudersi le orecchie al dir de altrui,
Servendo sempre, e non guardare a cui.

2.   A che da voi Fortuna è biastemata,
Ché la colpa è di lei, ma il danno è vostro?
Il tempo viene a noi solo una fiata,
Come al presente nel mio dir vi mostro;
Perché, essendo Morgana adormentata
Presso alla fonte nel fiorito chiostro,
Non seppe Orlando al zuffo dar di mano,
Ed or la segue nel diserto in vano,

3.   Con tanta pena e con fatiche tante,
Che ad ogni passo convien che si torza.
La fata sempre fugge a lui davante;
Alle sue spalle il vento se rinforza
E la tempesta, che sfronda le piante
Giù diramando fin sotto la scorza.

CANTO IX. — Orlando insegue Ventura e dopo terribili prove riesce
ad afferrarla per le chiome: libera i prigionieri eccetto Ziliante. Orlando
e Brandimarte tornano ad Angelica mentre gli altri partono alla volta
di Francia: li arresta il ponte di Balisardo.

Fuggon le fiere e il mal tempo li caccia,
E par che il celo in pioggia si disfaccia.

4.   Ne l'aspro monte e ne' valloni ombrosi
Condutto è il conte a perigliosi passi.
Callano rivi grossi e roïnosi,
Tirando giù le ripe, arbori e sassi,
E per quei boschi oscuri e tenebrosi
S'odon alti rumori e gran fraccassi,
Però che 'l vento, il trono e la tempesta
Dalle radici schianta la foresta.

5.   Pur segue Orlando e fortuna non cura,
E prender vôl Morgana a la finita,
Ma sempre cresce sua disaventura,
Perché una dama de una grotta uscita,
Pallida in faccia e magra di figura,
Che di color di terra era vestita,
Prese un flagello in mano aspero e grosso,
Battendo a sé le spalle e tutto il dosso.

6.   Piangendo se battea quella tapina,
Sì come fosse astretta per sentenzia
A flagellarsi da sera e matina.
Turbosse il conte a tal appariscenzia,
E dimandò chi fosse la meschina.
Ella rispose: — Io son la Penitenzia,
De ogni diletto e de allegrezza cassa,
E sempre seguo chi ventura lassa.

7.   E però vengo a farte compagnia,
Poi che lasciasti Morgana nel prato,
E quanto durarà la mala via,
Da me serai battuto e flagellato,
Né ti varrà lo ardire o vigoria,
Se non serai di paciënza armato. —
Presto rispose il figlio di Melone:
— La paciënza è pasto da poltrone.

---

3. — 7. lo Z. scrive *li* seguendo i testi concordi, e suggerisce potersi
trattare di «una peculiarità della lingua boiardesca» (*li* = le).
6. — 2. *astretta*, (cfr. fr. *astreint*) costretta, tenuta.

8.   Né te venga talento a farmi oltraggio,
Ché paciente non serò di certo.
Se a me fai onta, a te farò dannaggio,
E se mi servi ancor, ne avrai buon merto:
Dico de accompagnarme nel vïaggio
Dove io camino per questo diserto. —
Così parlava Orlando, e pur Morgana
Tuttavia fugge ed a lui se alontana.

9.   Onde, lasciando mezo il ragionare,
Dietro alla fata se pose a seguire,
E nel suo cor se afferma a non mancare
Sin che vinca la prova, o de morire.
Ma l'altra, di cui mo vi ebbi a contare,
Qual per compagna se ebbe a proferire,
Se accosta a lui con atti sì villani,
Che de cucina avria cacciati i cani.

10.   Perché, giongendo col flagello in mano,
Disconciamente dietro lo battia.
Forte turbosse il senator romano,
E con mal viso verso lei dicia:
— Già non farai ch'io sia tanto villano,
Ch'io traga contra a te la spata mia;
Ma se a la trezza ti dono di piglio,
Io te trarò di sopra al celo un miglio. —

11.   La dama, come fuor di sentimento,
Nulla risponde, ed anco non lo ascolta;
Il conte, a lei voltato in mal talento,
Gli mena un pugno alla sinestra golta.
Ma, come gionto avesse a mezo il vento,
O ver nel fumo, o nella nebbia folta,
Via passò il pugno per mezo la testa
De un lato ad altro, e cosa non l'arresta.

12.   Ed a lei nôce quel colpo nïente,
E sempre intorno il suo flagello mena.
Ben se stupisce il conte nella mente,

11. — 4. *golta*, gota.

E ciò veggendo non lo crede apena.
Ma pur, sendo battuto e de ira ardente,
Radoppia pugni e calci con più lena;
Qua sua possanza e forza nulla vale,
Come pistasse l'acqua nel mortale.

13.   Poi che bon pezzo ha combattuto in vano
Con quella dama che una ombra sembrava,
Lasciolla al fine il cavallier soprano,
Ché tuttavia Morgana se ne andava;
Onde prese a seguirla a mano a mano.
Ora quest'altra già non dimorava,
Ma col flagello intorno lo ribuffa,
E lui se volta, e pur a lei s'azuffa.

14.   Ma, come l'altra volta, il franco conte
Toccar non puote quella cosa vana,
Onde lasciolla ancora, e per il monte
Se puose al tutto a seguitar Morgana;
Ma sempre dietro con oltraggio ed onte
Forte lo batte la dama villana.
Il conte, che ha provato il fatto a pieno,
Più non se volta e va rodendo il freno.

15.   « Se a Dio piace, — diceva — on al demonio
Ch'io abbi pacïenza, ed io me l'abbia:
Ma siame il mondo tutto testimonio
Ch'io la tragualcio con sapor di rabbia.
Qual frenesia di mente o quale insonio
Me ha qua giuso condutto in questa gabbia?
Dove entrai io qua dentro, o come e quando?
Son fatto un altro, o sono ancora Orlando? »

16.   Così diceva, e con molta roina
Sempre seguia Morgana il cavalliero.
Fiacca ogni bronco ed ogni mala spina,
Lasciando dietro a sé largo il sentiero;
Ed alla fata molto se avicina,
E già de averla presa è il suo pensiero;

13. — 4. *tuttavia*, tuttavolta, senza posa.
15. — 4. *tragualcio*, inghiotto.

Ma quel pensiero è ben fallace e vano,
Però che presa ancor scappa di mano.

17. Oh quante volte gli dette di piglio
Ora ne' panni ed or nella persona!
Ma il vestimento, ch'è bianco e vermiglio,
Ne la speranza presto l'abandona.
Pure una fiata rivoltando il ciglio,
Come Dio volse e la ventura buona,
Volgendo il viso quella fata al conte,
Lui ben la prese al zuffo ne la fronte.

18. Alor cangiosse il tempo, e l'aria scura
Divenne chiara e il cel tutto sereno;
E l'aspro monte si fece pianura,
E dove prima fo di spine pieno,
Se coperse de fiore e de verdura;
E 'l flagellar de l'altra venne meno,
La qual, con meglior viso che non suole,
Verso del conte usava tal parole:

19. — Attienti, cavalliero, a quella chioma,
Che nella mano hai volta, de Ventura,
E guarda de iustar sì ben la soma,
Che la non caggia per mala misura.
Quando costei par più quïeta e doma,
Alor del suo fuggire abbi paura,
Ché ben resta gabbato chi li crede,
Perché fermezza in lei non è, né fede. —

20. Così parlò la dama scolorita,
E dipartisse al fin del ragionare;
A ritrovar sua grotta se n'è gita,
Ove se batte e stasse a lamentare.
Ma il conte Orlando l'altra avea gremita,
Come io vi dissi, e, senza dimorare,
Or con minaccie or con parlar suave
De la pregion domanda a lei la chiave.

---

19. — 3-4. modo di dire: bada di bilanciare bene il peso, sì che non
cada per averne diviso male le parti; per dire: bada a comportarti con
senno in questo arduo frangente.

21.   Ella con riso e con falso sembiante
Diceva: — Cavalliero, al tuo piacere
Son quelle gente prese tutte quante,
E me con seco ancor potrai avere;
Ma sol de un figlio del re Manodante
Te prego che me vogli compiacere;
O mename con seco, o quel mi lassa,
Ché senza lui serìa de vita cassa.

22.   Quel giovanetto m'ha ferito il core,
Ed è tutto il mio bene e 'l mio disio,
Sì che io te prego per lo tuo valore
Che hai tanto al mondo, e per lo vero Dio,
Se a dama alcuna mai portasti amore,
Non trar di quel giardin l'amante mio.
Mena con teco gli altri, quanti sono,
Ché a te tutti li lascio in abandono. —

23.   Rispose il conte ad essa: — Io te prometto,
Se mi doni la chiave in mia balìa,
Qua teco restarà quel giovanetto,
Poi che averlo il tuo cor tanto desia;
Ma non te vo' lasciar, ché aggio sospetto
De ritornare a quella mala via
Ove io son stato; e però, se 'l te piace,
Dammi la chiave, e lasciarotti in pace. —

24.   Avea Morgana aperto il vestimento
Dal destro lato e dal sinistro ancora,
Onde la chiave, che è tutta d'argento,
Trasse di sotto a quel senza dimora,
E disse: — Cavallier de alto ardimento,
Vanne alla porta e sì aconcio lavora,
Che non se rompa quella serratura,
Ché caderesti nella tomba oscura,

25.   E teco insieme tutti e cavallieri,
Sì che seresti in eterno perduto,
Ché trarti quindi non serìa mestieri,
Né l'arte mia varrebbe, on altro aiuto. —
Per questo intrato è il conte in gran pensieri,
Da poi che per ragione avea veduto

Che mal se trova alcun sotto la luna
Che adopri ben la chiave di Fortuna.

26.   Tenendo al zuffo tuttavia Morgana,
Verso al giardino al fin se fu invïato,
E traversando la campagna piana
A quella porta fu presto arivato.
Con poco impaccio la serraglia strana
Aperse, come piacque a Dio beato,
Perché qualunche ha seco la Ventura,
Volta la chiave a ponto per misura.

27.   Già Brandimarte e il sir de Montealbano
E tutti gli altri che fôr presi al ponte,
Avean veduto Orlando di lontano,
Che tenea presa quella fata in fronte;
Onde ogni saracino e cristïano
Ringraziava il suo dio con le man gionte.
Or ciascadun de uscir ben si conforta,
Sentendo già la chiave nella porta.

28.   Da poi che aperto fu il ricco portello,
Tutta la gente uscitte al verde prato.
Il conte adimandò del damigello
Quale era tanto da Morgana amato,
E vide il giovanetto bianco e bello,
Nel viso colorito e delicato,
Ne gli atti e nel parlar dolce e iocondo,
E fo il suo nome Zilïante il biondo.

29.   Costui rimase dentro lagrimando,
Veggendo tutti gli altri indi partire,
E ben che ne dolesse al conte Orlando,
Pur sua promessa volse mantenire;
Ma ancor tempo sarà che sospirando
Se converrà di tal cosa pentire,
E forza li serà tornare ancora,
Per trar del loco il giovanetto fuora.

28. — 8. ricordiamo questo giovane, ché ne verranno di bei grattacapi al Conte.

30.   Ivi il lasciarno, e gli altri tutti quanti
      Uscirno del giardino alla ventura;
      Facea quel bel garzone estremi pianti,
      E biastemava sua disaventura.
      Ora alla porta che io dissi davanti,
      Che ritornava nella tomba scura,
      Intrarno tutti, e 'l conte andava prima;
      Montâr la scala e presto fôrno in cima.

31.   E dentro a l'altra porta eran passati,
      Ove sta ne la piazza il gran tesoro:
      Quel re che siede e gli altri fabricati
      De robini e diamanti e perle ed oro.
      Tutti color che furno impregionati
      Miravan con stupore il gran lavoro;
      Ma non ardisce alcun porve la mano
      Temendo incanto o qualche caso istrano.

32.   Ranaldo, che non sa che sia dotanza,
      Prese una sedia, che è tutta d'ôr fino,
      Dicendo: — Questa io vo' portare in Franza,
      Ché io non feci giamai più bel bottino.
      A' miei soldati io donarò prestanza,
      Poi non affido amico, né vicino,
      O prete, o mercatante, o messaggero;
      Qualunche io trova, io manderò legiero. —

33.   Il conte li dicea che era viltate
      A girne carco a guisa de somiero.
      Disse Ranaldo: — E' mi ricordo un frate
      Che predicava, ed era suo mestiero
      Contar della astinenza la bontate,
      Mostrandola a parole de legiero;
      Ma egli era sì panzuto e tanto grasso,
      Che a gran fatica potea trare il passo.

---

32. — 1. *dotanza*, incertezza, esitazione (cfr. fr. *doute*, dubbio). —
5-8. con quest'oro rinforzerò per bene i miei soldati (vedi anche 38-6),
poi non lascerò più sicuro nessuno: ché chi mi capiterà fra le mani, lo spo-
glierò. Questo tratto comico si rapporta alle note leggende sul brigantaggio e la povertà del paladino.
33. — 34. Cfr. Pulci, *Morgante*, XVI, 42.

34.   E tu fai nel presente più né meno,
E drittamente sei quel fratacchione
Che lodava il degiuno a corpo pieno,
E sol ne l'oche avea devozïone.
Carlo ti donò sempre senza freno,
E datti il Papa gran provisïone,
Ed hai tante castelle e ville tante,
E sei conte di Brava e sir de Anglante.

35.   Io tengo, poverello! un monte apena,
Ché altro al mondo non ho che Montealbano,
Onde ben spesso non trovo che cena,
S'io non descendo a guadagnarlo al piano;
Quando ventura o qual cosa mi mena,
Ed io me aiuto con ciascuna mano,
Perch'io mi stimo che 'l non sia vergogna
Pigliar la robba, quando la bisogna. —

36.   Così parlando gionsero al portone,
Che era la uscita fuor di quella piaccia;
Quivi un gran vento dette al fio de Amone
Dritto nel petto e per mezzo la faccia,
E dietro il pinse a gran confusïone,
Longi alla porta più de vinte braccia.
Quel vento agli altri non tocca nïente,
E sol Ranaldo è quel che il fiato sente.

37.   Lui salta in piede e pur torna a la porta,
Ma come gionto fu sopra alla soglia,
Di novo il vento adietro lo riporta,
Soffiandolo da sé come una foglia.
Ciascun de gli altri assai si disconforta,
E sopra a tutti Orlando avea gran doglia,
Però che de Ranaldo temea forte
Che ivi non resti, o riceva la morte.

38.   Il fio de Amone senza altro spavento
Pone giù l'oro e ritorna alla uscita;
Passa per mezzo, e più non soffia il vento,

35. — 3. non trovo con che ceni, con che cenare. — 5-6. quando il
caso o qualche bisogno particolare mi stimola io mi adopero a due mani.

E via poteva andare alla polita.
Ma lui portar quello oro avea talento,
Per dar de paghe a sua brigata ardita;
Benché più volte sia provato in vano,
Pur vôl portarlo in tutto a Montealbano.

39.   Ma poi che indarno assai fu riprovato,
Né carco puote uscir di quella tomba,
Trasse la sedia contra di quel fiato
Che dalla porta a gran furia rimbomba.
La sedia d'ôr, di cui sopra ho parlato,
Sembrava un sasso uscito de una fromba,
Benché è seicento libbre, o poco manco:
Cotanta forza avea quel baron franco.

40.   Trasse la sedia, come io ve ragiono,
Credendola gettar del porton fore,
Ma il vento furïoso in abandono
La spense adietro con molto rumore.
Gli altri a Ranaldo tutti intorno sono,
E ciascadun lo prega per suo amore
Ch'egli esca for con essi di pregione,
Lasciando l'oro e quella fatasone.

41.   Sì che alla fine abandonò la impresa,
E con questi altri de la porta usciva.
Era la strata un gran miglio distesa,
Sin che alla scala del petron se ariva,
Ed è trea miglia la malvaggia ascesa.
Sempre montando per la pietra viva,
E con gran pena, uscirno al cel sereno,
In mezo a un prato de cipressi pieno.

42.   Ciascun cognobbe incontinente il prato
E gli cipressi e 'l ponte e la riviera
Ove stava Aridano il disperato;
Ma quivi nel presente più non era,
Anzi è nel fondo, de un colpo tagliato
Da cima al capo insino alla ventrera,
E più non tornarà suso in eterno:
Là giuso è il corpo, e l'anima allo inferno.

40. — 4. *spense*, spinse.

43.   Quivi eran l'armi de ciascun barone
Ne' verdi rami d'intorno distese.
Roverse le avea poste quel fellone,
Per far la lor vergogna più palese;
Ranaldo incontinente e poi Dudone
E insieme ogniom de gli altri le sue prese,
E tutti quanti se furno guarniti
De' loro arnesi e cavallieri arditi.

44.   Tutti quei gran baroni e re pagani,
Che fôrno presi all'incantato ponte,
Ne andarno chi vicini e chi lontani,
Ma prima molto ringraziarno il conte;
E sol restarno quivi e Crïstiani,
Ove Dudone con parole pronte
Espose che Agramante e sua possanza
Eran guarniti per passare in Franza.

45.   E come lui, mandato da Carlone,
Avea cercate diverse contrate
Per ritrovar lor duo franche persone,
Che eran il fior de corte e la bontate,
E per condurle, come era ragione,
Alla diffesa de Cristianitate.
Ciò de Ranaldo diceva e de Orlando,
Ed a lor proprio lo venìa contando.

46.   Ranaldo incontinente se dispose
Senza altra indugia in Francia ritornare.
Il conte a quel parlar nulla rispose,
Stando sospeso e tacito a pensare,
Ché il core ardente e le voglie amorose
Nol lasciavan se stesso governare;
L'amor, l'onore, il debito e 'l diletto
Facean battaglia dentro dal suo petto.

47.   Ben lo stringeva il debito e l'onore
De ritrovarse alla reale impresa;
E tanto più ch'egli era senatore
E campïon della Romana Chiesa.
Ma quel che vince ogni omo, io dico Amore,

Gli avea di tal furor l'anima accesa,
Che stimava ogni cosa una vil fronda,
Fuor che vedere Angelica la bionda.

48.   Né dir sapria che scusa ritrovasse,
Ma da' compagni si fu dispartito;
E non stimar che Brandimarte il lasse,
Tanto l'amava quel barone ardito.
Or di lor duo convien che oltra mi passe,
Perch'io vo' ricontare a qual partito
Ranaldo ritornasse a Montealbano:
Lunga è la istoria, ed il camin lontano.

49.   E prima cercarà molte contrate,
Strane aventure e diversi paesi;
Ma il tutto contaremo in brevitate
E con tal modo che seremo intesi;
E mostraremo il pregio e la bontate
De Iroldo e de Prasildo, e duo cortesi,
La possa de Dudone, il baron saldo,
Che tutti son compagni di Ranaldo.

50.   Erano a piedi quei quattro baroni,
De piastre e maglia tutti quanti armati,
(Perduti aveano al ponte e lor ronzoni,
Quando nel lago fôrno trabuccati),
Onde ridendo e con dolci sermoni
Tra lor scherzando se fôrno invïati,
E la fatica de la lunga via
Minor li pare essendo in compagnia.

51.   Ed era già passato il quinto giorno
Poi che lasciarno quel loco incantato,
Quando da lunge odîr suonare un corno
Sopra ad un castello alto e ben murato.
Nel monte era il castello, e poi d'intorno
Avea gran piano, e tutto era de un prato;
Intorno al prato un bel fiume circonda:
Mai non se vidde cosa più ioconda.

49. — 4. e in tal modo che c'intenderemo, comprenderemo i fatti a
sufficienza.

52.   L'acqua era chiara a meraviglia e bella,
Ma non si può vargar, tanto è corrente.
A l'altra ripa stava una donzella
Vestita a bianco e con faccia ridente;
Sopra a la poppa d'una navicella
Diceva: — O cavallieri, o bella gente,
Se vi piace passare, entrati in barca,
Però che altrove il fiume non si varca. —

53.   E cavallier, che avean molto desire
Di passare oltra e prender suo vïaggio,
La ringraziarno di tal proferire,
E travargarno il fiume a quel passaggio.
Disse la dama nel lor dipartire:
— Da l'altro lato si paga il pedaggio,
Né mai de quindi uscir se può, se prima
A quella rocca non saliti in cima.

54.   Perché questa acqua che qua giù discende
Vien da due fonte da quel poggio altano,
E da l'un lato a l'altro se distende,
Tanto che cinge intorno questo piano;
Sì che uscir non si può chi non ascende
A far prima ragion col castellano,
Ove bisogna avere ardita fronte:
Eccovi lui, che fuora esce del ponte. —

55.   Così dicendo li mostrava a dito
Una gran gente che del ponte usciva.
Alcun de' nostri non fo sbigotito;
La gente armata sopra al piano ariva.
Ranaldo è avanti, il cavalliero ardito,
E ben ciascun de gli altri lo seguiva;
Con le spade impugnate e' scudi in braccio
Ben se apprestarno uscir de tal impaccio.

56.   Era tra quella gente un bel vecchione,
Che a tutti gli altri ne venìa davante,
Senza arme in dosso, sopra a un gran ronzone.
Costui con voce queta e bon sembiante
Disse: — Sappiati voi, gentil persone,

Che questa è terra del re Manodante,
Ove ora entrasti, e non potresti uscire
Se non volesti un giorno a lui servire.

57.   E quel servigio è di cotal manera
Quale io vi contarò, se me ascoltati.
Ove discende al mar questa rivera
Son duo castelli a un ponte edificati;
Ivi dimora una persona fiera
Che molti cavallieri ha dissipati:
Balisardo se appella quel gigante,
Malvaggio, incantatore e negromante.

58.   Re Manodante lo voria pregione,
Perché al suo regno ha fatto assai dannaggio,
Ed ha ordinato che ciascun barone
Che varca al passo di quel bel rivaggio,
Promette stare un giorno al parangone,
Sin che sia preso o prenda quel malvaggio;
Onde anco a voi là giuso convien gire,
O in questo prato di fame morire. —

59.   Disse Ranaldo: — Là vogliamo andare,
Né andiamo cercando altro che battaglia;
Ed io questo gigante vo' pigliare,
E manco il stimo che un fascio de paglia;
E incanti incanta pur, se sa incantare,
Ché non trovarà verso che li vaglia.
Or facce pur guidar via senza tardo,
Sì che io me azuffi a questo Balisardo. —

60.   Il castellano senza altra risposta
Chiamò la dama de bianco vestita,
Ed a lei disse: — Fa che senza sosta
Tu porti al ponte questa gente ardita. —
Ella ben presto alla ripa s'accosta,
E sorridendo quei baroni invita

59. — 5. *incanti* è sostantivo, *incanta* è verbo, forma indicativa per il congiuntivo, come suole il B., tanto più che qui ci sarebbe cacofonia e equivoco ad usar la desinenza del cong.: e ordisca pure tutti i suoi incanti, ché non troverà alcun versetto magico adatto contro di noi.

Ad entrar ne la nave picciolina:
Lor saltâr dentro, e lei gioso camina.

61.   Giù per quella acqua come una saetta
Fo giù la barca dal fiume portata,
Di qua di là girando la isoletta;
Pur se piegarno al mar l'ultima fiata,
Là dove del gran ponte ebber vedetta,
Che avea tra due castelle alta murata,
E sopra a l'arco di quella gran foce
Sta Balisardo, saracin feroce.

62.   Proprio un fuste de torre a mezo il ponte
Sembrava quel pagan di cui ragiono,
Barbuto in faccia e crudo nella fronte;
Il crido de sua voce parea un trono.
Convien che altrove il tutto ve raconte,
Ché al presente al fin del canto sono;
Ne l'altro contarò tal meraviglia,
Che altra nel mondo a quella non somiglia.

CANTO DECIMO

1.   Se onor di corte e di cavalleria
Può dar diletto a l'animo virile,
A voi dilettarà l'istoria mia,
Gente legiadra, nobile e gentile,
Che seguite ardimento e cortesia,
La qual mai non dimora in petto vile.
Venite ed ascoltati lo mio canto,
De li antiqui baroni il pregio e il vanto.

2.   Tirative davanti ed ascoltate
Le eccelse prove de' bon cavallieri,
Che avean cotanto ardire e tal bontate
Che ne' perigli devenian più fieri.
Vince ogni cosa la animositate,
E la fortuna aiuta volentieri
Qualunche cerca de aiutar se stesso,
Come veduto abbiam lo esempio spesso.

3.   E nel presente dico de Ranaldo,
Che, essendo apena de un periglio uscito,
A sotto entrare a l'altro era più caldo,
Né se fu per incanto sbigotito.
Benché Aridano, il saracin ribaldo,
Lo avesse già per tale arte schernito,
Con Balisardo or torna al parangone,
Sprezando incanto ed ogni fatasone.

CANTO X. — Prasildo, Iroldo, Dudone e Ranaldo dopo fiera battaglia e con inganno rimangon prigioni del negromante e sono condotti alle Isole Lontane. Orlando e Brandimarte incontrano Marfisa che insegue Brunello.

2. — 5. Vedi nota p. 146.
3. — 8. tutti i testi antichi portano *spezzando*, ma è troppo più logico *sprez(z)ando*, come corregge il F.

4.   Come io ve dissi nel canto passato,
        Là giù per l'acqua il paladin sicuro
        Alla foce del fiume fu portato,
        Ove tra due castella è lo gran muro;
        E come vidde quel dismisurato,
        Qual sopra 'l ponte con sembiante scuro
        Strideva in voce di tanta roina,
        Che ne tremava il fiume e la marina,

5.   Ciascun de quei baron che lo han veduto,
        De azuffarse con lui prese disio,
        Benché fusse tanto alto e sì membruto,
        E nel sembiante sì superbo e rio.
        Sopra l'arco del ponte era venuto
        Quel maledetto e sprezzator di Dio,
        Sol per veder chi fusse questa gente
        Che giù callava per l'acqua corrente.

6.   Quando la dama il vide da lontano,
        Pallida in viso venne come terra,
        E dal timone abandonò la mano,
        Tanta paura l'animo li afferra;
        Ma Dudon franco e il sir di Montealbano
        E gli altri dui, che han voglia di far guerra,
        Lasciâr la dama né morta né viva,
        E for di barca uscirno in su la riva.

7.   Longi al primo castel forse una arcata
        Smontarno a terra e franchi campïoni,
        E caminando gionsero all'entrata,
        Che avea a tre porte grossi torrïoni:
        Ma dentro non appare anima nata,
        Giù ne la strata, o sopra nei balconi;
        Senza trovar persone andarno avante
        Sino al gran ponte; e quivi era il gigante.

8.   Entro le due castelle il fiume corre,
        L'arco del ponte sopra a lui voltava,
        Ed avea ad ogni lato una alta torre;
        In mezzo Balisardo aponto stava.

Né se potrebbe a sua persona apporre,
Né a l'armatura che in dosso portava.
Gigante non fu mai di meglior taglia,
Coperto è a piastre ed a minuta maglia.

9.   Forbite eran le piastre e luminose,
E questa maglia relucente e d'oro,
Con tante perle e pietre prezïose,
Che 'l mondo non avea più bel tesoro.
Ora torniamo alle gente animose,
Dico a' nostri baron, che ogniom di loro,
Volontaroso e di animo più fiero,
Vôle azuffarse ed esser il primiero.

10.   Ma in fine Iroldo ottenne il primo loco,
E fo percosso dal gigante e preso,
E Prasildo ancor lui pur durò poco,
E fu nel fine a Balisardo reso.
Or ben sembrava il bon Ranaldo un foco,
D'ira nel core e di furore acceso;
Ma quel gigante ne menò prigioni
Di là dal ponte e duo franchi baroni.

11.   Poi tornò fuora squassando il bastone,
E minacciando pugna adimandava.
Allor se mosse il franco fio de Amone,
E con roina adosso a lui ne andava;
Ma avanti ingenocchiato avea Dudone,
Che per mercede e grazia dimandava
De gir primo de lui nel ponte avante
A far battaglia contra a quel gigante.

12.   Ranaldo consentì mal volentiera,
Ma pur non seppe a' soi colpi disdire.
Questa baruffa fia d'altra maniera
Che le passate, e de un altro ferire,
Né passarà la cosa sì legiera
Come le due davante, vi so dire;

---

8. — 5. *apporre*, sottinteso *di meglio*. La persona e l'arma di lui sono
impareggiabili (*apporre*, trovar da censurare).

Però che 'l giovanetto de cui parlo,
È di gran pregio nei baron di Carlo.

13.   Turpin loda Dudone in sua scrittura
Tra' primi cavallier di quella corte;
E quasi era gigante di statura,
Destro e legiero, a meraviglia forte,
E con sua mazza ponderosa e dura
A molti saracin dette la morte:
Ma poi di tal bontà si dava il vanto,
Che era appellato in sopranome il Santo.

14.   Or sopra il ponte il campïon se caccia,
Di piastra e maglia armato e ben coperto;
E Balisardo il forte scudo imbraccia,
Come colui che è di battaglia esperto.
L'uno e l'altro di loro avea la maccia,
Sì che un bel gioco cominciâr di certo,
Menando botte de sì gran fraccasso
Che 'l fiume risuonava al fondo basso.

15.   Feritte a lui Dudon sopra la testa,
E ruppe il cerchio a quello elmo forbito,
E fu il gran colpo di tanta tempesta,
Che Balisardo cadde sbalordito.
Dudon mena a due mane, e non s'arresta
Sopra il pagano il giovanetto ardito;
Gionse nel scudo, che è d'argento fino,
Tutto lo aperse il franco paladino.

16.   Ma, come fusse dal sonno svegliato
Per l'altro colpo, il saracino altiero
Salta di terra, e subito è dricciato
Ed alla zuffa ritornò primiero.
Mena a Dudone, e gionselo al costato
Col suo baston, che già non è ligiero,
Anci è ben cento libre e più de peso:
Cadde alla terra il giovane disteso.

17.   Per quel gran colpo andò Dudone a terra,
E non poteva trare il fiato apena,

Ma non per questo abandonò la guerra,
Come colui che avea soperchia lena;
Presto se riccia e la sua mazza afferra,
Sopra de l'elmo a Balisardo mena,
E la farsata al capo ben gli accosta,
Poi che adocchiato ha sempre quella posta.

18.   Sempre alla testa toccava Dudone,
Sopra alle tempie, in fronte e nella faccia;
E quel menava ancora il suo bastone,
Or sopra al collo, or sopra ambe le braccia.
Risuona il celo alla cruda tenzone,
E par che 'l mondo a foco se disfaccia:
Quando l'un l'altro ben fermo se ariva,
Tra ferro e ferro accende fiama viva.

19.   Tira Dudone adosso a quel malvaso,
Sopra il frontale ad ambe mani il tocca;
Roppe ad un colpo tutto quanto il naso,
E ben tre denti li cacciò di bocca.
Senza sapone il mento gli ebbe raso,
Perché la barba al petto gli dirocca,
E menò il tratto sì dolce e ligiero,
Che seco trasse il zuffo tutto intiero.

20.   Quando se vidde il falso Balisardo
De una percossa tanto danneggiare,
Poi che il franco Dudone è sì gagliardo
Che a sua prodezza non puotea durare,
Verso l'alto castel fece riguardo,
E prestamente se ebbe a rivoltare;
Getta il bastone e 'l scudo in terra lassa,
E per il ponte via fuggendo passa.

21.   Segue Dudone e nel castel se caccia,
Ché non temeva il giovane altro scorno.
Come fu dentro, gionse entro una piaccia
Edificata di colonne intorno,
Con volte alte e dorate in ogni faccia.

17. — 7. *farsata* è il guancialetto cui s'appoggiava l'elmo.

Il sôl di sotto è di marmoro adorno,
Né persona si vede in verun lato
Fuor che 'l gigante, che è già disarmato.

22.   Poste avea l'arme e' pagni il fraudolente,
E tutto quanto ignudo se mostrava,
Ed avea il collo e il capo di serpente,
E 'l resto a poco a poco tramutava.
Ambe le braccia fece ale patente,
E l'una gamba e l'altra se avingiava,
E fiersi coda; e poi d'ogni gallone
Uscirno branche armate e grande ongione.

23.   Mutato, come io dico, a poco a poco,
Tutto era drago il perfido gigante,
Gettando per l'orecchie e bocca foco,
Con tal romore e con fiaccole tante,
Che le muraglie intorno di quel loco
Pareano incese a fiamma tutte quante.
Ben puotea fare a ciascadun paura,
Perché era grande e sozzo oltra misura.

24.   Ma non smarritte la persona franca
Del giovanetto, degno d'ogni loda.
Viensene il drago e nel scudo lo branca,
E per le gambe volta la gran coda,
Sì che, prendendo intorno ciascuna anca,
Giù per le coscie insino ai piè l'annoda;
Non se spaventa per questo Dudone,
Getta la mazza e prende quel dragone.

25.   Nel collo il prese, a presso de la testa,
Ad ambe mani, e sì forte l'afferra,
Che a quella bestia, che è tanto robesta,
Il fiato quasi e l'anima gli serra.
Da sé lo spicca, e poi con gran tempesta
Lo gira ad alto e trallo in su la terra,
Che era la strata a pietra marmorina;
Sopra vi batte il drago a gran roina.

21. — 6. *il sôl*, il suolo.
22. — 1. *pagni*, panni.

26.   Là dove gionse, se aperse la piaccia,
Tutto si fese il marmo da quel lato;
Sotto la terra il serpente se caccia,
Benché di fora è subito tornato.
Ma già cangiata avea persona e faccia,
Ed era istranamente trasformato,
Ché il busto ha d'orso e 'l capo de cingiale:
Mai non se vidde il più crudo animale.

27.   Fatto avea il capo de porco salvatico
Costui, che in ogni forma sapea vivere,
E non serìa poeta, né grammatico
Che lo sapesse a ponto ben descrivere.
Ora, ben che de ciò poco sia pratico,
Dal muso al piè convien che tutto il livere:
Poi che io cominciai sua forma a dire,
Come era fatto vi voglio seguire.

28.   Lunghi duo palmi avea ciascadun dente
E gli occhi accesi de una luce rossa,
Piloso il busto e d'orso veramente,
Con le zampe adongiate e di gran possa;
La coda ritenuta ha di serpente,
Sei braccia lunga ed a bastanza grossa;
L'ale avea grande e la testa cornuta:
Più strana bestia mai non fu veduta.

29.   Venne mugiando adosso al giovanetto,
Né lui per tema le spalle rivolse,
Ma ben coperse sotto il scudo il petto,
E prestamente in man sua mazza tolse.
Or gionse il negromante maledetto,
E con le corne a mezo il scudo acolse;
Tutto il fraccassa, e rompe usbergo e piastre,
E lui disteso abatte in su le lastre.

30.   Subitamente si fu rilevato,
Sì come cadde il giovanetto franco;

---

27. — 6. *livere*, descriva completamente. *Liverare* o *livrare* = finire, consumare (Manuzzi).

Ma quel malvagio che era tramutato,
Per lo traverso lo ferì nel fianco.
Con uno dente il gionse nel costato,
Sì che gli fece il fiato venir manco;
Il fiato venne manco e crebbe l'ira:
Alcia la mazza ad ambe mane e tira.

31.   Sopra del capo a l'animal diverso
Tira sua mazza il paladino adorno;
Dal destro lato il gionse de roverso,
E con fraccasso manda a terra un corno.
Or ben si tiene Balisardo perso,
E per la loggia va fuggendo intorno;
Per le colonne d'intorno alla piazza
Ne va fuggendo, e il bon Dudone il cazza.

32.   Battendo l'ale basso basso giva,
Né mai spiccava da terra le piante;
Così fuggendo, a la marina usciva
Fuor del castello; ed ecco in quello istante
Una alta nave dentro al porto ariva.
Sopra di quella il falso negromante
Fu prestamente de un salto passato;
E Dudon dietro, ed ègli sempre a lato.

33.   Sopra la nave, qual ch'io v'ho contato,
Proprio alla prora stava un laccio teso,
Ove Dudone intrando fu incappato,
Né so a qual modo subito fu preso;
E per ambe le braccia incatenato,
Sotto la poppa fu posto di peso
Da molti marinari e dal parone;
Or più di lui non dico, che è pregione.

34.   De Balisardo voglio racontare,
Che nella forma sua presto tornò,
E fece il giovanetto disarmare,
Poi di quelle arme tutto se adobbò.
Proprio Dudone alla sembianza pare;
Prese la mazza e il suo baston lasciò,

E se cambiò la voce e la fazione,
Che ogniom direbbe: "Egli è proprio Dudone."

35.   Con tal fazione il perfido ribaldo
Passò il primo castello, e nel secondo
Vicino al ponte ritrovò Ranaldo,
Che lo aspettava irato e furibondo.
Ma, come il vidde, il dimandò di saldo
Se Balisardo avea tratto del mondo,
Perché lui crede senza altra mancanza
Ch'el sia Dudone a l'arme e alla sembianza.

36.   E quel rispose: — Il gigante è fuggito,
Ed io gli ho dato tre miglia la caccia.
Prima l'aveva nel capo ferito,
E rotto il muso e 'l mento con la faccia:
Fuor della rocca l'ho sempre seguito,
Sino ad un fiume largo cento braccia.
Dentro a quella acqua se gettò il malvaso,
Ove ogni altro che lui serìa rimaso.

37.   Ma non te sapria dir per qual ragione
A l'altra ripa lo viddi passato,
Là dove stava Iroldo, che è pregione,
E Prasildo, che apresso era legato.
Ambo gli viddi sotto al pavaglione,
Là dove Balisardo era fermato,
Ma non mi dette il core a trapassare
L'acqua, che al corso una roina pare. —

38.   Ranaldo non lasciò più oltra dire,
Ma sopra il ponte subito è passato,
A lui dicendo: — Io voglio anzi morire,
Che vivo rimaner vituperato;
Né mai nel mondo se puotrà sentire
Ch'io abbi un mio compagno abandonato,
Sì come tu facesti, omo da poco,
Che temi l'acqua; or che faresti 'l foco? —

34. — 7. *fazione*, figura, aspetto (cfr. Dante, *Inf.*, XVIII, 49).

39.   Mostrò il gigante in forma de Dudone
Forte adirarse per queste parole,
Onde rispose: — Paccio da bastone!
Ché sempre alla tua vita fusti un fole,
E stimi esser tenuto un campïone
Con questo tuo zanzare; altro ci vôle
Che per se stesso tenersi valente
Stimando gli altri poco e da nïente.

40.   Or vanne tu, ch'io non voglio venire,
E varca il fiume, poi che sai natare. —
Ranaldo, non curando del suo dire,
Subitamente il ponte ebbe a passare.
Lasciollo Balisardo alquanto gire,
Mostrando a quella porta riposare;
Poi di nascoso il falso malandrino
Per darli morte prese il mal camino.

41.   Per l'altra strata lui gionse improviso,
E ferì del bastone ad ambe mano;
Né già se gli mostrò davanti al viso,
Anci alle spalle il perfido pagano,
E ben credette de averlo conquiso,
E roïnarlo a quel sol colpo al piano;
Ma lui, che avea possanza smisurata,
Non andò a terra per quella mazzata.

42.   Anci se volse, e con voce cortese
Dicea: — Fanciullo, ora che credi fare?
Se io non guardassi al tuo padre Danese,
Sotto la terra ti farebbi entrare.
Vanne in malora e cerca altro paese! —
Così dicendo s'ebbe a rivoltare,
Ma nel voltarsi il saracin fellone
Sopra la coppa il gionse del bastone.

43.   Ranaldo se avampò nel viso de ira,
E disse: — Testimonio il ciel mi sia,
Che contra al mio voler costui mi tira

42. — 3. *Dànese (Ogieri il*). — 8. lo colpì sulla nuca col bastone.

A darli morte sol per sua folìa. —
Così parlando di pietà sospira,
Tanto lo stringe amore e cortesia;
Benché dritta ragione e sua diffesa
Lo riscaldasse alla mortal impresa.

44. Trasse Fusberta e cominciò la zuffa,
Com' quel che crede che lui sia Dudone.
Or s'io vi conto come se ribuffa
L'un colla spata e l'altro col bastone,
E tutti e colpi di quella baruffa,
Che ben durò cinque ore alla tenzone,
A ricontarvi tutto io staria tanto,
Che avria finito questo e un altro canto.

45. Ma per conclusïon vi dico in breve:
Benché il gigante sia de ardire acceso,
E l'abbi quel baston cotanto greve,
Che un altro non fu mai de cotal peso,
Pure alla fine, come un om di neve,
Serebbe da Ranaldo morto o preso,
Se per incanto o per negromanzia
Non ritrovasse al suo scampo altra via.

46. Perché in cento maniere Balisardo
Se tramutava per incantamento;
Fiesse pantera con terribil guardo,
Ed altre bestie assai di gran spavento.
Tramutosse in ïena, in camelpardo,
E in tigro, ch'è sì fiero e sì depento,
E fie' battaglia in forma de griffone,
De cocodrillo e in mille altre fazone.

47. E dimostrosse ancor tutto de foco,
Qual sfavillava come de fornace.
Ranaldo, in cui dotanza non ha loco,
Saltò nel mezo, il paladino audace,
E la rovente fiamma estima poco,
Ma con Fusberta tutta la disface;
E già trenta ferite ha quel pagano,
Benché più volte è tramutato invano.

48.   Al fin tutto deserto e sanguinoso
Fuor della porta se pose a fuggire;
Or sendo occello, ora animal peloso,
E in tante forme ch'io non saprei dire.
Ranaldo sempre il segue furïoso,
Che destinato è di farlo morire.
Già sono alla marina; senza tardo
Sopra alla nave salta Balisardo.

49.   Dalla ripa alla nave è poco spaccio,
De un salto Balisardo fu passato;
E 'l fio de Amon, che non teme altro impaccio,
Dietro gli salta tutto quanto armato;
E nella intrata se incappò nel laccio,
Ove Dudone prima fu pigliato.
Sue braccie e gambe avengia una catena;
Ben se dibatte invano e si dimena.

50.   Non valse il dimenar, ché preso fu
Da duo poltron coperti de pedocchi,
E sotto poppa lo menarno giù,
Là dove il sole gli abagliava gli occhi.
Tre onze avrà Ranaldo e non già più
De biscotella, che è senza fenocchi,
Vivendo a pasto come un Fiorentino,
Né brïaco serà per troppo vino.

51.   In cotal modo stette un mezo mese,
Incatenato per piedi e per mane,
Con altre gente che seco eran prese,
Dico e compagni e più persone istrane;
Sin che arivarno a l'ultimo paese
De Manodante, a l'Isole Lontane,
Ove furno alloggiati a una pregione
Prasildo, Iroldo, Ranaldo e Dudone.

50. — 4. Z.: «stava in luogo così buio che non poteva volger gli occhi alla luce del sole senza che fossero abbagliati». Ma forse è ironico, per indicare il contrario. — 5-8. Svariate sono le testimonianze rimasteci sulla fama di sordida spilorceria dei Fiorentini: *senza fenocchi* vuol dire che quel pane è del tipo più volgare, ché coi fenocchi sarebbe (ancor oggi) pregiato. Il Berni omise l'accenno ai Fiorentini: «*Tre once avrà Rinaldo di mal peso | di biscottel, che fia senza fenocchi; | né tisico verrà per mangiar sale, | né al fegato il vin faragli male*».

52.　　Ben forte il guardïan dentro gli **serra**,
　　Ma ciascuno avea prima dislegato.
　　Molta altra gente quivi eran per terra
　　Giacendo e in piede, d'intorno e da lato;
　　Tra questi stava Astolfo de Anghilterra,
　　Che pur da Balisardo fu pigliato;
　　El modo a dir serìa lunga novella,
　　Perché lo prese in forma de donzella.

53.　　Quando partisse là dove Aridano
　　Cadette con Ranaldo a quel profondo,
　　Lui con Baiardo e il destrier Rabicano
　　E con due dame andò cercando il mondo,
　　Sempre piangendo e sospirando invano,
　　Poi che ha perduto il suo cugin iocondo;
　　E così caminando gionse un giorno
　　Ove al castello odì suonare il corno:

54.　　A quel castello ove era la riviera
　　Che al verde piano intorno lo girava;
　　E quella dama, che era passaggiera,
　　Da Balisardo al ponte lo guidava.
　　Quivi fu preso per strana maniera,
　　Ché in forma de donzella lo gabbava:
　　Or non vi è tempo racontarvi il tutto
　　Come in la nave al laccio fu condutto.

55.　　Però che mi conviene ora tornare
　　Al conte Orlando, qual, come io contai,
　　Volse questi compagni abandonare,
　　Sol per colei che gli dona tal guai,
　　Che giorni e notte nol lascia posare;
　　E quel pensier non l'abandona mai,
　　Ma sempre a rivederla lo retira:
　　Sol di lei pensa e sol per lei sospira.

56.　　Con Brandimarte il franco paladino
　　A rivedere Angelica tornava,
　　E per contar che strutto avea il giardino,
　　Ed esser presto se altro comandava.
　　Al terzo giorno di questo camino,

Che 'l sole a ponto alora si levava,
Trovarno a lato un fiume una pianura
Tutta di prato e di bella verdura.

57.   Stative queti, se voleti odire
De' duo che ritrovarno in questo loco,
Che l'un sapea cacciar, l'altro fuggire:
A riguardarli mai non fu tal gioco.
Or chi fosser costoro io vo' dire,
Se ve amentati della istoria un poco,
Quando a Marfisa quel ladro africano
Tolse, Brunello, il bon brando di mano.

58.   E lei seguìto l'ha sino a quel giorno,
E de impiccarlo sempre lo minaccia.
Lui la beffava ogniora con gran scorno,
E cento fiche gli avea fatto in faccia.
A suo diletto la menava intorno,
Già sei giornate gli ha dato la caccia;
Esso, per darle più battaglia e pena,
Sol per gabbarla dietro se la mena.

59.   Lui ben serìa scampato de legiero,
Che a gran fatica pur l'avria veduto,
Però che egli era sopra quel destriero
Che un altro non fu mai cotanto arguto;
Né credo che a contarvi sia mestiero
Come l'avesse l'Africano avuto:
Alor che ad Albracà se fu condotto,
A Sacripante lo involò di sotto.

60.   Or, come io dico, sempre intorno gìva,
Beffando con più scherni la regina;
E lei di mal talento lo seguiva,
Perché pigliarlo al tutto se destina.
Trista sua vita se adosso gli ariva!
Ché lo fraccasserà con tal ruina,
Che il capo, il collo, il petto e la corata
Tutte fian peste sol de una guanzata.

60. — 7. *corata*, coratella, visceri. — 8. *guanzata*, guanciata. schiaffo.

61.   A questa cosa sopragionse Orlando,
Come io vi dissi, insieme e Brandimarte,
E l'uno e l'altro alquanto remirando,
Senza fare altro, se tirarno in parte
Or, bei segnori, a voi mi racomando,
Compìto ha questo canto le sue carte,
Ed io per veritate aggio compreso
Che il troppo lungo dir sempre è ripreso.

CANTO DECIMOPRIMO

1.   Gente cortese, che quivi de intorno
Seti adunati sol per ascoltare,
Dio vi dia zoia a tutti, e ciascun giorno
Vostra ventura venga a megliorare;
Ed io cantando a ricontar ritorno
La bella istoria, e voglio seguitare
Ove io lasciai Marfisa sopra al piano,
Che è posta in caccia dietro allo Africano:

2.   Dietro a quel ladro, io dico, de Brunello,
Che già dal re Agramante fu mandato
Per involar de Angelica lo annello;
Ma lui più fie' che non fu comandato,
Perché un destriero il falso ribaldello
De sotto a Sacripante avea levato,
Ed a Marfisa di man tolse il brando;
So che sapeti il tutto, e come, e quando.

3.   E lei, che a meraviglia era superba,
Sì come già più volte aveti inteso,
L'avea seguito in quel gran prato de erba
Già da sei giorni, ed anco non l'ha preso;
Onde di sdegno la donzella acerba
Se consumava ne l'animo acceso,
Poi che con tante beffe e tanto scorno
Li agira il capo quel giottone intorno.

CANTO XI. — Brunello rapisce spada e corno ad Orlando. Questi s'im-
batte in Origille presso il fiume di Basilardo; Brandimarte sulla nave
uccide il gigante salvando Orlando; poi si presentano al re Manodante
promettendo di consegnargli Orlando per scambiarlo con Ziliante.

4.   Perché, fuggendo e mostrando paura,
        Gli stava avanti e non si dilungava;
        Ed or, voltando per quella pianura,
        Spesso alle spalle ancor se gli trovava;
        E per mostrar di lei più poca cura,
        La giuppa sopra al capo rivoltava,
        E poi se alciava (intenditime bene)
        Mostrando il nudo sotto dalle rene.

5.   Il conte Orlando, che stava da parte
        E cognosciuta avea prima Marfisa,
        Mirando l'atto, ed esso e Brandimarte
        Di quel giottone insieme fier' gran risa;
        Ma la regina per forza o per arte
        Pigliar pur vôl Brunello ad ogni guisa,
        Per far de tanti oltraggi alfin vendetta:
        E lui fuggendo sembra una saetta.

6.   Fuggeva, spesso il capo rivoltando,
        E truffava di lengua e delle ciglia.
        Nel passar di traverso vidde Orlando,
        E di torli qualcosa se assotiglia.
        L'occhio gli corse incontinenti al brando,
        Che fu già fatto con tal meraviglia
        Da Falerina de Orgagna al giardino:
        Brando nel mondo mai fu tanto fino.

7.   Egli era bello e tutto lavorato
        D'oro e de perle e de diamanti intorno:
        Ben si serebbe il ladro disperato,
        Se avuto non avesse il brando adorno.
        Subitamente lo trasse da lato;
        Mai non se vidde al mondo maggior scorno,
        Ché 'l ladro passa e crida al conte: — Ascolta,
        Io torno per il corno a l'altra volta. —

8.   Del brando non se avidde alora il conte,
        Ma alla minaccia sol del corno attese.

4. — 6-8. Gesto di dileggio noto a quel tempo: cfr. ad es. Rabelais,
III, XVII: la Sibilla di Panzoust davanti a Panurge « se recoursa robbe,
cotte et chemise jusques aux exelles, et leur monstroit son cul ». Secondo
il Bertoni, il B. derivò questi particolari dallo Scocola, buffone di corte.
    6. — 2. *truffava*, la scherniva, scherzando in mala guisa: il verbo (dal
lat. *tuber*, *tufer*) conserva questo senso ad es. in portoghese.

Quel corno de cui parlo, fu de Almonte,
Che il trasse a uno elefante in suo paese,
Poi lo perse morendo in Aspramonte
(Sì come io credo che vi sia palese),
Allor che Brigliadoro e Durindana
Acquistò Orlando sopra alla fontana.

9.   Come la vita il conte l'avea caro,
Però lo prese prestamente in mano;
Ma non valse a tenerlo alcun riparo,
Tanto è malvaggio quel ladro Africano.
E ben che aponto io non sappia dir chiaro
Come passasse il fatto in su quel piano,
Pur vi concludo senza diceria
Che 'l ladro tolse il corno e fuggì via.

10.   Benché Marfisa l'ha sempre seguito,
Lui ne va via col corno e con la spata.
Quivi rimase il conte sbigotito,
Né sa come la cosa sia passata.
Già de sua vista è quel ladro partito,
Con Marfisa alle spalle tutta fiata;
Né lui, né Brandimarte ormai lo vede,
Né lo posson seguir, ché sono a piede.

11.   Onde, biasmando tal disaventura,
Via se ne vanno, e non san che se fare.
Ciascuno aveva indosso l'armatura,
Che a piede è mala cosa da portare.
Or, caminando per quella pianura,
Sopra de un fiume vennero arivare.
Oltre a quella acqua, in un bel prato piano,
Stava una dama col destriero a mano.

12.   Da l'altra ripa, aponto ove si varca,
Era la dama del destrier discesa;
In mezo il fiume, sopra de una barca,
Un'altra dama avea seco contesa.
Quella di là quest'altra molto incarca
De biasmi, e de ogni inganno l'ha ripresa,
— Perfida, — a lei dicendo — a che cagione
M'hai qua passata a ponermi in pregione? —

13.   Altre parole usarno ancor tra loro,
          Sì come l'una dama a l'altra dice.
          Mentre che contendeano a tal lavoro,
          Orlando gionse in su quella pendice,
          Ed ebbe visto il destrier Brigliadoro,
          Che già gli tolse quella traditrice;
          Non so se aveti alla istoria il pensiero,
          Quando Origilla a lui tolse il destriero.

14.   Quella Origilla che già sopra al pino
          Si stava impesa per le chiome al vento,
          E poi, campata dal bon paladino,
          Gli tolse Brigliadoro a tradimento;
          Né molto dopo in Orgagna al giardino,
          Ove fu l'opra dello incantamento,
          Di novo ancor la perfida villana
          Li tolse il bon destriero e Durindana.

15.   Orlando quivi la trovò contendere
          Con l'altra, come io ho detto pur mo.
          Or, bei segnor, voi doveti comprendere
          Che la fiumana di cui parlato ho,
          È quella ove Ranaldo volse scendere
          Con tre compagni, e mai non ritornò,
          Ma fu ad inganno ne la nave preso
          Da Balisardo, come aveti inteso.

16.   Sì come il conte vidde la donzella
          Che col destriero a l'altra ripa stava,
          Amor di novo ancora lo martella,
          Né il doppio inganno più si ramentava
          Che gli avea fatto quella anima fella;
          Lui fuor di modo più che inanzi amava.
          Chiese di grazia a quella passaggiera
          Che per mercè lo varca la riviera.

17.   Ed Origilla, che cognobbe il conte,
          Ben se credette alora de morire;

15. — Notare la particolarità, assai rara nel B., delle rime, alternativamente sdrucciole e tronche.
16. — 8. lo traghetti oltre il fiume (costr. sintattica alla latina).

Pallida viene ed abassa la fronte,
E per vergogna non sa che se dire.
Intorno ha il fiume senza varco o ponte,
E gionta è in loco che non può fuggire;
Ma non bisogna a lei questa paura,
Ché Orlando l'ama fuor d'ogni misura.

18.   E ben ne fece presto dimostranza,
Come a lei gionse, con dolci parole.
Essa piangendo, o facendo sembianza,
Sì come far ciascuna donna suole,
Al conte dimandava perdonanza,
E tanto invilupò frasche e vïole,
Come colei che a frascheggiare era usa,
Che al suo fallire aritrovò la scusa.

19.   Mentre che fu tra loro il ragionare
Alla riviera sopra al verde piano,
Odirno ad alto un corno risuonare
Del castelletto sopra al poggio altano;
E poi vidderno al ponte giù callare
E scendere alla costa il castellano.
Senz'arme quel vecchione in arcion era,
Ma seco avea d'armati una gran schiera.

20.   Come fu gionto, al conte fie' riguardo,
E salutollo assai cortesemente;
Poi, sì come era usato, quel vecchiardo
Narrò la loro usanza e conveniente
Del ponte ove dimora Balisardo,
Qual consumata avea cotanta gente;
Come era incantator, falso e ribaldo,
E ciò che prima avea detto a Ranaldo.

21.   Senza longare in più parole il fatto,
Giù per quel fiume Orlando fu portato,
E seco in nave Brandimarte adatto,
Ed Origilla gli sedea da lato;
E volse il conte sopra ad ogni patto

18. — 6. *invilupò*: Berni: *avviluppò frasche e viole*; più comune *avviluppar frasche e foglie*, e vale cianciare, darla a bere (Manuzzi).

Che Brigliador ben fusse governato.
Il castellano il tolse, a giuramento
Ciò promettendo; e 'l conte fu contento.

22.   Gionti alla foce, ove il fiume entra in mare
E sotto il ponte roïnoso corre,
Già sotto a l'arco Balisardo appare,
Che quasi pareggiava quella torre.
A questo ponto vi serà che fare,
Perché tutto l'inferno all'un soccorre,
E l'altro è sì gagliardo di natura,
Che omo del mondo contra a lui non dura.

23.   Voi doveti, segnori, avere a mente
Come era fabricata la muraglia
Ove se varca quella acqua corrente:
Quivi discese Orlando alla battaglia.
Sopra alla entrata non era altra gente,
Né porta chiusa avanti, né serraglia.
Poi che fu tutto quel castel passato,
Trovarno al ponte Balisardo armato.

24.   Benché pregasse Brandimarte assai
Di poter gire alla battaglia avante,
Non volse Orlando aconsentir giamai,
Ma trasse il brando ed isfidò il gigante.
Sua Durindana, come io vi contai,
Ha racquistata il bon conte d'Anglante,
E comencion battaglia aspra e feroce
A mezo il ponte sopra quella foce.

25.   Or chi sentesse la destruzione
De l'arme rotte, e l'elmi risuonare,
E vedesse il gigante col bastone,
Con Durindana il conte martellare,
E piastre e maglia a gran confusïone
Tirare a terra e per l'aria volare,
Il mondo non ha cor cotanto ardito,
Che a tal furor non fusse sbigotito.

24. — 5. Origille aveva rubato Durindana e Brigliadoro insieme.

26.   Ambi gli scudi a quello assalto fiero
        Per la più parte a terra erano andati,
        Né l'un né l'altro avea in capo cimiero,
        Li usberghi in dosso han rotti e fraccassati;
        Né contar ve potrebbi de legiero
        Tutti per ponto e colpi smisurati,
        Ma sempre al conte cresce ardire e possa,
        A l'altro ormai la lena e il fiato ingrossa;

27.   Ed è ferito ancora in molte parte,
        Ma più disconciamente nel costato,
        Onde malvaggio torna alle sue arte
        Per tramutarse, come era adusato;
        L'arme, che intorno avea tagliate e sparte,
        Gettarno foco e fiamma in ogni lato,
        Facendo sopra loro un fumo scuro;
        Tremò la terra in cerco e tutto il muro.

28.   Lui si fece demonio a poco a poco:
        Come un biscione avea la pelle atorno,
        Da nove parte fuor gettava il foco,
        E sopra ad ogni orecchia avea un gran corno;
        Tutte le membre avea nel primo loco,
        Ma sfigurato dalla notte al giorno,
        Perché ha la faccia orrenda e tanto scura,
        Che puotea porre a ciascadun paura.

29.   E l'ale grande avea di pipastrello,
        E le mane agriffate come uncino,
        Li piedi d'oca e le gambe de ocello,
        La coda lunga come un babuïno.
        Un gran forcato prese in mano il fello,
        Con esso vien adosso al paladino,
        Soffiando il foco e degrignando e denti,
        Con cridi ed urli pien d'alti spaventi.

30.   Fecesi il conte il segno della croce,
        Poi sorridendo disse : — Io me credetti
        Già più brutto il demonio e più feroce.

28. — 5. cioè conservava membra e figura umane.

Via nell'interno va, tra' maledetti,
Là dove è il fuoco eterno che vi coce;
E certo io provarò, se tu me aspetti
Alla battaglia, come sei gagliardo,
O vogli esser demonio, o Balisardo. —

31.   Così ricominciò nuova tenzone,
Né l'un da l'altro poco s'allontana.
Orlando gionse un colpo nel forcone,
E tutto lo tagliò con Durindana.
Or ben se avidde il perfido giottone
Che non gli può giovar quella arte vana,
Onde si volta e fugge verso il mare;
Battendo l'ale par che aggia a volare.

32.   Orlando il segue, ed ègli ancor ben presso,
Perché a seguirlo ogni sua forza aguzza;
E Balisardo se afrettava anco esso:
Trista sua vita se ponto scapuzza!
La coda alciava per la strata spesso,
Lasciando vento e foco con gran puzza;
Soffia per tutto, tal spavento il tocca,
La lingua più d'un palmo ha fuor di bocca.

33.   Brandimarte ancor lui dietro si andava,
Sol per veder di questa cosa il fine.
L'un dopo l'altro correndo arivava
Sopra al bel porto; e tra l'onde marine
Presso la ripa la nave si stava,
Che l'altre gente avea fatte tapine.
Sopra di quella Balisardo passa,
E il conte apresso, che giammai nol lassa.

34.   Il negromante, che è di mala mena,
D'un salto sopra il laccio fu passato,
Ma il conte trabuccò ne la catena,

---

31. — 2. *poco*, neppur poco.
32. — 4. *scapuzza*: da *scappuccio*, l'inciampo maldestro in un accidente
del terreno.
34. — 1. *mena* è trama, losca macchinazione: *di mala mena* vale esperto
nel trattar colle frodi.

E tutto intorno fu presto legato;
Né fu disteso in su la prora apena,
Che e marinari uscirno ad ogni lato.
Tutti cridano insieme col parone:
— Sta saldo, cavallier, tu sei pregione. —

35. Lui se scotteva e già non stava in posa,
Perché esser preso da tal gente agogna,
Morta di fame, nuda e pedocchiosa;
Ma quel che vôl Fortuna, esser bisogna.
Vermiglia avea la faccia come rosa
Il conte Orlando per cotal vergogna;
Due galiofardi grandi l'ebber preso
Sopra alle spalle, e lo portâr di peso.

36. Ma Brandimarte gionse in su la riva,
Che, come io dissi, avea questi seguiti;
Quando la voce del suo conte odiva,
Non fôr bisogno a quel soccorso inviti;
Sopra alla nave de un salto saliva,
E quei ribaldi, tutti sbigotiti,
Lasciano Orlando e non san che si fare:
Chi fugge a poppa, e chi salta nel mare.

37. E certo di ragione avean paura,
Ché come al libro de Turpino io lezo,
Duo pezzi fece de uno alla centura,
E partì uno altro nel petto per mezo,
Sì come avesse a ponto la misura.
Lor, ciò mirando e temendo di pezo,
Fuggian ciascun tremando e sbigotito;
Or fuor di novo è Balisardo uscito.

38. Fuor della poppa uscì l'alto gigante,
Che in la sua propria forma era tornato;
Le gente della zurma, che eran tante,
Chi se pose a sue spalle, e chi da lato.
L'arme avean ruginente tutte quante,
Quale è discalcio, e quale era strazato,
Ben che sian gente al navicar maestre;
E tutti han tarche e dardi e gran balestre.

38. — 8. *tarche*: l'ital. *targa* vien dall'anglosass. *targa*, sorta di scudo.

39.   Per Balisardo avean ripreso core,
Cridando tutti insieme la canaglia,
Che non se odì giamai tanto romore.
Nel mezo della nave è la battaglia;
Tra lor dà Brandimarte a gran furore,
Ché tutti non li stima una vil paglia;
Man roverso e man dritto il brando mena:
Tutta la nave è già di sangue piena.

40.   Così menava Brandimarte ardito,
Fendendo a chi la testa a chi la panza.
Ora ecco Balisardo ebbe cernito,
Che de una torre armata avea sembianza.
Già non bisogna che si mostri a dito,
Ché undeci palmi sopra gli altri avanza;
E Brandimarte verso lui s'accosta,
E dietro a meza coscia il colpo aposta.

41.   Più basso alquanto il brando fu disceso,
Ché e colpi non si ponno indovinare;
Tagliò le gambe, e cadde. Di quel peso
La nave se piegò per affondare.
Il busto sopra il legno andò disteso,
Ed ambe due le gambe andarno in mare;
Qua non vale arte de negromanzia,
Ché Brandimarte il tocca tuttavia.

42.   Lui chiamava il demonio con tempesta,
Alïel, Libicocco e Calcabrina;
Ma Brandimarte gli tagliò la testa,
E via nel mar la trasse con roina.
Or se incomincia de' morti la festa
Tra la zurmaglia misera e tapina:
Chi salta in mare, e chi nella carena,
Chi per le corde scappa in su l'antena.

43.   Tutta la gente misera e diserta
Fu dissipata, come io vi ho contato,
E non rimase sopra la coperta

41. — 3. *cadde* (Balisardo).

Se non il conte, che era incatenato,
E Balisardo, concio come il merta,
E Brandimarte, che era già montato
Sopra la poppa, e là trovò il parone,
Che avante a lui se pose ingenocchione,

44.   Misericordia sempre dimandando,
Ed acquistò perdono umanamente;
E tornò Brandimarte al conte Orlando
E tutto il dislegò subitamente.
Poi col parone entrambi ragionando,
E fatta ritornar quella altra gente,
De ciò che è fatto, non se dànno affanno:
Quei che son morti, lor se ne hanno il danno.

45.   E poi che insieme fôr pacificati,
Come io ho detto, incominciò il parone:
— Segnori, io so che ve meravigliati,
Ché da meravigliare è ben ragione,
De questo loco ove seti arivati,
Quando per forza de incantazïone
Se facea Balisardo trasformare,
Ch'è quivi occiso, e gettarenlo in mare.

46.   Perché intendiati il fatto meglio avante,
Il tutto vi farò palese e piano.
Un vecchio re, nomato Manodante,
A Damogir se sta, ne l'occeàno,
Ove adunate ha già ricchezze tante,
Che stimar nol potria lo ingegno umano;
Ma la Fortuna in tutto a compimento
Né lui né altrui giamai fece contento.

47.   Però che per duo figli il re meschino
È stato e stanne ancora in gran dolore;
Il primo fu involato piccolino
Da un suo schiavo malvaggio e traditore.
Io viddi il schiavo, e nomase Bardino,
Picchiato in faccia e rosso di colore,
Coi denti radi e col naso schiazato:
Portò il fanciullo, e mai non è tornato.

47. — 6. *Picchiato*, picchiettato, punteggiato di chiazze minute.

48.   A l'altro giovanetto ène incontrata,
         Come odireti, una sventura strana,
         Perché pregione è fatto de una fata.
         Non so se odesti mai nomar Morgana;
         Quella del giovanetto è inamorata,
         Quale ha beltate angelica e soprana,
         Per ciò l'ha chiuso in un loco profondo:
         Di fuor per forza nol trarebbe il mondo.

49.   Ma lei fatto have al re promissïone
         Lasciare il giovanetto salvo e sano,
         Se un cavallier gli può donar pregione
         Che Orlando è nominato, il Cristïano;
         Però che un'opra de incantazione,
         Fabricata in un corno troppo istrano,
         Che serebbe a contar molta lunghezza,
         Disfece il cavallier per sua prodezza.

50.   Onde lo vôl pregione a ogni partito
         La fata, e ben lo avrà, s'io non me inganno;
         Ma, perché egli è feroce e tanto ardito,
         Se avrebbe nel pigliarlo molto affanno;
         Per ciò quel Balisardo che è perito
         (Così se n'abbi in sua malora il danno),
         Presente il nostro re se dette il vanto
         De dargli Orlando preso per incanto.

51.   Ma sino ad or non gli è venuto fatto,
         Benché ha pigliate già gente cotante,
         Che io non potrei contarle a verun patto.
         Fovi preso un Grifone e uno Aquilante,
         Ed uno Astolfo a quel laccio fu tratto,
         E fu preso un Ranaldo poco avante,
         E seco un altro giovane garzone;
         Se ben ramento, egli ha nome Dudone.

---

49. — Come si vede, l'elemento fiabesco — qui in particolare le trame
di Morgana — ha ormai preso nel poema una complicazione cospicua, tanto
da partecipare alla sua originalità con titoli almeno pari a quelli del-
l'innamoramento: vogliamo dire che la famosa originalità dell'elemento
brètone conta nel poema tanto per la fiaba che per l'amore, il quale aveva
già qualche sviluppo in altri poemi precedenti.
    50. — 7. *Presente il nostro re*, al cospetto del re.

52.   L'altra gente ch'è presa, è molta troppa,
Né mi basta a contarli lo argumento;
Tutti son scritti là sotto la poppa,
E legger vi si pôn, chi n'ha talento.
Ma tante foglie non lascia una pioppa
Là nel novembre, quando soffia il vento,
Quanti ènno e cavallier che quel gigante
Fatto ha condur pregioni a Manodante. —

53.   Mentre che quel paron così parlava,
Orlando dentro se turbò nel core,
Perché color che costui nominava
Della Cristianitate erano il fiore,
Ed egli ad uno ad un tutti gli amava,
Ed avea di sua presa gran dolore;
E destinò tra sé quel franco sire
De trargli di prigione, o de morire.

54.   E poi che quel paron si stette queto,
Che alcun di lor più non stava ascoltare,
Parlò con Brandimarte di secreto,
A lui dicendo ciò che voglia fare;
Poi mostrandosi il conte in volto lieto
Prega il paron che lo voglia portare
Avanti al re, però che al suo comando
Gli dava il cor de appresentargli Orlando.

55.   E così, navicando con bon vento,
Fôrno condutti a l'Isole Lontane;
E quei duo cavallier pien de ardimento
Al re s'appresentarno una dimane
Sopra una sala, che d'oro e d'argento
Era coperta de figure strane;
Ché ciò che è in terra e in mare e nel celo alto,
Là dentro era intagliato e posto a smalto.

56.   Lor fierno la proposta a Manodante,
Contando che per sua deffensïone
Balisardo avean morto, il fier gigante,

52. — 2. *argumento*, discorso, ragionamento. — 5. *pioppa*, pioppo.

Promettendoli Orlando dar pregione.
Per questo gli fu fatto bon sembiante
Ed alloggiati fôrno a una maggione
Ricca, adobbata, lì presso al palagio,
Ove si sterno con diletto ad agio.

57.   Era con seco la falsa donzella,
Ché 'l conte non la volse mai lasciare,
Qual è tanto fallace e tanto bella,
Quanto di sopra odesti racontare.
Or questa intese tutta la novella
Dal conte Orlando, e ciò che dovea fare,
Perché qualunche a cui se porta amore
Tra' gli secreti insin de mezo il core.

58.   Or questa dama assai Grifone amava
(So che il sapeti, ché già lo contai),
E di vederlo tutta sfavillava,
Né d'altro pensa giorno e notte mai;
E ben sa che in pregione ora si stava.
Ma questo canto è stato lungo assai:
Posati alquanto e non fati contese,
Che a dir nell'altro io vi serò cortese.

CANTO DECIMOSECONDO

1.   Stella de amor, che 'l terzo cel governi,
E tu, quinto splendor sì rubicondo,
Che, girando in duo anni e cerchi eterni,
De ogni pigrizia fai digiuno il mondo,
Venga da' corpi vostri alti e superni
Grazia e virtute al mio cantar iocondo,
Sì che lo influsso vostro ora mi vaglia,
Poi ch'io canto de amor e di battaglia.

2.   L'uno e l'altro esercizio è giovenile,
Nemico di riposo, atto allo affanno;
L'un e l'altro è mestier de omo gentile,
Qual non rifuti la fatica, o il danno;
E questo e quel fa l'animo virile,
A benché al dì de ancoi, se io non m'inganno,
Per verità de l'arme dir vi posso
Che meglio è il ragionar che averle in dosso,

3.   Poi che quella arte degna ed onorata
Al nostro tempo è gionta tra villani;

CANTO XII. — Tradito da Origille Orlando è imprigionato, ma Brandimarte prende il suo nome facendolo rilasciare con la promessa di riportare Ziliante entro un mese. Brandimarte è scoperto per l'inavvedutezza di Astolfo. Orlando incontra Morgana presso un drago morto, e Fiordelisa.

1. — 1-2. Invoca Venere e Marte. — 3-4. Marte scuote la pigrizia e l'ozio dal mondo.

2. — 6. *ancoi*, oggi (dialettale).

3. — 1-2. Qui si palesa la forza e il senso dell'attaccamento ideale del B. al suo sogno cavalleresco, al suo *mondo*, la cui nobiltà contrasta con la realtà contemporanea. Quanto alla storicità di queste lagnanze il Panzini nello studio sul B. citava la *Storia d'Italia* del Guicciardini, ove si con-

Né l'opra più de amore anco è lodata,
Poscia che in tanti affanni e pensier vani,
Senza aver de diletto una giornata,
Si pasce di bel viso e guardi umani;
Come sa dir chi n'ha fatto la prova,
Poca fermezza in donna se ritrova.

4.   Deh! non guardate, damigelle, al sdegno
Che altrui fa ragionar come gli piace;
Non son tutte le dame poste a un segno,
Però che una è leal, l'altra fallace;
Ed io, per quella che ha il mio core in pegno,
Cheggio mercede a tutte l'altre e pace;
E ciò che sopra ne' miei versi dico,
Per quelle intendo sol dal tempo antico:

5.   Come Origilla, quella traditrice,
Qual per aver Grifone in sua balìa
(Ché il cor gli ardea d'amor ne la radice)
A Manodante andò, la dama ria;
E ciò che Orlando a lei secreto dice
Per trar fuor quei baron de pregionia,
E le cose ordinate tutte quante,
Lei le rivela e dice a Manodante.

6.   Quando il re intese che quivi era Orlando,
Nella sua vita mai fu più contento.
Se stesso per letizia dimenando,
Già parli avere il figlio a suo talento;
Ma poi nella sua mente anco pensando
Del cavallier la forza e lo ardimento,
Comprende bene e già veder gli pare
Che nel pigliarlo assai serà che fare.

7.   Alla donzella fece dar Grifone,
Sì come a lei promesso avea davante,

trappongono i « capitani francesi quasi tutti baroni e signori o almeno di
sangue molto nobile » agli italiani, contadini o comunque plebei. (Vedi
anche la Nota del C. nella sua *Scelta*).
   4. — Simili attacchi e difese del Poeta troviamo nel *Fur.*, XII, 1-3
(ad Origille corrisponde Gabrina). Ma il B. agli sfoghi misogini aveva
personalmente ragioni ben maggiori.

Ma lui non volse uscir mai de prigione,
Se seco non lasciava anco Aquilante;
E fu lasciato a tal condizïone,
Che loro ed Origilla in quello istante
Si dipartin dal regno alora alora,
Senza più fare in quel loco dimora.

8.   Così lor se partirno a notte oscura:
Ancor vi contarò del suo vïaggio.
Or torno a Manodante, che ha gran cura
D'aver quel cavallier senza dannaggio,
Perché di sua prodezza avea paura;
Onde fece ordinare un beveraggio,
Che dato a l'omo subito adormenta
Sì come morto, e par che nulla senta.

9.   A quei baron, che non avean sospetto,
Fu meschiato nel vino a bere a cena,
E poi la notte fôr presi nel letto
E via condotti, né il sentirno a pena;
Però che 'l beveraggio che io vi ho detto,
Sì gli avea tolto del sentir la lena,
Che fôr portati per piedi e per mane,
Né mai svegliarno insino alla dimane.

10.   Quando se avidder poi quella matina
In un fondo di torre esser legati,
Ben se avisarno che quella fantina
Li avea traditi, essendosi fidati.
— O re del celo, o Vergine regina, —
Diceva il conte — non me abandonati! —
Chiamando tutti e Santi ch'egli adora,
Quanti n'ha il celo e poi degli altri ancora.

11.   E come se amentava de pittura
A Roma, in Francia, o per altra provenzia,
A quella facea voto, per paura,
De digiunare, o de altra penitenzia.

11. — C.: «Nota com'è scaduto Orlando: da eroe d'una fede ardente
in uomo di chiesa recitatore di giaculatorie»: ma bisogna entrare nella
mentalità medievale. Non più così, certo, sarà l'Orlando ariostesco.

Esso avea a mente tutta la Scrittura,
De orazïon e salmi ogni scïenzia;
Ciò che sapea, diceva a quella volta,
E Brandimarte sempre mai l'ascolta.

12.   Era quel Brandimarte saracino,
Ma de ogni legge male instrutto e grosso,
Però che fu adusato piccolino
A cavalcare e portar l'arme in dosso;
Onde, ascoltando adesso il paladino
Che a Dio se aricomanda a più non posso,
Chiamando ciascun Santo benedetto,
Li adimandava quel che avesse detto.

13.   E benché il conte fosse in tal tormento,
Pur, per salvar quella anima perduta,
Prima narrògli il vecchio Testamento,
E poi perché Dio vôl che quel se muta;
Gli narrò tutto il novo a compimento,
E tanto a quel parlare Idio l'aiuta,
Che tornò Brandimarte alla sua Fede,
E come Orlando drittamente crede.

14.   Benché lì non se possa battizare,
Pur la credenza avea perfetta e bona,
E poi che alquanto fu stato a pensare,
Verso del conte in tal modo ragiona:
— Tu m'hai voluto l'anima salvare,
Ed io vorei salvar la tua persona,
S'io ne dovessi ancor quivi morire;
Or se 'l te piace, il modo pôi odire.

15.   Tu dèi comprender così ben come io,
Che per te sola è fatta questa presa,
Perché tra Saracini èi tanto rio,
E de Cristianità sola diffesa.
Ora, se io prendo il tuo nome e tu il mio,
Non avendo altri questa cosa intesa,
Né essendo alcun di noi qua cognosciuto,
Forse serai lasciato, io ritenuto.

13. — 7. *tornò*, non « ritornò », ma: girò, si volse.

16.   Io dirò sempre mai ch'io sono Orlando,
Tu de esser Brandimarte abbi la mente;
Guârti che non errasti ragionando,
Ché guastaresti il fatto incontinente.
Ma, se esci fuore, a te mi racomando:
Cerca di trarme del loco presente;
E se io morissi al fondo dove io sono,
Prega per l'alma mia tu che sei bono. —

17.   Quasi piangendo quel baron soprano
In cotal modo il suo parlar finia.
Allora il conte, che era tanto umano:
— Non piaccia a Dio, — dicea — che questo sia!
Speranza ha ciascadun ch'è Cristïano,
Nel re del celo e nella Matre pia;
Lui ce trarà per sua mercè de guai,
Ma senza te non uscirò giamai.

18.   Ma se tu uscissi, io restaria contento,
Pur che tu me prometta tutta fiata,
Per preghi, né minacce, né spavento
De non lasciar la fede che hai pigliata.
La nostra vita è una polvere al vento,
Né se debbe stimar né aver sì grata,
Che per salvarla, on allungarla un poco,
Si danni l'alma nello eterno foco. —

19.   Diceva Brandimarte: — Alto barone,
Già molte volte odito ho racontare
Che del servigio perde il guiderdone
Colui che for de modo fa pregare;
Io ti cheggio, per Dio di passïone,
Che quel che ho detto, tu lo vogli fare;
E quando far nol vogli, io te prometto
Ch'io tornarò di novo a Macometto. —

20.   Orlando non rispose a quei sermoni,
Né acconsentitte e non volse desdire.
Eccoti gente armate de ronconi

16. — 3. *Guârti*, guardati. — *errasti*, errassi (l'imperf. per il pres.).

Che alla pregion la porta fanno aprire.
Diceva il caporale: — O campïoni,
Quale è Orlando di voi, debba venire;
Quel che è desso, lo dica e venga avante,
Ché appresentar conviense a Manodante. —

21.   Brandimarte rispose incontinente,
Che apena non avea colui parlato;
Il conte Orlando diceva nïente,
Ma sospirando si stava da lato.
Or tolse Brandimarte quella gente,
E così proprio come era legato
(Che far non può diffesa né battaglia)
Al re lo presentò quella sbiraglia.

22.   Manodante era di natura umano,
Però piacevolmente a parlar prese,
Dicendo: — Ria fortuna e caso istrano
A mio dispetto mi fa discortese;
E ben ch'io sappia che sei cristïano,
Nemico a nostra legge di palese,
Sapendo tua virtute e il tuo valore,
Assai me incresce a non te fare onore.

23.   Ma la natura mi strenge sì forte
E la compassïon de un mio figliolo,
Che, a dirti presto con parole corte,
A te per lui convien portar il dôlo.
Crudel destino e la malvaggia sorte
De duo mi avea lasciato questo solo;
Dece ed otto anni ha di ponto il garzone:
Morgana entro ad un lago l'ha pregione.

24.   Questa Morgana è fata del Tesoro;
E perché par che già tu dispregiasti
Non so che cervo che ha le corne d'oro,
E sue aventure e soi incanti li hai guasti
(Ti debbi ramentar questo lavoro,
Onde ogni breve dir credo che basti),
Per questo te persegue in ogni banda,
E sol de averti a ciascadun dimanda.

25.   Onde per fare il cambio di mio figlio
        In questa notte ti feci pigliare,
        E per trare esso di cotal periglio
        A quella fata ti voglio mandare;
        A benché di vergogna io sia vermiglio,
        Pensando ch'io te fo mal capitare,
        Sapendo che tu merti onore e pregio;
        Ma altro rimedio al suo scampo non vegio. —

26.   Tenendo il re chinato a terra il viso
        Fece fine al suo dir, quasi piangendo.
        Rispose Brandimarte: — Ogni tuo aviso
        Sempre servire ed obedire intendo,
        Se mille miglia ancor fossi diviso
        Da questo regno; or tuo pregione essendo,
        Disponi a tuo volere ed a tuo modo,
        Ch'io vo' di te lodarme ed or mi lodo.

27.   Ma ben ti prego per summa mercede
        Che, potendo campare il tuo figliolo
        Per altra forma, come il mio cor crede,
        Che tu non me conduchi in tanto dôlo.
        Or, se te piace, alquanto ascolta e vede:
        Termine da te voglio un mese solo,
        E che tu lasci l'altro compagnone,
        Ed io starò tra tanto alla pregione,

28.   Pur che il compagno che meco fo preso,
        Subitamente sia da te lasciato.
        Sopra alle forche voglio essere impeso,
        Se in questo tempo ch'io ho da te pigliato
        Non ti è il tuo figliol sano e salvo reso,
        Perché in quel loco il cavalliero è stato.
        Sopra alla Fede mia questo ti giuro,
        Ed andarane e tornarà securo. —

29.   Queste parole Brandimarte usava
        Ed altre molte più che qui non scrivo,
        Come colui che molto ben parlava
        Ed era in ogni cosa troppo attivo.
        Al fin quel vecchio re pur se piegava;

A benché fosse di quel figlio privo,
E lo aspettare a rivederlo un mese
Paresse uno anno, e' pur l'accordio prese.

30.   Brandimarte si pose ingenocchione,
Il re di questo assai ringrazïando,
E poi fu rimenato alla prigione,
E tratto fuor di quella il conte Orlando.
Or chi direbbe le dolci ragione
Che ferno e due compagni lacrimando,
Allor che il conte convenne partire?
Quanto gli increbbe, non potrebbi io dire.

31.   Sapean già il patto com'era fermato,
Che al termine de un mese die' tornare;
Onde, avendo da lui preso combiato,
Con una nave si pose per mare.
In pochi giorni a terra fu portato,
Poi per la ripa prese a caminare,
Dietro a l'arena, per la strata piana,
Tanto che gionse al loco di Morgana.

32.   Quel che là fece, contarò da poi,
Se la istoria ascoltati tutta quanta:
Ora ritorno a Manodante e' soi.
Chi mena zoia, chi suona e chi canta;
Chi promette a Macon pecore e boi.
Chi darli incenso e chi argento si vanta,
Se gli concede di veder quel giorno
Che Zilïante a lor faccia ritorno.

33.   Nome avea il giovanetto Zilïante,
Come di sopra in molti lochi ho detto.
A quelle feste che io dico cotante,
Ne la cità per zoia e per diletto
Accese eran le torre tutte quante
De luminari; e su per ciascun tetto
Suonavan trombe e corni e tamburini,
Come il mondo arda e tutto il cel ruini.

34.   Era là preso Astolfo del re Otone
Con altri assai, sì come aveti odito,

E benché fosse al fondo de un torione,
Pur quello alto rumore avea sentito,
E de ciò dimandando la cagione
A quel che per guardarli è stabilito,
Colui rispose: — Io vi so dir palese
Che indi uscirete in termine de un mese.

35. E voglio dirvi il fatto tutto intiero,
Perché più non andati dimandando.
Al nostro re non fa più de mistiero
La presa de' baroni andar cercando,
Però che in corte è preso un cavalliero,
Qual per il mondo è nominato Orlando;
Or potrà aver per contracambio il figlio,
Che è ben di nome e di bellezza un ziglio.

36. Ma bene è ver che un cavallier pagano,
Qual mostra esser di lui perfetto amico,
Lasciato fu dal nostro re soprano,
E tornar debbe al termine ch'io dico,
E menar Ziliante a mano a mano,
Benché io non stimo tal promessa un fico;
Ma il re certo avrà il figlio a suo comando,
Se in contraccambio là vi pone Orlando. —

37. Astolfo se mutò tutto di faccia
E più di core, odendo racontare
Che il conte era pur gionto a quella traccia,
E il guardïano alor prese a pregare,
— German, — dicendo — per Macon ti piaccia
Una ambasciata a l'alto re portare,
Che sua corona in ciò mi sia cortese,
Ch'io veda Orlando, che è di mio paese. —

38. Sempre era Astolfo da ciascuno amato,
Or non bisogna ch'io dica per che;
Onde il messaggio subito fu andato
E l'ambasciata fece ben al re.
Già Brandimarte prima era lasciato
Entro una zambra sopra a la sua fè,
Ma disarmato; e sempre mai de intorno
Stava gran guarda tutta notte e 'l giorno.

39.   Il re ne viene a lui piacevolmente,
         E dimandò chi fosse Astolfo e donde;
         Turbosse Brandimarte ne la mente,
         E, pur pensando, al re nulla risponde,
         Perché cognosce ben palesemente
         Che, come è giorno, indarno se nasconde,
         Onde sua vita tien strutta e diserta,
         Poi che la cosa al tutto è discoperta.

40.   Al fin, per più non far di sé sospetto,
         Disse: — Io pensava e penso tuttavia
         S'io cognosco l'Astolfo de che hai detto,
         Né me ritorna a mente, in fede mia,
         Se non ch'io vidi già in Francia un valletto,
         Qual pur mi par che cotal nome avia;
         Stavasi in corte per paccio palese,
         E nomato era il gioculare Anglese.

41.   Grande era e biondo e di gentile aspetto,
         Con bianca faccia e guardatura bruna;
         Ma egli avea nel cervello un gran diffetto,
         Perché d'ognior che scemava la luna,
         Divenia rabbïoso e maledetto,
         E più non cognoscea persona alcuna,
         Né alor sapea festar, né menar gioco:
         Ciascun fuggia da lui come dal foco. —

42.   — Lui proprio è questo, — disse Manodante
         — De sue piacevolezze io voglio odire. —
         Così dicendo via mandava un fante,
         Che lo facesse alor quindi venire.
         Questo, giognendo ad Astolfo davante,
         Incontinenti gli cominciò a dire
         Sì come il re l'avrebbe molto caro,
         Poi che egli era buffone e giocularo,

---

40. — 7. era tenuto per pazzo certo. — 8. *gioculare* è forma etimolo-
gicamente corrispondente alla più usata *giullare*.
    41. — 1. Cfr. Dante, *Purg.*, III, 107: *Biondo era e bello e di gentile
aspetto* (Manfredi). — 5. *rabbïoso*: notisi la corrispondenza col *rabiosus* affib-
biato ad Aristofonte nei *Captivi* di Plauto (vedi XIII, 49, Nota).

43. E come il cavallier del suo paese,
 Quale era Orlando, al re l'have contato.
 Astolfo de ira subito s'accese,
 E così come egli era infurïato,
 Col fante ver la corte il camin prese.
 Benché da molti dreto era guardato,
 Lui non restava de venir cridando
 Per tutto sempre: — Ove è il poltron de Orlando?

44. Ov'è, — diceva — ove è questo poltrone,
 Che de mi zanza, quella bestia vana?
 Mille onze d'oro avria caro un bastone
 Per castigar quel figlio de putana. —
 Il re con Brandimarte ad un balcone
 Odîr la voce ancora assai lontana,
 Tanto cridava il duca Astolfo forte
 Di dare a Orlando col baston la morte.

45. E Brandimarte alor molto contento
 Dicea al re: — Per Dio, lasciànlo stare,
 Perché ponerà tutti a rio tormento:
 Poco de un paccio si può guadagnare.
 Adesso in tutto è fuor di sentimento:
 Questo è la luna, che debbe scemare;
 Io so com'egli è fatto, io l'ho provato:
 Tristo colui che se gli trova a lato! —

46. — Adunque sia legato molto bene, —
 Diceva il re — dapoi qua venga in corte;
 Di sua pacìa non voglio portar pene. —
 Eccoti Astolfo è già gionto alle porte,
 E per la scala su ratto ne viene.
 Ma nella sala ogniom cridava forte,
 Sergenti e cavallieri in ogni banda:
 — Legate il paccio! Il re così comanda. —

47. Ma quando Astolfo se vidde legare,
 Ed esser reputato per lunatico,
 Cominciò l'ira alquanto a rafrenare,
 Come colui che pure avea del pratico.
 Quando fu gionto, il re prese a parlare

A lui, dicendo: — Molto sei selvatico
Con questo cavallier de tuo paese,
Benché lui sia di Brava, e tu sia Anglese. —

48.   Astolfo alor, guardando ogni cantone,
— Ma dove è lui — diceva — quel fel guerzo,
Il qual ardisce a dir ch'io son buffone,
Ed egual del mio stato non ha il terzo?
Né lo torria per fante al mio ronzone,
Abench'io creda ch'el dica da scherzo,
Sapendo esso di certo e senza fallo
Che di lui faccio come di vassallo.

49.   Ove sei tu, bastardo stralunato,
Ch'io te vo' castigar, non so se il credi? —
Il re diceva a lui: — Che sventurato!
Tu l'hai avante, e par che tu nol vedi. —
Alora Astolfo, guardando da lato
E dietro e innanci ogniom da capo a piedi,
Dicea da poi: — Se alcun non l'ha coperto
Di sotto al manto, e' non è qua di certo.

50.   E tra coteste gente, che son tante,
Sol questo Brandimarte ho cognosciuto. —
Meravigliando dicea Manodante:
— Qual Brandimarte? Dio me doni aiuto!
Or non è questo Orlando, che hai davante?
Io credo che sei paccio divenuto. —
E Brandimarte alquanto sbigotito
Pur fa bon volto con parlare ardito,

51.   Al re dicendo: — Or non sai che al scemare
Che fa la luna, il perde lo intelletto?
Io credea che 'l dovesti ramentare,
Perché poco davante io l'avea detto. —
Alora Astolfo cominciò a cridare:
— Ahi renegato cane e maledetto!
Un calcio ti darò di tal possanza,
Che restarà la scarpa ne la panza. —

48. — 4. mentre il suo stato non è il terzo del mio?

52.   Diceva il re: — Tenitelo ben stretto,
Però che 'l mal li cresce tutta via. —
Ora ad Astolfo pur crebbe il dispetto,
E fu salito in tanta bizaria,
Che minacciava a roïnar il tetto,
E tutta disertar la Pagania,
E cinquecento miglia intorno intorno
Menare a foco e a fiamma in un sol giorno.

53.   Comandò il re che via fosse condutto;
Ma quando lui se vidde indi menare
Ed esser reputato paccio al tutto,
Cominciò pianamente a ragionare.
Dapoi che non aveva altro redutto,
Con voce bassa il re prese a pregare
Che ancor non fusse de quindi menato,
E mostrerebbe a lui che era ingannato;

54.   Però che, se mandava alla pregione,
E facesse Ranaldo qua venire,
O veramente il giovane Dudone,
Da lor la verità potrebbe odire;
E che lui volea stare al parangone,
E se mentisse, voleva morire,
Ed esser strascinato a suo comando,
Ché questo è Brandimarte e non Orlando.

55.   Il re, pur dubitando esser schernito,
Cominciò Brandimarte a riguardare,
Il quale, in viso tutto sbigotito,
Lo fece maggiormente dubitare.
Il cavallier, condutto a tal partito
Che non potea la cosa più negare,
Confessa per se stesso aver ciò fatto,
Acciò che Orlando sia da morte tratto.

56.   Il re di doglia si straziava il manto
E via pelava sua barba canuta,
Per il suo figlio ch'egli amava tanto;

53. — 5. *redutto*, via, scampo. — 7. *menato* (via).

De averlo è la speranza ormai perduta.
Ne la cità non se ode altro che pianto,
E la allegrezza in gran dolor se muta;
Crida ciascun, come di senno privo,
Che Brandimarte sia squartato vivo.

57.　　Fu preso a furia e posto entro una torre,
Da piedi al capo tutto incatenato;
In quella non se suole alcun mai porre
Che sia per vivo al mondo reputato.
Se Dio per sua pietate non soccorre,
A morir Brandimarte è iudicato.
Astolfo, quando intese il conveniente
Come era stato, assai ne fu dolente.

58.　　E volentier gli avria donato aiuto
De fatti e de parole a suo potere,
Ma quel soccorso tardo era venuto,
Sì come fa chi zanza oltra al dovere.
Quel gentil cavalliero ora è perduto
Per sue parole e suo poco sapere;
Or qui la istoria de costor vi lasso,
E torno al conte, ch'è gionto a quel passo:

59.　　Al passo di Morgana, ove era il lago
E il ponte che vargava la rivera.
Il conte riguardando assai fu vago,
Ché più Aridano il perfido non vi era.
Così mirando vidde morto un drago,
Ed una dama con piatosa ciera
Piangea quel drago morto in su la riva,
Come ella fusse del suo amante priva.

60.　　Orlando se fermò per meraviglia,
Mirando il drago morto e la donzella,
Che era nel viso candida e vermiglia.
Ora ascoltati che strana novella:

57. — 7. *il conveniente*, il fatto.
58. — Non si può negare che la scena di Astolfo è d'una *vis comica*
degna di Plauto, o almeno delle più felici commedie rinascimentali.

La dama il drago morto in braccio piglia,
E con quello entra in una navicella,
Correndo giù per l'acqua alla seconda,
E in mezo il lago aponto se profonda.

61.   Non dimandati se il conte avea brama
Di saper tutta questa alta aventura.
Ora ecco di traverso una altra dama
Sopra de un palafreno alla pianura.
Come ella vidde il conte, a nome il chiama
Dicendo: — Orlando mio senza paura,
Iddio del paradiso ha ben voluto
Che qua vi trovi per donarmi aiuto. —

62.   Questa donzella che è quivi arrivata,
Come io vi dico, sopra il palafreno,
Era da un sol sergente accompagnata.
Di lei vi contarò la istoria apieno,
Se tornarete a questa altra giornata,
E di quella del drago più né meno,
Qual profondò nel fiume; or faccio ponto,
Però che al fin del mio cantar son gionto.

62. — 3. *sergente*: fante appiedato di basso rango: qui in particolare,
ministro, valletto, come il lat. *servientem*, da cui deriva.

CANTO DECIMOTERZO

1.   Il voler de ciascun molto è diverso:
Chi piace esser soldato, e cui pastore,
Chi dietro a robba, a lo acquistar è perso,
Chi ha diletto di caccia e chi d'amore,
Chi navica per mare e da traverso,
E quale è prete e quale è pescatore;
Questo in palazo vende ogni sua zanza,
Quello è zoioso, e canta e suona e danza.

2.   A voi piace de odir l'alta prodezza
De' cavalieri antiqui ed onorati,
E 'l piacer vostro vien da gentilezza,
Però che a quel valor ve assimigliati.
Chi virtute non ha, quella non prezza;
Ma voi, che qua de intorno me ascoltati,
Seti de onore e de virtù la gloria,
Però vi piace odir la bella istoria.

3.   Ed io seguir la voglio ove io lasciai,
Anci tornare a dietro, per chiarire
De le due dame, quale io vi contai;
L'una era al lago, l'altra ebbe a venire.

CANTO XIII. — Orlando libera e riporta al padre Ziliante; Brandimarte
è rivelato come fratello di lui, rapito fanciullo da Bardino e poi infeudato
di Rocca Silvana. I cavalieri franchi sono liberati e partono verso la
patria, eccetto Orlando che, seguito da Brandimarte, ritorna ad Albraca.
Astolfo è catturato da Alcina.

2. — Gli accenni rivolti all'uditorio sono qui come altrove talmente
circostanziati e letterali, da sostenere a meraviglia l'illusione che davvero
il Poeta leggesse a corte i suoi canti.

Or per voi stessi non sapresti mai
Chi fosser queste, non lo odendo dire;
Ma io vi narrerò la cosa piana:
Quella dal drago morto era Morgana,

4.   E l'altra è Fiordelisa, quella bella
Che fu da Brandimarte tanto amata.
Di questa vi dirò poi la novella,
Ma torno prima a quella della fata;
La qual, perché era de natura fella,
Sopra del lago a quella acqua incantata,
Ove nel fondo fu Aridano occiso,
Aveva poi pigliato uno altro aviso.

5.   Perché con succi de erbe e de radice
Còlte ne' monti a lume della luna,
E pietre svolte de strana pendice,
Cantando versi per la notte bruna,
Cangiato avea la falsa incantatrice
Quel giovanetto in sua mala fortuna,
Io dico Zilïante, e fatto drago,
Per porlo in guardia al ponte sopra al lago.

6.   Ed avea tramutata sua figura,
Acciò che quella orribile apparenzia
Sopra del ponte altrui ponga paura;
Ma, fusse o per l'error de sua scienzia,
O per strenger lo incanto oltra misura,
Ebbe il garzone estrema penitenzia.
Perché, come tal forma a ponto prese,
Gettò un gran crido, e morto se distese.

7.   Onde la fata, che tanto lo amava,
Seco di doglia credette morire;
Però piatosamente lacrimava,
Come ne l'altro canto io vi ebbi a dire,
E con la barca al fondo lo portava,
Per farlo sotto il lago sepelire.
Or più di lei la istoria non divisa,
Ma torna a ricontar de Fiordelisa.

5. — 1-4. Particolari comuni alle operazioni stregonesche.

8.   La qual, sì come Orlando ebbe veduto,
        Gli disse: — Idio del cel per sua pietate
        Qua te ha mandato per donarmi aiuto,
        Sì come avea speranza in veritate.
        Or bisognarà ben, baron compiuto,
        Che a un tratto mostri tutta tua bontate;
        Ma, perché sappi che far ti conviene,
        Io narrarò la cosa: intendi bene.

9.   Dapoi ch'io mi parti' da quello assedio,
        Che ancora ad Albracà dimora intorno,
        Con superchia fatica e maggior tedio
        Cercato ho Brandimarte notte e giorno,
        Né a ritrovarlo è mai stato rimedio;
        Ed io faceva ad Albracà ritorno,
        Per saper se più là sia ricovrato,
        Ma nel vïaggio ho poi costui trovato.

10.   Costui che meco vedi per sargente,
        Io l'ho trovato a mezo del camino,
        Ed è venuto a dir per accidente
        Che portò Brandimarte piccolino,
        Qual fu figlio de un re magno e potente;
        Ma, come piacque a suo forte destino,
        Costui lo tolse a l'Isola Lontana,
        E diello al conte de Rocca Silvana.

11.   Da poi che l'ebbe a quel conte venduto,
        Lui pur rimase in casa per servire;
        Ma poscia il fanciulletto fu cresciuto,
        Venne in gran forza e di soperchio ardire,

9. — Brandimarte e Fiordelisa erano giunti insieme ad Albraca poco dopo Orlando (I, XXVI, 43, 6); quando questi partì per l'impresa di Falerina, Brandimarte lo seguì (II, II, 36), ma il testo non fece menzione di Fiordelisa. Poi Brandimarte cadde prigioniero di Morgana (II, VIII, 36) *d'amor con falsa vista acceso*. Ora ritroviamo Fiordelisa, che dal I, XXIII, 21 non compariva più. Strano ed inspiegato che Brandimarte partisse da Albraca senza di lei: uno dei pochi nei nel complicato intrigo del poema.

10. — 5. *de un re* (Manodante). — 7-8. Sia le *Isole Lontane* che *Rocca Silvana* paiono luoghi arbitrari senza precisa collocazione geografica. Le *Isole Lontane* si potrebbero pensare nel Mar Caspio, ma a XI, 46 si dice che *Manodante, a Damogir se sta, ne l'occeàno*. Di *Rocca Silvana* al II, XXVII, 27, 3-4 è detto semplicemente: | *da mille miglia è forse di lontana* | *di sopra a Samadrìa la regione*.

Scena di battaglia

dall'edizione dell'*Orlando innamorato* di Venezia, 1521.

E per tutto d'intorno era temuto.
Per questo il conte avanti al suo morire,
Non avendo né moglie né altro erede,
Figlio se il fece e quel castel gli diede.

12.   Brandimarte da poi per suo valore
Cercato ha il mondo per monte e per piano,
E nella terra per governatore
Lasciò costui che vedi e castellano.
Ora un altro baron pien di furore,
Qual sempre fu crudele ed inumano,
Scoperto a Brandimarte è per nimico:
Rupardo ha nome il cavallier ch'io dico.

13.   Costui con più sergenti e soi vassalli
Lo assedio ha intorno de Rocca Silvana.
E de assalirla par che mai non calli,
Per ruïnarla tutta in terra piana.
E' crida: "Brandimarte per soi falli
Adesso è preso al lago de Morgana.
Io son per questo a prendervi venuto;
Da lui non aspettati alcuno aiuto."

14.   Onde costui, che temea de aver morte,
Quando non fosse a quel Rupardo reso
(E d'altra parte ancor gl'incresce forte
Che 'l suo segnor da lui mai fusse offeso),
Con molti incanti fie' gettar le sorte,
Ed ha con quelle ultimamente inteso
Che vero è ciò che dice quel fellone,
E Brandimarte è nel lago in pregione.

15.   Ora ti prego, conte, se mai grazia
Aver debbe da te nulla donzella,
Che ciò che si può far, per te si fazia,
Tanto che egli esca di questa acqua fella.
Così ti renda ogni tua voglia sazia

---

13. — 3. *calli*, cali (calare), scenda, desista.

Quanto desidri, Angelica la bella;
Così d'amor s'adempia ogni tua brama,
Vivendo al mondo in glorïosa fama. —

16.   Il conte narrò a lei con brevitate
Di Brandimarte ciò che ne sapea,
E tutte aponto le cose passate,
E come al lago ritornar volea
Per Zilïante trar de aversitate,
Qual l'altra fiata giù lasciato avea,
E poi, per cambio di quel bel garzone,
Trar Brandimarte fuor de la pregione.

17.   De ciò la dama assai se contentava,
E smontò il palafreno alla rivera;
Standosi ingenocchione il cel guardava,
Divotamente a Dio facea preghiera
Che la ventura che il conte pigliava
Se ritrâsse in bon fine e tutta intiera;
E già alla porta Orlando era arivato:
Ben la sapea, ché prima anco vi è stato.

18.   Nascosa era la porta dentro a un sasso,
Di fuor tutta coperta a verde spine;
Discese Orlando giù, callando al basso,
Sin che fu gionto della scala al fine;
Poi caminò da un miglio passo passo
Sopra del suol de pietre marmorine,
E gionse nella piazza del tesoro,
Ove è il re fabricato a zoie ed oro.

19.   Quivi trovò la sedia che Ranaldo
Avea portata già sino alla uscita;
Ora a contarvi più non mi riscaldo
Di questa cosa, ché l'avete odita.
Il conte uscì della piazza di saldo
E gionse nel giardino alla finita,
Ove abita Morgana e fa suo stallo,
Ed è partito al mezo de un cristallo.

17. — 6. *se ritrâsse*, si ritraesse (contratto per ragioni metriche).

20.   Apresso a quel cristallo è la fontana
(Quel loco un'altra fiata ho ricontato);
A questa fonte ancor stava Morgana,
E Zilïante avea resucitato,
E tratto fuor di quella forma strana.
Più non è drago, ed omo è ritornato;
Ma pur per tema ancora il giovanetto
Parea smarito alquanto nello aspetto.

21.   La fata pettinava il damigello,
E spesso lo baciava con dolcezza;
Non fu mai depintura di pennello
Qual dimostrasse in sé tanta vaghezza.
Troppo era Zilïante accorto e bello,
Ed esso è in volto pien di gentilezza,
Ligiadro nel vestire e dilicato,
E nel parlar cortese e costumato.

22.   Però prendea la fata alto solaccio
Mirando come un specchio nel bel viso,
E così avendo il giovanetto in braccio
Gli sembra dimorar nel paradiso.
Standosi lieta e non temendo impaccio,
Orlando gli arivò sopra improviso,
E come quello che l'avea provata,
Non perse il tempo, come a l'altra fiata;

23.   Ma nella gionta diè de mano al crino,
Che sventillava biondo nella fronte.
Alor la falsa con viso volpino,
Con dolci guardi e con parole pronte
Dimanda perdonanza al paladino
Se mai dispetto gli avea fatto on onte,
E per ogni fatica in suo ristoro
Promette alte ricchezze e gran tesoro.

24.   Pur che gli lascia il giovanetto amante,
Promette ogni altra cosa alla sua voglia;
Ma il conte sol dimanda Zilïante
E stima tutto il resto una vil foglia.
Or chi direbbe le parole tante,

Il lamentare e i pianti pien di doglia,
Che faceva Morgana in questa volta?
Ma nulla giova: il conte non l'ascolta.

25.   Ed ha già preso Zilïante a mano,
E fora del giardin con esso viene,
Né della fata teme incanto istrano,
Poi che nel zuffo ben presa la tiene.
Lei pur se dole e se lamenta invano,
E non trova soccorso alle sue pene;
Ora lusinga, or prega ed or minazza,
Ma il conte tace e vien dritto alla piazza.

26.   Quella passarno, e cominciarno a gire
Su per la scala e tra que' sassi duri,
E quando furno a ponto per uscire
Fuor della porta e de quei lochi oscuri,
Allora il conte a lei cominciò a dire:
— Vedi, Morgana, io voglio che mi giuri
Per lo Demogorgone a compimento
Mai non mi fare oltraggio o impedimento. —

27.   Sopra ogni fata è quel Demogorgone
(Non so se mai lo odisti racontare),
E iudica tra loro e fa ragione,
E quello piace a lui, può di lor fare.
La notte se cavalca ad un montone,
Travarca le montagne e passa il mare,
E strigie e fate e fantasime vane
Batte con serpi vive ogni dimane.

26. — 7. Il *Demogorgone* presiedeva alle fate. Più anticamente era
tenuto come essere celeste intervenuto nella creazione del mondo e dei
viventi (Δήμου γεωργός; cfr. Demiurgo). Ricordiamo che questo personaggio riappare come Falerina (scritta *Fallerina*) e Morgana, nei *Cinque
Canti* postumi dell'Ariosto. — *a compimento*, compiutamente (va con
giuri); opp.: infine, per ultimo.
27. — 7. *strigie*, streghe. È termine più vicino all'etimo *strix, strigis*
da cui il lat. volgare *striga*, ital. *strega*. La *strix* (barbagianni) era tenuta
essa stessa per una sorta di strega in quanto si credeva succhiasse di notte
il sangue ai bambini e li allattasse con veleno. — 8. *dimane* (come al verso
seguente), mattina.

28.   Se le ritrova la dimane al mondo,
Perché non ponno al giorno comparire,
Tanto le batte a colpo furibondo,
Che volentier vorian poter morire.
Or le incatena giù nel mar profondo,
Or sopra al vento scalcie le fa gire,
Or per il foco dietro a sé le mena,
A cui dà questa, a cui quella altra pena.

29.   E però il conte scongiurò la fata
Per quel Demogorgon che è suo segnore,
La qual rimase tutta spaventata,
E fece il giuramento in gran timore.
Fuggì nel fondo, poi che fu lasciata;
Orlando e Zilïante uscirno fuore,
E trovâr Fiordelisa ingenocchione,
Che ancor pregava con divozïone.

30.   Lei, poi che entrambi fuor li vide usciti,
Molto ringrazïava Iddio divino;
E caminando insieme, ne fôr giti
Insino al mar che quindi era vicino.
Poscia che nella nave fôr saliti,
Con vento fresco entrarno al lor camino,
Fendendo intra levante e tramontana
Sin che son gionti a l'Isola Lontana.

31.   Smontarno a Damogir, l'alta citate,
Quale avea tra due torre un nobil porto.
Quando le gente nel molo adunate
Ebbero in nave il giovanetto scorto,
Alciarno un crido allegro di pietate,
Perché prima ciascun lo tenea morto:
Crida ciascuno, e piccolino e grande;
Ognior di voce in voce più se spande.

32.   A Manodante gionse la novella,
Qual già per tutta la città risuona.
Lui corse là vestito di gonnella,
E non aspetta manto ni corona.
Non vi rimase vecchia, ni donzella:
Ogni mestiero ed arte se abandona;

Giovani, antiqui ed ogni fanciullina,
Per veder Zilïante ogni om camina.

33.   Tanta adunata quivi era la gente,
Che avea coperto il porto marmorino;
E Zilïante uscì primeramente,
Poi Fiordelisa e Orlando paladino;
Il quarto ne lo uscir fu quel sergente.
Come fu visto, ogni om crida: — Bardino!
Bardino! ecco Bardino! — ogni om favella
— De l'altro figlio il re saprà novella. —

34.   Quando la calca fu tratta da banda,
De gire avante Orlando se argumenta;
Umanamente al re se racomanda,
Il suo figliol avante gli appresenta.
Di Brandimarte poi presto dimanda;
Ma il re di dar risposta non se attenta,
Parendo a tal servigio essere ingrato,
Poi che il compagno avea sì mal trattato.

35.   Pur gli rispose che era salvo e sano:
Ma per vergogna è nel viso vermiglio.
Così tornando, con Orlando a mano,
Venne per caso a rivoltare il ciglio,
E veggendo Bardin disse: — Ahi villano!
Or che facesti, ladro, del mio figlio?
Piglïàti presto presto il traditore,
Qual già mi tolse il mio figliol maggiore. —

36.   A quella voce fu il sergente preso,
E lui dimanda sol de essere odito,
Onde di novo avanti al re fu reso,
E contò a ponto come era fuggito
Per mare in barca; ed in terra disceso,
Il figlio entro una rocca avea nutrito,
Né si sapendo il nome in quella parte
De Bramadoro il fece Brandimarte.

37.   Nome avea Bramadoro, essendo infante,
Qual Brandimarte che or era pregione.
El fu figliolo a questo Manodante;

E quel Bardino per desperazione
Ché 'l re il battette dal capo alle piante,
Fosse per ira, o per sua fallisone,
Ciò non so dir, ma via fuggì Bardino
E Bramador portò, quel fanciullino.

38.　　Da poi che l'ebbe a quel conte venduto,
Dico a Rocca Silvana, come ho detto,
E' fu del male alquanto repentuto,
E là rimase sol per suo rispetto:
E, sin che 'l giovanetto fu cresciuto,
Non se partitte mai de quel distretto,
E Brandimarte a lui sempre ebbe amore,
Onde il lasciò per suo governatore.

39.　　E tutto ciò contò Bardino a ponto,
Narrando a lui la istoria del figliolo:
Ma quando a dir che egli era al fin fo gionto,
Il re sentì nel cor superchio dôlo,
Perché posto l'avea, come vi conto,
Al fondo de un torrion, su tristo sôlo.
Là giù posto l'avea discalzo e nudo:
Or se lamenta de esser stato crudo.

40.　　E benché prima avesse ancor mandato,
Per rispetto de Orlando, a trarlo fuore,
Ora a mandarvi è ben più riscaldato,
Sempre piangendo de piatoso amore;
Per allegrezza il crido è dupplicato,
Non se sentì giamai tanto rumore:
Per tetti, per li balchi e per le torre,
Ciascun con lumi accesi intorno corre.

39. — 3. Ugualmente attendibile la lez. del F.: *ma quando udir che
egli era a tal fin gionto*, con tutto che lo Z. dichiari la sua « chiarissima »
e quest'altra « senza senso ». Lez. Z.: quando giunse a dire chi era (*che*
per *chi* s'incontra nel B.) cioè proprio il prigioniero (lo Z. spiega male la
sua lezione: « chi era il ragazzo venduto, cioè che era Bramadoro »: intanto
questo l'ha già detto non « al fin », ma in principio, e poi lo sapeva bene
il re come si chiamava suo figlio!). Lez. F.: ma quando sentirono che
Bramadoro era caduto nelle loro prigioni.

41.   De cimbaletti e d'arpe e di leuti
           E de ogni altra armonia fan mescolanza.
           Il re, che duo figlioli avea perduti,
           Or gli ha trovati, e non avea speranza;
           E citadini insieme son venuti
           Tutti alla piazza, e chi suona e chi danza;
           E le fanciulle e le dame amorose
           Gettano ad alto gigli fiori e rose.

42.   Fra tanta gioia e tra tanta allegrezza
           Condotto è Brandimarte avante al padre,
           Che fu nudo in pregione, ora è in altezza:
           Era coperto di veste legiadre.
           Piangeva ciascadun di tenerezza.
           Il re lo dimandò chi fu sua madre.
           — Albina, — disse a lui — ciò mi ramenta,
           Ma del mio padre ho la memoria spenta. —

43.   Non puote il re più oltra sostenire,
           Ma piangendo dicea: — Figliol mio caro,
           Caro mio figlio, or che debbo mai dire,
           Ch'io te ho tenuto in tanto dôlo amaro?
           Ciò che a Dio piace se convien seguire;
           A quel che è fatto, più non è riparo. —
           Così dicendo ben stretto l'abbraccia,
           Avendo pien de lacrime la faccia.

44.   Poi s'abbracciarno ed esso a Zilïante,
           E ben che sian germani ogni om avisa,
           Però che l'uno a l'altro è simigliante,
           Benché la etate alquanto li divisa.
           Or chi direbbe le carezze tante
           Che Brandimarte fece a Fiordelisa?
           E poi che tutti in festa e zoia sono,
           Bardino ebbe ancor lui dal re perdono.

45.   Gionti dapoi nel suo real palagio,
           Che al mondo de ricchezza non ha pare.
           A festeggiar se attese e stare ad agio;
           E 'l conte in summa fece battizare
           Il re coi figli e tutto il baronagio.

A benché alquanto pur vi fu che fare;
Ma Brandimarte seppe sì ben dire,
Che 'l patre e gli altri fece seco unire.

46.   Fôrno anche tratti della prigion fuore
Ranaldo, Astolfo e gli altri tutti quanti,
E fu lor fatto imperïale onore,
E tutti rivestiti a ricchi manti.
Una donzella con occhi d'amore,
Leggiadra e ben accorta nei sembianti,
Ne vene in sala; e tante zoie ha in testa,
Che sol da lei splendea tutta la festa.

47.   Ciascun guardava il viso colorito,
Ma non la cognosceano assai né poco,
Eccetto Orlando e Brandimarte ardito:
Lor duo l'avean veduta in altro loco.
Questa gabbò già il suo vecchio marito
(Non so se ve amentati più quel gioco),
Quando fu presa con le palle d'oro;
E lei ne fece poi doppio ristoro,

48.   Facendo Ordauro sotterra venire,
Che istoria non fu mai cotanto bella.
Voi la sapeti e più non la vo' dire,
Se non còntarvi che questa donzella
Brandimarte la trasse di martìre,
Né alor sapea che fusse sua sorella,
Quando da lui e dal conte de Anglante
Occisi fôr Ranchera ed Oridante.

49.   E quivi la cognobbe per germana,
Abbracciandosi insieme con gran festa,

48. — 8. poi Orlando stesso l'aveva consegnata, non proprio gentil-
mente, a Ordauro (I, XXV). Nota il Reichenbach (*M.M.B.*, p. 148), che
il B. non ci dice come Leodilla sia arrivata al padre, nè come sia finito
Ordauro.

49. — Tutta questa storia di Manodante, che con la sua complessità
episodica e la molteplicità di personaggi si dirama in tante parti del
poema, è un'abilissima derivazione dall'intreccio dei *Captivi* di Plauto,
con relativi incidenti e riconoscimenti: l'arte del B. ha saputo rivivere il
modello travestendolo in guisa quasi irriconoscibile. Questo è certamente,
nella letteratura italiana, uno dei più magistrali esempi di imitazione

E ramentando a lei l'erba soprana
Che già l'avea guarito della testa,
Quando Marfusto a lato alla fontana
L'avea ferito con tanta tempesta;
Ed altre cose assai che io non diviso
Dicean tra lor con festa e zoia e riso.

50.   Dapoi che molti giorni fôr passati,
Che tutti consumarno in suono e in danza,
Dudone una matina ebbe chiamati
Tutti quei cavallieri in una stanza,
Narrando a loro e populi adunati
Con Agramante per passare in Franza,
E come era già armato mezo il mondo
Per por re Carlo e i Cristïani al fondo.

51.   Ranaldo e Astolfo s'ebbe a proferire
Alla difesa de Cristianitate,
Per la sua fede e legge mantenire,
Insin che in man potran tenir le spate.
Seco non volse Orlando allora gire,
Né so dir la cagione in veritate,
Se non ch'io stimo che superchio amore
Li desvïasse da ragione il core.

52.   Il dipartir di lor non fu più tardo;
Passarno insieme il mare a mano a mano.
Ranaldo salì poi sopra a Baiardo,
E 'l duca Astolfo sopra Rabicano.
Orlando a Brandimarte fie' riguardo,
E molto il prega con parlare umano
Che ritornasser Zilïante ed esso
A star col patre, che ha la morte apresso.

53.   Ma non si trova modo né ragione
Che Brandimarte voglia ritornare;

originale inserita con perfetta fusione nel quadro generale di un'opera
I singoli elementi dell'intrigo si corrispondono uno a uno con un paral-
lelismo impressionante: eppure l'atmosfera è completamente diversa.
    51. — 5-8. In questa ripetuta indifferenza di Orlando verso la patria
la metamorfosi italiana dell'eroe è consumata.

Pur Zilïante se piegò; il garzone
Di novo a Damogir tornò per mare.
E Brandimarte è salito in arcione,
Ché Orlando mai non vôle abandonare;
Ambi passarno via quel tenitoro
Sino al castello ove era Brigliadoro.

54.   Al conte fu il destrier restituito,
E fatto molto onor dal castellano.
Il duca Astolfo prima era partito,
E Dudon seco e il sir de Montealbano.
Quel figlio del re Otone era guarnito
De l'arme d'oro, e la sua lancia ha in mano,
E cavalcando gionse una matina
Al castel falso de la fata Alcina.

55.   Alcina fu sorella di Morgana,
E dimorava al regno de gli Atàrberi,
Che stanno al mare verso tramontana,
Senza ragione immansueti e barberi.
Lei fabricato ha lì con arte vana
Un bel giardin de fiori e de verdi arberi,
E un castelletto nobile e iocondo,
Tutto di marmo da la cima al fondo.

56.   E tre baroni, come aveti odito,
Passarno quindi acanto una matina,
E mirando il giardin vago e fiorito,
Che a riguardar parea cosa divina,
Voltarno gli occhi a caso in su quel lito
Ove la fata sopra alla marina
Facea venir con arte e con incanti
Sin fuor de l'acqua e pesci tutti quanti.

57.   Quivi eran tonni e quivi eran delfini,
Lombrine e pesci spade una gran schiera;
E tanti ve eran, grandi e piccolini,
Ch'io non so dire il nome o la manera.

55. — 5. *vana*, magica (che agisce con apparenze).
57. — 2. altra lez. *in una schiera*. Le *lombrine* come i *rotoni* (v. 6), non

Diverse forme de mostri marini,
Rotoni e cavodogli assai vi ne era;
E fisistreri e pistrice e balene
Le ripe aveano a lei d'intorno piene.

58.   Tra le balene vi era una maggiore,
Che apena ardisco a dir la sua grandeza,
Ma Turpin me assicura, che è lo autore,
Che la pone due miglia di lungheza.
Il dosso sol de l'acqua tenea fuore,
Che undici passi o più salia d'alteza,
E veramente a' riguardanti pare
Un'isoletta posta a mezo il mare.

59.   Or, come io dico, la fata pescava,
E non avea né rete né altro ordegno:
Sol le parole che all'acqua gettava
Facea tutti quei pesci stare al segno;
Ma quando adietro il viso rivoltava,
Veggendo quei baron prese gran sdegno
Che l'avesser trovata in quel mestiero,
E de affocarli tutti ebbe in pensiero.

60.   Mandato avria ad effetto il pensier fello,
Ché una radice avea seco recata,
Ed una pietra chiusa entro uno annello,
Quale averia la terra profondata;
Solo il viso de Astolfo tanto bello
Dal rio voler ritrasse quella fata,
Perché mirando il suo vago colore
Pietà gli venne e fu presa d'amore.

61.   E cominciò con seco a ragionare
Dicendo: — Bei baroni, or che chiedete?
Se qua con meco vi piace pescare,
Bench'io non abbia né laccio né rete,

---

sono identificabili. — 7. *fisistreri*: il *fisetere* sarebbe un cetaceo poco minore
della balena. — *pistrice*: *pistre* o *pistrice* indicava nei sec. XIV-XVI un
cetaceo smisurato. Quasi tutti questi pesci ritroviamo enumerati nel
Fur., VI, 36-37: ivi è nuovamente raccontata questa scena per bocca di
Astolfo.

Gran meraviglia vi potrò mostrare
E pesci assai che visti non avete,
Di forme grande e piccole e mezane,
Quante ne ha il mare, e tutte le più strane.

62.   Oltra a quella isoletta è una sirena:
Passi là sopra chi la vôl mirare.
Molto è bel pesce, né credo che apena
Dece sian visti in tutto quanto il mare. —
Così Alcina la falsa alla balena
Il duca Astolfo fece trapassare,
Quale era tanto alla ripa vicina,
Che in su il destrier varcò quella marina.

63.   Non vi passò Ranaldo, né Dudone,
Ché ognom di loro avea de ciò sospetto,
E ben chiamarno il figlio del re Otone,
Ma lui pur passò oltra a lor dispetto.
Ben se 'l tenne la fata aver pregione
E poterlo godere a suo diletto:
Come salito sopra al pesce il vide,
Dietro li salta e de allegrezza ride.

64.   E la balena se mosse de fatto,
Sì come Alcina per arte comanda.
Non sa che farsi Astolfo a questo tratto,
Quando scostar se vidde in quella banda;
Lui ben se pone al tutto per disfatto,
E sol con preghi a Dio si racomanda,
E non vede la fata né altra cosa,
Benché lì presso a lui si era nascosa.

65.   Ranaldo, poi che il vidde via portare
In quella forma, fu bene adirato;
Pur se destina in tutto de aiutare,
Benché contra sua voglia ivi era andato:

62. — 5-8. fece salire sulla balena Astolfo, che varcò quel tratto di
mare a destriero. Egli credeva di salire sull'isoletta oltre cui doveva
vedere la Sirena.
65. — 4. sogg. Astolfo, che s'era colà avventurato contro il parere
di Ranaldo.

Sopra Baiardo se caccia nel mare
Dietro al gran pesce, come disperato.
Quando Dudone il vidde in quella traccia,
Urta il destriero, e dietro a lui se caccia.

66. Quella balena andava lenta lenta,
Ché molto è grande e de natura grave;
De giongerla Ranaldo se argumenta,
Natando il suo destrier come una nave.
Ma io già, bei segnor, la voce ho spenta.
Né ormai risponde al mio canto suave,
Onde convien far ponto in questo loco.
Poi cantarò, ch'io sia posato un poco.

CANTO DECIMOQUARTO

1. Già molto tempo m'han tenuto a bada
    Morgana, Alcina e le incantazïoni,
    Né ve ho mostrato un bel colpo di spada,
    E pieno il cel de lancie e de tronconi;
    Or conviene che il mondo a terra vada,
    E 'l sangue cresca insin sopra a l'arcioni,
    Ché il fin di questo canto, s'io non erro,
    Seran ferite e fiamme e foco e ferro.

2. Ranaldo e Rodamonte alla frontiera
    Se vederanno insieme appresentati,
    E la battaglia andar schiera per schiera;
    Ma stati un poco quieti, ed aspettati,
    Ché io vo' prima tornar là dove io era,
    De' duo baron che al mare erano intrati.
    S'io non me inganno, doveti amentare
    Che Ranaldo e Dudone entrarno in mare,

3. Dietro ad Astolfo che su la balena
    Avanti era portato per incanto.
    Dudon le gambe per quelle onde mena,
    E già per l'acque avea seguìto tanto,
    Che ormai più non vedea Ranaldo apena,
    E fu per ruïnare in tristo pianto,
    Però che il suo destrier per più non posso
    Trabuccò al fondo e portòl seco adosso.

CANTO XIV. — Ranaldo per via è fatto capitano degli Ungari che
vengono in soccorso di Carlo. Rodamonte continua a far strage, finché
Ranaldo lo affronta.

4.   E nel cader che fie' il giovane arguto
Fece a sé sopra il segno de la croce,
E cridò: — Matre pia, donami aiuto! —
Ranaldo se rivolse a quella voce,
E quasi il pose al tutto per perduto.
Ora diversa doglia al cor gli coce:
Astolfo avante a lui via ne è portato,
Alle sue spalle è questo altro affondato.

5.   Pure il periglio grande de Dudone
Il fece adietro rivoltar Baiardo;
Come pesce natava quel ronzone
Per la marina, tanto era gagliardo.
Quando fu gionto dove era il garzone,
Non bisognava che fusse più tardo,
Ché ormai più non puoteva trare il fiato;
Ben sapea dir se il mare era salato.

6.   Ranaldo fuor d'arcione il tolse in braccio,
E portòl sopra 'l litto alla sicura,
E poi che questo ha tratto fuor de impaccio,
Di seguitare Astolfo prese cura.
Ma la balena era ita un tanto spaccio,
Che a riguardar sì longe era paura,
E l'aria cominciò di farsi bruna,
Soffiando il vento e gelo e gran fortuna.

7.   Con tutto ciò Ranaldo vôle entrare,
Ma Prasildo facea molta contesa;
Dudone, Iroldo sì seppon pregare,
Che al fin piangendo abandona la impresa.
Stasse nel litto e non sa che si fare,
Poi che non trova al suo cugin diffesa;
Il mar più leva l'onde, e giù dal cielo
Cade tempesta ed acqua con gran gelo.

8.   Ora sappiati che questa roina,
Qual par che tutto il mondo abbia a sorbire,
Era ad incanto fatta per Alcina,
Perché alcun altro non possa seguire.

Or vo' lasciare Astolfo alla marina,
Di lui poi molte cose avremo a dire;
Torno a Ranaldo, che in su la riviera
Sol se lamenta e piange e se dispera.

9.   Da poi che molto in quel litto diserto
Fu stato a lamentar, come io ve ho detto,
Con quella pioggia adosso, al discoperto,
Ché ivi non era né loggia, né tetto,
E lui non era del paese esperto,
Però che mai non fu per quel distretto,
Pur, seguitando a lato alla marina,
Verso ponente più giorni camina.

10.   Li Atàrberi passò, gente inumana,
Di qua da loro il monte de Corubio,
E per la Tartaria venne alla Tana.
Quel che là fiesse, Turpin pone in dubio,
Se non che gionse nella Transilvana,
E passò ad Orsua il fiume del Danubio,
Giongendo in Ongheria quella giornata,
Ove trovò gran gente insieme armata.

11.   Era adunata quella guarnisone
Di gente ardita e forte alla sembianza,
Perché Otachier, figliol de Filippone,
Era assembrato per passare in Franza,
Ché l'avea già richiesto il re Carlone,
Sentendo d'Agramante la possanza.
Quel re mandava il figlio, com'io dico,
Perch'era infermo ed anco molto antico.

12.   Nella terra di Buda entrò Ranaldo,
Ove il re lo ricolse a grande onore,
Però che cognosciuto fu di saldo,
Sapendosi per tutto il suo valore;

---

8. — 5-6. Invece Astolfo non si muoverà più di lì, e per ritrovarlo
dovremo saltare fino al C. VI del *Furioso*: e sarà ancora al medesimo
posto, con Alcina.
10. — 6. *Orsua*, Orsova presso la Porta di Ferro.
11. — 4. *Era assembrato*, aveva riunito le truppe.

Ed Otachier assai divenne baldo,
Parendo alla sua andata un gran favore
Ed un gran nome trïonfale e magno
Lo aver Ranaldo seco per compagno.

13. Fu fatto capitano in quel consiglio
Il pro' Ranaldo, e fu ciascun contento;
E già le liste a candido e vermiglio
Ne' lor stendardi se spiegarno al vento.
Ben racomanda Filippone il figlio
Molto a Ranaldo, e tutto il guarnimento,
E dopo, dietro alle real bandiere,
Verso Ostreliche se dricciâr le schiere.

14. Passâr Bïena, e per la Carentana
Vargano le Alpi fredde in quel confino,
E giù scendendo nella Italia piana,
Andarno avanti e gionsero a Tesino.
Tre giorni manco de una settimana
Re Desiderio avea preso il camino;
E, come là per tutto se ragiona,
Con la sua gente è dentro de Savona.

15. Onde Ranaldo insieme ed Otachieri
Seguir deliberarno il re lombardo.
Essi avean trenta miglia cavallieri,
L'un più che l'altro nobile e gagliardo,
Che a quella impresa venian volentieri,
Né avean de' Saracini alcun riguardo.
Passarno e monti, e giù nel Genoese
Sopra del mar la gente se distese.

16. Là dietro caminando molti giorni,
Già di Provenza sono alle confine,
E, vagheggiando quei colletti adorni,
Tra cedri, aranci e palme pellegrine,
Odirno risuonare e trombe e corni
Oltra a quel monte, e par che il cel roine:

---

13. — 8. *Ostreliche, Œsterreich,* Austria.
14. — 1. *Bïena,* Vienna; *Carentana,* Carinzia. — 4. *Tesino,* Pavia. —
5-6. Il re era partito da quattro giorni.

Di tal strida e furore è l'aria pieno,
Che par che il mondo abissi e venga meno.

17. Ranaldo presto se trasse davante
Ed Otachiero, e seco il bon Dudone,
E lor gente lasciarno tutte quante,
Tanto che gionti son sopra al vallone,
Là dove Rodamonte lo africante
Mena e Lombardi a gran destruzïone.
Prima sconfitti alla battaglia fiera
Avea i Francesi e il duca di Baviera.

18. E quattro figli soi feriti a morte
Eran distesi al campo sanguinoso;
Né avendo esso riparo a quella sorte,
Era fuggito tristo e doloroso.
E sempre il saracin torna più forte,
Dissipando ogni cosa il forïoso.
Già il duca di Savoglia e di Lorena
Avea spezzati e morti con gran pena.

19. A Bradamante, che è figlia de Amone,
Occiso avea il destriero e posto a terra,
E più gente tagliata in quel sabbione
Che giamai fosse morta in altra guerra.
Tutta la cosa a ponto e per ragione
Già vi contai, se il mio pensier non erra,
Insin che sua bandiera cadde al campo,
Onde lui prese il disdegnoso vampo.

20. Quella bandiera, che è vermiglia e d'oro,
Nel mezo a sopraposte è ricamata;
Una dama e un leone ha quel lavoro:
La dama è Doralice di Granata.
Questo è di Rodamonte il suo tesoro;
Né cosa al mondo avea più cara o grata,
Perché colei che ha quella somiglianza,
Era suo amore e tutta sua speranza.

16. — 7. *pieno*, avverbiale, non accordato.
18. — 1. *soi* (di Namo di Baviera).
20. — 2. *a sopraposte*, a rilievi. — 7. colei che è lassù raffigurata.

21.   Quando la vide a terra Rodamonte,
          Della gran doglia non trovava loco,
          Ed arrufârsi e crini alla sua fronte,
          Mostrando gli occhi rossi come il foco.
          Quale un cingial che a furia esce del monte,
          Che cani e cacciatori estima poco,
          Fiacca le broche e batte ambe le zane:
          Tristo colui che a canto gli rimane!

22.   Cotal se mosse allora quel pagano,
          Sopra a' Lombardi tutto se abandona,
          E ben si sbarattò presto quel piano,
          Né vi rimase de intorno persona.
          Gli omini e l'arme taglia ad ogni mano,
          Della ruina il ciel tutto risuona,
          Perché scudi ferrati e piastre e maglia
          Spezza e fracassa a quella aspra battaglia.

23.   De la sua gente ognior cresce la folta,
          Che venne prima in fuga e sbigotita.
          Ora torna cridando: — Volta! Volta! —
          E sopra a' Cristïan se mostra ardita.
          Intorno al franco re tutta è ricolta;
          Ma nostra gente quasi era stordita,
          Mirando il saracin cotanto audace;
          De' suoi gran colpi non si puon dar pace.

24.   Nel campo de' Lombardi è un cavalliero
          Nato di Parma, e nome ha Rigonzone,
          Forte oltra modo e di natura fiero,
          Ma non avea né senno né ragione.
          Da morte a vita avea poco pensiero;
          Ov'è il periglio e la destruzïone,
          E dove il scampo apena se ritrova,
          Più volentier si pone a far sua prova.

25.   Costui, veggendo il forte saracino
          Che sopra al campo mena tal tempesta,

21. — 7. *broche*: vocabolo assai oscuro: se è dal fr. *broche* potrebbe
indicare gli spiedi, i giavellotti con cui si tenta di arrestarlo. In ital. *brocca*
vale spino, pruno; canna. Quest'ultimo potrebbe essere il senso.

Non lo stimando più che un fanciullino,
Gli sprona adosso con la lancia a resta.
Cridando: — A terra! a terra! — in sul camino
A ritrovar l'andò testa per testa;
Ruppe sua lancia, che è grosso troncone,
Ed urta via nel corso del ronzone.

26.   Col petto del ronzone urta il pagano
A briglia abandonata l'animoso,
E ben credette trabuccarlo al piano,
Ma troppo è Rodamonte ponderoso.
Nel freno al gran destrier dette di mano,
E quel ritenne al corso furïoso;
Perciò non stette Rigonzone a bada:
Rotta la lancia, ha già tratta la spada.

27.   Lasciata avea la briglia, e ad ambe mano
Feritte il saracin di tutta possa,
Ma ciascun colpo adosso a quello è vano;
Quella pelle del drago è tanto grossa,
Che da possanza o da valore umano
Non teme taglio, o ponta, né percossa.
Mentre ch'a lo Africano il colpo tira,
Lui prende il suo destriero e intorno il gira.

28.   E poi che l'ebbe alquanto regirato,
Con furia via lo trasse di traverso,
E quello andò per caso in un fossato,
E sopra Rigonzon cadde riverso.
Lasciamo lui, che vivo è sotterrato,
E ritorniamo al saracin diverso,
Che abatte sopra al campo ogni persona.
Ecco afrontato ha il conte di Cremona,

29.   Dico Arcimbaldo, il fio de Desiderio,
Che vien col brando in mano alla distesa,
Giovane ardito e degno de uno imperio,

---

27. — 7. *ch'a*: tutti i testi danno *che*, ma l'inserzione della *a* (lez. F.)
è necessaria per il senso. Mentre tira il colpo all'Africano, questi afferra
le redini del destriero di Rigonzone e gli fa quello scherzetto.

Ed atto a trare a fine ogni alta impresa;
Né già gli attribuisco a vituperio
Se fu perdente di questa contesa,
Perché quel saracino ha tal possanza,
Che tutti gli altri di prodezza avanza.

30.   Egli abatte Arcimbaldo de l'arcione,
Ferito crudelmente nella testa.
Or se incomincia la destruzïone
Di nostra gente e l'ultima tempesta;
E destrier morti insieme e le persone
Cadeno al campo, e quel pagan non resta
Menare il brando da la cima al basso:
Battaglia non fu mai di tal fracasso.

31.   Ranaldo che nel monte era venuto,
E Dudon seco e 'l giovene Otachieri,
Quasi per maraviglia era perduto,
Mirando del pagano e colpi fieri,
E ben s'avede che bisogna aiuto;
Né porre indugia vi facea mestieri,
Ché de ogni parte è persa la speranza,
Rotti e Lombardi, e fuggian quei di Franza.

32.   Le lor bandiere al campo sanguinoso
Squarzate a pezzi se vedeano andare;
Nel mezo è Rodamonte il furïoso,
Che sembra un vento di fortuna in mare,
Ed ha quel brando sì meraviglioso,
Qual già Nembroto fece fabricare,
Nembroto il fier gigante, che in Tesaglia
Sfidò già Dio con seco a la battaglia.

33.   Poi quel superbo per la sua arroganza
Fece in Babel la torre edificare,
Ché de giongere in celo avea speranza,
E quello a terra tutto ruïnare.
Costui, fidando nella sua possanza,

---

32. — 6-8. Con arbitrio storico, immagina che il gigante biblico Nembrot
partecipasse alla sfida dei giganti contro Giove.

Il brando de cui parlo fece fare,
Di tal metallo e tal temperatura
Che arme del mondo contra a lui non dura.

34. Re Rodamonte nacque di sua gesta,
E dopo lui portò quel brando al fianco,
Qual mai non fu portato in altra inchiesta,
Perché ogni altro portarlo venìa stanco,
Né di brandirlo alcuno avia podesta;
E 'l suo patre Ulïeno, ardito e franco,
Benché di sua bontade avesse inteso,
L'avea lasciato per superchio peso.

35. Or, come io dico, Rodamonte il porta,
E sopra al campo mena tal ruina,
Che avea più gente dissipata e morta,
Che non han pesci e fiume e la marina;
E gli altri tutti, senza guida e scorta,
Per monti e per valloni ogniom camina;
Pur che si toglia a lui davanti un poco,
Non guarda ove se vada, o per qual loco.

36. Ranaldo che era gionto alla montagna,
Mirando giuso la sconfitta al basso,
Ché già de morti è piena la campagna
E gli altri vòlti in fuga a gran fraccasso,
Forte piangendo quel baron se lagna,
— Ahimè, — dicendo sconsolato e lasso,
— Che io non spero più mai de aver conforto!
Tra quella gente il mio segnore è morto!

37. Or che debbo più far, tristo, diserto,
Che certamente morto è il re Carlone?
Già pur in qualche guerra io sono esperto,
E mai non vidi tal destruzïone.
Re Carlo è là giù morto, io so di certo,
E debbe avere apresso il duca Amone,
Che gli portava sì fidele amore;
Io so che occiso è apresso al suo segnore.

38. Ove è il franco Oliviero, ove è il Danese,
Re di Bertagna, il duca di Baviera?

Ove la falsa gesta maganzese,
Che si mostrava sì superba e altiera?
Alcun non vedo che faccia diffese,
Né sola al campo ritta una bandiera.
Tutti son morti, e non potria fallire;
Ed io con seco al campo vo' morire.

39.   Né so stimar chi sia quello Africano,
Che occiso ha nostre gente tutte quante,
Se forse non è il figlio di Troiano,
Re di Biserta, che ha nome Agramante.
Sia chi esser vôle, io vado a mano a mano
Ad affrontarme con quello arrogante;
Voi, Otachiero, e tu, Dudon mio caro,
Prendèti a nostra gente alcun riparo;

40.   Ché io callo al campo come disperato,
E son senza intelletto e coscïenza.
O tu, mio Dio, che stai nel cel beato,
Donami grazia nella tua presenza;
Ché io te confesso che molto ho fallato,
Ed or ritorno a vera penitenza.
La fede che io ti porto, ormai mi vaglia,
Ch'io son senza il tuo aiuto una vil paglia. —

41.   Così parlava quel baron gagliardo,
Piangendo tutta volta amaramente;
Giù della costa sprona il suo Baiardo,
E batte per furor dente con dente.
Tornarno e due compagni senza tardo,
Per condur sopra al poggio l'altra gente;
Ma il pro' Ranaldo menando tempesta
Gionse nel campo e pose l'asta a resta.

42.   Ver Rodamonte abassa la sua lanza,
E ben l'avea nel campo cognosciuto,
Ché tutto il petto sopra agli altri avanza,
Ne la sua faccia orribile ed arguto,
E gli occhi avea di drago alla sembïanza.
Or vien Ranaldo, e colse a mezo il scuto
Con quella lancia sì nerbuta e grossa
Che avria gettato un muro alla percossa.

43. Un muro avria gettato il fio de Amone,
Con tal furore è dal destrier portato,
E gionse Rodamonte nel gallone,
E roverso il mandò per terra al prato.
Come caduto fosse un torrïone,
O il iugo de un gran monte roïnato,
Cotal parve ad odir quel gran fraccasso,
Quando giù cadde l'Africano al basso.

44. Non si puotria contar l'alta roina,
Ché suonâr l'arme che ha il pagano in dosso,
E tremò il campo insino alla marina
Di quel gran busto quando fu percosso.
Or se mosse la gente saracina,
Tutti a Ranaldo s'aventarno addosso;
Per aiutare il suo segnor ch'è a terra,
Adosso de Ranaldo ogniom si serra.

45. Lui già del fodro avea tratto Fusberta,
E dà tra lor, ché non gli stima un fico;
De prima urtata ha quella schiera aperta,
Né discerne il parente da lo amico,
Perché la gente misera e diserta
Taglia senza rispetto, come io dico;
A chi la testa, a chi rompe le braccia:
Non dimandar se intorno al campo spaccia.

46. Ma Rodamonte, la anima di foco,
Di novo si era in piedi redricciato,
E per grande ira non trovava loco,
Chiamandosi abattuto e vergognato.
Già tutta la sua gente a poco a poco,
Rotta per forza, abandonava il prato,
Quando vi gionse il superbo Africante,
Ed a Ranaldo se oppose davante.

47. A prima gionta de la spada mena
Giù per le gambe del destrier Baiardo,
E quel ronzon scappò de un salto a pena,
Né bisognava che fusse più tardo;
E Rodamonte il suo brando rimena

A gran roina, e non pone riguardo
De giongere a cavallo o cavalliero;
Tanto è turbato e disdegnoso il fiero.

48.   — Ahi falso saracin, — disse Ranaldo
— Che mai non fusti di gesta reale!
Non ti vergogni, perfido, ribaldo,
Ferir del brando a sì digno animale?
Forse nel tuo paese ardente e caldo,
Ove virtute e prodezza non vale,
De ferire il destriero è per usanza;
Ma non se adopra tal costume in Franza. —

49.   Parlò Ranaldo in lenguaggio africano,
Onde ben presto il saracin lo intese,
E disse: — Per ribaldo e per villano
Non ero io cognosciuto al mio paese;
Ed oggi dimostrai col brando in mano
A queste genti che ho intorno distese,
Che de vil sangue non nacqui giammai;
Ma, a quel che io vedo, non è fatto assai.

50.   Se io non te pongo con seco a giacere
Sopra a quel campo, in duo pezzi tagliato,
Più mai al mondo non voglio apparere,
E tengome a ciascun vituperato;
Ma sino ad ora te faccio sapere
Che il tuo destrier da me non fia servato;
La usanza vostra non estimo un fico,
Il peggio che io so far, faccio al nimico. —

51.   Questo che io dico tuttavia parlava,
E cominciò a ferir con tanta fretta
Che, se Ranaldo ponto l'aspettava,
Era ad un colpo fatta la vendetta.
Ma lui verso del poggio rivoltava,
E corse forse un tratto di saetta;
E smontò quivi e lasciovvi Baiardo,
Tornando a piedi il principe gagliardo.

52.   Quando il pagano il vidde ritornare
Soletto, a piede, senza quel ronzone

Che via correndo lo puotea campare,
Ben se lo tenne aver morto o pregione.
Ma già le gente sopra al poggio appare,
Qual conduce Otachieri e il bon Dudone,
Li Ungari, dico, armati a belle schiere,
Con targhe ed archi e lancie e con bandiere.

53.   Venian cridando quei guerreri arditi
Giù della costa, e menando tempesta.
Quando li vidde il re sì ben guarniti
De arme lucente e con le penne in testa,
Come gli avesse già presi e gremiti
Saltava ad alto e faceva gran festa:
Menando il brando intorno ad ogni mano
Ferìa gran colpi sopra al vento in vano.

54.   Poi se mosse qual movese il leone
Che vede e cervi longi alla pastura,
E già venendo fa tra sé ragione
Cacciar da sé la fame alla sicura.
Cotal quel saracin, cor di dragone,
Che spreza tutto il mondo e non ha cura,
Lasciò Ranaldo che già presso gli era,
E rivoltosse incontra a quella schiera.

55.   Tutta sua gente dietro a lui se mosse,
Ed è per suo valor ciascuno ardito,
E l'una schiera a l'altra se percosse
A tutta briglia, nel campo fiorito.
Del fraccasso de' scudi e lancie grosse
Non fu giamai cotal rumore odito.
A cui stava a mirare era gran festa
Petto per petto urtar, testa per testa.

56.   E corni e trombe e tamburi e gran voce
Facean la terra e il cel tutto stremire,
E li Africani e' nostri da la Croce

53. — 5. *gremiti*, ghermiti.
55. — 8. *urtar*, vedere urtarsi.
56. — 2. *stremire*, tremar di terrore.

Né l'un né l'altro avante puotea gire.
Sol Rodamonte, il saracin feroce,
Facea d'intorno a sé la folta aprire,
Tagliando braccie e busti ad ogni lato,
Come una falce taglia erba di prato.

57.   Non se vide giamai cotal spavento
Che 'l ferir del pagano in quella guerra.
Come ne l'Alpe la ruina e il vento
Abatte e faggi con furore a terra:
Cotale il saracin pien d'ardimento
Tra' cavallieri a piedi se disferra,
Non li stimando più che l'orso e bracchi:
Già sono in rotta Ungari e Valacchi.

58.   Benché Otachier se adoperasse assai
Per farli rivoltare alla battaglia,
Non fu rimedio a voltarli giamai,
Ma van fuggendo avanti alla canaglia;
E Rodamonte, come io vi contai,
Di qua di là nel campo li sbaraglia,
Né vi è chi contra lui volti la fronte;
Già gli ha cacciati insino a mezo il monte.

59.   Il giovanetto fio de Filippone
Per la vergogna se credea morire,
E già di vista avea perso Dudone,
Che in altra parte avea preso a ferire.
Ranaldo era smontato de l'arcione,
Sì come poco avante io vi ebbi a dire,
Ed a quel loco non era presente,
Ove egli è in volta tutta la sua gente.

60.   Però si volse come disperato
Verso il pagano e la sua lancia arresta,
E gionse il saracin sopra al costato,
E fiaccò tutta l'asta con tempesta.
Ma lui conviene andar disteso al prato,

57. — 7. più che l'orso faccia dei bracchi.

Ferito sconciamente nella testa:
Nel capo Rodamonte l'ha ferito,
E fuor d'arcion lo trasse tramortito.

61.   Non era indi Dudone assai lontano,
E prestamente fu del fatto accorto.
Quando vidde Otachier andare al piano,
Senza alcun dubbio lo pose per morto;
E già lo amava lui come germano,
Onde ne prese molto disconforto,
E destinò nel cor senza fallire
Di vendicarlo, o con seco morire.

62.   E' non portò mai lancia il giovanetto,
Per quanto da Turpino io abbia inteso,
Ma piastra e maglia e scudo e bacinetto
E la mazza ferrata di gran peso.
Con quella viene adosso al maledetto,
E sì come era di furore acceso
Tutto se abandonò sopra al pagano
Con ogni forza, e tocca de ambe mano.

63.   Ad ambe mano il tocca il damisello
Sopra de l'elmo che è cotanto fino,
E roppe la corona e 'l suo cerchiello,
Né vi rimase perle né rubino.
Tutto il frontale aperse a quel flagello,
E cadde ingenocchione il saracino.
Ma la sua gente che intorno li stava,
Li dette aiuto; e ben gli bisognava.

64.   Tutti cridando avanti al suo segnore,
Coperto lo tenian co e scudi in braccio.
E Dudon la sua mazza a gran furore
Mena a due mano adosso al populaccio;
E non curando grande né minore,
Fiacca e profonda chi gli dona impaccio;
Abatte e spezza, e de altro già non bada
Se non di farsi a Rodamonte strada.

64. — 6. *dona*: gallicismo.

65.   Ma lui già se era in piedi redricciato,
E mena il brando a cui non val diffesa;
Il scudo de Dudone ebbe spezzato,
E strazia piastra e maglia alla distesa,
E tutto il disarmò dal manco lato,
Benché non fosse a quel colpo altra offesa:
Ma non avea callato il brando apena,
Che l'altro colpo a gran fretta rimena.

66.   Dudon, che vede non poter parare,
Però che troppo gli è il pagano adosso,
Subitamente il corse ad abracciare.
Or era l'uno e l'altro grande e grosso,
Sì che un bon pezzo assai vi fo che fare,
Ma Dudon alla fin per più non posso
Fu posto a terra da quel saracino,
Preso e legato come un fanciullino.

67.   Come volse Fortuna o Dio Beato,
Ranaldo se trovò presente al fatto,
E veggendo Dudone incatenato,
Quasi per gran dolor divenne matto.
Strenge Fusberta come disperato,
Né prende alcun riguardo a questo tratto,
Né stima più la vita o la persona;
Ver Rodamonte tutto se abandona.

68.   Egli era a piedi, come aveti odito,
Ché al poggio avea lasciato il suo Baiardo;
L'uno e l'altro de questi è tanto ardito,
Che dir non vi saprei chi è più gagliardo.
Ora il canto al presente è qui finito,
Ed è gionto Ranaldo tanto tardo,
Che non può far battaglia questo giorno;
Doman la contarò: fati ritorno.

---

65. — 6. benché quel colpo si limitasse lì: cioè non lo ferì.

CANTO DECIMOQUINTO

1.   A cui piace de odire aspra battaglia,
Crudeli assalti e colpi smisurati,
Tirase avante ed oda in che travaglia
Son due guerreri arditi e disperati,
Che non stiman la vita un fil de paglia,
A vincere o morire inanimati.
Ranaldo è l'uno, e l'altro è Rodamonte,
Che a questa guerra son condutti a fronte.

2.   Avea ciascun di lor tanta ira accolta,
Che in faccia avean cangiata ogni figura,
E la luce de gli occhi in fiamma volta
Gli sfavillava in vista orrenda e scura.
La gente, che era in prima intorno folta,
Da lor se discostava per paura;
Cristiani e Saracin fuggian smariti,
Come fosser quei duo de inferno usciti.

3.   Siccome duo demonii dello inferno
Fossero usciti sopra della terra,
Fuggia la gente, volta in tal squaderno,
Che alcun non guarda se il destrier si sferra;
E poi da largo, sì come io discerno,

CANTO XV. — Rodamonte abbandona il duello con Ranaldo per far
strage dell'esercito di Carlo testé arrivato. Nella notte parte per le Ardenne
in cerca di Ranaldo, ma è fermato da Feraguto. Intanto Ranaldo per
seguirlo giunge alla Fonte d'Amore, e beve. Sopraggiungono Orlando e
Angelica.

3. — 4. *si sferra*, perde i ferri: cioè non bada più ai piccoli inconvenienti.

Se rivoltarno a remirar la guerra
Che fanno e due baroni a brandi nudi,
Spezzando usbergi, maglie, piastre e scudi.

4.   Ciascun più furïoso se procaccia
De trare al fine il dispietato gioco;
Al primo colpo se gionsero in faccia
Ambi ad un tempo istesso e ad un loco.
Or par che 'l celo a fiamma se disfaccia,
E che quegli elmi sian tutti di foco;
Le barbute spezzâr, come di vetro:
Ben diece passi andò ciascuno adietro.

5.   Ma l'uno e l'altro degli elmi è sì fino,
Che non gli nôce taglio né percossa;
Quel de Ranaldo già fo de Mambrino,
Che avea due dita e più la piastra grossa:
E questo che portava il Saracino,
Fo fatto per incanto in quella fossa
Ove nascon le pietre del diamante;
Nembroto il fece fare, il fier gigante.

6.   Sopra a questi elmi spezzâr le barbute
Al primo colpo, come io vi ho contato;
Mai non son ferme quelle spade argute,
Disarmando e baron: da ogni lato
Le grosse piastre e le maglie minute
Vanno a gran squarci con roina al prato;
Ogni armatura va de mal in pezo,
Del scudo suo non ha più alcun lì mezo.

7.   Ranaldo, a cui non piace il stare a bada,
Mena a duo mano al dritto della testa,
E Rodamonte, che il ferire agrada,
Mena anch'esso a quel tempo, e non s'arresta;
Ed incontrosse l'una a l'altra spada,

---

5. — 6-7. Questo particolare dovrebbe derivare da qualche tradizione medievale da « lapidario » a noi ignota; il Berni, non spiegandosi l'allusione, la saltò nel suo *Rifacimento*.
6. — 8. non hanno più nemmeno la metà degli scudi. Lez. più **bella**: *il mezo.*

Né se odette giamai tanta tempesta;
E ben de intorno per quelle confine
Par che il mondo arda e tutto il cel ruine.

8. Re Rodamonte, che sempre era usato
Mandare al primo colpo ogniomo ad erba,
Essendo con Ranaldo ora affrontato,
Che rende agresto a lui per prugna acerba,
Crucciosse fuor di modo, e desdignato
Sprezava il cel quella anima superba,
— Dio non ti puotria dar — dicendo — iscampo,
Che io non ti ponga in quattro pezzi al campo. —

9. Così dicendo quel saracin crudo
Mena a due mani un colpo di traverso;
Ranaldo mena anch'esso il brando nudo,
E non crediati che abbia tempo perso,
Onde l'un gionse l'altro a mezo il scudo.
Fu ciascun colpo orribile e diverso,
Fiaccando tutti e scudi a gran ruina,
Né il lor ferir per questo se raffina.

10. Ché l'un non vôl che l'altro se diparta
Con avantaggio sol de un vil lupino;
E come l'arme fossero de carta,
Mandano a squarci sopra del camino.
La maglia si vedea per l'aria sparta
Volar de intorno sì come polvino,
E le piastre lucente alla foresta
Cadean sonando a guisa de tempesta.

11. Stava gran gente intorno a remirare,
Come io vi dissi, la battaglia oscura,
Né alcun vantaggio vi san iudicare,
Pensando e colpi a ponto e per misura.
Ecco una schiera sopra al poggio appare,

---

8. — 4. *agresto* è specie d'uva che non matura appieno; cfr.: *render pan per focaccia.*
10. — 5. *Sparto* è partic. raro di spargere, e vale anche: diviso, fatto a pezzi.

Che scende con gran cridi alla pianura,
Con tanti corni e tamburini e trombe,
Che par che 'l mare e il cel tutto rimbombe.

12. Mai non se vidde la più bella gente
Di questa nova che discende al piano,
Di sopraveste ed arme relucente,
Con cimeri alti e con le lancie in mano.
Perché sappiati il fatto intieramente,
Vi fo palese che il re Carlo Mano
È quel che viene, il magno imperatore,
Ed ha con seco de' Cristiani il fiore;

13. Più de settanta millia cavallieri
(Ché còlto è, dico, il fior d'ogni paese),
Sì ben guarniti, e sì gagliardi e fieri,
Che tutto il mondo non ve avria diffese:
Avanti a tutti il marchese Olivieri,
E seco a paro a paro il bon Danese,
E della corte tutto il concistoro,
Con le bandiere azurre a zigli d'oro.

14. Quello African, che ha tutto il mondo a zanza,
Ranaldo dimandò di quella gente,
E quando intese ch'egli è il re di Franza,
Divenne allegro in faccia e nella mente,
Come colui che avea tanta arroganza,
Che tutti gli stimava per niente;
E senz'altro parlar né altro combiato,
Verso questi altri subito è dricciato.

15. Di corso andava il saracin gagliardo,
E già Ranaldo non puotea seguire,
Ché facea salti assai maggior de un pardo.
Gionto è tra nostri, e comincia a ferire;
E se non era il giorno tanto tardo,
Facea de' fatti suoi molto più dire;
Ma la luce, che sparve a notte scura,
Impose fine alla battaglia dura.

14. — 2. costruzione alla latina.

16.   Pur vi rimase ferito il Danese
Nel braccio manco e sopra del gallone;
Ed Olivieri assai ben se diffese,
Benché perdesse il scudo dal grifone
E fossegli spezzato ogni suo arnese.
Grande tra gli altri fu la occisïone:
Coperti erano a morti tutti e piani
De nostra gente ed anco de pagani.

17.   La oscura notte, come io vi contai,
Partitte al fin la zuffa cominciata.
Or ben mi fa meravigliare assai
Quel fier pagan, che tutta la giornata
Ha combattuto e non se posò mai,
E, poi che la battaglia è raquietata,
Va roïnando tutto il monte e 'l piano
Per ritrovar il sir de Montealbano.

18.   Avanti fa condurse ogni pregione,
Ché molti ne avea presi alla catena,
E lor dimanda del figliol de Amone,
E qual spaventa, e qual forte dimena;
Un per paura, o per altra cagione,
Disse che era ito nel bosco de Ardena,
E già non eran sue parole vere:
Né lo sapea, né lo potea sapere.

19.   Però che il bon Ranaldo era tornato
A rimontar Baiardo, il suo destriero.
Ma poi che al saracin fu ciò contato,
Lascia sua gente e più non gli ha pensiero.
Il caval de Dudone ebbe pigliato,
Quale era grande a maraviglia e fiero;
Sopra vi salta il forte saracino,
E verso Ardena prende il suo camino.

19. — 3-8. Tale subitanea e irrazionale decisione ben s'adatta alla bizzarria sdegnosa di questo personaggio. Ma dal seguito (26-27 ecc.) sarà evidente che questa svolta dell'azione era un ripiego necessario all'Autore per ricondurre la vicenda attorno all'amore e Angelica. Il B. sa destreggiarsi e sfruttare artisticamente qualsiasi frangente.

20. Una grossa asta e troppo sterminata
Fuor de la nave sua fece arrecare,
E non aspetta luce né giornata,
Ma quella notte prese a caminare;
Onde sua gente, che era abandonata,
Senza il suo aiuto non sa che si fare;
Tutti smariti e pien de alto spavento
Entrarno in nave e dier le vele al vento.

21. Ogni pregione e tutto il loro arnese
Portavan alle nave con gran fretta;
Dudon tra' primi, il giovane cortese,
Menava via la gente maledetta.
Ma chi fu tardo a distaccar le prese,
Sopra di lor discese la vendetta,
Perché Ranaldo, a destrier risalito,
Con gran ruina gionse in su quel lito.

22. De Rodamonte va il baron cercando
Per ogni loco a lume della luna;
A nome lo dimanda e va cridando
Ad alta voce per la notte bruna;
E sopra alla marina riguardando
Vede la gente che l'arnese aduna:
A più poter ciascun forte se tràffica
Per porlo in nave e via passare in Africa.

23. Ranaldo dà tra lor senza pensare,
Ché ben cognobbe che eran Saracini;
Quivi de intorno fo il bel sbarattare,
Fuggendo tutti in rotta quei meschini.
Chi ne la nave, e chi saltava in mare,
L'un non aspetta che l'altro se chini
A prender cosa che gli sia caduta;
Ma sol fuggendo ciascadun se aiuta.

24. Gli altri che a terra avean volto il timone,
Via se ne andarno, abandonando il lito,
E seco ne menâr preso Dudone,
Che, se Ranaldo l'avesse sentito,
Avria menata gran destruzïone,

E forse entro a quel mar l'avria seguito;
Ma lui non si pensava di tale onte,
Sol dimandando ove era Rodamonte.

25.   Un saracin ben forte spaventato,
Che anti a Ranaldo inginocchion si pose,
Di Rodamonte essendo dimandato,
La pura verità presto rispose:
Come al bosco de Ardena era invïato,
Tutto soletto per le piaggie ombrose,
Essendo detto a lui che a quel camino
Giva Ranaldo, al Fonte de Merlino.

26.   Il Fonte de Merlino era in quel bosco,
Sì come un'altra volta vi contai,
Che era a gli amanti un velenoso tosco,
Ché, ivi bevendo, non amavan mai;
Benché lì presso a quel loco fosco
Passava una acqua che è megliore assai:
Meglior de vista e de effetto peggiore;
Chiunche ne gusta, in tutto arde d'amore.

27.   Quando Ranaldo intese che a quel loco
Andava Rodamonte a ricercarlo,
Di questa gente si curava poco,
E più presto partì che io non vi parlo.
Il cuor gli fiammeggiava come un foco
Del gran desio che avea di ritrovarlo,
E via trottando a gran fretta camina
Verso ponente, a canto alla marina.

28.   E Rodamonte simigliantemente
De giongere ad Ardena ben se spaccia;
E parlava tra sé nella sua mente,
Dicendo: « Questo dono il ciel mi faccia,
Pur che ritrovi quel baron valente,
O ch'io l'occida, o torni seco in graccia;
Ché, essendo morto, in terra non ho pare,
E se egli è meco, il cel voglio acquistare.

28. — 7. *essendo morto* (Ranaldo).

29. Né creder potrò mai che 'l conte Orlando
Abbia di questo la mera bontate.
Io l'ho provato, e di lancia e di brando
Non è il più forte al mondo in veritate.
O re Agramante, a Dio ti racomando,
Se tu discendi per queste contrate!
Essendote io, come serò, lontano,
Tutta tua gente fia sconfitta al piano.

30. Come diceva il vero il re Sobrino!
Sempre creder si debbe a chi ha provato.
Or, s'egli è tale Orlando paladino
Come costui che meco a fronte è stato,
Tristo Agramante ed ogni saracino
Che fia di qua dal mar con lui portato!
Io, che tutti pigliarli avea arroganza,
Assai ne ho de uno, e più che di bastanza. »

31. Così parlando andava il re pagano,
E non sapendo a ponto quel vïaggio,
Nel far del giorno gionse in un bel piano
Là dove un cavallier veniva adaggio;
E Rodamonte con parlare umano
Dimandò al cavalliero in suo lenguaggio
Quanto indi fusse alla selva de Ardena,
Se lo sapesse, e qual strata vi mena.

32. Rispose prestamente il cavalliero:
— Nulla te so contar di quel camino,
Perché io, sì come tu, son forastiero,
E vo piangendo, misero e tapino,
Non riguardando strata né sentiero,
Ma dove mi conduce il mio destino,
A strugimento, a morte, a ogni dolore,
Poi che se piace al deslïale amore. —

33. Perché sappiati il fatto ben compiuto,
Quel cavallier che fa tal lamentanza
Dolendosi de amore, è Feraguto,
Che fu al suo tempo un raggio di possanza:
Ed ora travestito era venuto

Nascosamente nel regno di Franza,
Sol per saper, quella anima affocata,
Se giamai fusse Angelica tornata.

34.   Egli anco amava quella damigella,
Come potesti odir primeramente,
E non potendo aver di lei novella,
Benché ne dimandasse ad ogni gente,
Or per questa ventura ed or per quella
Se consumava dolorosamente,
E giorno e notte non avia mai bene,
Sempre languendo e sospirando in pene.

35.   Or, come aveti inteso, il giovanetto
Trovò quel re pagano alla campagna,
E sterno insieme alquanto a lor diletto,
E ciascadun de Amor si dole e lagna.
Pur, così ragionando, venne detto
A Feraguto come era di Spagna,
E che pur mo tornava di Granata,
Ove una dama avea gran tempo amata;

36.   E come era chiamata Doralice
Quella, figliola del re Stordilano.
— Non più parole, — Rodamonte dice
— Ma prendi la battaglia a mano a mano.
Chi te ha condotto, misero, infelice,
A morire oggi sopra a questo piano?
Ché comportar non voglio e non potrei
Che altri che me nel mondo ami colei. —

37.   Rispose Feraguto: — Essendo grande,
Lo esser cucioso assai ti disconviene;
Ma poi che la battaglia me domande,
Tra noi la partiremo, o male o bene,
E l'alterezza tua che sì se spande,
Potria tornarti in dolorose pene.
Amai colei; lo amore ebbe a passare:
Per tuo dispetto voglio ancora amare. —

37. — 7-8. di fatto, non l'amo più: ma per sfidarti, ti dico che l'amo ancora.

38. Con tal parole e con de l'altre assai
Se furno insieme e duo baron sfidati.
Ambi avean lancie, come io vi contai:
Con esse a resta se fôr rivoltati.
Più crudel scontro non se udì giamai;
E due destrier, di petto insieme urtati,
Andarno a terra, e i cavallieri adosso,
Con tal fraccasso che contar non posso.

39. E le lor lancie grosse oltra a misura
Se fragellarno insin presso alla resta;
Ciascun de svilupparsi se procura
Per rimenar col brando un'altra festa.
Or si comincia la battaglia dura
De' colpi sterminati e la tempesta
De l'arme rotte e piastre con ruina,
Come battesse un fabro alla fucina.

40. Non avea indugia o sosta il lor ferire,
Ma quando l'un promette, e l'altro dona;
E ben da longe se potrebbe odire,
Perché ogni colpo de intorno risuona.
E certamente io non saprei ben dire
Qual sia più ardita e più franca persona;
Tanto son de alto core e di gran lena,
Che un altro par non trovo al mondo apena.

41. Ciascuno è de ira e di superbia caldo,
E però combattean con molto orgoglio,
L'un più che l'altro alla battaglia saldo.
Ma quella nel presente dir non voglio,
Perché convien contarvi di Ranaldo;
Dapoi ritornarò, sì come io soglio,
A dirvi questa zuffa alla distesa,
Sì che vi fia diletto averla intesa.

42. Giva Ranaldo, come aveti odito,
In verso Ardenna, alla ripa del mare,
Credendo Rodamonte aver seguito,
Ma lui giamai non puote ritrovare,
Perché il dritto vïaggio avea smarito,

E poi con Feraguto ebbe che fare;
Onde lui caminando avanti passa,
Ed a sé drieto Rodamonte lassa.

43. Quando fu gionto alla selva fronzuta,
Dritto ne andava al Fonte di Merlino:
Al Fonte che de amore il petto muta,
Là dritto se n'andava il paladino.
Ma nova cosa che egli ebbe veduta,
Lo fece dimorare in quel camino:
Nel bosco un praticello è pien de fiori
Vermigli e bianchi e de mille colori.

44. In mezo il prato un giovanetto ignudo
Cantando sollacciava con gran festa.
Tre dame intorno a lui, come a suo drudo,
Danzavan, nude anch'esse e senza vesta.
Lui sembianza non ha da spada o scudo,
Ne gli occhi è bruno, e biondo nella testa;
Le piume della barba a ponto ha messe:
Chi sì, chi no direbbe che le avesse.

45. Di rose e de vïole e de ogni fiore
Costor che io dico, avean canestri in mano,
E standosi con zoia e con amore,
Gionse tra loro il sir de Montealbano.
Tutti cridarno: — Ora ecco il traditore, —
Come l'ebber veduto — ecco il villano!
Ecco il disprezator de ogni diletto,
Che pur gionto è nel laccio al suo dispetto! —

46. Con quei canestri al fin de le parole
Tutti a Ranaldo se aventarno adosso:
Chi getta rose, chi getta vïole,
Chi zigli e chi iacinti a più non posso.
Ogni percossa insino al cor li duole
E trova le medolle in ciascun osso,
Accendendo uno ardore in ogni loco
Come le foglie e i fior fosser di foco.

47. Quel giovanetto che nudo è venuto,
Poi che ebbe vòto tutto il canestrino,

Con un fusto di ziglio alto e fronzuto
Ferì Ranaldo a l'elmo de Mambrino.
Non ebbe quel barone alcuno aiuto,
Ma cadde a terra come un fanciullino;
E non era caduto al prato a pena,
Che ai piedi il prende e strasinando il mena.

48.   De le tre dame ogniuna avea ghirlanda
Chi de rosa vermiglia e chi de bianca;
Ciascuna se la trasse in quella banda,
Poi che altra cosa da ferir li manca;
E benché il cavallier mercè dimanda,
Tanto il batterno, che ciascuna è stanca,
Però che al prato lo girarno intorno,
Sempre battendo, insino a mezo giorno.

49.   Né il grosso usbergo né piastra ferrata
Poteano a tal ferire aver diffesa;
Ma la persona avea tutta piagata
Sotto a quelle arme, e di tal foco accesa,
Che ne lo inferno ogni anima dannata
Ha ben doglia minor senza contesa,
Là dove quel baron de disconforto,
Di tema e di martìr quasi era morto.

50.   Né sa se omini o dei fosser costoro:
Nulla diffesa o preghera vi vale;
E, standosi così, senza dimoro
Crescerno in su le spalle a tutti l'ale,
Quale erano vermiglie e bianche e d'oro,
E in ogni penna è un occhio naturale,
Non come di pavone, o de altro occello,
Ma di una dama grazïosa, e bello.

51.   E, poco stando, se levarno a volo,
L'un dopo l'altro verso il cel saliva.
Ranaldo a l'erba si rimase solo;
Amaramente quel baron piangiva,
Perché sentia nel cor sì grande il dôlo,

48. — 4. poi che non ha altro da usar come arme.

Che a poco a poco l'anima gli usciva,
E tanta angoscia nella fine il prese,
Che come morto al prato se distese.

52.   Mentre che tra quei fior così iacea,
E de morire al tutto quivi estima,
Gionse una dama in forma de una dea,
Sì bella che contar nol posso in rima,
E disse : — Io son nomata Pasitea,
De le tre l'una che te offese in prima :
Compagna dello Amore e sua servente,
Come vedesti e provi di presente.

53.   E fu quel giovanetto il dio d'Amore,
Qual te gettò de arcion come nemico;
Se contrastar ti credi, hai preso errore,
Ché nel tempo moderno o ne l'antico
Non si trova contrasto a quel segnore.
Ora attendi al consiglio che io te dico,
Se vôi fuggir la dolorosa morte;
Né sperar vita o pace in altra sorte.

54.   Amore ha questa legge e tal statuto,
Che ciascun che non ama, essendo amato,
Ama po' lui, né gli è l'amor creduto,
Acciò che 'l provi il mal ch'egli ha donato.
Né questo oltraggio che te è intravenuto,
Né tutto il mal che puote esser pensato,
Se può pesar con questo alla bilancia,
Ché quel cordoglio ogni martìre avancia.

55.   Il non essere amato ed altri amare
Avanza ogni martìr, come io te ho detto,
E questa legge converrai provare,
Se vôi fuggir de Amore ogni dispetto.

---

52. — 5. *Pasitea*: Aglaia, Eufrosine e Talia erano le tre Cariti tradi-
zionali; a una d'esse il B. sostituiva Pasitea. Vedi *Canzoniere*, XXX, 3, Nota
54. — 7. *con questo*, quello che dice alla strofe seguente.
55. — 3-4. Il F. interpunge con virgola dopo *provare* e punto dopo
dispetto. Alla 56, 3-4 si trova la spiegazione e conferma che *andando alla
fonte* Ranaldo si risanerà dal dolore di cui ora Amore lo tormenta. Lo Z.
mette punto fermo dopo *provare*, e virgola dopo *dispetto*, indurendo il
periodo.

Or, perché intenda, a te conviene andare
Per questo bosco ombroso a tuo diletto,
Sin che ritrovarai sopra a una riva
Uno alto pino ed una verde oliva.

56.   La rivera zoiosa indi dechina
Per li fioretti e per l'erba novella;
Ne l'acqua trovarai la medicina
A quel dolor che al petto ti martella. —
Così parlò la dama peregrina,
Poi ne l'aria volò come una occella;
Salendo sempre in su, del celo acquista,
Onde a Ranaldo uscì presto di vista.

57.   Lui doloroso non sa che si fare,
Poi che incontrata ha sì forte ventura,
Né tra se stesso puote imaginare
Come tal cosa sia fuor de natura,
Che veda gente per l'aria volare,
Né contra a lor val forza né armatura.
Da gente ignuda è vento il suo valore
Con zigli e rose e con foglie di fiore.

58.   A gran fatica il suo corpo tapino
Levò dove languendo l'avea messo,
E con più pena si puose in camino,
Cercando intorno il bosco ombroso e spesso;
E trovò verso il fiume l'alto pino
E l'arbor de l'oliva a quello apresso.
Da le radice stilla una acqua chiara,
Dolce nel gusto e dentro al core amara;

59.   Perché de amore amaro il core accende
A chi la gusta l'acqua delicata;
E però già Merlin per fare amende

57. — 7. *vento*, vinto.
59. — 1. Correggiamo, col F., l'*amare* di tutti i testi antichi, accettato
dallo Z., e che forse risale ad una svista dello stesso B.; *amaro* è confer-
mato anche dall'analogia col v. precedente, *amare* sarebbe ripetizione dura
ed oscura, benchè sintatticamente non intollerabile nel B. (accende il core
ad amare d'amore). — 3. *per fare amende*: per far contrasto e rimedio a
questa, che è la *Fontana d'Amore*, fece quella che da lui è detta *Fontana
di Merlino*.

La fonte avea qua presso edificata,
Che fa lasciar ciò che a questa se prende,
Come io vi racontai quella giornata
Quando Ranaldo bevette alla fonte,
Ove Angelica poi n'ebbe tante onte.

60.   Or nel presente non se racordava
Più il cavallier di quel tempo passato,
Ma come aponto in su 'l fiume arivava,
Essendo doloroso ed affannato,
Ché ogni percossa gran pena li dava,
Sopra alla ripa fu presto chinato,
E per gran sete il principe gagliardo
Assai bevette e non vi ebbe riguardo.

61.   Bevuto avendo ed alciando la facia,
Da lui se parte ogni passata doglia,
Benché la sete perciò non se sacia,
Ma, più bevendo, più di bere ha voglia.
Lui di questa ventura Idio ringracia,
E standosi contento e con gran zoglia
Li torna nella mente a poco a poco
Che un'altra fiata è stato in questo loco;

62.   Quando, dormendo ne l'erba fiorita,
Con zigli e rose Angelica il svegliò,
E ricordosse che l'avea fuggita,
Dil che acramente se ripente mo.
De amor avendo l'anima ferita,
Vorebbe adesso quel che aver non pô,
La bella dama, dico, in quel verziero,
Ché nel presente non serìa sì fiero.

63.   E biasmando la sua crudelitate
E le grande onte fatte a quella dama,
Tutte le amenta quante ne ha già usate,
E sé crudele e dispietato chiama.
Già la odïava poche ore passate,
Più che se stesso nel presente l'ama;
E tanta voglia ha dentro al core accolta,
Che vôl tornare in India un'altra volta.

64.   Sol per vedere Angelica la bella
Un'altra volta in India vôl tornare.
Venne a Baiardo per salire in sella,
Che poco longi il stava ad aspettare:
E così andando vidde una donzella,
Ma non la potea ben rafigurare,
Perché era dentro al bosco ancor lontana,
Oltra a quel fiume, a lato a la fontana.

65.   Le chiome avea rivolte al lato manco,
E la cima increspata e sparta al vento;
Sopra de un palafren crinuto e bianco,
Che ha tutto ad ôr brunito il guarnimento,
Un cavallier gli stava armato al fianco,
Ne la sembianza pien de alto ardimento,
Che ha per cimero un Mongibello in testa,
Ritratto al scudo e nella sopravesta.

66.   Dico che quel barone ha per cimero
Una montagna che gettava foco;
E 'l scudo e la coperta del destriero
Avean pur quella insegna nel suo loco.
Ora, cari segnori, egli è mestiero
Questa ragione abbandonare un poco,
Per accordar la istoria ch'è divisa:
Torno a Brunel, che ancor dietro ha Marfisa.

67.   Non lo abandona la donzella altiera,
Ma giorno e notte senza fine il caccia,
Né monte alpestro, né grossa riviera,
Né selva, né palude mai lo impaccia.

---

64. — Dunque Ranaldo è ormai follemente innamorato d'Angelica:
per lei si scontrerà con Orlando, e farà mille prodezze alla battaglia di
Montalbano: ma l'Ariosto non accoglierà volentieri l'eredità di questa
passione, cui accenna pallidamente nel C. II e nel XXVII (str. 8), soltanto.
Nel complesso dei due *Orlandi*, egli è carattere piuttosto serio, in cui gli
effetti della Fonte tengono poco posto. Anche i suoi rapporti con Carlo
si son fatti leali, e non s'addicono agli accenni di brigantaggio e ribellione
che il B. traeva dalla tradizione discendente dai *Quatre filz Aymon*.

65. — L'incontro di Ranaldo coi due nuovi cavalieri (che sono Angelica
e Orlando) non si leggerà che al XX, 44. -- 7. *Mongibello*: era l'insegna
di re Norandino di Damasco: vedi il Canto XX.

67. — 4. meglio sarebbe: *mai la impaccia*, o *li impaccia*.

Ma Frontalate, la bestia legiera,
Li facea indarno seguitar tal traccia:
Quel bon destrier, che fu di Sacripante,
Come un uccello a lei fugge davante.

68.   Quindeci giorni già l'avea seguito,
Né d'altro che di fronde era pasciuta.
Il falso ladro, che è forte scaltrito,
Ben de altro pasto il suo fuggire aiuta;
Perché era tanto presto e tanto ardito,
Che ogni taverna che avesse veduta,
Dentro ve intrava e mangiava di botto,
Poi via fuggiva e non pagava il scotto.

69.   E benché i teverneri e' lor sergenti
Dietro li sian con orci e con pignate,
Lui se ne andava stropezando e denti,
E faceva a ciascun mille ghignate.
A le qual fare avea tanti argomenti,
Che donne spoletane o folignate,
Qual porton l'ovo da matina a cena,
Se avrian guardate da' suoi tratti apena.

70.   E pur Marfisa sempre il seguitava,
Quando più longi, e quando più dapresso.
— Al ladro! al ladro! — sempre mai cridava,
E ciascun rispondeva: — Egli è ben desso. —
Ogniom di quel giotton se lamentava,
Perché e miglior boccon pigliava spesso,
E loro il menacciavan pur col dito.
Ora non più, ché il canto è qui finito.

---

69. — 5-8. Ci è ignoto questo « blasone » delle donne di Foligno e
Spoleto; il senso è evidentemente che nemmeno quelle donne avrebbero
potuto difendersi dagli scherni di colui. Il Berni sembra scansare la dif-
ficoltà del v. 7: *E' se n'andava stropicciando i denti, | prima lor cento fiche
avendo fatte. | Non avea dietro mai manco di venti | persone che gridavan
come matte. | L'impiccato qualcur talvolta aspetta, | poi fugge, e via gli
porta la berretta.*

CANTO DECIMOSESTO

1.   La bella istoria che cantando io conto,
     Serà più dilettosa ad ascoltare,
     Come sia il conte Orlando in Franza gionto
     Ed Agramante, che è di là dal mare;
     Ma non posso contarla in questo ponto,
     Perché Brunello assai me dà che fare;
     Brunello, il piccolin di mala raccia,
     Qual fugge ancora, e pur Marfisa il caccia.

2.   Ed avea tolto il corno al conte Orlando,
     Sì come io vi contai, quella matina,
     E Balisarda, lo incantato brando
     Che fabricato fu da Falerina;
     E nel canto passato io dicea quando
     Intrava quel giottone a ogni cucina,
     Non aspettando a' figatelli inviti,
     Pigliando e grossi sempre e rivestiti.

3.   Come ha bevuto, sen porta la taccia,
     E parli a ponto aver pagato l'oste
     Con dir, quando sen va: — Bon pro vi faccia! —
     Ma pur Marfisa gli è sempre alle coste,
     E de impiccarlo ogniora lo minaccia.
     Quel mal strepon le fa ben mille poste:

CANTO XVI. — Marfisa continua l'inseguimento di Brunello, finché
è arrestata dall'incontro di una dama e un guerriero. Con l'anello che
Brunello ha portato al re si vince l'incanto di Atlante e si scopre Rugiero:
il quale entra nel torneo apprestato per adescarlo.

3. — 1. *taccia*, tazza: nonché non pagare, porta via perfino la tazza.
— 6. *strepon*, sterpone: pianticella stentata, per dire: scherzo di natura
(già incontrato).

Lasciandola appressar va lento lento,
Da poi la lascia e fugge come un vento.

4.   Quindeci giorni sempre era seguita,
Com'io vi dissi, la donzella acerba;
Ed era estremamente indebilita,
Perché de fronde si pasceva e de erba,
Ma pur volea pigliarlo alla finita.
Tanto ha sdegnoso il cor quella superba,
Che il segue in vano, e pur non se ne avede,
Essendo egli a destriero ed essa a piede.

5.   Perché al ronzon di lei mancò la lena,
E cadde morto alla sesta giornata.
Dapoi le gambe per tal modo mena,
Così come era del suo sbergo armata,
Che mai non uscì veltra di catena,
Né mai saetta de arco fu mandata,
Né falcon mai dal cel discese a valle,
Che non restasse a lei dietro alle spalle.

6.   Ma per lunga fatica e debilezza
L'armatura che ha in dosso, assai gli pesa,
Onde se la spogliò con molta frezza,
Né teme che Brunel faccia diffesa.
Poi che ebbe posto giù quella gravezza,
Sì ratta se ne andava e sì distesa,
Che più volte a Brunel fece spavento,
Benché ha il destrier che fugge come vento.

7.   Perché assai volte fo tanto vicina,
Che la credette in su la croppa avere;
Alor ne andava lui con gran roina,
Spronando il buon destriero a più potere.
Dietro lo segue la forte regina;
Ma nova cosa che ebbe ad apparere,
Sturbò Marfisa, che lo seguia forte,
E seguìto l'avria sino alla morte.

4. — 7-8. *non se ne avede, essendo,* non se ne accorge neppure, benché siano...

8.   Però che riscontrano una donzella,
Che adagio ne venìa sopra a quel piano,
Vestita a bianco e a meraviglia bella,
E seco un cavalliero a mano a mano.
Di lor vi contarò poi la novella,
Ché io vo' seguire adesso l'Affricano,
Qual via fuggendo per monte e per valle
Sempre Marfisa aver crede alle spalle.

9.   Essa rimase ed ebbe gran travaglia,
Come a bell'agio vi vorò contare,
Benché tal briga fo senza battaglia.
Ma già Brunel non ebbe ad aspettare,
E sopra al bon destrier coperto a maglia
In pochi giorni fu gionto in su il mare;
E, trovato un naviglio a suo convegno,
In Africa passò senza ritegno.

10.   Dentro a Biserta gionse ad Agramante,
Quale adirato stava in gran pensiero,
Ché de le gente che ha adunate tante
Non vôl passare alcun senza Rugiero;
E lui guardato è da quel negromante,
Che mai de averlo non serìa mestiero,
Né pur se può vedere il damigello,
Chi non ha pria de Angelica lo annello.

11.   Or gionse il ladro e menando gran festa
Avanti al re zoioso se appresenta;
E poi la bretta si trasse di testa,
E di contare il fatto se argumenta.
Ogni re grande e principe di gesta
Per ascoltare intorno se appresenta,
E lui dice ridendo a qual partito
Tolse a la dama quello annel di dito;

12.   Come di sotto al re de Circasia,
Non se accorgendo lui, tolse il destriero;

10. — 5-8. e da tale mago è custodito Rugiero, che non sarebbe possibile averlo, anzi neppure vederlo, se prima non...
11. — 3. *bretta*, berretta.

E di Marfisa, che fu tanto ri?
Che il fece uscir più fiate del sentiero;
E de quel brando e del corno che avia
Tolto con tal prestezza a un cavalliero;
E l'altre cose ancor di ponto in ponto
Sin che davanti al re quivi era gionto.

13.   Avendo il suo parlar poscia compiuto,
Ad Agramante il bel corno donava,
Il qual fu incontinente cognosciuto,
Però che Almonte in Africa il portava;
Poi se sapea che Orlando l'avea avuto,
Onde forte ciascun meravigliava,
E l'un con l'altro assai di ciò contende.
Perciò Brunello a questo non attende,

14.   Ma pose al re quello annelletto in mano,
Qual fo con tal virtute fabricato,
Che a sua presenzia ogn'incanto era vano.
Il re Agramante in piede fo levato,
E in presenzia di tutti a mano a mano
Ebbe Brunello il ladro incoronato,
Donando a lui de Tingitana il regno,
Populi e terre ed ogni suo contegno.

15.   Questo reame allo estremo ponente
Da gente negra se vede abitare.
Or non se pose indugio di niente,
Ma de Rugiero ogni om prese a cercare,
Il re Agramante e tutte le sue gente,
Né il re Brunello il volse abandonare;
E passando il deserto de l'arena
Gionsero un giorno al monte di Carena.

16.   Quella montagna è grande oltra misura
E quasi con la cima al celo ascende,
Al summo de essa ha una bella pianura,
Che cento miglia o quasi se distende,

14. — 7. *Tingitana*, da *Tingis* (Tangeri): è il nome latino d'una delle due Mauritanie, di cui l'altra era la *Cesariense* (nel B. e nell'Ariosto *Maurina*: vedi II, XII, 21). — 8. *ogni suo contegno*, ogni bene contenuto nel regno.

De arbori ombrosa e di bella verdura;
Per mezo a quella un gran fiume discende,
Qual giù di monte in monte cade al piano,
E fa un bel porto al mar de l'oceano.

17.   A lato di quel fiume era un gran sasso,
Nel mezo di quel pian ch'io vi ho contato,
Quasi alto un miglio dalla cima al basso,
De un mur di vetro intorno circondato;
Né da salirvi su si vedde il passo,
Perché tutto de intorno è dirupato,
Ma, per quel vetro riguardando un poco,
Vedeasi un bel giardino entro a quel loco.

18.   Era il vago giardino in su la cima
De verdi cedri e di palme fronzuto.
Mulabuferso, ch'ivi è stato in prima
E non aveva il gran sasso veduto,
Incontinente prese per estima
Che per incanto ciò fosse avenuto,
E che lo incantator detto Atalante
L'avesse ascoso a gli occhi suoi davante.

19.   Ora per lo annelletto era scoperto,
Che a sua presenzia ogni incanto guastava,
Onde ciascun di lor tenne per certo
Che là Rugier di sopra dimorava.
Quando Atalante, quel vecchione esperto,
Vidde la gente che là su mirava,
Dolente for di modo entra in pensiero
De aver già perso il paladin Rugiero.

20.   E va de intorno e non sa che si fare
A ritenere il giovene soprano;
Sempre piangendo lo attende a pregare
Che non discenda in modo alcuno al piano.
Ma il re Agramante pur stava a mirare,
E tutti gli altri, quel gran sasso in vano;
Non sa che fare alcun, né che se dire:
Lì su senza ale non si può salire.

21.   Brunello, il novo re de Tingitana,
Poi che salire assai se fo provato,
E che sua forza e sua destrezza è vana,
Tanto era lisso quel vetro incantato,
Posesi alquanto in su la terra piana,
Ed avendo fra sé molto pensato,
Levossi in piedi e disse: — Iddio ne lodo,
Ché aver Rugiero ho pur trovato il modo.

22.   Ma bisogna che tutti me aiutati,
E che il mio dir sia fatto a compimento.
Cento di voi, sì come seti armati,
Cominciareti insieme un torniamento,
E quanto più potete, vi provati
Mostrar alto valore ed ardimento,
Urtandovi l'un l'altro alla travaglia
Con trombe e corni, a guisa di battaglia. —

23.   Dicea ciascun: — Questa è cosa legiera! —
Ma non sapean comprender la cagione,
Onde, partiti a canto alla rivera,
Ciascun sotto sua insegna e suo penone,
Prima Agramante fece la sua schiera,
Che ciascuno era re, duca, o barone:
Cinquanta campïoni usati a guerra
Sopra a destrier coperti insino a terra.

24.   Ma il re del Garbo e di Bellamarina,
E il franco re de Arzila e quel de Orano,
E il giovanetto re de Constantina,
Il re di Bolga con quel di Fizano,
Urtarno e lor destrieri a gran ruina
Contra Agramante con le spade in mano.
Cinquanta eran costor, né più né meno,
Ciascun de ardire e di prodezza pieno.

25.   E l'una e l'altra schiera a gran furore
Scontrarno insieme con molto fracasso,
Con cridi e trombe, e con tanto romore
Quanto caduto fosse il celo al basso.
La schiera de Agramante ebbe il peggiore,

Perché atterrati furno al primo passo
Da venti cavallier de la sua gente,
E de questi altri sette solamente.

26.   E quasi fu pigliata la bandiera,
Ch'era portata avanti al re di poco,
E sì stretta era la sembraglia e fiera,
Che non mostrava, sì come era, un gioco.
Sobrin di Garbo, la persona altiera,
Che ha per insegna e per cimero un foco,
Benché canuto sia forte il vecchione,
In quel tornero assembra un fier leone.

27.   Ma il re Agramante, che porta il quartero
Nel scudo e sopravesta azuro e d'oro,
Sopra di Sisifalto, il gran destriero,
Se muove furïoso e dà tra loro.
Mulabuferso, quel forte guerrero,
Che regge de Fizano il tenitoro,
Fu da Agramante de uno urto percosso,
E cadde a terra col destrier adosso.

28.   Ed Agramante per questo non resta,
Ma per la schiera volta il gran ronzone,
E gionse Mirabaldo in su la testa,
E tramortito lo trasse de arcione.
Questo era re di Borga e di gran gesta:
La insegna di sua casa era un montone
Ritratto in campo bianco a bel lavoro;
Negro è il montone ed ha le corne d'oro.

29.   Lui cadde a terra, e il re non si rafina
Ferendo intorno e di furore acceso;
Il re Gualcioto di Bellamarina
De un colpo abatte alla terra disteso.
Questo nel scudo avea la colombina,
Con un ramo de oliva in bocca preso;
Bianca è la colombina e il scudo nero,
Ed a tal guisa ancor fatto il cimero.

---

25. — 7-8. circa venti della sua schiera, sette soli dell'altra.
26. — 7. Triv.: *benché cauto sia forte il vecchione.*

30.   Facea Agramante prove a meraviglia,
E benché sia da molti accompagnato,
Alcun già di prodezza nol simiglia.
Il re di Tremison gli era da lato,
Che al scudo d'oro ha la rosa vermiglia:
Alzirdo il campïone è nominato;
E Folvo era con seco, il re di Fersa,
Che ha il scudo azuro e de oro una traversa;

31.   Molti altri ancora che io non vo' contare,
Che aspetto a dirli poi più per bell'agio:
E nomi e l'arme lor vo' divisare,
Quando faranno in Francia il gran passagio.
Ma voglio nel presente seguitare
Del torniamento fatto al bel rivagio
Tra que' re saracini a gran furore,
Ove mostra Agramante il suo valore.

32.   Alla sinistra e alla destra si volta,
E questo abatte e quello urta per terra,
Facendo col destriero aprir la folta,
E l'uno al braccio e l'altro a l'elmo afferra.
Tutta sua compagnia stava ricolta,
E lui soletto fa cotanta guerra:
Per dimostrar la sua fortezza ed arte
Gli altri suoi tutti avea tratti da parte.

33.   E prese il re de Arzila nel cimiero,
Al suo dispetto lo trasse d'arcione;
E non ritrova re né cavalliero
Qual seco durar possa al parangone.
Stava nel sasso a riguardar Rugiero
Questa sembraglia, a lato a quel vecchione;
A lato a quel vecchion che l'ha nutrito,
Stava mirando il giovanetto ardito.

34.   Ma per l'altezza lontano era un poco
Ove quelle arme son meschiate al piano,
E per gran doglia non trovava loco,
Battendo e piedi e stringendo ogni mano;
Ed avea il viso rosso come un foco,

33. — 6. *sembraglia*, assembramento.

Pregando pure il negromante in vano
Che giù lo ponga, e ripregando spesso,
Sì che quel gioco più vegga di presso.

35.   — Deh, — diceva Atalante — filiol mio,
Egli è un mal gioco quel che vôi vedere!
Stati pur queto e non aver disio
Tra quella gente armata de apparere;
Però che il tuo ascendente è troppo rio,
E, se de astrologia l'arte son vere,
Tutto il cel te minaccia, ed io l'assento,
Che in guerra serai morto a tradimento. —

36.   Rispose il giovanetto: — Io credo bene
Che 'l celo abbia gran forza alle persone;
Ma se per ogni modo esser conviene,
Ad aiutarlo non trovo ragione.
E se al presente qua forza mi tiene,
Per altro tempo o per altra stagione
Io converrò fornire il mio ascendente,
Se tue parole e l'arte tua non mente.

37.   Onde io ti prego che calar mi lassi,
Sì ch'io veda la zuffa più vicina,
O che io mi gettarò de questi sassi,
Trabuccandomi giù con gran roina;
Ché ognior ch'io vedo per que' lochi bassi
Sì ben ferir la gente peregrina,
Serebbe la mia gioia e il mio conforto
Star seco un'ora, ed esser dapoi morto. —

38.   Veggendo il vecchio quella opinïone,
Che gire ad ogni modo è destinato,
Andò di quel giardino ad un cantone,
Ove un picciol uscietto ha disserrato;
E menando per mano il bel garzone,
Per una tomba discese nel prato
A piè del sasso, a lato alla fiumana,
Ove si stava il re de Tingitana.

35. — 5. la stella sotto il cui influsso sei nato è assai sfavorevole.
36. — 4. *aiutarlo*, influenzarlo, rimediarlo. Il F. congettura: *evitarlo*.

39.   Dico che il re Brunello alla riviera
Stava soletto ove il vecchio discese,
E come vidde il giovanetto in ciera,
Che sia Rugiero subito comprese.
Mirando il suo bel viso e la maniera,
La atta persona e l'abito cortese,
Cognobbe il re Brunel, che è tanto esperto,
Che era Rugiero il giovane di certo.

40.   E, preso Frontalate, il suo destriero,
Accorda il speronar bene alla briglia;
Onde quel, ch'era sì destro e legiero,
Facea bei salti e grandi a meraviglia.
A ciò mirando il giovane Rugiero,
Tanto piacere e tanta voglia il piglia
De aver quel bel destrier incopertato,
Che del suo sangue avria fatto mercato.

41.   E pregava Atalante, il suo maestro,
Che gli facesse aver quel bon ronzone;
Or, per non vi tener troppo a sinestro,
E racontarvi la conclusïone,
Benché Atalante avesse il core alpestro,
E dimostrasse con molta ragione
La sua misera sorte al giovanetto,
Perché e destrieri e l'arme abbia in dispetto,

42.   Lui tal parole più non ascoltava
Che ascolti il prato che ha sotto le piante,
Anci di doglia ognior si consumava,
Mostrando di morirse nel sembiante.
Onde a sua voglia il vecchio se piegava,
E come il re Brunel fu loro avante,
Dimandarno il destriero e guarnimento,
Per cambio di tesoro a suo talento.

43.   Il re, che fuor di modo era scaltrito,
Veggendo andare il fatto a suo disegno,

---

41. — 3. *per non vi tener... a sinestro*: sottinteso: lato, fianco: quindi: per non tenervi a disagio, come chi è in posizione di inferiore.

— Se l'ôr — dicea — del mondo fosse unito,
Non vi darebbi il mio destrier per pegno,
Però che un gran passaggio è stabilito,
Ove ogni cavallier d'animo degno,
Che desidri acquistar fama ed onore,
Potrà mostrare aperto il suo valore.

44.   Ora è venuta pur quella stagione
Che desidrava ciascun valoroso;
Or vederasse a ponto il parangone .
Di chi vôl loda, e chi vôl stare ascoso.
Or si vedranno e cor de le persone,
Qual serà vile, e qual sia glorïoso;
Chi restarà di qua, come schernito
Da' fanciulletti fia mostrato a dito;

45.   Però che 'l re Agramante vôl passare
Contra al re Carlo ed alla sua corona,
Tutto di velle è già coperto il mare,
La Africa tutta a furia se abandona.
Gionto è quel tempo che può dimostrare
Ciascun suo ardire e sua franca persona;
Ogni bon cavalliero a tondo a tondo
Farà di sé parlar per tutto il mondo. —

46.   Mentre che sì parlava il re Brunello,
Rugier, che attentamente l'ascoltava,
Più volte avea cangiato il viso bello,
E tutto come un foco lampeggiava,
Battendo dentro al cor come un martello.
E 'l re pur ragionando seguitava:
— Non se vidde giamai, né in mar né in terra,
Cotanta gente andare insieme a guerra.

47.   E già trentaduo re sono adunati:
Ciascun gran gente di sua terra mena;
Già sono e vecchi e' fanciulletti armati,
Retien vergogna le femine apena.
Però, segnor, non vi meravigliati

45. — 3. *velle,* vele.

Se il mio ronzon, che è di cotanta lena,
Non voglio darvi a cambio di tesoro,
Perché io nol venderebbi a peso d'oro.

48.　　Ma se io stimassi che tu, giovanetto,
Restassi per destrier di non venire,
Insino adesso ti giuro e prometto
Che de queste armi ti voglio guarnire,
E donerotti il mio destriero eletto;
E so che certamente potrai dire,
Che 'l principe Ranaldo o il conte Orlando
Non ha meglior ronzon né meglior brando. —

49.　　Non stette il giovanetto ad aspettare
Che Atalante facesse la risposta,
Come colui che mille anni gli pare
Di esser sopra lo arcion senz'altra sosta,
E disse: — Se il destrier mi vôi donare,
Nel foco voglio intrare a ogni tua posta;
Ma sopra a tutto te adimando in graccia
Che quel che far si die', presto si faccia;

50.　　Ché là giù vedo quella gente armata,
Qual tanto ben si prova in su quel piano,
Che ogni atimo mi pare una giornata
Di trovarmi tra lor col brando in mano;
Onde io ti prego, se hai mia vita grata,
Damme l'armi e il destriero a mano a mano
Ché, se io vi giongo presto, e' mi dà il core
O di morire, o de acquistare onore. —

51.　　Il re rispose sorridendo un poco:
— Non si vôl far là giù destruzïone,
Perché la gente che vedi in quel loco,
De Africa è tutta ed adora Macone.
Quello armeggiare è fatto per un gioco,
E sol si mena il brando di piattone;
Di taglio, né di ponta non si mena:
Ciò comandato è sotto grave pena. —

48. — 1-2. se sapessi che tu desisti dal venire alla spedizione perché
non puoi avere questo destriero...

52.   — Damme pur il destriero e l'armatura, —
Dicea Rugiero — ed altro non curare,
Però che io ti prometto alla sicura
Che io saprò come loro il gioco fare.
Ma tu me indugiarai a notte oscura,
Prima che io possa a quel campo arivare.
Male intende colui che in tempo tiene,
Ché mezo è perso il don che tardi viene. —

53.   Odendo questo il vecchione Atalante,
Però che era presente a le parole,
Biastemava le stelle tutte quante,
Dicendo: — Il celo e la fortuna vôle
Che la fè di Macone e Trivigante
Perda costui, che è tra' baroni un sole,
Che a tradimento fia occiso con pene;
Or sia così, dapoi che esser conviene. —

54.   Così parlava forte lacrimando
Quel negromante, e con voce meschine
Dicea: — Filiolo, a Dio ti racomando! —
Poi se ascose lì presso tra le spine.
Ma il giovanetto avea già cento il brando
E guarnito era a maglie e piastre fine,
E preso al ciuffo il bon destriero ardito,
Sopra lo arcion de un salto era salito.

55.   Il mondo non avea più bel destriero,
Sì come in altro loco io vi contai,
Poi che ebbe adosso il giovane Rugiero,
Più vaga cosa non se vidde mai.
E, mirando il cavallo e il cavalliero,
Se penarebbe a iudicare assai
Se fosser vivi, o tratti dal pennello,
Tanto ciascuno è grazïoso e bello.

56.   Era il destrier ch'io dico, granatino:
Altra volta descrissi sua fazone.

52. — 5. *m'indugiarai,* mi farai tardare. — 7. *in tempo tiene,* tiene qc. sospeso.

Frontalate il nomava il saracino,
Qual lo perdette ad Albraca al girone;
Ma Rugier possa l'appellò Frontino,
Sin che seco fu morto il bon ronzone;
Balzan, fazuto, e biondo a coda e chiome,
Avendo altro segnore ebbe altro nome.

57.   Quel che facesse il giovanetto fiero
Sopra questo ronzon di che vi conto,
E come sparpagliasse il gran torniero,
Quando nel prato subito fu gionto,
Più largo tempo vi farà mestiero,
Onde al canto presente faccio ponto;
E nel seguente conterovi a pieno
Come il fatto passò, né più né meno.

56. — 7. *fazuto*, facciuto, sfacciato: detto di cavallo con gran macchia
bianca sulla fronte.

CANTO DECIMOSETTIMO

1.   Come colui che con la prima nave
Trovò del navicar l'arte e l'ingegno,
Prima alla ripa e ne l'onda suave
Andò spengendo senza vella il legno;
A poco a poco temenza non have
De intrare a l'alto, e poi, senza ritegno
Seguendo al corso il lume de le stelle,
Vidde gran cose e glorïose e belle;

2.   Così ancora io fin qui nel mio cantare
Non ho la ripa troppo abandonata;
Or mi conviene al gran pelago intrare,
Volendo aprir la guerra sterminata.
Africa tutta vien di qua dal mare,
Sfavilla tutto il mondo a gente armata;
Per ogni loco, in ogni regïone
È ferro e foco e gran destruzïone.

3.   Assembrava in Levante il re Gradasso,
In Ponente Marsilio, il re di Spagna,
Che ad Agramante ha conceduto il passo,
Ed esso è in mezo giorno alla campagna.
Tutta Cristianitate anco è in fraccasso,
La Francia, l'Inghilterra e la Allemagna;
Né Tramontana in pace se rimane:
Vien Mandricardo, il figlio de Agricane.

CANTO XVII. — Rugiero abbatte tutti e colpisce il Re: allora Bardulasto lo ferisce, ma viene inseguito e ucciso. Orlando giunge alla fonte
col sepolcro di Narciso, ove divide Sacripante e Isolieri venuti a fiero
scontro.

1. — 6. *alto* (mare).

4.   Tutti vengono adosso a Carlo Mano
       Da ogni parte del mondo, a gran furore;
       Allor fia pien di sangue il monte e il piano,
       E se odirà nel cel l'alto romore;
       Ma nel presente io me affatico in vano,
       Ché a questo fatto io non son gionto ancore,
       E, volendol chiarire, egli è mestiero
       Prima che io conti il tutto di Rugiero.

5.   Il qual lasciai in su il destriero armato,
       Con Balisarda il bon brando al gallone,
       Qual già fu con tale arte fabricato,
       Che taglia incanto ed ogni fatasone;
       Or, perché il fatto ben vi sia contato,
       Che l'intendiati a ponto per ragione,
       Quel torniamento de che vi contai,
       Era nel prato più caldo che mai.

6.   Ché Pinadoro, il re de Constantina,
       E il re di Nasamona, Pulïano,
       Veggendo de Agramante la ruina,
       Qual solo abatte la sua schiera al piano
       (Ché il re di Bolga e di Bellamarina,
       E quel d'Arzila con quel di Fizano,
       Qual d'urto avea atterrato e qual di spada,
       E ben tra gli altri se facea far strada;

7.   E la schiera di lui stava da lato,
       Come tal fatto non toccasse a loro):
       Onde e due franchi re ch'io v'ho contato,
       Io dico Pulïano e Pinadoro,
       Avendo il campo alquanto circondato,
       Ferirno a tutta briglia tra costoro,
       E ferno aprir per forza quella schiera,
       Gettando a terra la real bandiera.

8.   Alla guardia di quella era Grifaldo
       Re di Getula, e 'l re de la Alganzera:

7. — 3. *Onde...*: la sintassi boiardesca è istintiva e spesso quasi ana-
colutica, assai vicina al discorso parlato; qui poi c'è un vero slancio
narrativo. — 5. *circondato*, girato attorno.

Bardulasto avea nome quel ribaldo,
Di coa malvaggio e di persona fiera.
Né l'un né l'altro al gioco stette saldo:
Fo lor squarciata in braccio la bandiera,
E fo Grifaldo tratto de l'arcione
Da Pulïano a gran confusïone.

9.   E Bardulasto quasi tramortito
Fu per cadere anch'esso alla foresta;
Ché Pinadoro, il giovanetto ardito,
A gran roina il gionse in su la testa;
Onde, al colpo diverso imbalordito,
Via ne 'l porta il destriero a gran tempesta;
E Pinadoro a gli altri se disserra,
E questo abatte e quello urta per terra.

10.   Gionse alla fronte il forte re di Fersa,
Fiaccando sopra a l'elmo la corona,
Che ne andò a terra in più parte dispersa;
Poi verso Alzirdo tutto se abandona,
E tramortito al campo lo riversa.
Questo Alzirdo era re di Tremisona;
Gettollo a terra il re di Constantina,
Che sopra al campo mena tal roina.

11.   Fo costui figlio a l'alto re Balante,
Che da Rugier Vassallo ebbe la morte,
Vago di faccia e di core arrogante,
Maggior del patre e più destro e più forte.
Ora la gente a lui fugge davante,
Né se ritrova alcun che se conforte
Di star con seco voluntieri a faccia,
Ma come capre avante ogniom se caccia.

12.   Il re Agramante non era vicino,
Ed intendea di tal fatto nïente,
Però che avea afrontato il re Sobrino,
E quel se diffendeva arditamente;
Ma vidde di lontano il gran polvino
Che menava fuggendo la sua gente.
Fuggia sua gente a Pinadoro avante:
Forte turbosse in faccia il re Agramante,

13.   E rivoltato con la spada in mano
Ne l'elmo a Pinadoro un colpo lassa,
E tramortito lo distese al piano;
Ma, mentre che turbato avanti passa,
Gionse a lui nella coppa Pulïano,
E la coperta a l'elmo li fraccassa,
Scendendo sì gran colpo in su le spalle,
Che quasi il pose del destriero a valle.

14.   Pur, come quel che avea soperchia lena,
Se tenne per sua forza nello arcione,
E verso Pulïano il brando mena,
E qui se cominciò l'aspra tenzone.
Or, mentre che ciascun più se dimena,
Vi gionse il re di Garbo, quel vecchione,
El re de Arzila, ch'era rimontato,
Quel de Fizano e quel di Bolga a lato.

15.   Adosso ad Agramante ogniom si serra,
E quando l'un promette, e l'altro dona,
Come fosse mortal l'odio e la guerra;
Pur che si possa, alcun non se perdona.
Tutto il cimiero avean gettato a terra
Ad Agramante e rotta la corona
Quei cinque re ch'io dissi; ogniom martella,
Cercando trarlo al fin for della sella.

16.   E certo l'avrian preso al suo dispetto,
A benché fosse sì franco guerrero,
Ché avere a far con uno egli è un diletto,
Ma cinque son pur troppo, a dire il vero.
Ora vi gionse il forte giovanetto,
Qual giù callava, io dico il bon Rugiero,
Che l'arme avea del re de Tingitana;
Callò la costa e gionse in su la piana.

17.   Come fo gionto, tutto se abandona
Ove stava Agramante a mal partito;
Frontino, il bon destrier, forte sperona
E dà tra loro il giovanetto ardito;
Gionse alla testa il re di Nasamona,

E fuor d'arcione il trasse tramortito,
E toccò dopo lui quel re Fizano;
Sì come al primo, lo distese al piano.

18.   Alto da terra volta il suo Frontino,
Che proprio un cervo a' gran salti somiglia;
Alcun già non cognosce il paladino:
Che sia Brunello ogniom si meraviglia.
Ora ecco gionto ha d'urto il re Sobrino,
Correndo l'uno e l'altro a tutta briglia;
Ed andò il re Sobrino, a gran fraccasso,
Il suo destriero e lui tutto in un fasso.

19.   Dopo lui pose a terra Prusïone,
Quale era re de l'Isole Alvaracchie.
Come da l'aria giù scende il falcone
E dà nel mezo a un groppo di cornacchie:
Lor, sparpagnate a gran confusïone,
Cridando van per arbori e per macchie;
Così tutta la gente in quel torniero
Fuggia davanti al paladin Rugiero.

20.   Il re de Arzila, io dico Bambirago,
Fu da Rugier colpito in su la testa;
Costui portava pei cimiero un drago:
Con quel percosse il capo alla foresta.
Sempre più viene il giovanetto vago
Di ben ferire, e menando tempesta
Pose Tardoco e Marbalusto al piano,
L'un re de Alzerbe e l'altro re d'Orano.

21.   E Baliverzo, il re di Normandia,
Fo tratto dello arcione al suo dispetto.
Quando Agramante e gran colpi vedia.
Per meraviglia usciva de intelletto,
Ché 'l re de Tingitana esser credia,
Per l'arme che avea indosso il giovanetto;
Ma prima nol tenea gagliardo tanto,
Or ben li dava di prodezza il vanto.

---

19. — 5 *sparpagnate*, sparpagliate, disperse.

22.   Perché sappiati il fatto ben compito,
         Ordinato è il torniero a tal ragione,
         Che non poteva alcuno esser ferito,
         Menando tutti e brandi de piatone,
         Ed altrimente a morte era punito
         Chiunque facesse al gioco fallisone.
         Di taglio né di ponta alcun non mena:
         Sapea Rugiero e l'ordine e la pena.

23.   Però menava sol di piatto il brando,
         E gionse il fio d'Almonte, Dardinello,
         Che portava il quarter sì come Orlando,
         E for de arcion lo trasse a gran flagello.
         Dicea Agramante: — A Dio mi racomando,
         Ch'io non credetti mai che quel Brunello
         Un regno meritasse per valore:
         Ma ben serebbe degno imperatore. —

24.   Queste parole diceva Agramante,
         E stavasi da parte a riguardare
         E colpi orrendi e le prodezze tante,
         Quanto potesse alcuno imaginare.
         Ecco Rugiero abatte a lui davante
         Argosto, che armiraglio era del mare,
         Argosto de Marmonda, il pagan fiero,
         Che avea il timone a l'elmo per cimiero.

25.   Gionse Arigalte, il re de l'Amonia,
         E 'l re de Libicana, Dudrinasso,
         E seco Manilardo in compagnia,
         Re di Norizia, e mena gran fraccasso.
         Eran costoro il fior de Pagania,
         Che non curavan tutto il mondo uno asso;
         Veggendo che colui fa tanta guerra,
         Se destinâr di porlo al tutto in terra.

26.   Ciascun percosse il giovanetto franco,
         Ma lui trasse Arigalte de la sella,
         Qual porta senza insegna il scudo bianco,

24. — 7. *Marmonda*, vedi XXII, 16, 1.

E per cimero un capo di donzella.
Al primo colpo non parbe già stanco,
Ché Dudrinasso sì forte martella,
Che gli roppe 'l cimero e la corona,
E tramortito a terra lo abandona;

27.   Ed avantosse contra a Manilardo,
Né più de' primi fu questo diffeso;
Benché tra gli altri assai fusse gagliardo,
Rimase allora in su il prato disteso.
Quando Agramante a ciò fece riguardo,
Fu ben de invidia grande al core acceso,
Che un altro avesse più di lui valore,
Stimando assai per questo esser minore.

28.   E destinato veder se Brunello
Potesse il campo contra a lui durare,
Mossese ratto, che parbe uno uccello.
Sopra a Rugiero un colpo lascia andare,
E gionse di traverso il damigello,
E quasi il fece a terra trabuccare;
Ma pur se tenne nello arcion apena,
Presto se volta ad Agramante e mena.

29.   Era il cimero e la insegna reale
Tre fusi da filare e una gran rocca;
Rugier, che gionse il re sopra al frontale,
Roppe le fuse e a terra lo trabocca.
A' soi sequaci ciò parbe gran male,
Onde ciascuno il giovanetto tocca:
Alzirdo, Bardulasto e Sorridano,
Ciascun quanto più pô, mena a due mano.

30.   Quel Sorridano è re della Esperia,
Ove il gran fiume Balcana discende,
Qual crede alcun che il Nil d'Egitto sia,

---

30. — 1. *Esperia*: questo termine, in conformità all'etimologia (ἑσπέριος, occidentale) si usava per varie località: Italia, Spagna (Ultima Esperia), Scozia. Qui trattasi dell'*Esperium Promontorium* o *Esperion Keras*, Capo Verde nel Senegal. Il Bolza (Commento al *Furioso*) la dava per le Isole Esperidi, presso il Capo Verde.

Ma chi ciò crede, poco se n'intende.
Or questi tre che io dissi, tuttavia
Ciascun quanto più pô Rugiero offende;
Chi di qua chi di là mena tempesta,
L'un per le braccie e l'altro per la testa.

31.   Voltosse verso Alzirdo il pro' Rugiero,
E quel ferì de un colpo sì diverso,
Che a gambe aperte il trasse del destriero;
Poi mena a Sorridano un gran roverso,
E lui distese sì come il primiero.
Allor fu Bardulasto tutto perso,
Né gli bastando d'affrontarsi il core
Venne alle spalle il falso traditore;

32.   E ferì de una ponta nel costato
Quel franco giovanetto a tradimento.
Quando Rugier si sente innaverato,
Forte adirosse e non prese spavento;
E verso Bardulasto rivoltato,
Lo vidde ritornar di mal talento
Per donarli la morte a l'altro tratto;
Ma non andò come credette il fatto.

33.   Ché, rivoltato essendo a lui Rugiero,
Non lo sofferse di guardare in faccia,
Che era in sembianza sì turbato e fiero,
Che par che al mondo e 'l cel tutto minaccia;
Onde esso, rivoltato il suo destriero,
Fuggendo avante a lui si pose in caccia.
Rugiero il segue, e sembra una saetta,
Cridando: — Volta! volta! Aspetta! aspetta! —

34.   Ma quel, che non volea ponto aspettare,
Giva ad un bosco assai quindi vicino,
Credendo di nascondersi e campare;
Ma troppo corridore era Frontino.
Non valse a Bardulasto il speronare,
Ché presso al bosco il gionse il paladino,

32. — 3. *innaverato,* ferito (gallicismo).

Là dove al suo dispetto essendo gionto,
Venne animoso a quello estremo ponto;

35.　　E rivoltato con molto furore
Menò più colpi in vano al giovanetto,
Ma durò la battaglia poco d'ore,
Ché presto fu partito insino al petto.
Così il re de Algazera traditore
Rimase morto a canto a quel boschetto;
Rugier, spargendo il sangue for del fianco,
A poco a poco quasi venìa manco.

36.　　Ma per pigliare a ciò rimedio e cura
Tornava al sasso dove era Atalante,
Ii qual sapea de l'erbe la natura
E le virtute e l'opre tutte quante;
Onde di cavalcar ben se procura
Per ritrovarsi presto a lui davante,
Ché tanto la ferita lo adolora,
Che non bisogna far lunga dimora.

37.　　Così ne andò Rugier, che era ferito;
E gli altri che restarno al torniamento,
Non se accorgevan che fosse partito,
Tanto gli avea percossi alto spavento.
Ma il re Agramante tutto sbigotito
A destrier rimontò con gran tormento,
Perché avea di vergogna un tal sconforto,
Che avria pena minore ad esser morto.

38.　　Or lasciamo costor tutti da parte,
Ché nel presente ne è detto a bastanza,
Però che il conte Orlando e Brandimarte
Mi fa bisogno di condurli in Franza,
Acciochè queste istorie che son sparte,

---

34. — 7-8. sicché essendo suo malgrado raggiunto, allora finalmente divenne coraggioso per la collera, in quell'ultimo momento.

37. — Questo torneo è lo scontro d'armi più infelice fra quanti si trovano nell'*Inn.*: non quell'evidenza plastica, quell'originalità di tratti, quello stupore continuo che il B. sa trovare sempre. Evidentemente nuoce l'eccessivo numero degli schermidori: il B. non ama le moltitudini.

38. — 1-6. Osserva giustamente G. Ponte, essere qui evidente la tendenza del B. ad unificare l'azione.

Siano raccolte insieme a una sustanza;
Poi seguiremo un fatto tanto degno
Quanto abbia libro alcuno in suo contegno.

39.   Andava Brandimarte e il conte Orlando
Per ritrovare Angelica al girone,
Sì come io vi contava alora quando
Lasciò Ranaldo Astolfo con Dudone;
Or là ritorno e dico, seguitando,
Che in diversi paesi e regïone
Per aventure strane ebber che fare,
Come io vi voglio a ponto racontare.

40.   Insieme cavalcando una matina
In India, se trovarno ad un gran sasso,
Ove presso a una fonte una regina
Tenea piangendo forte il viso basso;
Sopra ad un ponte che quivi confina,
Guardava un cavalliero armato il passo.
Fermârsi e duo baron, pur con pensiero
Di aver battaglia con quel cavalliero.

41.   Ma ciascun d'essi, io dico il paladino
E Brandimarte, in prima volea gire;
E, standosi in contesa, un peregrino
Col suo bordone in man vedon venire.
Quel mostrava aver fatto un gran camino,
E passandosi via senz'altro dire,
Più non pensando, al ponte se ne entrava,
Ma il cavallier di là forte cridava:

42.   — Tòrnati adietro, se non vôi morire,
Tòrnati adietro, — cridava — poltrone,
Ché non è cavallier di tanto ardire,
Qual commettesse questa fallisone!
Se tu non torni, io te farò partire
Con sì fatto combiato, vil giottone,
Che mai non vederai ponte né sasso
Qual non te torni a mente questo passo. —

42. — 8. *torni*, faccia tornare, richiami alla mente.

43.   Il peregrin, mostrandosi tapino,
Dicea: — Baron, per Dio! lasciami andare,
Ch'io aggio un voto al tempio de Apollino,
Il quale è in Sericana a lato al mare.
Se un altro ponte qua fosse vicino,
Ove questa acqua si possa vargare,
E me lo mostri, io te ringrazio e lodo;
Se non, qua passar voglio ad ogni modo. —

44.   — Come « a ogni modo », schiuma di cucina! —
Rispose il cavallier forte adirato,
E verso lui se mosse con ruina,
Per averlo del ponte trabuccato;
Ma il peregrin, gettando la schiavina,
Di sotto si scoperse tutto armato;
Lasciando andare a terra il suo bordone,
Trasse con furia un brando dal gallone.

45.   E' non se vidde mai livrer né pardo,
Il qual levasse sì legiero il salto,
Come faceva il peregrin gagliardo,
E quanto il cavallier sempre è tanto alto.
Né questo a quello avea ponto riguardo,
Ma con feroce e dispietato assalto
L'un l'altro avea ferito in parte assai,
E pur van drieto e non s'arrestan mai.

46.   Il cavallier smontato era de arcione,
Temendo che il destrier gli fosse occiso,
E, se non fosse sì forte barone,
Dal peregrin serìa stato conquiso.
Ciò riguardando il figlio di Melone
E Brandimarte, fo ben loro aviso
Non aver visti al mondo duo guerrieri
Che sian de questi più gagliardi e fieri.

47.   E benché a ciascun d'essi un'altra volta
Sembri aver visto il peregrino altronde,

45. — 1. *livrer*, levriero. — 4. e, saltando, arriva sempre all'altezza
del cavaliere.
    46. — 4. *conquiso*, vinto.

Lo abito strano e la gran barba e folta
Non gli lascia amentare il come o il donde.
Or la battaglia è ben stretta e ricolta,
Né abatte il vento sì spesso le fronde,
Né si spessa la neve o pioggia cade,
Come son spessi e colpi de le spade.

48.   Il peregrino ognior del ponte avanza,
Come colui che a meraviglia è fiero,
Ed era de alto ardire e gran possanza,
Onde avea già ferito il cavalliero
Nel braccio, nella testa e nella panza,
Sì che ritrarsi gli facea mestiero;
E benché ancor mostrasse ardita fronte,
Pur se ritrava abandonando il ponte.

49.   Era di là dal ponte una pianura
Intorno al sasso di quella fontana;
Quivi era un marmo de una sepoltura,
Non fabricata già per arte umana,
E sopra, a lettre d'oro, una scrittura,
La qual dicea: ' Bene è quella alma vana,
Qual s'invaghise mai del suo bel viso;
Quivi è sepolto il giovane Narciso.'

50.   Narciso fu in quel tempo un damigello
Tanto ligiadro e di tanta bellezza,
Che mai non fu ritratta con pennello
Cosa che avesse in sé cotal vaghezza;
Ma disdegnoso fu come fu bello,
Però che la beltate e l'alterezza
Per le più volte non se lascian mai,
Dil che perita è gran gente con guai:

49. — 7. *s'invaghise*, s'invaghisce.
50. — È da notare la graziosa aggiunta con cui il B. ammoderna il mito di Narciso: egli era figlio del fiume Cefiso, amato da Eco, che, non corrisposta, si ridusse per il dolore a non essere più che voce. Allora Afrodite punì Narciso facendolo innamorare di un oggetto irraggiungibile: se stesso: ed egli ne morì di consunzione. Il B. continua con la storia della Fata Silvanella, e della tragedia di Re Larbino.

51.   Sì come la regina de Orïente
Amando il bel Narciso oltra misura,
E trovandol crudel sì de la mente,
Che di sua pieta o di suo amor non cura,
Se consumava misera, dolente,
Piangendo dal matino a notte oscura,
Porgendo preghi a lui con tal parole,
Che arian possanza a tramutare il sole.

52.   Ma tutte quante le gettava al vento,
Perché il superbo più non l'ascoltava
Che aspido il verso de lo incantamento,
Onde ella a poco a poco a morte andava,
E gionta infin allo ultimo tormento
Il dio d'Amore e tutto il cel pregava,
Ne gli estremi sospir piangendo forte,
Iusta vendetta a la sua iniusta morte.

53.   E ciò gli avenne, però che Narciso
Alla fontana, de che io ve contai,
Cacciando un giorno fo gionto improviso
E corso avendo dietro a un cervo assai,
Chinosse a bere, e vide il suo bel viso,
Il qual veduto non avea più mai;
E cadde, riguardando, in tanto errore,
Che de se stesso fu preso d'amore.

54.   Chi odì giamai contar cosa sì strana?
O iustizia de Amor, come percote!
Or si sta sospirando alla fontana,
E brama quel che avendo aver non pote.
Quell'anima che fu tanto inumana,
A cui le dame ingenocchion devote
Si stavano adorar come uno Dio,
Or mor de amore in suo stesso desio.

55.   Esso, mirando il suo gentile aspetto,
Che di beltate non avea pariglio,

---

52. — 3. (più) che non faccia la serpe per i versi dell'incantatore.
54. — 4. quel che non può conquistare, perché già lo possiede, se stesso.
55. — 2. *pariglio*, uguale (*par ac ille*. Cfr. simili voci nei dialetti dell'Italia Settentrionale).

Se consumava di estremo diletto,
Mancando a poco a poco, come il ziglio
O come incisa rosa, il giovanetto,
Sin che il bel viso candido e vermiglio
E gli occhi neri e 'l bel guardo iocondo
Morte distrusse, che destrugge il mondo.

56.　　Quindi passava per disaventura
La fata Silvanella a suo diporto,
E dove adesso è quella sepoltura
Iacea tra' fiori il giovanetto morto.
Essa, mirando sua bella figura,
Prese piangendo molto disconforto,
Né se sapea partire; e a poco a poco
Di lui s'accese in amoroso foco.

57.　　Benché sia morto, pur di lui s'accese,
Avendo di pietate il cor conquiso,
E lì vicino a l'erba se distese,
Baciando a lui la bocca e il freddo viso,
Ma pur sua vanitate al fin comprese,
Amando un corpo dal spirto diviso,
E la meschina non sa che si fare:
Amar non vôle, e pur conviene amare.

58.　　Poi che la notte e tutto l'altro giorno
Ebbe la fata consumato in pianto,
Un bel sepolcro di marmoro adorno
In mezo il prato fece per incanto;
Né mai poi se partitte ivi de intorno,
Piangendo e lamentando, infino a tanto
Che a lato alla fontana in tempo breve
Tutta se sfece, come al sol la neve.

59.　　Ma per aver ristoro o compagnia
A quel dolor che a morte la tirava,
Struggendosi de amor, fu tanto ria,
Che la fontana in tal modo affatava,
Che ciascun, qual passasse in quella via,

55. — 5. *incisa*, tagliata, spiccata.

Se sopra a l'acqua ponto rimirava,
Scorgea là dentro faccie di donzelle,
Dolce ne gli atti e grazïose e belle.

60.   Queste han ne gli occhi lor cotanta grazia,
Che chi le vede, mai non può partire,
Ma in fin convien che amando se disfazia,
Ed in quel prato è forza de morire.
Ora ivi arivò già per sua disgrazia
Un re gentile, accorto e pien d'ardire,
Quale era in compagnia de una sua dama:
Lei Calidora e lui Larbin si chiama.

61.   Essendo questo alla fonte arivato,
E dello incanto non essendo accorto,
Per la falsa sembianza fu ingannato,
E sopra l'erbe ivi rimase morto.
La dama, che l'avea cotanto amato,
Abandonata de ogni suo conforto,
Si pose a lacrimare in quella riva,
E star si vôle insin che serà viva.

62.   Questa è la dama che piangeva al sasso,
E il ponte al cavallier facea guardare,
Accioché ogni altro che arivava al passo
Non se potesse a quel fonte mirare.
Da poi che il suo Larbin dolente e lasso
Per quello incanto vidde consumare,
Pietà gli prese de ogni altra persona,
E stassi al fonte, e mai non l'abandona.

63.   E questa istoria, quale io v'ho contata,
Del bel Narciso e di sua morte strana,
Lei tutta la narrò, come era stata,
Al conte Orlando presso alla fontana,
Poscia che vidde la disconsolata
Alla battaglia orribile e inumana
Quel franco peregrino esser sì forte,
Che al suo barone avria dato la morte.

64.   Temendo che sia morto il suo barone,
Aiuto o pace dimandava al conte,

Mostrando a lui che per compassïone
De ogni altra gente fa guardare il ponte;
Onde a bona drittura di ragione
Non debbe il cavallier ricevere onte,
Qual non dimora là per fellonia,
Ma per campare altrui da morte ria.

65.   Cognosce il conte che ella dice il vero,
Però ben presto se trasse davante,
E tra quel peregrino e il cavalliero
Spartì la fiera zuffa in uno istante;
Poi, riguardando a lor con più pensiero,
Cognobbe che l'uno era Sacripante
E l'altro, che in più parte fu ferito,
Era Isolieri, il giovanetto ardito;

66.   Qual, per guardare a Calidora il passo,
Insin di Spagna a l'India era venuto,
Che pur pensando al gran camin son lasso;
Amor l'avea condutto e ritenuto.
Ma Sacripante andava al re Gradasso,
Da Angelica mandato per aiuto,
Come io vi dissi alora che Brunello
A lui tolse il destriero, a lei lo anello.

67.   Alor contai come prese il camino:
Non so se a ponto ben lo ricordati,
Che l'abito pigliò di peregrino.
Avendo già più regni oltra passati,
Gionse alla fonte in su questo confino.
Segnor, che intorno e mei versi ascoltati,
Se alcun de voi de odire ha pur talento,
Ne l'altro canto io lo farò contento.

---

66. — 3. con un viaggio sì lungo che solo a pensarci mi sento stanco.

CANTO DECIMOTTAVO

1.　Fo glorïosa Bertagna la grande
　　Una stagion per l'arme e per l'amore,
　　Onde ancora oggi il nome suo si spande,
　　Sì che al re Artuse fa portare onore,
　　Quando e bon cavallieri a quelle bande
　　Mostrarno in più battaglie il suo valore,
　　Andando con lor dame in aventura;
　　Ed or sua fama al nostro tempo dura.

2.　Re Carlo in Franza poi tenne gran corte,
　　Ma a quella prima non fo sembïante,
　　Benché assai fosse ancor robusto e forte,
　　Ed avesse Ranaldo e 'l sir d'Anglante.
　　Perché tenne ad Amor chiuse le porte
　　E sol se dette alle battaglie sante,
　　Non fo di quel valore e quella estima
　　Qual fo quell'altra che io contava in prima;

3.　Però che Amore è quel che dà la gloria,
　　E che fa l'omo degno ed onorato,
　　Amore è quel che dona la vittoria,

CANTO XVIII. — Orlando, Brandimarte e Fiordelisa giungono ad Albraca, ma nella notte l'abbandonano al nemico per tornare in Francia con Angelica, che vuol raggiungere Ranaldo. Brandimarte arresta i Turchi inseguitori, Orlando fa strage dei Lestrigoni; poi ritrovano le due dame perdutesi nella fuga.

　　1. — 1. *Bertagna la grande,* la Gran Bretagna. — 2. *Una stagion,* un tempo, una volta. — 4. *Artuse,* Artù.
　　2. — 7. *Non fo* (sogg. *la corte* di Carlo).
　　3. — Queste tre ottave sono la professione letteraria del B. a riguardo dei cicli cavallereschi. Egli vorrebbe infondere nelle imprese carolinge quella che per lui è la vita palpitante e la radice di ogni vero valore: l'amore.

E dona ardire al cavalliero armato;
Onde mi piace di seguir l'istoria,
Qual cominciai, de Orlando inamorato,
Tornando ove io il lasciai con Sacripante,
Come io vi dissi nel cantare avante.

4.   Dapoi che il conte intese dove andava
Re Sacripante, ed ove era venuto,
E come in tema Angelica si stava
Non aspettando d'altra parte aiuto,
Il franco cavallier ben sospirava,
E tutto se cambiò nel viso arguto;
E senza fare al ponte altro pensiero,
Calidora lasciò con Isoliero.

5.   E Sacripante prese la schiavina
E la tasca e il cappello e il suo bordone;
Al re Gradasso via dritto camina.
Ma torno adesso al figlio di Melone,
Che cavalcando gionse una matina
Con Brandimarte ad Albraca il girone;
Ma non san come far quivi l'intrata,
Cotanta gente intorno era acampata.

6.   Torindo, il re de' Turchi, e 'l Caramano
Quivi era in campo, e 'l re di Santaria
E Menadarbo, il quale era Soldano,
Che tenne Egitto e tutta la Soria;
Coperto era a trabacche e tende il piano:
Non se vidde giamai tanta genia;
Solo adunata è quella gente fella
Per donar pena e morte a una donzella.

7.   Ma chi per una e chi per altra iniuria
Intorno a quella dama era attendato;
Torindo il Turco menava tal furia
Per Trufaldino, il qual fo spregionato;
E Menadarbo, quel Soldan, lo alturia,

---

5. — 5-6. *gionse... ad Albraca il girone*, raggiunse la rocca di Albraca.
6. — 5. *trabacca* (o trabacco) vale: baracca, padiglione.

Però che fo gran tempo inamorato
De Angelica la bella; e sempre mai
Ebbe repulsa e beffe e scorni assai.

8.   Onde l'amore avea in odio rivolto,
E sol per disertarla venuto era.
Veggendo Orlando il gran popolo accolto,
Che avea coperto il piano e la costiera,
Benché egli ardisse e disïasse molto
Di far battaglia più che voluntiera,
Tanto vedere Angelica li piace
Che provar volse di passare in pace.

9.   Però se ascose in un bosco vicino,
E là si stette insino a notte oscura,
Poi, come quel che ben sapea il camino,
Intrò dentro alla rocca alla sicura.
Quando la dama vidde il paladino,
Di tutto il mondo ormai non ha più cura;
Non dimandati se ella ebbe conforto,
Perché certo credea che 'l fusse morto.

10.   Molte fôr le carezze e l'accoglienza
Che Angelica li fece a quel ritorno.
Il conte di narrarle indi comenza
Poscia che se partitte il primo giorno,
Insin che è gionto nella sua presenza;
Come trovò Marfisa e perse il corno,
E de Origille quelle beffe tante,
Sin che in prigion lo pose Manodante;

11.   Come Ranaldo quíndi era partito
Per gire in Franza, ed Astolfo e Dudone;
E ciò che prima e poscia era seguito
Li disse Orlando a ponto per ragione.
La dama, benché il tutto avesse odito,
Pure ascoltando che il figlio d'Amone
Era tornato in Franza al suo paese,
De rivederlo ancor tutta se accese.

12.   Onde cominciò il conte a confortare,
Mostrando a lui per diverse cagione

L'*Orlando innamorato*

nella stampa di Venezia, Nicolini, 1543.

Come doveva in Francia ritornare;
E che ormai più dentro a quel girone
Non è vivanda che possa durare,
Sì che star non vi può lunga stagione,
Ed è bisogno aritrovar rimedio
Onde si campi for di quello assedio.

13.   E che ella seco ne volea venire,
Ove ad esso piacesse, in ogni loco.
Or quivi non fu già molto che dire,
Né il conte vi pensò troppo né poco;
Ma quella notte se ebbero a partire,
E nella rocca in molte parte il foco
Lasciarno, che alle torre e nei merli arda,
Per dimostrar che ancor vi sia la guarda.

14.   E poi per l'aria scura e tenebrosa
Tutto passarno senza impaccio il campo;
Ma possa che ogni stella fu nascosa,
E del giorno vermiglio apparbe il lampo,
Non gli coprendo ormai la notte ombrosa,
Pigliâr rimedio ed ordine al suo scampo:
Tutta lor compagnia forse è da venti,
Tra dame e cavallieri e lor sargenti.

15.   E questa alora tutta se disparte,
Chi qua, chi là, ciascuno a suo comando;
Rimase Fiordelisa e Brandimarte
Ed Angelica bella e il conte Orlando.
Or questi quattro sé trasse da parte,
E tutto il giorno appresso cavalcando
Ne andarno insino a l'ora della nona
Senza trovare impaccio de persona.

16.   Essendo alora il giorno riscaldato,
Ciascadun de essi del destrier discese
Sotto l'ombra de un pin, ad un bel prato,
Ma non che se spogliasse alcuno arnese;

15. — 5. se trasse; F. se trasser.
16. — 4. più bella ma isolata la lez. del 1513: *alcun l'arnese*. Arnese
può essere tanto un pezzo dell'armatura che la corazza o l'armatura
tutta insieme. La nostra è la lez. più documentata (F.). Z. dà quella del 1513.

19. BOIARDO, II.

E, stando il conte e Brandimarte armato,
Né temendo ormai più de altre offese,
Stavano ad agio parlando d'amore,
Quando a sue spalle odirno un gran rumore.

17.   Onde levati, un poco di lontano
Videro una gran gente a belle schiere,
Che via ne vien distesa per il piano,
Ed ha spiegato al vento le bandiere.
Questo era Menadarbo, il gran Soldano,
E 'l re de' Turchi e l'altre gente fiere,
Che avean l'assedio a quella rocca intorno,
Anci l'han presa ed arsa pur quel giorno.

18.   Perché, essendo aveduti la mattina
Che più persona non era in quel loco,
Intrarno tutti dentro con roina,
La bella rocca abandonarno in foco;
Poi Menadarbo al tutto se destina
Aver la dama e di farli un mal gioco,
E Torindo gli è dietro e 'l Caramano,
E tutti gli altri poi di mano in mano.

19.   Quando se accorse Orlando de la gente
Che ratta ne venìa per la pianura,
Turbosse for di modo nella mente,
Però che de le dame avea paura;
Ma Brandimarte se cura nïente,
Anci diceva al conte: — Or te assicura,
Ché, piacendoti far quel che io te dico,
Quella canaglia non estimo un fico.

20.   Io ho, come tu vedi, un bon destriero,
Quanto alcun altro che n'abbia il Levante,
E non è tra costor già cavalliero,
Che ad un per uno io non li sia bastante.
Quivi voglio arrestarmi in su il sentiero;
Tu con le dame passarai avante,
Io con parole e fatti sì faraggio
Che prenderai andando alcun vantaggio. —

19. — 3-4. l'unica volta che Orlando ha paura:... ma è per la dama.

21.　　A benché il conte cognoscesse a pieno
　　　Che quello è vero e bon provedimento
　　　Qual dice Brandimarte, nondimeno
　　　Lo abandonarlo parrìa mancamento;
　　　Ma pur rivolse ne la fine il freno,
　　　Per far di questo quel baron contento;
　　　In mezo a le due dame avanti passa,
　　　E Brandimarte in su quel prato lassa.

22.　　La gente sterminata ne venìa
　　　Per la campagna senza alcun riguardo;
　　　Secondo che il destrier ciascun avia,
　　　Chi giongeva più presto, e chi più tardo;
　　　Ma avanti a gli altri il re di Satalia
　　　Venìa, broccando un gran ronzon leardo;
　　　Sopra la briglia già non se ritiene,
　　　Più de una arcata avanti a gli altri viene.

23.　　Sembrava proprio al corso una saetta
　　　Quel re, che era appellato Marigotto;
　　　E Brandimarte stava alla vedetta.
　　　Come lo scorse ben, disse di botto:
　　　« Costui ha di morire una gran fretta,
　　　Ché avanti a gli altri vòl pagare il scotto. »
　　　Così dicendo e crollando la testa
　　　Sprona il destriero e la sua lancia arresta.

24.　　E Marigotto fece il simigliante:
　　　Verso di questo venne, e l'asta abassa;
　　　Ma Brandimarte, che 'l gionse davante,
　　　Dopo alle spalle con la lancia il passa;
　　　E d'urto dapoi gionse lo afferante,
　　　E con ruina a terra lo fraccassa,
　　　Là dove Marigotto e 'l suo ronzone
　　　Ne andarno in fascio, a gran destruzïone.

25.　　Già Brandimarte avea sua spata tratta,
　　　E dà tra gli altri senza alcun riparo.
　　　Oh come bene intorno se sbaratta,

---

22. — 6. *broccando*: *broccare* e *brocciare* = spronare (e tessere a brocchi).

Facendo de lor pezzi da beccaro!
Onde alla gente che venìa sì ratta,
Cominciava il terreno a parer caro,
E non mostrano ormai cotanta fretta,
Ché più che voluntier l'un l'altro aspetta.

26.   Ma Menadarbo vi gionse, adirato
Che un sol barone arresti tanta gente,
E stringendo la lancia al destro lato
Ne vien spronando il suo destrier corrente;
E colse Brandimarte nel costato,
Ma de arcione il piegò poco o nïente:
La lancia rotta in pezzi cade a terra,
E Brandimarte adosso a lui si serra.

27.   Levando alto a due mano il brando nudo,
Mena con furia al mezo della testa.
Or lui coperto avea l'elmo col scudo:
Né l'un né l'altro quel gran colpo arresta,
Ché il scudo e l'elmo ruppe il brando crudo,
E cadde Menadarbo alla foresta,
Partito dalla fronte insino ai denti;
Or vi so dir che gli altri avean spaventi.

28.   Ma non di manco gli stavano intorno,
E chi lancia da longi e chi minaccia.
Poco gli stima il cavalliero adorno,
Ed ora questi ed or quelli altri caccia;
Così gran parte è passata del giorno,
Perché la gente che seguia la traccia
Crescendo ne venìa di mano in mano:
Ecco gionto è Torindo e il Caramano.

29.   Prima gionse Torindo a gran baldanza:
Con l'asta bassa Brandimarte imbrocca,
E spezzò sopra al scudo la sua lanza;
Ma Brandimarte ad una spalla il tocca,
E quasi lo partì insino alla panza,
E dello arcione a terra lo trabocca.
Vedendo quel gran colpo il Caramano
Volta il destriero e fugge per il piano.

29. — 2. *imbrocca*: *imbroccare* vale colpir nel segno.

30. Ma quel fuggire avria poco giovato,
Se non avesse avuto a volar piume.
Venne la notte, e il giorno era passato,
Né per quel loco si vedea più lume;
E 'l Caramano avanti era campato,
Natando per paura un grosso fiume;
Poi molte miglia per le selve ombrose
Andò fuggendo ed al fin se nascose.

31. E Brandimarte, che l'avea seguito
Cacciando a tutta briglia il suo destriero,
Dapoi che vide ch'egli era fuggito
E che a pigliarlo non era mestiero,
Guardando al prato dove era partito
Non vi sa più tornare il cavalliero,
Perché la notte che ha scacciato il giorno
Avea oscurato per tutto d'intorno.

32. Intrato adunque per la selva alquanto,
E non sapendo mai di quella uscire,
Smontò di sella e trassese da un canto,
Sopra alle fronde se pose a dormire;
Ma rotto li fo il sonno da un gran pianto,
Qual quindi presso li parve de odire,
E sembrava la voce de una dama,
Che a Dio mercede lacrimando chiama.

33. Chi sia la dama qual mena tal guai,
Poi oderiti stando ad ascoltare.
Ma sia de Brandimarte detto assai,
Ché al conte Orlando mi convien tornare,
Il qual, partito come io vi contai,
Verso Ponente prese a caminare,
Né passato era avanti oltre a sei miglia,
Che ebbe travaglia e pena a meraviglia.

34. Però che, intrato essendo in duo valloni,
Chinandosi già il sole in ver la sera,
Trovò sopra a que' sassi e Lestrigioni,

34. — 3. *Lestrigioni*: trattasi del popolo mitico di posizione geografica indeterminata. In Omero, dove essi abitavan la notte era così chiara che

Gente crudele e dispietata e fiera.
Costoro han denti ed ungie de leoni,
Poi son come gli altri omini alla ciera,
Grandi e barbuti e con naso di spana:
Bevono il sangue e mangian carne umana.

35.   Il conte entrato gli vede a sedere
Ad una mensa che è posta tra loro,
E sopra quella da mangiare e bere,
Con gran piatti d'argento e coppe d'oro.
Come ciò scorse Orlando, a più potere
Sprona il ronzon per giongere a costoro,
E ben seguìto lo tenean le dame,
Ché l'una più che l'altra ha sete e fame.

36.   Via van trottando per giongere a cena,
Ma prestamente fia ciascuna sacia.
Or vanne il conte, e con faccia serena
A que' ribaldi disse: — Prò vi facia.
Poi che fortuna a tale ora mi mena
In questo loco, prego che vi piacia
Per li nostri dinari, o in cortesia,
Che siamo a cena vosco in compania. —

37.   Il re de' Lestrigoni, Antropofàgo,
Odendo le parole levò il muso.
Questo avea gli occhi rossi come un drago,
E tutto di gran barba il viso chiuso;
De veder gente occisa è troppo vago,
Come colui che tutto il tempo era uso
Matina e sera di farne morire,
Per divorarli e il suo sangue sorbire.

38.   Quando costui odì il conte parlare,
Veggendolo a destriero e bene armato,
Dubitò forse nol poter pigliare,
Onde li fece loco a sé da lato.
Pregando che volesse dismontare;

---

quivi uomo insonne avria doppia mercede (*Odissea*, X). Più tardi il **mito**
li collocò in Sicilia, o nel Lazio (Formiae). — 7. *di spana*, della **lunghezza**
d'una spanna.

Ma il conte aveva già deliberato,
Se lo invitasse, de accettar lo invito,
Se non, pigliar da cena a ogni partito.

39.   Onde discese de il destriero al basso,
Ma non se assetta, le dame aspettando,
Le qual venian però più che di passo.
Ora odì il conte lor, che mormorando
Dicevan l'uno a l'altro: — Egli è ben grasso. —
E quel rispose: — Io nol so, se non quando
Io il vedo a rosto, o ver quand'io l'attasto;
E sapròl meglio se io ne piglio un pasto. —

40.   Non attendeva Orlando a tal sermone,
Come colui che alle dame guardava,
Ma in questo Antropofàgo il Lestrigone
Da mensa pianamente se levava,
E, preso avendo in mano un gran bastone,
Venne alle spalle del conte di Brava,
E sopra l'elmo ad ambe mano il tocca,
Sì che disteso a terra lo trabocca.

41.   Molti altri se aventarno anco di fatto
Verso le dame dai visi sereni,
Perché volevan tutti ad ogni patto
Aver di quella carne e corpi pieni;
Ma lor, che se smarirno di quello atto,
Voltarno incontinente i palafreni,
E l'una in qua e l'altra in là fuggiva;
La mala gente apresso le seguiva.

42.   Givan piangendo e lamentando forte
Le damigelle con molta paura,
E, non essendo nel paese scorte,
Andarno errando per la selva oscura.
Tornamo al conte, che è presso alla morte:
Già tratta gli han di dosso l'armatura,
E non è ancora in sé ben rinvenuto
Per il gran colpo che ha nel capo avuto.

39. — 8. *sapròl*, saprollo, lo saprò. Z.: *saprò il meglio*.

43.   Antropofago, il re crudo e superbo,
Gli pose adosso il dispietato ungione,
Dicendo a gli altri: — Questo è tutto nerbo:
Da gli occhi in fora non c'è un buon boccone. —
Sentendo Orlando lo attastare acerbo,
Per quella doglia uscì de stordigione,
E saltò in piede il cavallier soprano;
Come a Dio piacque, a lor scappò di mano.

44.   Dietro gli è il re con molti Lestrigoni,
Cridando a ciascadun ch'e passi chiuda;
Chi gli tra' sassi, e chi mena bastoni:
Tutta gli è adosso quella gente cruda,
Né lo lascia partir de que' cantoni.
Ora ecco ha vista Durindana nuda,
Ben prestamente il conte in man l'afferra.

45.   Quando se vidde la sua spada in mano,
Pensati pur tra voi se il fo contento.
Ove se imbocca quel vallone a piano,
Eran firmati di costor da cento,
Che avean lasciata quei ribaldi a terra;
Tutti di viso ed abito villano;
Né scudo o brando o altro guarnimento,
Ma pelle d'orsi e di cingiali in dosso
Avea ciascun, e in mano un baston grosso.

46.   Il conte Orlando tra costor se caccia,
Menando il brando a dritto ed a roverso,
E l'un getta per terra, e l'altro amaccia,
Questo per lungo e quel taglia a traverso;
Spezza e bastoni e seco ambe le braccia,
Ma quel rio populaccio è sì perverso
Che, avendo rotto e perso e piedi e mane,
Morde co' denti, come fa lo cane.

47.   Convien che spesso il conte se ritorza,
Perché ciascun de intorno l'aggraffava.

---

45. — 3-4. ove quel vallone sbocca nel piano, s'eran fermati un
centinaio...

Ora il suo re, sì come avea più forza,
Maggior baston de gli altri assai portava,
Ed era tutto armato de una scorza;
Giù per la barba gli cadea la bava,
Che colava di bocca e del gran naso,
Come un cane arabito, a quel malvaso.

48. Più di tre palmi sopra gli altri avanza
Questo re maledetto che io vi conto;
Orlando lo assalì con gran possanza,
E dritto a mezo il capo l'ebbe gionto;
Callò il brando nel petto e nella panza,
Sì che in due parte lo divise a ponto,
E cadde da due bande alla foresta;
Il conte dà tra gli altri e non s'arresta.

49. E fece un tal dalmaggio in poco de ora,
Che di quella canaglia maledetta
Non vi è persona che faccia dimora
Avanti al conte: tristo chi lo aspetta!
Perché col brando in tal modo lavora,
Che non si trova né pezzo né fetta
De alcun, che morto al campo sia rimaso,
Qual sia maggior che prima fosse il naso.

50. Onde lui restò solo in quel vallone,
Ed era il giorno quasi tutto spento,
Quando esso se adobbò sue guarnisone;
E di mangiare avendo un gran talento,
Venne alla mensa, a quelle imbandisone,
Le qual mirando quasi ebbe spavento,
Però che quelle gente disoneste
Cotte avean bracie umane e piedi e teste.

51. Ben vi so dir che gli fuggì la fame
A quel convito dispietato e fiero,
Se ben ne avesse avuto maggior brame.
Ma torna adietro e prende il suo destriero,
Deliberato di cercar le dame,
Ché ritrovarle avea tutto il pensiero.
E diceva piangendo: « Or chi me aiuta
Forza né ardir, se mia dama è perduta?

52.   Se mia dama è perduta, or che mi vale
Aver morto costor dal brutto viso?
Che se io non la ritrovo, era men male
Esser da lor con quei bastoni occiso.
O Patre eterno! o Re celestïale!
O Matre del Segnor del paradiso!
Datime presto l'ultimo conforto,
Ch'io la ritrovi, o che io presto sia morto. »

53.   Piangendo il conte parlava così,
Come io vi ho detto, e nella selva intrò;
Errando andè per quella in sino al dì,
Ma ciò ch'el va cercando non trovò.
Essendo l'alba chiara, ed ello odì
Cridar : — Va là! va là! ché ella non può
Scappare ormai più fuora di quel passo,
Ché là davanti è ruïnato il sasso. —

54.   Dricciosse Orlando ove colui favella,
E presto del cridar vidde lo effetto,
Perché cognobbe quella gente fella
De' Lestrigoni, il popol maledetto,
Che avean cacciata Angelica la bella
Ove se era condutta al passo stretto,
Che arendersi bisogna a chi la caccia,
O roïnarsi da ducento braccia.

55.   Quando la vidde il conte a tal periglio,
Non dimandati se fretta menava.
Era per ira in faccia sì vermiglio,
Che poco longi un foco dimostrava.
Urtò il destriero e al brando diè di piglio,
E quel de intorno a gran furia menava,
Lasciando ove giongeva un tal segnale,
Che per guarirlo medico non vale.

56.   Eran costor che io dico, da quaranta,
Che avean stretta la dama in su quel sito,
Né già de tutti quanti un sol si vanta
Che senza la sua parte sia partito.
Se la canaglia fosse due cotanta,

Ciascuno a bon mercato era fornito
Di squarci per la testa e per la faccia:
A chi troncò le gambe, a chi le braccia.

57.   Angelica fu scossa in questa via,
La quale era fuggita in ver ponente;
Ma Fiordelisa, che a levante gìa,
Pur fu seguita ancor da questa gente.
Tutta la notte la brigata ria
L'avea cacciata, sino al sol nascente,
E proprio l'ha condutta in quella parte
Ove dormiva il franco Brandimarte.

58.   Ella piangendo a Dio se accomandava,
Ed era già sì stracco il palafreno,
Che, pur fuggendo, indarno il speronava.
De Lestrigoni intorno il bosco è pieno,
Ché ciascun de pigliarla procacciava,
Onde essa di paura venìa meno,
E già, ponendo il corpo per perduto,
A Dio per l'alma adimandava aiuto.

59.   Già riluceva alquanto pure il giorno,
Come io vi dissi, e l'alba era schiarita,
E Brandimarte, il cavalliero adorno,
Dormia lì presso in su l'erba fiorita,
Onde svegliosse; e guardando de intorno
Vidde la dama trista e sbigotita,
Che da que' Lestrigoni avia la caccia;
Ben la cognobbe incontinenti in faccia.

60.   Onde fo presto al suo destrier salito,
E con roina verso lei si mosse;
Avendo tratto il suo brando forbito,
Incontrò un Lestrigone e quel percosse.
Non vi restava apena integro un dito,
Ché tagliate gli avrebbe ambe le cosse,
Né a quel ch'è in terra il cavalliero attende,
Ma tocca un altro e insino al petto il fende.

57. — 1. *scossa*, riscossa, liberata.

61.　　　Erano allora trenta Lestrigoni,
　　　　O forse qualcun manco, a dire il vero,
　　　　E qual tutti con sassi e con bastoni
　　　　Chi dava a Brandimarte e chi al destriero,
　　　　Ma lui facea de lor tanti squarcioni,
　　　　Che pieno avea de intorno a quel sentiero
　　　　Di teste e braccia; e tuttavia tagliando,
　　　　Carco avea tutto di cervelle il brando.

62.　　　Ivi de intorno alcun più non appare
　　　　Di quella gente brutta e maledetta;
　　　　Lui Fiordelisa corse ad abracciare,
　　　　E ben mez'ora a sé la tenne stretta,
　　　　Prima che insieme potesse parlare;
　　　　Ma poi piangendo quella tapinetta
　　　　Contava al cavallier con disconforto
　　　　Come alla terra Orlando ha visto morto.

63.　　　Così dicea perché l'avea veduto
　　　　Tra i Lestrigoni alla terra disteso;
　　　　Or Brandimarte per donarli aiuto
　　　　A quella parte se ne va disteso.
　　　　Ma io sono al fin del canto già venuto:
　　　　Segnori e dame, che l'avete inteso,
　　　　Dio vi faccia contenti e di tal voglia,
　　　　Che ritornati a l'altro con più zoglia.

---

63. — 3. *donarli aiuto*, ma lo crede *morto* (62-8): svista dell'Autore.

CANTO DECIMONÔNO

1.   Già me trovai di maggio una matina
Intro un bel prato adorno de fiore,
Sopra ad un colle, a lato alla marina
Che tutta tremolava de splendore;
E tra le rose de una verde spina
Una donzella cantava de amore,
Movendo sì soave la sua bocca
Che tal dolcezza ancor nel cor mi tocca.

2.   Toccami il core e fammi sovenire
Dal gran piacer che io presi ad ascoltare;
E se io sapessi così farme odire
Come ella seppe al suo dolce cantare,
Io stesso mi verrebbi a proferire,
Ove tal volta me faccio pregare;
Ché, cognoscendo quel ch'io vaglio e quanto,
Mal volentieri alcuna fiata io canto.

3.   Ma tutto quel che io vaglio, o poco o assai,
Come vedeti, è nel vostro comando,
E con più voglia e più piacer che mai

CANTO XIX. — Brandimarte per salvare Fiordelisa deve cedere armi e corsiero a Marfisa: indi è assalito dai briganti, ma indossate le armi del cadavere di Agricane per caso incontrato, li sbaraglia con il loro capo, Barigaccio. Orlando s'imbarca per Cipro col re Norandino.

1. — Splendida ottava, con quell'immagine del mare degna del noto *tremolar* dantesco. Cfr. anche nel *Canzoniere*: *né il vago tremolar de la marina | al sol nascente lucida e tranquilla.* — 2. tanto Z. che F. correggono arbitrariamente *adorno d'ogni fiore,* che non è in nessun testo antico. Per questa bella coppia di versi, cfr. del Poliziano: *I' mi trovai, fanciulle, un bel mattino | di mezo maggio in un verde giardino.*

3. — La familiarità di queste interlocuzioni dirette con l'uditorio riesce sempre d'una vivezza deliziosa.

La bella istoria vi verrò contando;
Ove, se me ramenta, vi lasciai
Nel ragionar di Brandimarte, quando
Con Fiordelisa, di bellezza fonte,
Tornava adietro a ritrovare il conte.

4. Tornando adietro il franco cavalliero
Con Fiordelisa, a mezo la giornata
Trovarno un varletino in su un destriero,
Che avea dietro una dama iscapigliata.
Lui via ne andava sì presto e legiero,
Che mai saetta de arco fu mandata
Con tanta fretta, o da ballestra il strale,
Qual non restasse a lui dietro a le spale.

5. La dama, che era a piedi, pur seguia,
A benché fosse a lui molto lontana.
Il cavalliero incontra gli venìa
Con Fiordelisa per la terra piana;
E l'altra dama, che questa vedia,
Cridando incominciò: — Falsa puttana!
Non ti varrà costui ch'è la tua scorta,
Ché in ogni modo a sto ponto sei morta. —

6. Lasciò la briglia, battendo ogni mano,
E ben se tenne morta Fiordelisa,
Perché cognobbe presto aperto e piano
Che quella dispietata era Marfisa,
La qual seguito avea Brunello invano
(Il tutto vi ho contato, ed a qual guisa);
Avendo quel giottone assai seguito,
Trovò la dama e il cavalliero ardito.

7. Era Brunello adunque il varletino
Ch'è sopra a quel destrier di tanta lena;
Lui via passò, fuggendo al suo camino,
Né con la vista lo seguirno apena.
Quando Marfisa l'occhio serpentino
Voltò, di doglia e di grande ira piena,
Mirando Brandimarte e la sua dama
Far la vendetta sopra a questi ha brama.

---

4. — 3. *Varletino*, vallettino (senza senso gerarchico, per: giovane cavaliere). In fr. ant. *varlet* era forma parallela a *valet*.

8.   E le parole che ho sopra contate
A Fiordelisa disse minacciando;
E benché l'arme avesse dispogliate,
E senza destrier fusse e senza brando,
Di sommo ardire avea tanta bontate
Che, Brandimarte armato riguardando,
Volea seco battaglia a ogni partito;
Ma a lui non piacque de accettar lo invito.

9.   Ché a ferire una dama disarmata
A lui parea vergogna e grande iscorno.
Era una pietra in quel campo piantata,
Ove seguito avea Brunello il giorno,
Da trenta passi, o quasi, diruppata,
E cento ne voltava, o più, de intorno;
Per un scaglione alla cima se sale:
Altronde non, chi non avesse l'ale.

10.   Questa adocchiata avea l'aspra donzella,
Né pose alcuna indugia al pensamento,
Ma trasse Fiordelisa de la sella
E, via fuggendo ratta come un vento,
Montò la pietra, che parbe una occella;
A benché Brandimarte non fu lento
A seguitarla, come vidde il fatto,
Ma pur rimase in asso a questo tratto.

11.   Perché il scaglione è tanto diruppato,
Che non che alcun destrier possa salire,
Ma non vi puote lui montare armato,
Onde si cominciava a disguarnire.
Marfisa dal più sconcio ed alto lato
Portò la dama per farla morire:
In braccio la portò sopra a quel sasso
Per trabuccarla dalla cima al basso.

12.   E Fiordelisa menava gran pianto,
Come colei che morta se vedia,

10. — 5. *Montò la pietra*: a piedi, con Fiordelisa tra le braccia.
11. — 5. *sconcio*, aspro, dirupato.

E 'l cavallier ne faceva altro tanto,
E de ira e de dolor quasi moria.
Egli è coperto de arme tutto quanto,
E di camparla non vede la via;
Se ben salisse, salirebbe invano,
Ché a suo mal grato fia gettata al piano.

13.　Onde con pianto e con dolce preghiera
Incominciò Marfisa a supplicare
Che non voglia esser sì spietata e fiera,
Sé proferendo e ciò che potea fare.
Sorrise alquanto la donzella altiera,
Poi disse: — Queste zanze lascia andare:
Se costei vôi campare, egli è mestiero
Che l'arme tu me doni e il tuo destriero. —

14.　Or non fu molta indugia a questo fatto,
Ché ciascaduno il prese per megliore.
A Brandimarte parve un bon baratto
Se ben cambiasse per sua dama il core;
Così Marfisa ancora attese il patto,
E, preso che ebbe l'armi e il corridore,
Lasciò la dama che avea giù portata,
E salta in sella e via cavalca armata;

15.　E via passando con molta baldanza,
Come colei che fu senza paura,
Trovò duo che èno armati a scudo e lanza
Sopra duo gran ronzoni alla pianura.
Costor fôr quei che la menarno in Franza.
Ma poi vi conterò questa aventura,
E torno a Brandimarte e Fiordelisa,
Come Turpin la istoria a me divisa.

16.　Brandimarte montò nel palafreno
Della sua dama, e quella tolse in groppa,
E cavalcando assai per quel terreno
Trovarno a lato a un fiume una alta pioppa,
E nella cima, o ver nel mezo almeno,
Stava un ribaldo e cridava: — Galoppa,
Galoppa, Spinamacchia e Malcompagno,
Ché qua di sotto è robba da guadagno. —

17.   Il cavallier, che intese tal latino,
Fermosse a quello, e non sa che si fare,
Perché cognobbe che egli è un malandrino,
Qual chiamava e compagni per robbare;
E lui se trova sopra a quel ronzino,
Né vede modo a poterse aiutare,
Ché non ha spata né scudo né maglia;
Trovar non sa diffesa che li vaglia.

18.   E già scoperti son forse da sette,
Chi a piedi, chi a destrier, di quella gente.
« Or non bisogna che quivi gli aspette! »
Diceva Brandimarte in la sua mente;
E per la selva correndo se mette,
E lor non lo abandonan per nïente,
Ma chi dice: — Sta forte! — e chi minaccia:
Già più di trenta sono a dargli caccia.

19.   Oh quanto se vergogna il cavalliero
Fuggir davante a gente sì villana!
Che se egli avesse l'arme e il suo destriero,
Non se trarebbe adietro a meza spana.
Or via fuggendo per stretto sentiero
Gionse intra un prato, ove era una fontana:
Cinto d'intorno è da la selva il prato,
E uno altissimo pino a quello a lato.

20.   Fuggendo il cavallier con disconforto,
Come io vi dico, e molto mal contento,
Un re vidde alla fonte, che era morto,
Ed avea in dosso tutto il guarnimento;
E Brandimarte come ne fo accorto,
Ad accostarsi ponto non fu lento,
E prese il brando, che avea nudo in mano,
E giù del palafren saltò nel piano.

21.   Il manto se rivolse al braccio manco,
E con la spada e malandrini affronta.
Mai non fu campïon cotanto franco:
Questo tocca di taglio, e quel di ponta,
A l'uno il petto, a l'altro passa il fianco.

Or che bisogna che più vi raconta?
Tutti e ladroni occise in poco de ora,
Sì ben col brando intorno egli lavora.

22.   Camponne solamente un sciagurato
(Già non campò, ma poco uscì de impaccio),
Il qual fuggì ferito nel costato,
E via di netto avea tagliato un braccio.
Alla capanna subito fo andato,
Ove si stava il crudo Barigaccio,
Barigaccio, il figliol di Taridone:
Corsar fo il patre, ed esso era ladrone.

23.   Ma Barigaccio grande di statura
Fo più del patre, e forte di persona.
Ora a lui gionse con molta paura
Lo inaverato, e il tutto gli ragiona
Come passata è la battaglia scura,
Poi morto a lui davante se abandona;
Essendo uscito il sangue de ogni vena,
Cadegli avante e più non se dimena.

24.   Onde turbato Barigaccio il fiero
Fo a maraviglia, e prese un gran bastone;
De arme adobato, come era mestiero,
Salta sopra Batoldo, il suo ronzone.
Troppo era smesurato quel destriero:
La pelle nera avea come un carbone,
E rossi gli occhi, che parean di foco;
Sol nella fronte avea di bianco un poco.

25.   E Barigaccio, poi che fu montato,
Di speronarlo mai non se rimane.
Or Brandimarte, che rimase al prato
Poi che spezzato ha quelle gente istrane,
Guardando il re che stava al fonte armato,
Cognobbe al scudo ch'egli era Agricane,
Qual fo occiso da Orlando alla fontana:
Già vi contai l'istoria tutta piana.

26.   Egli avea ancor la sua corona in testa,
D'oro e di pietre de molto valore,

Ma Brandimarte nulla li molesta,
Ché ancor portava al corpo morto onore.
De arme il spogliò, ma non di sopravesta,
E baciandoli il viso con amore:
— Perdonami, — dicea — ché altro non posso,
Se ora queste arme ti toglio di dosso.

27.   Né la temenza di dover morire
Mi pone di spogliarti in questa brama,
Ma nella mente non posso soffrire
Veder poner a morte la mia dama;
E ben son certo, se potessi odire,
Se sì fosti cortese, come hai fama,
Odendo la cagion perché io ti prego,
Non mi faresti a tal dimanda niego. —

28.   Parlava in questo modo il cavalliero
A quel re morto con piatoso core,
Il quale era ancor bello e tutto intiero,
Sì come occiso fosse di tre ore;
E stando Brandimarte in quel pensiero,
Sentì davanti al bosco un gran romore,
Qual facea Barigaccio per le fronde,
Che rami e bronchi e ogni cosa confonde.

29.   Presto adobosse il cavalliero ardito
Di piastra e maglia e de ogni guarnisone,
Prese Tranchera, il bel brando forbito,
E lo elmo che far fece Salamone.
De tutte l'armi a ponto era guarnito,
Quando sopra gli gionse quel ladrone,
Il qual, mirando de intorno e da lato,
E suoi compagni vidde in pezzi al prato.

30.   Fermosse alquanto, e poi che gli ha veduti,
Disse: — In malora, gente da bigonci!
Ché non me incresce de avervi perduti,
Poi che un sol cavallier così vi ha conci;
Ché io voria prima, se Macon me aiuti,

30. — 2. *gente da bigonci*, gente da portar bigonce, cioè facchini.

Ne la mia compagnia cotanti stronci.
Colui voglio impicar senza dimora,
E voi con seco, così morti, ancora. —

31.   Così parlando, verso del gran pino
Ove era Brandimarte se voltava.
Come lo vidde a piede in sul cammino,
Subito a terra anch'esso dismontava;
Né per virtù ciò fece il malandrino,
Ma perché forte il suo ronzone amava:
Dubitò forse che quel campïone
Non lo occidesse, essendo esso pedone.

32.   Senza altramente adunque disfidare,
Adosso a Brandimarte fu invïato:
Proprio un gigante alla sembianza pare,
Tutto di coio e di scagliette armato.
Col scudo de osso che suolea portare
E il suo baston di ferro e il brando a lato
Venne alla zuffa, e senza troppo dire
Se cominciarno l'un l'altro a ferire.

33.   Sopra del scudo a Brandimarte colse
Menando ad ambe mano il rio ladrone;
E quanto ne toccò tanto via tolse,
Come spezzasse un pezzo di popone.
Il cavalliero ad esso si rivolse
Col brando, e gionse a mezo del bastone,
E come un gionco lo tagliò di netto:
Ora ebbe Barigaccio un gran dispetto.

34.   E saltò adietro forse da sei braccia,
E trasse il brando senza dimorare,
E biastemando il cavallier minaccia
Di farli quel baston caro costare.
Ma Brandimarte adosso a lui se caccia;
Or se comincia l'un l'altro a menare
Ponte, tagli, mandritti e manroversi:
Mai non fu visto colpi sì diversi.

35.   Il cavallier se maraviglia assai
Come abbia un malandrin tanta bontade,

30. — 6. *stronci*, stronchi, mutilati.

Perché in su vita non vidde più mai
Tanta fierezza ad altri in veritade.
Ambi avean l'arme, quale io vi contai;
Già tutte l'han falsate con le spade,
Né di ferire alcun di lor se arresta,
Ma la battaglia cresce a più tempesta.

36.   Cresce più forte la battaglia fiera,
Per colpi sterminati orrenda e scura,
E Barigaccio il crudo se dispera,
Che tanto il cavallier contra li dura.
Or Brandimarte il tocca di Tranchera,
E portò seco un squarcio de armatura;
Lui fu gionto anco dal forte ladrone,
Che l'arme gli tagliò insino al giuppone.

37.   A tal percossa piastra non vi vale,
Né grossa maglia, né sbergo acciarino,
Né cor de adante, il quale è uno animale,
Di che armato era il forte saracino.
Ora pareva a Brandimarte male
Che sì prodo uomo fusse malandrino;
Onde, essendo uno assalto assai durato,
Così parlando se trasse da lato:

38.   — Io non so chi tu sia, né per qual modo
T'abbia condutto a tal mestier fortuna,
Ma per più prodo campïon te lodo
Ch'io sappia al mondo, sotto della luna;
E ben me avedo che fermato è il chiodo,
Che prima che sia sera o notte bruna,
O l'uno o l'altro fia nel campo morto;
E spero che serà colui che ha il torto.

39.   Ma stu volessi lasciar quel mestiero,
Qual nel presente fai, di robbatore,
Vinto mi chiamo e son tuo cavalliero:
In ogni parte vo' portarti onore.
Or che farai? Hai tu forse pensiero
Che manchi giamai robba al tuo valore?

---

38. — 1. Cfr. Dante, *Inf.*, XXXIII, 10: *Io non so chi tu se' né per
che modo.*

Lascia questo mestier : non dubitare,
Ché a tal come sei tu, non può mancare. —

40.   Rispose il malandrin : — Questo che io faccio,
Fallo anco al mondo ciascun gran signore;
E' de' nemici fanno in guerra istraccio
Per agrandire e far stato maggiore.
Io solo a sette o dece dono impaccio,
E loro a dieci millia con furore;
Tanto ancora di me peggio essi fanno,
Togliendo quel del che mestier non hanno. —

41.   Diceva Brandimarte : — Egli è peccato
A tuor l'altrui, sì come al mondo se usa;
Ma pur quando se fa sol per il stato,
Non è quel male, ed è degno di scusa. —
Rispose il ladro : — Meglio è perdonato
Quel fallo onde se stesso l'omo accusa;
Ed io te dico e confessoti a pieno
Che ciò che io posso, toglio a chi può meno.

42.   Ma a te, qual tanto sai ben predicare,
Non voglio far di danno quanto io posso
Se quella dama che là vedo stare
Mi vôi donare e l'arme che hai indosso.
E ne la borsa te voglio cercare,
Ché io non me trovo di moneta un grosso;
Poi te lasciarò andar legiero e netto.
Ma voglio baratare anche il farsetto,

43.   Però che questo è rotto e discucito;
Tu te 'l farai conciar poi per bell'agio. —
E Brandimarte, quando l'ebbe odito,
Disse nel suo pensier : « L'omo malvagio
Non se può store al male onde è nutrito;
Né di settembre, né il mese di magio,
Né a l'aria fredda, né per la caldana
Se può dal fango mai distor la rana.»

44.   E senza altra risposta disdegnoso
Imbracciò il scudo ed isfidò il ladrone;

40. — Giudizio audace e non proprio arbitrario: si sente che l'Autore
non era un *gran signore*.
43. — 5. *store*, distorre, togliere, strappare.

E fu questo altro assalto furïoso,
Spezzando e scudi ed ogni guarnisone,
Ed era l'uno e l'altro sanguinoso,
Crescendo ogniora più la questïone;
Né più vi è di concordia parlamento,
Ma trarse a fine è tutto il lor talento.

45. Or Brandimarte afferra il brando nudo,
Ché destinato è di donarli il spaccio,
E disserra a due mano un colpo crudo
Per il traverso adosso a Barigaccio,
E tagliò tutto con fraccasso il scudo,
Quale era de osso, e sotto a quello il braccio.
A quel gran colpo ogni arma venne manco,
E sino a mezo lo tagliò nel fianco.

46. Lui cadde a terra biastemando forte,
Ed al demonio se racomandava,
E benché Brandimarte lo conforte,
Con più nequizia ognior se disperava;
Ma il cavallier non volse darli morte,
E così strangosciato lo lasciava,
Partendosi di qua senza dimora;
Ma lui moritte appresso in poco d'ora.

47. Il cavallier, lasciando il ladro fello,
Con la sua dama si volea partire,
Quando Batoldo, il suo destrier morello,
Ch'era nel prato, cominciò a nitrire;
Veggendol Brandimarte tanto bello,
Con la sua Fiordelisa prese a dire:
— Il palafren serìa troppo gravato
Se te portasse e me, che sono armato,

48. Sì che io me pigliarò quel bon destriero,
Come pigliato ho il brando e l'armatura,
Perché serebbe pazzo e mal pensiero
Lasciar quel che appresenta la ventura.
Quei morti più de ciò non han mestiero,
Ché sono usciti fuor de ogni paura. —
Così dicendo se accosta al ronzone,
Prende la briglia e salta in su lo arcione.

49.　　E via con Fiordelisa cavalcando
Trovò due cose spaventose e nove,
Tal che gli fie' mistiero avere il brando.
Ma questo fatto contaremo altrove
Ché or mi convien tornare al conte Orlando,
Quale avea fatto le diverse prove
Contra de Antropofàgo e' Lestrigoni,
Come contarno avanti e miei sermoni.

50.　　Campata avendo Angelica la bella,
Troppo era lieto di quella aventura.
Via caminando assai con lei favella,
Ma di toccarla mai non se assicura.
Cotanto amava lui quella donzella,
Che di farla turbare avea paura;
Turpin, che mai non mente, de ragione
In cotale atto il chiama un babïone.

51.　　Essendo in questo modo costumato,
L'un giorno apresso a l'altro via camina.
Già il paese de' Persi avea passato,
E la Mesopotamia che confina;
Poi, lasciando li Armeni al destro lato,
Soria vargò giongendo alla marina;
E tutto questo ricco e bel paese
Passò senza trovar guerre o contese.

52.　　Essendo gionto, come io dico, al mare,
Nel porto di Baruti ebbe trovato
Un bel naviglio, che volea passare;
Ma troppo estremamente era ingombrato,
Però che in Cipri convenea portare
Un giovanetto re, che era assembrato
A dimostrar ne l'arme il suo valore,
Per una dama a cui portava amore.

49. — 8. *contarno*: notiamo che il verbo comunemente usato dal B. è *contare*, raccontare, più modesto di *cantare*.
50. — 8. *babïone*: comico e interessante questo sfogo del Poeta alle spese del suo eroe: è un giudizio tirato giù quasi con sdegno: già l'aveva detto *mal scorto e sozzo amante* (II, III, 66).
52. — 2. *Baruti*, Beirut in Siria (Libano), porto di Damasco.

53.   Era re di Damasco il giovanetto
        Quale io ve dico, e nome ha Norandino,
        Ardito e forte e di nobile aspetto,
        Quanto alcun altro fosse in quel confino.
        Regnava, in questo tempo che io vi ho detto,
        Ne la isola de Cipri un Saracino,
        Che avea una figlia di tanta beltate,
        Quanta alcuna altra di quella citate.

54.   Lucina fu nomata la donzella
        De cui io parlo, e il patre Tibïano.
        Sendo la dama a meraviglia bella,
        Era da molti adimandata in vano;
        E sol di sua beltate si favella
        Ivi de intorno per monte e per piano,
        Onde l'ama chi è longi e chi è vicino,
        Ma sopra a tutti la ama Norandino.

55.   Re Tibïano avea preso pensiero
        Di voler la sua figlia maritare,
        Ed avea ordinato un bel torniero,
        Come in quel tempo se usava di fare,
        Ove ogni re, barone e cavalliero
        Potesse sua prodezza dimostrare,
        Ed ha invitate e dame e le regine
        Tutte de intorno per quelle confine.

56.   Ciascun voluntaroso in Cipri andava,
        Come fu il bando per de intorno inteso.
        Chi de provarsi a l'arme procacciava,
        Chi per mirare avea quel camin preso;
        Ma più de gli altri gran fretta menava
        Re Norandino, avendo il core acceso,
        Fornito ben de ciò che fa mestieri,
        De paramenti e de arme e de destrieri.

57.   E seco ne menava in compagnia
        Da vinti cavallier, ciascuno eletto.
        Or quando il conte in su il ponto giongia,

53. — 2. *Norandino*: nome di re saraceno tolto dalla *Storia* di Guglielmo di Tiro.
57. — 3. *ponto*, mare (latinismo). Cfr. 52, 1.

Il re si stava a nave per diletto;
Onde rivolto a' suoi baron dicia:
— Se costui non me inganna ne lo aspetto,
Debbe esser cima e fior de ogni valente,
Se la apparenza e lo animo non mente. —

58.   E poi lo fece al paron dimandare,
Se volea seco andare al torniamento.
Esso rispose senza dimorare
Che egli era per servirlo a suo talento
O ver per giostra, o sia per tornïare,
O sia per guerra ed ogni struggimento:
Pur che lo possa a suo modo servire,
In ogni cosa è presto ad obedire.

59.   Il re lo adimandò che nome avia,
De sua condizïone e del paese.
E lui rispose: — Io son de Circassia,
Ove perdei per guerra ogni mio arnese,
Eccetto l'arme e quella dama mia
Di che fortuna me è stata cortese.
Mio nome è Rotolante; e quel che io posso,
È a tuo comando insin che ho sangue adosso. —

60.   Il giovanetto re molto ebbe grato
Il cortese parlar che fece Orlando,
Ed in sua compagnia l'ebbe accettato,
Poi di più cose li andò dimandando,
Sin che il vento da terra fu levato.
Segnori e donne, a voi mi raccomando;
Finito è un canto, e l'altro io vo' seguire,
Cose più belle e vaghe per odire.

58. — 1. fece chiedere ad Orlando da parte del capitano.
59. — 7. *Rotolante*: forma che risente della originale tradizione italiana
che faceva risalire il nome del paladino al verbo *rotolare* (vedi I, I, 1, 8, Nota).

CANTO VENTESIMO

1. Quella stagion che in cel più raserena,
    E veste di verdura gli arborscelli,
    Ed ha l'aria e la terra d'amor piena
    E de bei fiori e de canti de occelli,
    Gli amorosi versi anco mi mena,
    E vôl che a voi de intorno io rinovelli
    L'alta prodezza e lo inclito valore
    Qual mostrò un tempo Orlando per amore.

2. Di lui lasciai sì come Norandino
    Lo prese per compagno al torniamento;
    Ben vi andò volentieri il paladino,
    Ché di passare avea molto talento.
    Ora s'acconciò il tempo al lor camino
    Intra Levante e Greco, ottimo vento,
    Qual via gli portò in Cipri alla spiegata,
    Ove gran gente in prima era assembrata.

3. Però che e Greci insieme con Pagani
    Alla gran festa se erano adunati,
    E degli circostanti e de' lontani;
    Baroni e cavallieri erano armati,
    Ma pur fra tutti quanti e più soprani
    E de maggiore estima e più onorati

CANTO XX. — Orlando in Cipro giostra con Aquilante e Grifone; scoperto. vien persuaso con inganno a partire per la Francia. Giunge con Angelica alla Fonte di Merlino, ove Ranaldo dichiara il suo amore alla dama. Orlando lo sfida.

Eran Basaldo e Costanzo e Morbeco:
Li duo fôr turchi e quel di mezo greco.

4.   Costanzo fu filiol di Vatarone,
Che alor de' Greci lo imperio tenìa,
E quei duo turchi avean due regïone,
Di che erano amiragli, in Natolia.
Ora Costanzo avea seco Grifone
Ed Aquilante pien di vigoria;
Ben me stimo io che abbiati già sentito
Come Aquilante fu seco nutrito,

5.   Quando la Fata Nera il damigello
Mandò primeramente in quella corte,
Poi che 'l levò di branche al fiero occello
Che condotto l'avrebbe in trista sorte.
Di questa cosa più non vi favello,
Ché so che avete queste istorie scorte;
Grifone in Spagna ed in Grecia Aquilante
Furno nutriti, e più non dico avante.

6.   Se non che, essendo poscia spregionati,
Come io contai, da le Isole Lontane,
Ed avendo più giorni caminati
Per diversi paesi e gente istrane,
Nel porto di Blancherna erano intrati,

4. — 4. *Natolia*, Anatolia. — 5-6. *Grifone* e *Aquilante*: dei due fratelli
il B. non parlava più da quando essi furono liberati dalla prigionia da
Manodante e se ne partirono con Origille (II, XII, 7).
   5. — 1. Alle str. 6 e 7 il Poeta si ricollega col punto a cui aveva
lasciato i gemelli. Quanto alla Fata i fatti qui accennati si trovano nel
Libro de le bataie del Danese (di cui si ricorda una edizione curata in Milano
nel 1513 da Scinzenzeler). I gemelli Grifone e Aquilante (che in B. e
Ariosto sono figli di Olivieri e, verosimilmente, Meridiana, secondo l'idillio
narrato anche nel *Morgante*) secondo quella versione sarebbero figli di
Gismonda e Ricciardetto. Ancora bambini furono rapiti l'uno da un
grifone, l'altro da un'aquila, dal che avrebbero tratto i loro nomi. Il primo
fu poi portato a Marsilio e cresciuto come suo figlio, il secondo alla corte
di Costantinopoli. Agli uccelli furono tolti rispettivamente da una Fata
Bianca e da una Bruna (qui *Nera*), e da questo furono anche detti Grifone
il Bianco e Aquilante il Nero. Essi ottennero da quelle armi e destrieri
fatati. Ritroveremo queste due fate al III, II, 40 sgg., ove impegneranno
i due gemelli col mostruoso Orrilo per impedire che vadano in Francia
a prender morte. Della Fata Bianca è menzione al I, XXIV, 4.

Ove con festa e con carezze umane
Fôr recevuti da lo imperatore
E da Costanzo, e fatto molto onore.

7.   E volendo esso andare a quel torniero,
Ebbe la lor venuta molto grata,
Cognoscendo ciascun bon cavalliero
Per farli un grande onore a quella fiata;
Avengaché Grifone è in gran pensiero,
Perché Origilla, sua dama, infirmata
Era di febre tanto acuta e forte,
Che quasi è stata al ponte de la morte.

8.   Ma pure, essendo migliorata alquanto,
Partì da lei, benché gli fusse grave,
Né se puotè spiccar già senza pianto,
Ed intrò con Costanzo alla sua nave.
Indi passarno ove il fiume di Xanto
Ha foce in mare, e con vento soave
Gionsero in Cipri, come io vi ho contato,
Ciascun bene a destriero e ben armato.

9.   Molti altri ancora che io non vi racconto,
Baroni e cavallieri e damigelle,
Eran venuti, e tutti bene in ponto
De arme e destrieri e de robbe novelle.
Quando fu Norandino in Cipri gionto,
Le cose de ciascun parvon men belle,
Perché è sì ben guarnito e adorno tanto,
Che sopra gli altri ogni om gli dava vanto.

10.   Nel porto a Famagosta poser scale,
E via ne andâr di lungo a Nicosia,
Quale è fra terra la città reale,
E Tibïano il seggio vi tenìa.
Quivi con festa e pompa trïonfale,
Con duci e conti e molta baronia

---

7. — 8. *ponte*: la tentazione di scrivere *ponto* è forte, anche perché
questa immagine, di trovarsi sul ponte del fiume che separa la vita dalla
morte, non è nota. Ma così sono i testi.

Intrò il re di Damasco tutto armato,
Con trombe avanti e bene accompagnato.

11.   Un monte acceso portava nel scuto
E similmente nel cimero in testa;
E ciascun che con esso era venuto
Avea pur tale insegna e sopravesta.
Così fu degnamente recevuto
Con molto onor da tutti e con gran festa;
Ma sopra gli altri lo onorò Lucina,
Ché più che sé lo amava la tapina.

12.   E già, passando il tempo, è gionto il giorno
Che 'l tornier dovea farsi in su la nona,
Ed ogni cavaliero andava intorno
Facendo mostra della sua persona,
L'un più che l'altro a meraviglia adorno.
De trombe e de tamburi il cel risuona;
Per ben vedere avante ogniom si caccia:
Preso è ogni loco intorno della piaccia.

13.   Ma da l'un capo uno alto tribunale
Per le dame e regine era ordinato,
Ove Lucina in abito reale
E l'altre vi sedean da ciascun lato.
Mostravan poco il viso naturale,
Le più l'avean depinto e colorato:
Turpino il dice, io nol so per espresso,
Benché sian molte che ciò fanno adesso.

14.   Angelica là sopra era tra loro,
Qual se mostrava un sole infra le stelle;
Con una vesta bianca, adorna d'oro,
Senza alcun dubbio è il fior de l'altre belle.
Re Tibïano e il suo gran concistoro
Da l'altro lato incontra alle donzelle
Se stava al tribunal, che era adornato
Di seta e drappi d'oro in ogni lato.

15.   Or cominciano a entrare e cavallieri:
Ben vi so dir che ciascuno è forbito,

Con ricche sopraveste e con cimieri;
Ogniom se mostra nel sembiante ardito,
Di qua de là spronando e gran destrieri,
Perché il torniero in due schiere è partito:
Costanzo de una parte è capitano,
De l'altra Norandino il Sorïano.

16.   Gnacare e corni e tamburini e trombe
Suonorno a un tratto intorno della piaccia;
Trema la terra e par che il cel rimbombe,
E che lo abisso e il mondo se disfaccia.
Tutte le dame, a guisa de colombe,
Per l'alto crido se smarirno in faccia:
Ma i cavallier con furia e con tempesta
A tutta briglia urtâr testa per testa.

17.   Né si vedean l'un l'altro e campïoni,
Benché ciascuno avesse a l'urto accolto;
Ma il fremir delle nare de' ronzoni
Avea sì grande il fumo a l'aria involto,
E sì la polve alciata in que' sabbioni,
Che avea il vedere a tutti avanti tolto,
Né se guardava l'ordine o la schiera,
Ciascun menando a chi più presso gli era.

18.   Ma poi che il fatto fu atutato un poco
E cominciò l'un l'altro a discernire,
Apparve in quella piazza il crudo gioco,
E colpi dispietati, il gran ferire;
Avanti, a mezo, a dietro, in ogni loco,
Si vedea gente de gli arcioni uscire;
Per tutto è gran travaglia e grave affanno,
Ma chi è di sotto è quel che porta il danno.

---

16. — 1. *Gnacare*, nacchere.
18. — 1. *atutato*. Accolgo la correzione del F. (*attutato* = attutito;
quando lo scontro si fu calmato un poco) rigettando l'oscura lez. comune,
aturato. *Atturare*, ancor vivo nel romanesco, vale « atturiare », otturare,
offuscare, come l'*attuia* di Dante, *Purg.*, XXXIII, 48, e nell'Ariosto vale
turare (il naso): sensi che qui non servono. Berni: *Poiché il conflitto fu durato
un poco | E che la nebbia cominciossi aprire*. Per *atutato* può ricordarsi l'ant.
fr. *s'astuter* per spegnersi (del fuoco), che si riscontra nel *Milione* (ed. L. F.
Benedetto, XXXII, p. 25); cfr. *stutate le cannele*, spente le candele, in Basile,
ed. Croce, I, p. 256.

19.   Orlando per vedere il fatto aperto
Non volse ne la folta troppo intrare;
Ma quel Morbeco turco, che era esperto
In tal mestiero e ben lo sapea fare,
Se trasse avante in su un destrier coperto,
E sopra gli altri si facea mirare;
Qualunche giongie o de urto, o de la spada,
Sempre è mestier che al tutto a terra vada.

20.   E già da sei de quei di Norandino
Avea posti roverso in su il sabbione,
Né ancor s'arresta, ma per quel confino
Più furia mena e più destruzïone;
Onde turbato quel re saracino
A tutta briglia sprona il suo ronzone,
E sopra di Morbeco andar si lassa,
E di quello urto a terra lo fraccassa.

21.   Dapoi Basaldo, che più presso gli era,
Percosse ad ambe mano in su la testa;
Né lo diffese piastra ni lamiera,
Ché a terra lo mandò con gran tempesta.
Tutta a roina pone quella schiera,
A lui davante alcun più non s'arresta.
Oh quanto è lieta Lucina la dama
Vedendo far sì bene a chi tanto ama!

22.   Costanzo il greco, che vede sua gente
Sì mal condutta da quel Sorïano,
Turbato for di modo nella mente,
Gli sprona adosso con la spada in mano.
L'uno e l'altro di loro era valente,
Onde alcun tratto non andava in vano;
Al fin menò Costanzo un colpo fiero
E ruppe il monte e il foco del cimiero.

23.   Sino alla croppa lo fece piegare
Al colpo smisurato che io vi conto,
Ni stette già per questo a indugïare,
Ma mena l'altro e in fronte l'ebbe gionto;
Ed era Norandin per trabuccare,

Se non che Orlando allor se mosse a ponto,
E tanto fece, che il trasse de impaccio
Sin che il rivenne, e lo sostenne in braccio.

24.   Onde Costanzo per questo adirato
Adosso al conte gran colpi menava;
Ma lui, come in arcion fosse murato,
Di cotal cosa poco se curava.
Ma sendo Norandino in sé tornato,
Che a sostenirlo più non lo impacciava,
Verso Costanzo se rivolse il conte,
E lui percosse in mezo della fronte.

25.   Qualunche ha un cotal colpo, non vôl più,
Ché bene è paccio chi il secondo aspetta.
Ora Costanzo al primo andò pur giù,
Di lui rimase la sua sella netta.
Diceva ad esso il conte: — Or va là tu,
Che menavi a ferirme tanta fretta,
Quando io stavo occupato ad altra posta;
Or vien adesso e con meco te accosta. —

26.   Lui già non se accostò, ma cadde a terra,
Come io vi dico, col capo davante;
Ma 'l conte adosso a un altro se disserra,
Sì che lo fece al cel voltar le piante.
Grifone in altra parte facea guerra
Da l'un de' lati, e da l'altro Aquilante;
Né se avedean de tal destruzïone,
Né de Costanzo che ha tratto de arzone.

27.   Ma il crido della gente che era intorno
Voltar fece Grifone in primamente,
E combattendo là fece ritorno,
Benché sapesse del fatto nïente;
E quando lui fu gionto, ebbe gran scorno,
Poi che abattuto è il capo di sua gente,
Onde adirato il suo destrier sperona;
A Norandino adosso se abandona.

___

26. — 8. *che ha*: *lectio difficilior* attestata da tutti i testi, eccetto l'edizione 1486 che varia: *che* (= *che è*).

28.   Da l'altra parte ancor gionse Aquilante,
E quando il suo Costanzo vidde a terra,
Turbato fieramente nel sembiante
Con ambi e sproni il suo destriero afferra,
E riscontrosse col conte de Anglante;
E qui se cominciò la orrenda guerra,
Benché lui non cognosce il paladino,
Perché la insegna avea di Norandino.

29.   Né lui fu cognosciuto anco da Orlando,
Ché di Costanzo la insegna portava.
Ora, segnori, a voi non ve domando
Se ciascun de essi ben se adoperava,
Cotal ruina e tal colpi menando
Che l'aria per de intorno sibillava,
Come la cosa andasse a tutto oltraggio,
Né se vi scorge ponto di vantaggio.

30.   Vero è, perché Aquilante era turbato,
Mostrò maggior prodezza allo affrontare;
Ma poi che l'uno e l'altro è riscaldato,
Ben vi so dir che assai vi fu che fare,
Di qua di là menando ad ogni lato,
Che par che il mondo debba ruïnare,
Con dritti e con roversi aspri e robesti;
E pur gli ultimi colpi alfin fur questi.

31.   Gionse Aquilante a Orlando nella fronte,
Sopra la croppa lo mandò roverso;
Ma ben rispose a quella posta il conte,
E lui ferì de un colpo sì diverso,
Che sua baldanza e quelle forze pronte
E l'animo e l'ardir tutto ebbe perso;
Di qua di là piegando ad ogni mano,
Le gambe aperse per cadere al piano.

32.   E certamente ben serìa caduto,
Ché più non se reggea che un fanciullino,
Se non che Grifon gionse a darli aiuto,

28. — 3. Cfr. Dante, *Inf.*, XXIII, 146: *Turbato un poco d'ira nel
sembiante.*
29. — 7. *a tutto oltraggio*: F.: « per tutti alla peggio »; ma forse vale:
a **pieno** danno, a lotta cruenta e sul serio, non per gioco come in torneo.

Il quale avea lasciato Norandino.
Lasciato l'avea quasi per perduto,
Ché ormai non potea più quel saracino;
Ma per donare aiuto al suo germano
Lasciò Grifone andar quel sorïano.

33.   E de giongere al conte se procura
Spronando a tutta briglia il suo ronzone.
Or qui si fece la battaglia dura
Più ch'altra mai de Orlando e de Grifone,
Qual durò sempre insino a notte oscura,
Né se potea partir la questïone,
Sin che gli araldi con trombe d'intorno
Bandirno il campo insino a l'altro giorno.

34.   Ciascun tornò la sera a sua masone,
E de' fatti del giorno si favella.
Ora a Costanzo parlava Grifone
Dicendo: — Io so contarti una novella,
Che là su tra le dame, a quel verone,
Veder mi parve Angelica la bella;
E se ella è quella, io te dico di certo
Che Orlando è quel che quasi te ha deserto.

35.   Ed anco io l'ho compreso a quel ferire,
Che cresce nella fine a maggior lena,
E però ti consiglio a dipartire,
Prima che ne abbi più tormento e pena;
Omo non è che possa sostenire
A la battaglia e colpi che lui mena;
Onde lasciar la impresa ce bisogna,
Non ne volendo il danno e la vergogna. —

36.   Diceva a lui Costanzo: — Or datti il core,
S'io faccio che colui ne vada via,
Poi de acquistare a nostra parte onore
E in campo mantenir l'insegna mia? —
Grifon rispose a lui, che per suo amore

---

35. — 2. bellissimo tratto. Sono rari nel B. quei momenti, come questo, in cui sulla diffusa eguaglianza di tono e discorso si stacca una notazione che vibra molto più profonda, e quasi arresta il lettore accorto.

Quel che potesse far, tutto faria;
E che egli aveva fermamente ardire
Contra ad ogni altro il campo mantenire.

37. Il Greco, che era di malizia pieno
(Come son tutti de arte e di natura),
Quando la luce al giorno venne meno,
Uscì de casa per la notte scura,
E via soletto sopra a un palafreno
Ove era Orlando di trovar procura,
E trovato che l'ebbe, queto queto
Lo trasse in parte e a lui parlò secreto;

38. E dimostrògli che il re Tibïano
Secretamente facea gente armare,
Perché era gionto un messaggio di Gano,
Il qual cercava Orlando far pigliare;
Però, se egli era desso, a mano a mano
Vedesse quel paese disgombrare;
E perciò a ritrovarlo era venuto,
Per palesarli questo e dargli aiuto;

39. E ch'egli aveva una sua fusta armata
Nascosta ad una spiaggia indi vicina,
Qual via lo portarebbe alla spiegata
In Franza a qualche terra di marina.
Fu questa cosa sì ben colorata
Dal Greco, che sapea cotal dottrina,
Che il conte a ponto ogni cosa li crede,
Ringraziandolo assai con pura fede.

40. E, fatta presto Angelica svegliare,
Con essa alla marina se ne gìa,
Ove Costanzo il volse accompagnare,
E là il condusse ove la fusta avia.
Facendosi il parone a dimandare,
Gli impose che il baron portasse via

---

38. — 3-4. Di tali tentate congiure di Gano contro i Chiaramontesi,
son piene le canzoni, e ancora il *Morgante*: spesso andavano a monte, ma
contro Orlando una almeno – si sa – riuscì.

Ove più gli piacesse al suo talento;
E lor ne andarno avendo in poppa il vento.

41.   Quel che si fusse poi di Norandino
Né di Costanzo, non saprebbi io dire,
Perché di lor non parla più Turpino;
Ma ben del conte vi saprò seguire,
Il qual sopra alla fusta al suo camino
Fu per fortuna a risco di morire,
E stette sette giorni a l'aria bruna,
Che mai non vidde il sole, e men la luna.

42.   E questo sopportò con pazïenza,
Poscia che altra diffesa non può fare;
Ma poi che ebbe di terra cognoscenza,
Ed avendo in fastidio tutto il mare,
Posar se fece al lito de Provenza,
Ché de esser fuora mille anni gli pare,
Per trovarsi a Parigi a mano a mano,
E dar di sua amistate al conte Gano.

43.   Ché ben l'avria trattato, vi prometto,
Come dovea trattarlo il can fellone,
Ma non piacque al demonio maledetto,
Che lo avea tolto in sua protezïone;
Al manco male il facea stare in letto
Cinque o sei mesi rotto dal bastone;
Ma Lucifer che lo ha preso a guardare,
Al conte Orlando dette altro che fare.

44.   Però che cavalcando il paladino,
Come fortuna o sua ventura il mena,
Arivò un giorno al Fonte di Merlino,
Che è posto in mezo del bosco di Ardena.
Del Fonte vi ho già detto il suo destino,
Sì che a ridirlo non torrò più pena,

---

41. — 5. nei testi: *il suo*: ed il verso è oscuro. Lo Z. propone complicati ripieghi d'interpretazione, e il F. corregge *al suo camino: al* o *in* sarebbero appunto le vie più semplici.
42. — 8. e dar prove della sua amicizia a Gano (ironico).
43. — Veramente, questa volta, Gano non ci entrava proprio per nulla.

Se non che quel Merlin, qual fu lo autore,
Lo fece al tutto per cacciar l'amore.

45. Essendo gionti qua quella giornata,
Come io vi dico, Orlando e la donzella,
Essa, che più del conte era affannata,
Smontò il suo palafren giù della sella;
E poi, bevendo quell'acqua fatata,
Sua mente in altra voglia rinovella,
E, dove prima ardea tutta de amore,
Ora ad amar non può dricciare il core.

46. Or se amenta lo orgoglio e la durezza,
Qual gli ha Ranaldo sì gran tempo usata,
Né gli par tanta più quella bellezza
Che soprana da lei fu già stimata;
Ed ove il suo valore e gentilezza
Lodar suoleva essendo inamorata,
Ora al presente il sir de Montealbano
Fellone estima sopra a ogni villano.

47. Ma, parendo già tempo de partire,
Però che era passato alquanto il caldo,
Volendo aponto della selva uscire,
Viddero un cavalliero ardito e baldo.
Or tutto il fatto me vi convien dire:
Quel cavalliero armato era Ranaldo,
Qual, come io dissi, dietro a Rodamonte
Era venuto presso a questa fonte.

48. Ma non vi gionse, perché il fiume in prima
Che raccende lo amore, avea trovato.
Ora io non vi saprei contare in rima
Come se tenne alora aventurato,
Quando vidde la dama, perché estima
Sì come egli ama lei, de essere amato.
Visto ha per prova ed inteso per fama
Ciò che per esso ha già fatto la dama.

49. Non cognosceva il conte, che era armato
Con quella insegna dal monte di foco;

Ché sì palese non se avria mostrato,
Serbando il suo parlare in altro loco.
Perché, essendo ad Angelica accostato,
Cortesemente e sorridendo un poco
Disse: — Madama, io non posso soffrire
Che io non vi parli, s'io non vo' morire,

50. Abench'io sappia a qual modo e partito
Mi sia portato e con tal villania,
Ch'io non meritarei de essere odito.
Ma so che seti sì benigna e pia,
Che, a benché estremamente aggia fallito,
Perdonarete a quel che per folìa
Contro de lo amor vostro adoperai,
Del che contento non credo esser mai.

51. Or non se può distor quel che è già fatto,
Come sapeti, dolce anima bella,
Ma pur a voi mi rendo ad ogni patto;
E ben cognosce l'alma meschinella
Che io non serebbi degno in alcun atto
Di essere amato da cotal donzella,
Ma de esser dal mio lato vostro amante
Sol vi dimando, e più non cheggio avante. —

52. Orlando stava attento alle parole,
Le quale odì con poca paziênza,
Né più soffrendo disse: — Assai mi dole
Che a questo modo ne la mia presenza
Abbi mostrato il tuo pensier sì fole,
Ché ad altri non avria dato credenza,
Però che volentier stimar voria
Che ciò non fosse vero, in fede mia!

53. Io voria amarti e poterti onorare,
Sì come di ragione ora non posso;
Tu per sturbarme già passasti il mare,
E per altra cagion non fusti mosso,
Benché a me zanze volesti mostrare,

49. — 3. (se avesse riconosciuto Orlando).

Stimandomi in amor semplice e grosso.
Or che animo me porti io vedo aperto,
Ma sallo Iddio che già teco nol merto. —

54.   Quando Ranaldo vidde che costui,
Qual seco ragionava, è il conte Orlando,
De uno ed altro pensier stette entra dui,
O de partirse o de seguir parlando.
Ma pur rispose al fine: — Io mai non fui
Se non quel che ora sono, al tuo comando;
Né credo de aver teco minor pace
Se ciò che piace a te non mi dispiace.

55.   Non creder che più vaga a gli occhi tuoi
Paia che a gli altri questa bella dama;
Ed estimar ne la tua mente puoi
Che ogni om, sì come tu, de amarla brama.
Quanto sei paccio adunque, se tu vuoi
Aver battaglia con ciascun che l'ama,
Perché con tutto 'l mondo farai guerra;
Chi non la amasse, ben serìa di terra.

56.   Ma se tu mostri che sia tua per carta,
O per ragion che non gli abbia altri a fare,
Comandar mi potrai poi che io mi parta
E che io non debba seco ragionare;
Ma prima soffrirei de avere isparta
L'anima al foco e il corpo per il mare,
Che io mi restassi mai de amar costei,
E se restar volessi io non potrei. —

57.   Rispose alora il conte: — E' non è mia.
Così fosse ella, come io son de lei!
Ma non voglio adamarla in compagnia
E in ciò disfido il mondo, e boni e rei.
Stata è la tua ben gran discortesia
Che, avendoti scoperti e pensier mei,
Fidandomi di te come parente,
Poi me hai tradito sì villanamente. —

56. — 1. *per carta*, quasi per certificato matrimoniale. — 2. e se puoi
dimostrar con buone ragioni che non ci (*gli*) è nulla da fare per altri.

58.   Disse Ranaldo: — Questo è pur assai,
Che sempre vogli altrui villaneggiare;
Da me non fu tradito alcun giamai,
E ciascun mente che il vôle affirmare.
Sì che comincia pur, se voglia ne hai,
E pigliati a quel capo che ti pare:
Se ben se' tra baron tenuto il primo,
Più d'uno altro uomo non ti temo o stimo. —

59.   Orlando per costume e per natura
Molte parole non sapeva usare,
Onde, turbato ne la ciera oscura,
Trasse la spada senza dimorare,
E sospirando disse: — La sciagura
Pur ce ha saputi in tal loco menare,
Che l'un per man de l'altro serà morto;
Vedalo Iddio e iudichi chi ha il torto! —

60.   Come Ranaldo vidde il conte Orlando
Mostrarsi alla battaglia discoperta,
Poi che avea tratto Durindana il brando,
Lui prestamente ancor trasse Fusberta.
Ne l'altro canto vi verrò contando
Questa battaglia orribile e diserta,
Ed altre cose degne e belle assai;
Dio vi conservi in gioia sempre mai.

CANTO VENTESIMOPRIMO

1.   O soprana Virtù, che e' sotto al sole,
Movendo il terzo celo a gire intorno,
Dammi il canto soave e le parole
Dolci e ligiadre e un proferire adorno,
Sì che la gente che ascoltar mi vôle,
Prenda diletto odendo di quel giorno
Nel qual duo cavallier con tanto ardore
Fierno battaglia insieme per amore.

2.   Tra gli arbori fronzuti alla fontana
Insieme gli afrontai nel dir davanti;
L'uno ha Fusberta, e l'altro Durindana:
Chi sian costor, sapeti tutti quanti.
Per tutto il mondo ne la gente umana
Al par di lor non trovo che se vanti
De ardire e di possanza e di valore,
Ché veramente son de gli altri il fiore.

3.   Lor comenciarno la battaglia scura
Con tal destruzïone e tanto foco,
Che ardisco a dir che l'aria avea paura,
E tremava la terra di quel loco.
Ogni piastra ferrata, ogni armatura

CANTO XXI. — Mentre Orlando e Ranaldo si affrontano furiosamente, Angelica fugge e ripara presso Namo al campo francese: Carlo ritrova i cugini e divide il duello. Rugiero salva Brunello dall'impiccagione e viene accolto festosamente nell'esercito di Agramante. Atlante divina la genealogia degli Estensi.

1. — 1. *che e'*, che ei, che sei. Invoca Venere (vedi II, XII, 1).

Va con roina al campo a poco a poco,
E nel ferir l'un l'altro con tempesta
Par che profondi il celo e la foresta.

4. Ranaldo lasciò un colpo in abandono
E gionse a mezo il scudo con Fusberta:
Parve che a quello avesse accolto un trono,
Con tal fraccasso lo spezza e diserta.
Tutti gli uccelli a quello orribil suono
Cadderno a terra, e ciò Turpino acerta;
E le fiere del bosco, come io sento,
Fuggian cridando e piene di spavento.

5. Orlando tocca lui con Durindana
Spezzando usbergo e piastre tutte quante,
E la selva vicina e la lontana
Per quel furor crollò tutte le piante;
E tremò il marmo intorno alla fontana
E l'acqua, che sì chiara era davante,
Se fece a quel ferir torbida e scura,
Né a sì gran colpi alcun di loro ha cura;

6. Anci più grandi gli ha sempre a menare.
Cotal ruina mai non fu sentita;
Onde la dama, che stava a mirare,
Pallida in faccia venne e sbigotita,
Né gli soffrendo lo animo di stare
In tanta tema, se ne era fuggita;
Né de ciò sono accorti e cavallieri,
Sì son turbati alla battaglia e fieri.

7. Ma la donzella, che indi era partita,
Toccava a più potere il palafreno,
E de alongarsi presto ben se aita,
Come avesse la caccia, più né meno.
Essendo alquanto de la selva uscita,
Vidde là presso un prato, che era pieno
De una gran gente a piede e con ronzoni,
Che ponean tende al campo e paviglioni.

4. — 3. *accolto*, colto, colpito. — 5. Cfr. *Teseida*, VIII, 5.

8.   La dama di sapere entrò in pensiero
Perché qua stesse e chi sia quella gente,
E trovando in discosto un cavalliero,
Del tutto il dimandò cortesemente.
Esso rispose : — Il mio nome è Oliviero,
E sono agionto pur mo di presente
Con Carlo imperatore e re di Franza,
Che ivi adunata ha tutta sua possanza.

9.   Però che un saracin passato ha il mare
E rotto in campo il duca di Bavera;
Ora è sparuto, e non si può trovare,
Né comparisce uno omo di sua schiera;
Ma quel che ancor ci fa maravigliare,
Che il sir di Montealbano, qual gionse ersera,
Venendo de Ongheria con gente nuova,
Morto né vivo in terra se ritrova.

10.   Tutta la corte ne è disconsolata,
Perché ci manca il conte Orlando ancora,
Qual la tenea gradita e nominata
Con sua virtù che tutto il mondo onora;
E giuro a Dio, se solo una fiata
Vedessi Orlando, e poi senza dimora
Io fossi morto, e' non me incresceria,
Ché io l'amo assai più che la vita mia. —

11.   Quando la dama a tal parlare intese
De il cavallier la voglia e il gran talento,
A lui rispose : — Tanto sei cortese,
Che il mio tacer serebbe un mancamento;
Onde io destino de aprirte palese
Quel che tu brami, e di farti contento :
Ranaldo e Orlando insieme con gran pena
Sono in battaglia alla selva de Ardena. —

12.   Quando Oliviero intese quel parlare,
Ne la sua vita mai fu così lieto,
E presto il corse in campo a divulgare.

---

9. — 3. *sparuto,* sparito (la *u* per *i* nei participi e nomi in *ito* risale assai addietro nella formazione della lingua letteraria italiana). — 6. verso ipermetro. — *ersera,* ieri sera.

Or vi so dir che alcun non stava queto.
Re Carlo in fretta prese a cavalcare;
Chi gli passa davante e chi vien drieto.
Ma lui tien seco la dama soprana,
Che lo conduca a ponto alla fontana.

13.   E così andando intese la cagione
Che avea condutti entrambi a tal furore.
Molto se meraviglia il re Carlone
Che il conte Orlando sia preso de amore,
Perché il teneva in altra opinïone;
Ma ben Ranaldo stima anco peggiore
Che non dice la dama, in ciascuno atto,
Perché più volte l'ha provato in fatto.

14.   Così parlando intrarno alla foresta,
Dico de Ardena, che è d'arbori ombrosa;
Chi cerca quella parte e chi per questa
De la fontana che è al bosco nascosa.
Ma così andando odirno la tempesta
De la crudel battaglia e furïosa;
Suonano intorno i colpi e l'arme isparte,
Come profondi il celo in quella parte.

15.   Ciascun verso il romore a correr prese,
Chi qua chi là, non già per un camino;
Primo che ogni altro vi gionse il Danese,
Dopo lui Salamone, e poi Turpino;
Ma non però spartirno le contese,
Ché non ardisce il grande o il piccolino
De entrar tra i duo baroni alla sicura:
Di que' gran colpi ha ciascadun paura.

16.   Ma come gionse Carlo imperatore,
Ciascun se trasse adietro di presente;
E benché egli abbian sì focoso il core,
Che de altrui poco curano o nïente,
Pur portavano a lui cotanto onore,
Che se trassero adietro incontinente.
Il bon re Carlo con benigna faccia,
Quasi piangendo, or questo or quello abraccia.

17.　　Intorno a loro in cerchio è ogni barone,
E tutti gli confortano a far pace,
Trovando a ciò diverse e più ragione,
Secondo che a ciascuno a parlar piace.
E similmente ancora il re Carlone
Or con losinghe or con parole audace
Tal volta prega e tal volta comanda,
Che quella pace sia fatta di banda.

18.　　La pace serìa fatta incontinente,
Ma ciascadun vôl la dama per sé,
E senza questo vi giova nïente
Pregar de amici e comandar del re.
Or de qua si partia nascosamente
La damisella, e non so dir perché,
Se forse l'odio che a Ranaldo porta
A star presente a lui la disconforta.

19.　　Il conte Orlando la prese a seguire,
Come la vidde quindi dipartita;
Né il pro' Ranaldo si stette a dormire,
Ma tenne dietro ad essa alla polita.
Gli altri, temendo quel che può avenire,
Con Carlo insieme ogniom l'ebbe seguita
Per trovarsi mezani alla baruffa,
Se ancor la questïon tra lor se azuffa.

20.　　E poco apresso li ebber ritrovati
Con brandi nudi a fronte in una valle,
A benché ancor non fussero attaccati,
Ché troppo presto gli fôrno alle spalle;
Ed altri che più avanti erano andati,
Trovâr la dama, che per stretto calle
Fuggia per aguatarsi in un vallone,
E lei menarno avanti al re Carlone.

21.　　Il re da poscia la fece guardare
Al duca Namo con molto rispetto,

---

17. — 8. *di banda*, subito, senza tergiversazioni: locuzione dialettale
senza riscontro nei dizionari.
20. — 7. *aguatarsi*: sarebbe: mettersi in agguato (dall'ant. ted. *wahten*,
da cui *guatare*); ma qui per estensione vale: nascondersi.

Deliberando pur de raconciare
Ranaldo e Orlando insieme in bono assetto,
Promettendo a ciascun di terminare
La cosa con tal fine e tal effetto,
Che ogniom iudicherebbe per certanza
Lui esser iusto e dritto a la bilanza.

22. Poi, ritornati in campo quella sera,
Fece gran festa tutto il baronaggio,
Però che prima Orlando perduto era,
Né avean di lui novella né messaggio.
Or la matina la real bandera
Verso Parigi prese il bon vïaggio.
Io più con questi non voglio ire avante,
Perché oltra al mare io passo ad Agramante.

23. Il qual lasciai nel monte di Carena
Con tanti re meschiati a quel torniero,
E forte sospirando se dimena,
Perché abattuto al campo l'ha Rugiero;
Ed esso ancora stava in maggior pena,
Ché era ferito il giovanetto fiero:
La cosa già narrai tutta per ponto,
Sì che ora taccio e più non la riconto.

24. E sol ritorno che, essendo ferito,
Come io vi dissi, il giovenetto a torto
Da Bardulasto, qual l'avea tradito,
Benché da lui fu poi nel bosco morto,
Nascosamente si fu dipartito,
Né alcun vi fu di quel torniero accorto,
E gionse al sasso, sopra alla gran tana,
Ove è Atalante e 'l re de Tingitana.

25. Quando Atalante vidde il damigello
Sì crudelmente al fianco innaverato,
Parve esso al cor passato di coltello,
Cridando: — Ahimè! che nulla me è giovato
Lo antivedere il tuo caso sì fello,
Benché sì presto non l'avea stimato. —

Ma il pro' Rugier tacendo lieto viso
Quasi il rivolse da quel pianto in riso.

26.   — Non pianger, non, — dicea — né dubitare,
Che, essendo medicato con ragione,
Sì come io so che tu saprai ben fare,
Non avrò morte, e poca passïone;
E peggio assai mi parve alor di stare
Quando occise nel monte quel leone,
E quando prese ancora l'elefante
Che tutto il petto mi squarciò davante. —

27.   Il vecchio poi, veggendo la ferita,
Che non era mortal, per quel che io sento,
Poi che la pelle insieme ebbe cusita,
La medica con erbe e con unguento.
Ora Brunello avea la cosa udita,
Sì come era passato il torniamento,
E prestamente immaginò nel core
De aver di quello il trïonfale onore.

28.   Subitamente prese la armatura
Che avea portata il giovane Rugiero.
Benché sia sanguinosa, non se cura,
Salta sopra Frontino, il bon destriero,
E via correndo giù per la pianura
Gionse che ancor ogniom era al torniero;
Ma, come gli altri il viddero arivare,
Fugge ciascuno e nol vôle aspettare.

29.   Ed Agramante, il quale era turbato
Per la caduta, come io vi contai,
Avendo il brando suo riposto a lato,
Dicea: — Per questo giorno è fatto assai,
Se pur Rugier se fosse ritrovato;
Ma ben credo io che non si trovi mai. —
E fatto ritrovare il re Brunello,
A sé lo dimandò con tale appello:

25. — 7. *pro'*, prode.
29. — 5. *se pur*, se soltanto, a condizione che.

30.   — Io credo per mostrar tua vigoria
Che oggi dicesti colui ritrovare,
Il qual non credo ormai che al mondo sia,
Se non è sopra al celo o sotto al mare;
E ben te giuro per la fede mia,
Che io te ho veduto in tal modo provare
Che, avendo gli altri tutti il mio pensiero,
Non se andrebbe cercando altro Rugiero. —

31.   Rispose a lui Brunello: — Al vostro onore
Sia fatto quel ch'io feci o bene o male;
E tutta mia prodezza o mio valore
Tanto me è grata, quanto per voi vale;
Ma più voglio alegrarvi, alto segnore,
Perché trovato è il giovane reale,
Dico Rugiero. È disceso dal sasso;
Prima lo avriti che sia il sole al basso. —

32.   Quando Agramante intese così dire,
Nella sua vita mai fu più contento;
Con gli altri verso il sasso prese a gire,
Né se ricorda più de torniamento;
A benché molti non potean soffrire,
Mirando il piccolin che pare un stento,
Aver contra di lui quel campo perso,
Onde ciascun lo guarda de traverso.

33.   Or, così andando, gionsero al boschetto,
Ove era Bardulasto de Alganzera,
Partito da la fronte insino al petto.
Sopra al suo corpo se fermò la schiera,
Però che il re, turbato ne lo aspetto,
A' circostanti dimandò chi egli era;
E benché avesse il viso fesso e guasto,
Pur cognosciuto fu per Bardulasto.

34.   Non se mostrò già il re di questo lieto,
Anzi turbato cominciava a dire:
— Chi fu colui che contra al mio deveto
Villanamente ardito ha di ferire? —
A tal parlar ciascun si stava queto,

Né alcuno ardiva ponto de cetire;
Veggendo il re che in tal modo minaccia,
Tutti guardavan l'uno l'altro in faccia.

35.   E come far se suole in cotal caso,
Mirando ognuno or quella cosa or questa,
Fu visto il sangue il quale era rimaso
Ne l'arme de Brunello e sopravesta.
Per questo fu cridato: — Ecco il malvaso
Che occise Bardulasto alla foresta! —
Né avendo ciò Brunello apena inteso,
Da quei de intorno subito fu preso.

36.   Esso cianzava, e ben gli fa mestiero,
E sol la lingua gli può dare aiuto,
Dicendo a ponto sì come Rugiero
Con quelle arme nel campo era venuto;
Ma sì rado era usato a dire il vero,
Che nel presente non gli era creduto.
Ciascun cridando intorno a quella banda,
Sopra alle forche al re l'aricomanda.

37.   Onde esso, che se trova in mal pensero,
Del re e de gli altri se doleva forte,
Narrando come era ito messaggero
Per quello annello a risco de la morte.
Gli altri ridendo il chiamano grossero,
Poi che servigi ramentava in corte;
Però che ogni servire in cortesano
La sera è grato e la matina è vano.

38.   Proprio è bene un om dal tempo antico
Chi racordando va quel ch'è passato;
Ché sempre la risposta è: " Bello amico,
Stu m'hai servito, ed io te ho ben trattato ";
E per questo Brunel, come io vi dico,
Era da tutti intorno caleffato,

34. — 6. *cetire*, zittire (= fare un leggero sibilo, per disapprovazione).
36. — 8. raccomanda al re di impiccarlo.
37. — 5. *grossero*, grossiere, dal fr. *grossier* = grossolano, villano, stupido. Interessante frecciata contro i costumi di corte e della politica, non senza un tratto di disincantato realismo.

E ciascadun di lui dice più male,
Come intraviene a l'om che troppo sale.

39.   Ora fu comandato al re Grifaldo
Ch'incontinente lo faccia impiccare;
Onde esso, che a tal cosa era ben caldo,
Diceva: — S'altri non potrò trovare,
Con le mie mani lo farò di saldo. —
E prestamente lo fece menare
Di là dal bosco, a quel sasso davante
Ove Rugier si stava ed Atalante.

40.   Il giovanetto, che il vide venire,
Ben prestamente l'ebbe cognosciuto;
Lui non era di quelli, a non mentire,
Che scordasse il servigio recevuto,
Dicendo: — Ancor ch'io dovessi morire,
In ogni modo io gli vo' dare aiuto.
Costui mi prestò l'arme e il bon ronzone:
Non lo aiutando, ben serìa fellone. —

41.   Ed Atalante ben cridava assai
Per distorlo da ciò che avea pensato,
Dicendo: — Ahimè, filiol, dove ne vai?
Or non cognosci che sei disarmato?
Se ben giongi tra loro, e che farai?
Lor pur lo impicaranno a tuo mal grato.
Tu non hai lancia né brando né scudo:
Credi tu aver vittoria, essendo ignudo? —

42.   Il giovanetto a ciò non attendia,
Ma via correndo fu gionto nel piano,
E, perché alcun sospetto non avia,
Tolse una lancia a un cavallier di mano.
Avea Grifaldo molti in compagnia,
Ma non gli stima il giovane soprano,
L'uno occidendo e l'altro trabuccando;
E da quei morti tolse un scudo e un brando.

43.   Come ebbe il brando in mano, ora pensati
Se egli mena da ballo il giovanetto;
Non fôrno altri giamai sì dissipati:

Chi fesso ha il capo, e chi le spalle e il petto.
Grifaldo e' duo compagni eran campati,
Ma treman come foglia, vi prometto,
Veggendo far tal colpi al damigello,
Il qual ben presto desligò Brunello.

44.   Ora Grifaldo ritornò piangendo
Al re Agramante e non sapea che dire,
Ma per vergogna, sì come io comprendo,
Non se curava ponto de morire.
Ma maravigliosse il re questo intendendo
Ed in persona volse al campo gire,
Ché a lui par cosa troppo istrana e nova
Avendo fatto un giovane tal prova.

45.   Ma quando vidde e colpi smisurati,
Per meraviglia se sbigotì quasi,
Perché tutti in duo pezzi eran tagliati
Quei cavallier che al campo eran rimasi;
Poi sorridendo disse: — Ora restati
Ne la malora qua, giotton malvasi,
Ché, se Macon me aiuti, io do nïente
De aver perduta così fatta gente. —

46.   Come Brunello ha visto il re Agramante,
In ogni modo via volea scampare;
Ma Rugier l'avea preso in quello istante,
Dicendo: — Converrai mia voglia fare,
Ch'io vo' condurti a quel segnore avante,
E ad esso e agli altri aperto dimostrare
Che fan contra a ragione e loro avisi,
Perché io fui quel che Bardulasto occisi. —

47.   E, questo ditto, se ne venne al re
Pur con Brunello, e fosse ingenocchiato
— Segnor, — dicendo — io non so già perché
Fosse costui alla forca mandato;

---

44. — 4. tale era la vergogna che sarebbe andato alla morte volentieri.
45. — 5-8. Cfr. le imprecazioni di Barigaccio dinanzi ai suoi compagni
fatti a pezzi da Brandimarte: II, XIX, 30.
47. — 2. *fosse*, fussi, si fu.

Ma ben vi dico che sopra di me
La colpa toglio e tutto quel peccato,
Se peccato se appella alla contesa
Occidere il nemico in sua diffesa.

48. Da Bardulasto fui prima ferito
A tradimento, ché io non mi guardava,
Ed essendo da poscia lui fuggito,
Io qua lo occisi, e ben lo meritava;
E se egli è quivi alcun cotanto ardito
(Eccetto il re, o se altri lui ne cava)
Qual voglia ciò con l'arme sostenere,
Io vo' provar ch'io feci il mio dovere. —

49. Parlando in tal maniera il damigello,
Ciascun lo riguardava con stupore,
Dicendo l'uno a l'altro: — È costui quello,
Che acquistar debbe al mondo tale onore?
E veramente ad un cotanto bello
Convien meritamente alto valore,
Perché lo ardir, la forza e gentilezza
Più grata è assai ne l'om che ha tal bellezza. —

50. Ma sopra a gli altri re Agramante il fiero
Di riguardarlo in viso non se sacia,
Fra sé dicendo: « Questo è pur Rugiero! »
E di ciò tutto il celo assai ringracia.
Or più parole qua non è mestiero;
Subitamente lo bacia ed abracia.
Di Bardulasto non se prende affanno:
Se quello è morto, lui se n'abbi il danno.

51. Il giovanetto, di valore acceso,
Di novo incominciò con voce pia
— Parmi — dicendo — aver più volte inteso
Che il primo officio di cavalleria
Sia la ragione e il dritto aver diffeso:
Onde, avendo io ciò fatto tuttavia,
Ché di campar costui presi pensiero,
Famme, segnor, ti prego, cavalliero.

52.   E l'arme e il suo destrier me sian donate,
        Ché altra volta da lui me fu promesso,
        Ed anco l'ho dapoi ben meritate,
        Ché per camparlo a risco mi son messo. —
        Disse Agramante: — Egli è la veritate,
        E così sarà fatto adesso adesso. —
        Prendendo da Brunel l'arme e 'l destriero,
        Con molta festa il fece cavalliero.

53.   Era Atalante a quel fatto presente,
        E ciò veggendo prese a lacrimare,
        Dicendo: — O re Agramante, poni mente,
        E de ascoltarmi non te desdignare;
        Perché di certo al tempo che è presente
        Quel che esser debbe voglio indovinare;
        Non mente il celo, e mai non ha mentito,
        Né mancarà di quanto io dico, un dito.

54.   Tu vôi condurre il giovane soprano
        Di là dal mare ad ogni modo in Francia;
        Per lui serà sconfitto Carlo Mano,
        E cresceratti orgoglio e gran baldancia;
        Ma il giovanetto fia poi cristïano.
        Ahi traditrice casa di Magancia!
        Ben te sostiene il celo in terra a torto;
        Al fin serà Rugier poi per te morto.

55.   Or fusse questo lo ultimo dolore!
        Ma restarà la sua genologia
        Tra Cristïani, e fia de tanto onore,
        Quanto alcun'altra che oggi al mondo sia.
        Da quella fia servato ogni valore,
        Ogni bontate ed ogni cortesia,
        Amore e legiadria e stato giocondo,
        Tra quella gente fiorita nel mondo.

54. — 8. Doveva essere intenzione del B. di narrare la morte di Rugiero
per opera dei Maganzesi, come si legge nel titolo del canto seguente. Ma
né qui né poi nel *Furioso* troviamo la morte del paladino.
    55. — 7. verso duro e infelice per quella sinizesi sull'*ia e* di *legiadria
e stato.*

56.   Io vedo di Sansogna uno Ugo Alberto,
Che giù discende al campo paduano,
De arme e di senno e de ogni gloria esperto,
Largo, gentile e sopramodo umano.
Odeti, Italïani, io ve ne acerto:
Costui, che vien con quel stendardo in mano,
Porta con seco ogni vostra salute;
Per lui fia piena Italia di virtute.

57.   Vedo Azzo primo e il terzo Aldrovandino.
Né vi so iudicar qual sia maggiore,
Ché l'uno ha morto il perfido Anzolino,
E l'altro ha rotto Enrico imperatore.
Ecco uno altro Ranaldo paladino:

56. — Spinosa questione, questa delle genealogie estensi, metà storiche e metà fantastiche, o meglio errate per confusioni e omissioni. Integriamo questi dati con quelli forniti dall'Ariosto al III, 24 sgg. del *Fur.* e con altre varie fonti, e avremo: Ruggiero e Bradamante, – Ruggierino (che disfece Desiderio e ebbe in feudo Ateste – Este – e Calaone nel Padovano), – Uberto, – Alberto; da costui discenderebbero Ugo (*che di Milano farà l'acquisto*) e Azzo, e da questi Albertazzo, primo principe storico, che consigliò Ottone I di far guerra contro Berengario e il di lui figlio Adalberto: avrebbe sposato la figlia di Ottone, Adda (da fonti storiche sposò Cunizza figlia – secondo altri Cunegonda sorella – di Guelfo III di Baviera, per cui gli Estensi pervenirono appunto a quel Ducato: il Litta li dà Duchi di Baviera dal 1071 e di Sassonia dal 1136, fino al 1180 in cui furono spogliati); loro figli furono Folco e Ugo. Secondo l'Ariosto Folco avrebbe seguito Adda ereditando il ducato di Sassonia mentre Ugo rimase in Italia a far meraviglie salvando Papa e Imperatore a Roma (di fatto combatté Crescenzio). Invece il B. dà a Ugo il feudo di *Sansogna*: ora, una carta estense del 1010 o 1013 parla di Ugo e Alberto, fratelli, a Monselice (nel Padovano): questo ci fa dedurre che il B. doveva aver fuso in uno i due personaggi traendone questo *Ugo Alberto di Sansogna*: se badiamo al titolo che segue questo canto, *Moncelice* vi sta appunto ad indicare il feudo creato da Ottone per Albertazzo, per cui la Casa dalla Sassonia sarebbe giunta in Italia apportandovi *nobeltate e cortesia, ogni salute e virtute*. Nell'Ariosto, a parte la discordanza delle persone, i feudi germanici non rappresentano che un allontanamento parziale degli Estensi dall'Italia, mentre nel B. pare che solo da Monselice incominci la fase italiana della vita degli Estensi. Questo Ugo Alberto, inoltre, è l'Ugo dell'*Istoria Imperiale* che il B. tradusse dal latino di Ricobaldo: nel *Fur.* sarebbe l'*Ugo* del III, 27, 3. Qui il v. 2: *giù discende al campo paduano*, si riferisce appunto alla presa di possesso del feudo di Monselice. Nella traduzione di Ricobaldo troviamo appunto varie di queste notizie sugli Este, mentre sulle origini della casa abbiamo qualche coincidenza col poema in un passo del *Chronicon Estense... ab a. MCI ad a. MCCCLIV per anonimos scriptores synchronos deductum*, edito dal Muratori (*R. I. S.*, XV, 299).

57. — Queste sono notizie storicamente imprecise. Azzo VI (qui I, nell'Ariosto V) combattè nel Padovano Ezzelino da Romano che era suocero di Salinguerra, avversario degli Estensi in Ferrara (nel 1244

Non dico quel di mo, dico il segnore
Di Vicenzia e Trivisi e di Verona,
Che a Federico abatte la corona.

58.   Natura mostra fuor il suo tesoro:
Ecco il marchese a cui virtù non manca.
Mondo beato e felici coloro
Che seran vivi a quella età sì franca!
Al tempo di costui gli zigli d'oro
Seran congionti a quella acquila bianca
Che sta nel celo, e seran sue confine
Il fior de Italia a due belle marine.

59.   E se l'altro filiol de Amfitrïone,
Qual là si mostra in abito ducale,
Avesse a prender stato opinïone,
Come egli ha a seguir bene e fuggir male,
Tutti li occei, non dico le persone,
Per obedirlo avriano aperte l'ale.
Ma che voglio io guardar più oltra avante?
Tu la Africa destruggi, o re Agramante,

60.   Poi che oltra mar tu porti la semente
De ogni virtù che nosco dimorava;
De qui nascerà il fior de l'altra gente,
E quel, qual sopra a tutto il cor mi grava,

Federico II donò ad Ezzelino Monselice ed Este, già feudi degli Estensi).
Ebbe un figlio, Aldobrandino (*Aldrovandinus*), morto nel 1215. Azzo VII
Novello († 1264), Marchese d'Ancona dal 1224, venne in discordia con
Federico II e fu fatto capo dei Guelfi della Marca: vinse Federico a Parma
nel 1243. Cooperò alla rotta di Ezzelino a Cassano. Suo figlio Rinaldo
morì avvelenato in prigione in Puglia, ostaggio di Federico II (1251), e
il figlio naturale di lui, Obizzo II, fu fatto riconoscere come erede dal
nonno morente. Quanto alla sconfitta dell'Imperatore, si ricorda la vittoria di Bertoldo di Azzo II su Enrico II. Dal *Fur.* (III, 29 sgg.) risulterebbe che Rinaldo di Bertoldo vinse Federico Barbarossa, mentre Bertoldo,
figlio di Azzo II, sconfisse Enrico II (o III) presso Parma.
     58. — 5-6. Allude al favoloso matrimonio di un estense (per l'Ariosto
Albertazzo fratello di Bertoldo) con la Contessa Matilde di Toscana, che
invece sposò nel 1089 Guelfo V di Baviera (*l'aquila bianca* era l'insegna
d'Este — *acquila* nel testo).
     59. — 1. Figlio di Anfitrione, o Anfitrioniade, era detto Ercole, figlio
realmente di Zeus e Alcmena durante l'assenza del marito Anfitrione.
Qui intende Ercole I, che secondo il Poeta avrebbe potuto far grandi
conquiste, date le belle doti dimostrate fin'allora, ma preferiva la pace e
la prosperità del suo ducato.

Che esser conviene, e non serà altramente! —
Così piangendo il vecchio ragionava;
Il re Agramante al suo dir bene attende,
Ma di tal cosa poco o nulla intende.

61.   Anci rispose, come ebbe finito,
Quasi ridendo: — Io credo che lo amore
Il qual tu porti a quel viso fiorito,
Te faccia indovinar sol per dolore.
Ma a questa cosa pigliarem partito,
Ché tu potrai venir con seco ancore,
Anci verrai: or lascia questo pianto. —
Addio, segnor, ché qua finito è il canto.

60. — 5. *Che*: F. ha *Ché*. La frase riesce in ogni modo contorta e pesante.

[Libro tercio de Orlando Inamorato ove sono descrite le maravigliose aventure e le grandissime bataglie e mirabil morte del paladino Rugiero e come la nobeltade e la cortesia ritornarno in Italia dopo la edificazione de Moncelice.]*

CANTO VENTESIMOSECONDO

1.　　Se a quei che trïonfarno il mondo in gloria,
Come Alessandro e Cesare romano,
Che l'uno e l'altro corse con vittoria
Dal mar di mezo e l'ultimo oceàno,
Non avesse soccorso la memoria,
Serìa fiorito il suo valore invano;
Lo ardire e senno e le inclite virtute
Serian tolte dal tempo e al fin venute.

2.　　Fama, seguace de gli imperatori,
Ninfa, che e gesti e' dolci versi canti,

---

* Quest'epigrafe si riferisce al momento in cui il poema constava solo di 60 canti, e quindi la troviamo solo nell'ed. del 1486 mentre scompare già nel Triv. (che porta tutti i 69 canti). Si ha ragione di dubitare che essa sia di mano del B., per via delle imprecisioni contenutevi: morte di Rugiero e fatti d'Italia dopo la fondazione di Monselice – cose che non si trovano affatto nel poema; – inoltre al XXXI, 48, è detto: *a questo libro è già la lena tolta*: *il terzo ascoltareti un'altra volta*: segno evidente che l'Autore faceva incominciare là soltanto, e non qui, il III Libro. Comunque l'epigrafe non dovette essere disapprovata, dato che l'edizione uscì vivente il Poeta. Nell'ed. del 1491 si trova forse come ricalco dell'ed. dell'86.

CANTO XXII. — Rassegna delle schiere di Agramante. Giungono i naufraghi di Monaco con Dudone. Rodamonte e Feraguto fanno pace per raggiungere insieme Montealbano assediato da Marsilio: per strada sono assaliti da una schiera di demoni istigati da Malagigi, ma li sbaragliano e catturano il mago con Viviano.

1. — 5. *la memoria*, il ricordo (dei posteri). Concetto umanistico.
2. — Il senso della strofe è: la poesia, creatrice di fama immortale,

Che dopo morte ancor gli uomini onori
E fai coloro eterni che tu vanti,
Ove sei giunta? A dir gli antichi amori
Ed a narrar battaglie de' giganti,
Mercè del mondo che al tuo tempo è tale,
Che più di fama o di virtù non cale.

3.   Lascia a Parnaso quella verde pianta,
Ché de salirvi ormai perso è il camino,
E meco al basso questa istoria canta
Del re Agramante, il forte saracino,
Qual per suo orgoglio e suo valor si vanta
Pigliar re Carlo ed ogni paladino.
D'arme ha già il mare e la terra coperta:
Trentaduo re son dentro da Biserta.

4.   E poi che ritrovato è quel Rugiero,
Qual di franchezza e di beltate è il fiore,
L'un più che l'altro a quel passaggio è fiero:
Non fu veduto mai tanto furore.
Or ben se guardi Carlo lo imperiero,
Ché adosso se gli scarca un gran romore;
Contar vi voglio il nome e la possanza
Di ciascadun che vôl passar in Franza.

5.   Venuto è il primo insin de Libicana,
Re Dudrinaso, che è quasi un gigante:
Tutta senz'arme è sua gente villana,
Ricciuta e negra dal capo alle piante;
Ma lui cavalca sopra ad una alfana,
Armato bene è di dietro e davante,
E porta al paramento e sopra al scudo
In campo rosso un fanciulletto nudo.

6.   E Sorridano è gionto per secondo,
Qual signoreggia tutta la Esperia;
Cotanto è in là, che quasi è fuor del mondo,

un tempo premiava gli eroi per le loro grandi imprese contemporanee:
ora invece, in questi tempi sterili e volgari, è ridotta a rifugiarsi nel
passato per ritrovare un ambiente ideale.
    5. — Incomincia la rivista dell'esercito di Agramante. Cfr. la rivista
del C. XIV del *Furioso*.
    6. — 2. *Esperia*: vedi II, XVII, 30, 1-4.

Ed è pur negra ancor la sua zinia.
Rossi ambi gli occhi e il viso furibondo
Costui che io dico e i labri grossi avia;
Sotto ha una alfana, sì come il primiero.
Or viene il terzo, che è spietato e fiero:

7. Tanfirïone, il re de l'Almasilla,
Anci nomar si può re del diserto,
Ché non ha quel paese o casa o villa,
Ma tutta sta la gente al discoperto.
Chi me donasse l'arte de Sibilla,
Indovinando io non sarrìa di certo
Della sua gente scegliere il megliore,
Ché senza ardir son tutti e senza core.

8. Non vi meravigliati poi se Orlando
Caccia costor tal fiata alla disciolta,
E se cotanti ne taglia col brando,
Ché nuda è quasi questa gente istolta,
E sempre è bon cacciare alora quando
Fugge la torma e mai non se rivolta.
Ma dal proposto mio troppo mi parto:
Dett'ho del terzo, odeti per il quarto,

9. Ch'è Manilardo, il re de la Norizia,
La qual di là da Setta è mille miglia;
De pecore e di capre ha gran divizia,
E la sua gente a ciò se rassomiglia.
Non han moneta e non hanno avarizia
De oro e de argento; e non è maraviglia,
Ché tra noi anco il bove né il montone
Ciò non desia, perché è senza ragione.

10. Il re di Bolga, il quinto, è Mirabaldo,
Che è longi al mare ed abita fra terra.

7. — 1. *Almasilla*, paese dei *Massyli*, dei Numidi (*Fur.*: *Almansilla*). —
6. *sarrìa*, saprìa, saprei. — 7. lasciamo con tutti gli altri editori questo
scegliere, ma tutti i testi danno, scritto in vari modi, *sciogliere*, che, pur
spiegabile (mettere da parte, togliere dal mucchio), è però duro e strano.
9. — 2. *Setta*, Ceuta presso Tangeri (lat. *Septa*, conservato sotto, 15-7).
Vedi Dante, *Inf.*, XXVI, 111. Quindi la Norizia sarebbe nell'odierna
Mauritania sotto la *Tingitana*.
10. — 1. *Bolga*, o *Borga*, ignota: dovrebbe essere nel deserto libico.

Grande è il paese, tutto ardente e caldo,
Sempre sua gente con le serpe han guerra.
Il giorno va ciascun sicuro e baldo,
La notte ne le tane poi si serra;
D'erba se pasce, e non so che altro guste:
Scrive Turpin che vive de locuste.

11. Re Folvo è il sesto, il qual venne di Fersa:
Non trovo gente di questa peggiore;
Come il sol se alcia al mezo giorno, è persa,
Biastemando chi 'l fece e 'l suo splendore.
La feccia qua del mondo se roversa,
Per dar travaglia a Carlo imperadore.
Or vengano pur via, gente balorda,
Che ogni cristian ne avrà cento per corda.

12. E se nulla vi manca, per aiuto
Già Pulïano, il re di Nasamona,
Con gente di sua terra è qua venuto.
Non trovaresti armata una persona;
Chi porta mazza e chi bastone acuto,
Trombe ni corni a sua guerra si suona;
Avengaché il suo re sia bene armato,
Di molto ardire e gran forza dotato.

13. Il re de le Alvaracchie è Prusïone,
Che le Isole Felice son chiamate,
E tra gli antiqui ne è larga tenzone.
E ne le istorie molto nominate.
Ma lui condusse alla terra persone
Ignude quasi, non che disarmate;
Ciascun portava in mano un tronco grosso,
E sol di pelle avean coperto il dosso.

14. Venne Agrigalte, il re de la Amonia,
Qual ha il suo regno in mezo de la arena.

11. — 1. *Fersa*: paese dell'Africa non identificato: vedi *Fur.*, XXXVIII,
135. — 8. ogni cristiano ne avrà da impiccare cento alla volta.
13. — 1. *le Alvaracchie* sarebbero le Isole Canarie.
14. — 1. *Amonia* era il retroterra d'Egitto, dove era il tempio di Giove
Ammone.

Una gran gente detro a lui seguia,
Ma tutta quanta de pedocchi è piena.
Apresso di questo altro ne vien via
Re Martasino, e la sua gente mena,
Qual più de altre de arme non se vanta:
Il giovanetto è re di Garamanta.

15.   Perché, dopo che morto fu il vecchione,
Quale era negromante e incantatore,
Il re concesse questa regïone
A Martasino, a cui portava amore.
Apresso a questo venne Dorilone;
Aveva pur costui gente megliore,
Ché è re di Septa ed ha porto su il mare;
La gente sua selvatica non pare.

16.   Vennevi ancora Argosto di Marmonda,
Che stimato è guerrer molto soprano.
Il suo paese di gran pesci abonda,
Perché è disteso sopra allo oceàno,
Tornando dietro al mare, alla seconda.
Bambirago d'Arzila, a destra mano.
La gente di costor è de una scorza
Nera, come è il carbon quando se smorza.

17.   Ma tra' Getuli avea perso Grifaldo,
Che, via passando, non me venne a mente.
Lontano è al mare il suo paese caldo,
Populo ignudo, tristo e da nïente.
Bardulasto era morto, quel ribaldo,
Ma novo re fu posto alla sua gente,
La qual condotta venne da Alghezera;
Questa tra l'altre è ben gagliarda e fiera.

18.   Vero è che non han ferro in sua provenza,
Ma tutti portano ossa de dragoni

16. — 1. *Marmonda*, Marmarica, attorno a Tobruk. — 5. Il passo è
molto oscuro: qui s'è riparato con la punteggiatura. — *alla seconda* varrebbe: procedendo lungo la costa. — 6. *Arzila*, anticamente *Zelis* e *Zilia*,
città della *Tingitana* a sud di Tangeri.
17. — 1. *Getuli: Gaetulia* era per i Romani il nord del Sahara, oltre
i limiti costituiti dell'Impero: quindi già regione dell'« *hic sunt leones* ».

Tagliente e acute, e non vedresti un senza;
Per elmi in capo han teste de leoni,
Sì che a mirarli è strana appariscenza.
In Francia periran questi poltroni;
Tutti han scoperte le gambe e le braccia;
Un sol non vi è, che assembri uno omo in faccia.

19.   Bucifaro il suo re fu nominato,
Qual di prodezza è tra' baroni il terzo.
Il re di Normandia gli viene a lato,
Forte ed ardito, e nome ha Baliverzo;
Ma il popol che ha condotto è sciagurato,
Qual sordo, quale è zoppo e quale è guerzo:
Gente non fu giamai cotanto istrana;
Poi vien Brunello, il re de Tingitana.

20.   Più sozza fronte mai non fie' natura,
E ben li ha posti del mondo in confino,
Ché a l'altra gente potria far paura
Che se scontrasse avante al matutino.
Né già il suo re gli avanza di figura,
Negretto come loro e piccolino;
Più volte vi narrai come era fatto,
Però lo lascio e più de lui non tratto.

21.   E torno ver ponente alla marina,
Ove è il paese più domesticato,
Benché la gente è negra e piccolina,
Né trovaresti tra mille uno armato.
Di là vien Farurante di Maurina;
Feroce è lui, ma male accompagnato.
Ora nel nostro mar mi volto adesso:
Il re di Tremison gli viene apresso

22.   (Alzirdo ha nome, e la sua schiera è armata
Di lancie e scudi, e de archi e de saette),

---

21. — 1. non è chiaro perché mai dica di *tornar ver ponente,* mentre
la *Maurina* (Algeria) è a oriente della *Tingitana* (Marocco Spagnolo). —
8. *Tremison,* nell'Ariosto *Tremisenne,* città e regione algerina non meglio
identificata. Il Papini la trovò su un mappamondo spagnolo del '400 sulla
sinistra del Nilo a sud del deserto, ma quel nome nel *Furioso* designa due
località diverse.

E Marbalusto, la anima dannata,
Che seco ha tante gente maledette,
E per menarle meglio alla spiegata
La Francia tutta in preda gli promette,
Onde quei pacci volentier vi vano;
Costui de cui ragiono, è re d'Orano.

23.   Un altro, che al suo regno gli confina,
Venne con gente armata con vantaggio:
Ciò fu Gualciotto di Bellamarina,
Forte ne l'armi e di consiglio saggio.
Poi Pinadoro, il re di Costantina;
Questo dal mare è longi in quel vïaggio:
Quando già fece con gli Arabi guerra,
Fie' Costantino al monte quella terra.

24.   Non par, segnor, che io ne abbia detto assai
Che lasso son cercando ogni confino?
E parmi ben ch'io non finirò mai;
Pur mo se me apresenta il re Sobrino,
Che è re di Garbo, come io vi contai.
Non è di lui più savio saracino;
Tardocco, re di Alzerbe, venne apresso.
Tre vi ne sono ancora, io ve 'l confesso.

25.   Quel Rodamonte che è passato in Francia,
È re di Sarza, ed è tanto gagliardo,
Che non è pare al mondo di possancia.
Ora vi venne ancora il re Branzardo
Con belle gente armate a scudo e lancia;
Re di Bugia se appella quel vecchiardo.
Lo ultimo venne, perch'è più lontano,
Mulabuferso, che è re di Fizano.

---

23. — 3. *Bellamarina* è sulla costa settentrionale africana, contigua
al Marocco: nel *Furioso*, dopo la morte di Gualciotto quelle truppe passe-
ranno a Rodomonte.
     24. — 5. *Garbo*, in Barberia, Magreb. — 7. *Alzerbe*, isola di Gerbi
(*Djerbi*).
     25. — 2. *Sarza*, in Algeria, non identificata. Rodamonte è detto anche
Re di Algeri. — 8. *Fizano* (o *Feza*), ora Fez.

26.   Era già prima in corte Dardinello,
Nato di sangue e di casa reale,
Che fu figlio de Almonte il damigello,
Destro ne l'arme, come avesse l'ale,
Molto cortese, costumato e bello,
Né se potrebbe apponervi alcun male.
Il re Agramante, che gli porta amore,
Re de Azumara l'ha fatto e segnore.

27.   Io credo ben che serà notte bruna
Prima che tutti possa nominare,
Perché giamai non fu sotto la luna
Tal gente insieme, per terra o per mare.
Re Cardorano a gli altri anco se aduna:
Chi gli potrebbe tutti ramentare?
E vien con seco il nero Balifronte:
Quasi il lor regno è fuor de l'orizonte.

28.   Il primo ha in Cosca la sua regïone,
Mulga se appella poi l'altro paese.
Africa tutta e le sue nazïone
Intorno de Biserta son distese,
Varii di lingue e strani di fazone,
Diversi de le veste e de lo arnese;
Né se numerarebbe a minor pena
Le stelle in celo o nel litto l'arena.

29.   Fece Agramante e re tutti alloggiare
Dentro a Biserta, che è di zoie piena;
Là con baldanza stanno ad armeggiare
Con balli e canti e con festa serena;
Altro che trombe non se ode suonare,

---

26. — 8. *Azumara*, altrove *Zumara*, Azenmour sulla costa a sud di Casablanca.
28. — 1. *Cosca*, forse una località detta *Kashna*, non ben nota neppur oggi; opp. dal fiume *Tusca*, al confine orientale numida. — 2. *Mulga,* dal fiume Molocath in Algeria.
29. — È strano che, ora che ha trovato Rugiero, Agramante dimentichi tutta la smania di entrare in Francia e si indugi qui tra feste e cacce ancora parecchi giorni: ma la ragione non è da cercare nel re pagano, bensì nel Poeta, la cui fantasia ha meno fretta del *giovenil furore* di Agramante.

L'un più che l'altro gran tempesta mena;
Chi a destrier corre, e chi l'arme si prova,
Cresce nel campo ognior più gente nova.

30.   Da Tripoli e Bernica e Tolometta
Vien copia de pedoni e cavallieri;
Questa è ben tutta quanta gente eletta
Con arme luminose e bon destrieri.
Quivi il re di Canara anco se aspetta,
Ma già non son cotali e suoi guerrieri,
Ché alle lor lancie non bisogna lima;
Corne di capre gli han per ferri in cima.

31.   Era il suo re nomato Bardarico,
Terribil di persona e bene armato;
Or quando fu giamai nel tempo antico
Per tale impresa un popolo adunato,
Tanto diverso quanto è quel che io dico,
La terra e il mar coperto in ogni lato?
Oh quanto era superbo il re Agramante,
Che a suo comando avea gente cotante!

32.   Benché gli Arabi e il suo re Gordanetto
Ad obedirlo ancor non sian ben pratichi;
Questi non hanno né casa né tetto,
Ma ne le selve stan come selvatichi;
Ragione e legge fanno a suo diletto,
Né son tra loro astrologi o gramatichi.
Non è de questi alcun paese certo,
Robbano ogniuno e fuggono al diserto.

33.   E chi volesse dietro a lor seguire,
Serìa perdere il tempo con affanno;
Essi de frutti se sanno nutrire
E vivere al scoperto senza panno;
Però fan gli altri di fame morire,
Né se acquista a seguirli se non danno;
Onde Agramante per questa paura
De subiugarli mai non prese cura.

30. — 1. *Bernica*, Bernicche, Bengasi, antica *Berenice*.

34. E standosi in Biserta a sollacciare,
Come io vi dissi, con molto conforto,
Un messo li aportò come nel mare
Son più nave apparite sopra al porto,
Le qual già Rodamonte ebbe a menare,
Ma de lui non se sa se è vivo o morto;
E che seco avean loro un gran pregione,
Che è cristiano ed ha nome Dudone.

35. Il re turbato incominciò gran pianto,
Stimando che sia morto Rodamonte;
Ma io il vo' piangendo abandonare alquanto,
Per tornare a que' duo che a fronte a fronte
De ardire e de fortezza se dàn vanto.
Forse stimati che io parli del conte,
Qual con Ranaldo a guerra era venuto;
Ma io dico Rodamonte e Ferraguto,

36. Che non ha tutto il mondo duo pagani
Di cotal forza e tanta vigoria.
Crudel battaglia quei baron soprani
Menata han sempre e menan tuttavia.
De arme spezzate avean coperti i piani,
Né alcun de lor sa già chi l'altro sia;
Ma ciascun giuraria senza riguardo
Non aver mai trovato un più gagliardo.

37. De l'altro è Feraguto assai minore,
Ma non gli lasciaria del campo un dito,
Ché a lui non cede ponto di valore,
Perché ogni piccolletto è sempre ardito;
Ed èvi la ragion, però che il core
Più presso a l'altre membra è meglio unito;
Ma ben vorebbe aver la pelle grossa
Il cane ardito, quando non ha possa.

38. Durando anco tra lor lo assalto fiero,
Per l'aspri colpi orribile a guardare,
Passava per quel campo un messaggiero,
Qual, fermo un poco, gli prese a parlare:
— Se alcun di voi de corte è cavalliero,

Male novelle vi sazo contare,
Ché 'l re Marsilio, il perfido pagano,
Posto ha lo assedio intorno a Montealbano.

39. E dissipato in campo ha il duca Amone,
E con soi figli l'ha dentro cacciato,
Seco Anzoliero e il suo parente Ivone:
Alardo è preso, e non so se è campato;
E quel paese è in gran destruzïone,
Ché tutto intorno l'hanno arso e robbato.
Questo vidi io, che son de là venuto
Per dimandare a Carlo Mano aiuto. —

40. Non fece alcuna indugia quel corriero,
Che dopo le parole è caminato.
Assai turbosse Feraguto il fiero,
Poi che a quel fatto non se era trovato;
E stato essendo alquanto in tal pensiero
Da Rodamonte al fin fu domandato
Se di tal guerra avea ponto che fare,
Ché non vi avendo, è da lasciarla andare.

41. E Feraguto a ponto gli contava
Come era il re Marsilio suo cïano,
E poi cortesemente lo pregava
Che seco voglia pace a mano a mano;
Né mai più de impicciarsi gli giurava
Per la figliola del re Stordilano.
Non lasciò già per tema cotal prova,
Ma sol per gire a quella guerra nova.

42. Re Rodamonte, che l'avea provato
Di tal franchezza e di tanto ardimento,
Assai nel suo parlar l'ebbe onorato,
Facendo il suo volere a compimento;
E poi se furno l'un l'altro abracciato,
E fratellanza ferno in giuramento,
Con sì grande amistate e tanto amore
Che tra duo altri mai non fu maggiore.

41. — 2. *cïano*, zio.

43.   E destinati non se abandonare
L'un l'altro mai sin che in vita serano,
Insieme cominciarno a caminare,
Per ritrovarse entrambi a Montealbano;
E, via passando senza altro pensare,
Scontrarno Malagise e Viviano:
Venian que' duo fratei, de' qual vi parlo,
Per impetrar soccorso dal re Carlo

44.   Per Montealbano, il quale è assediato,
Come di sopra potesti sentire.
Or Malagise se trasse da lato,
Come e due cavallier vidde venire,
Dicendo a Vivian: — Per Dio beato!
Chi sian costoro io vo' saperti dire —;
Ed intrato lì presso in un boschetto,
Fece il suo cerchio ed aperse il libretto.

45.   Come il libro fu aperto, più né meno,
Ben fu servito di quel che avea voglia,
Ché fu a demonii il bosco tutto pieno:
Più de ducento ne è per ogni foglia.
E Malagise, che gli tiene a freno,
Comanda a ciascadun che via se toglia,
Largo aspettando insin che altro comanda;
Poi di costoro a Scarapin dimanda.

46.   Era un demonio questo Scarapino,
Che dello inferno è proprio la tristizia:
Minuto il giottarello e piccolino,
Ma bene è grosso e grande di malizia;
Alla taverna, dove è miglior vino,
O del gioco e bagascie la divizia,
Nel fumo dello arosto fa dimora,
E qua tentando ciascadun lavora.

47.   Costui, da Malagise adimandato,
Gli disse il nome e lo esser de' baroni;

46. — Lo Zingarelli dà questa macchietta come derivata dal Margutte del *Morgante*.

Là dove il negromante ebbe pensato
Pigliarli entrambi ed averli pregioni.
Tutti e demonii richiamò nel prato
In forma de guerreri e de ronzoni,
Mostrando in vista più de mille schiere,
Con cimeri alti e lancie e con bandiere.

48.   Lui da una parte, da l'altra Viviano
Uscirno di quel bosco a gran furore.
Diceva Feraguto: — Odi, germano,
Ch'io non sentitte mai tanto rumore!
Questo è veramente Carlo Mano.
Or bisogna mostrar nostro valore;
Abench'io voglia te sempre obedire,
Per tutto il mondo non voria fuggire. —

49.   — Come fuggir? — rispose Rodamonte
— Hai tu di me cotale opiniöne?
Senza te solo io vo' bastare a fronte
A tutti e cristïani e al re Carlone,
E alle gente di Spagna seco aggionte.
Se sopra il campo vi fosse Macone
E tutto il paradiso con lo inferno,
Non me farian fuggire in sempiterno. —

50.   Mentre che e duo baron stavano in questa,
Ragionando tra lor con cotal detti,
E Malagise uscì de la foresta,
Già non stimando mai che alcun lo aspetti,
Però che seco avea cotal tempesta
De urli e de cridi da quei maledetti,
Che sotto gli tremava il campo duro:
Dal lor fiatare è fatto il celo oscuro.

51.   Venìa davanti agli altri Draginazza,
Che avea le corne a l'elmo per insegna;
Questo di rado a vil gente se abbrazza:
Tra gli superbi alle gran corte regna.

---

50. — 3. *E Malagise*: il solito *e* pleonastico di raccordo quando le
secondarie precedono la principale.
51. — 1. *Draginazza*: cfr. il dantesco *Draghignazzo* (*Inf.* XXI, 121).

La lancia ha col pennone e spada e mazza,
Ma di portare il scudo se disdegna.
Questo si serra adosso a Rodamonte,
E con la lancia il gionse ne la fronte.

52. Avea la lancia il fer tutto di foco,
Che entrò alla vista ed arse ambe le ciglia:
E questo mosse Rodamonte un poco,
Perché ebbe di tal fatto meraviglia;
Ma urtò il ronzon cridando: — Aspetta un poco,
Giotton, giotton, ché tua faccia somiglia
Proprio al demonio mirandoti apresso,
E certamente io credo che sei desso. —

53. Al fin de le parole il brando mena,
Come colui che avea forza soprana,
E fu il gran colpo de cotanta lena,
Che dentro lo passò più d'una spana,
E dette a Draginazza una gran pena,
Benché il passasse come cosa vana;
Ma gli altri maledetti gli èno adosso
Con tanta furia, che contar nol posso.

54. E lui per questo non è meno ardito,
Non ve pensati che 'l dimandi aiuto;
Or questo or quel demonio avea colpito:
Già se pente ciascun d'esser venuto,
E Draginazza via ne era fuggito:
Ma molti sono adosso a Feraguto,
E sopra a tutti un gran dïavolone,
E questo è Malagriffa dal rampone.

55. Con quel rampone agriffa gli usurari,
Conducendoli a ponto ove li piace,
Perché ha possanza sopra de li avari,
E giù gli coce in quel fuoco penace,
E piglia preti e frati e i scapulari,
Perché ciascun di loro è suo seguace.

---

55. — 4. *penace*, che dà pena (detto del fuoco infernale). Queste imma-
gini sono assai vicine alle dantesche. — 5-6. Anche il B. vuol dare il suo
piccolo contributo alla satira contro gli ecclesiastici, che era allora un
luogo comune.

Ora al presente a Feraguto è intorno;
Ben se diffende il cavalliero adorno.

56.   E quel ferì de un colpo sì diverso,
Che io vi so dir che l'altro non aspetta,
E a tutti gli altri mena anco a traverso;
Ma tanta era la folta maledetta,
Che sol cridando quasi l'han somerso.
Ora ecco un altro, che ha nome Falsetta,
Ingannatore e de ogni vizio pieno:
A fraude e trufferia mai non vien meno.

57.   Costui con Feraguto fie' battaglia,
Non gli stando però molto dapresso,
Ma errando intorno gli dava travaglia,
Fuggendo e ritornando a gioco spesso.
Mal fa chi sì gran pezzo al panno taglia,
Che non sa de cusirlo per espresso;
Credea Falsetta ad arte e con inganni
Tenire il cavallier sempre in affanni.

58.   Ma Rodamonte, che venìa da lato,
A caso riscontrò quel maledetto;
Intra le corne il brando ebbe callato,
E divise la testa e tutto il petto.
Via va cridando quel spirto dannato,
Ma dove andasse, io non so per effetto,
E Rodamonte dà tra quei malvasi,
Benché ormai pochi al campo sian rimasi.

59.   Fuggiano urlando e stridendo con pianti,
Ché eran spezzati e non potean morire;
E dove prima al bosco eran cotanti,
Ora son pochi, e ciascun vôl fuggire.
A benché Malagise con incanti
Facesse alquanto il campo mantenire,
Pur non gli puote ritenere al fine,
Che irno in profondo alle anime tapine.

---

57. — 5-6. chi per un abito taglia un grosso pezzo di panno senza
sapere già con sicurezza di doverlo impiegare.
59. — Questa battaglia è davvero l'apoteosi dell'audacia cavalleresca,
che ha ragione perfino dei diavoli!

60.   Esso, veggendo il fatto andar sì male,
A fuggir cominciò con Vivïano;
Ma tal fuggire ad essi poco vale:
Feraguto gli segue per il piano
Sopra a un destrier che par che metta l'ale,
E in somma ambi li prese a mano a mano,
Benché pur ferno alquanto de diffesa;
Ma Rodamonte gionse alla contesa.

61.   Ed ambi gli legarno in su un ronzone,
E verso Montealbano andarno via,
Per presentarli al re Marsilïone.
Segnori e grazïosa compagnia,
Io voglio mo finire il mio sermone,
Seguendo poi con bella diceria
La istoria cominciata e la gran guerra:
Dio vi contenti in celo e prima in terra.

CANTO VENTESIMOTERZO

1.   Quella battaglia orribile e infernale
Che io ve ho contata, e piena di spavento,
Me piacque sì che, s'io non dico male,
Mirarla in fatto avria molto talento,
Sol per veder se il demonio è cotale
E tanto sozzo come egli è dipento,
Ché non è sempre a un modo in ogni loco:
Qua maggior corne, e là più coda un poco.

2.   Sia come vôle, io ne ho poca paura,
Ché solo a' tristi e a' desperati nôce,
E men fatica ancor più me assicura,
Ché io so ben fare il segno de la croce.
Or via lasciamolo in la mala ventura
Nel fuoco eterno che il tormenta e coce,
Ed io ritorno a dilettarvi alquanto
Ove io lasciai l'istoria a l'altro canto.

3.   Andando Feraguto a Montealbano
E Rodamonte, come io ve contai,
Che preso ha Malagise e Vivïano,
Via caminando non restarno mai,
Sin che trovâr lo esercito pagano,
Che avea gran nobiltate e gente assai;

CANTO XXIII. — I Franchi attaccano gli Spagnoli. Carlo promette
Angelica a chi dei due cugini farà maggior prova nella battaglia; le cui
sorti volgendo male per i pagani, subentrano in soccorso Marsilio, Rodamonte e Feraguto.

2. — 3. *men fatica* di quella durata da Rodamonte e Feraguto.

Re, duci, cavallier, marchesi e conti
Coperti di trabacche han piani e monti.

4.   Feraguto andò avanti al re Marsilio,
E conta in breve, stando ingenocchiato,
Sì come a Malagise diè di piglio,
E Rodamonte assai gli ebbe lodato.
Il re, che più l'amava assai che figlio,
Oltra meza ora lo tenne abracciato,
Baciandolo più volte, e per suo amore
A Rodamonte fece un grande onore.

5.   Balugante era in campo e Falcirone,
Fratei del re, con molta baronia,
L'un de Castiglia e l'altro di Leone,
E Maradasso, il re de Andologia,
E il re di Calatrava, Sinagone,
Grandonio di Volterna in compagnia,
Qual dapoi mise e Cristïani al fondo
(Sopra a Moroco regna il furibondo);

6.   Re de' Galegi, il quale era pedone,
Ché destriero al portar non ha balìa,
Vi venne Maricoldo col bastone;
Ma di Biscaglia alcun non vi venìa,
Perché il re Alfonso tien la regïone,
Bon cristïano e de alta gagliardia,
Di cui la stirpe e 'l bel seme iocondo
Non Spagna sol, ma illuminato ha il mondo.

7.   Né trovo per scrittura, o per ragione
Più real sangue, e non credo che sia;
Fanne Sardegna dimostrazïone,
Le due Cecilie e in parte Barbaria:
Ed è verace quella opinïone
Che fu da' Goti sua genologia.
Chi fosser questi, già non vi respondo:
La terra il seppe e il mar che gira in tondo.

5. — 6. *Volterna*, nel Marocco (nel *Fur. Valterna*).
6. — 5. Questo Alfonso di Biscaglia ricompare nel *Fur.* (XXIV, 25)
per un atto di giustizia fra Almonio e Odorico. Cfr. per questo re, II,
XXVII, 53, 1, Nota.
7. — 3-4. Trattasi dei domini aragonesi in Italia.

8.   Or veritate ed anco affezïone,
            Me ha tratto alquanto de la strata mia;
            Ma torno adesso e dico le persone
            Sopra a le qual Marsilio ha signoria.
            Larbin di Portugallo era in arcione.
            E Stordilano ancor, che possedia
            Tutta Granata; e già non vi nascondo
            Il Maiorchin, che nome ha Baricondo;

9.   Ma poi la corte di Marsilïone,
            Di tanto pregio e tal cavalleria.
            Serpentin de la Stella, il fier garzone,
            Ed Isolier s'aspetta tuttavia,
            Che è sir de Pampaluna, e Folicone,
            Del re bastardo e conte de Almeria;
            Non par di Spagna il terzo, né il secondo,
            Quel colorito, e questo bianco e biondo.

10.   Ma perché vi faccio io tanta dimora
            Il nome e le provenze a racontare,
            Che poi ne le battaglie in poco de ora
            Gli sentireti a ponto divisare?
            Re Carlo giongerà senza dimora,
            Poscia per tutti vi serà che fare,
            A benché alcun pagan qua non l'aspetti,
            Che tutti in zoia stanno e gran diletti.

11.   Aveano usanza tutti i re pagani,
            La quale in questo tempo anco è rimasa,
            Che, campeggiando, o vicini o lontani,
            Ma' le lor dame lasciavano a casa;
            Né so se lor pensier sian fermi o vani,
            Ché pur sta mal la paglia con la brasa;
            Ma, da altra parte ancora, per amore
            Lo animo cresce e più se fa de core.

12.   Per questo erano in campo le regine
            Quasi di tutta Spagna, e pur le belle;
            Ma sopra a tutte l'altre peregrine
            Era stimata il fior de le donzelle

La Doralice; come tra le spine
Splende la rosa e tra foglie novelle,
Così lei di persona e di bel viso
Sembra tra l'altre dea del paradiso.

13. Re Rodamonte, che tanto l'amava,
Ogni giorno per lei facea gran prove;
Or combatte a ristretto ed or giostrava,
Sempre con paramenti e foggie nove,
E Feraguto a ciò l'accompagnava;
Onde per questo par che non se trove
Altro baron che a lui tenga la fronte,
Tanto era forte e destro Rodamonte.

14. Il re Marsilio per più fargli onore
Facea gran feste e trïonfal conviti,
E sempre Rodamonte ha più favore
Tra quelle dame dai visi fioriti.
Or così stando un giorno, alto rumore
E trombe con gran cridi fôrno oditi,
E la novella vien de mano in mano
Come assalito è il campo giù nel piano.

15. Re Carlo ne venìa per la campagna,
Ed avea seco il fior de' Cristïani
De l'Ongheria, di Franza e de la Magna,
E la sua corte, quei baron soprani;
Ma quando vidde la gente di Spagna
Tutta assembrata per callare a i piani,
Chiamò Ranaldo ed ebbe a lui promesso
Non dar la dama a Orlando per espresso,

16. Pur che facesse quel giorno col brando
Sì fatta prova e dimostrazïone,
Che più di lui non meritasse Orlando.
Poi d'altra parte il figlio de Milone
Fece chiamar da parte, e ragionando
Con lui gli diè segreta intenzïone

13. — 3. *a ristretto*, da solo a solo, in singolar tenzone.
15. — 3. *la Magna*, Allemagna.

Che mai la dama non avrà Ranaldo,
Pur che combatta il giorno al campo saldo.

17.   Ciascun di lor quel giorno se destina
Di non parer de l'altro mai peggiore.
Ahi sventurata gente saracina,
Che adosso ben ti viene un gran romore!
Quei duo baron faran tanta ruina,
Che mai fu fatta al mondo la maggiore.
Or tacete, segnori, e non v'incaglia,
Ch'io vo' contare un'aspra e gran battaglia.

18.   Re Carlo Mano avea fatte le schiere
Molto ordinate e con gran sentimento;
Il nome de ciascuno e le bandiere
Poi sentirete e l'altro guarnimento,
Secondo che usciran le gente fiere
Che contra lor ne van con ardimento.
Ma la prima che è gionta alla campagna
È Salamone, il bon re de Bertagna.

19.   Con la bandiera a scacchi neri e bianchi
Ricardo e' soi Normandi è seco in schiera;
Guido e Iachetto, che èn duo baron franchi,
L'un de Monforte e l'altro de Riviera.
Sei de sei millia non credo che manchi
Di questa gente, che è animosa e fiera;
Ne vien correndo e mena gran pulvino,
Per assalire il campo saracino.

20.   Marsilio avea mandato Balugante,
Che refrenasse quello assalto un poco,
Acciò che le sue gente, che son tante,
Potesse trare alquanto di quel loco.
Serpentino era seco e lo Amirante
E il re Grandonio, l'anima di foco;
Con più de trenta millia de Pagani
Callarno il monte e gionsero in que' piani.

21.   Suonâr le trombe, e con molta tempesta
L'un verso l'altro a gran crido se mosse
A tutta briglia, con le lancie a resta,

E con fraccasso l'un l'altro percosse.
Aspra battaglia non fu più di questa:
Volarno i tronchi al cel de l'aste grosse
E l'arme resuonarno insieme e' scudi,
Quando scontrarno insieme a li urti crudi.

22. Era al principio questo un bel riguardo
Per l'arme relucente e per cimieri;
Ciascun destriero ancora era gagliardo,
Coperte e paramenti erano intieri;
Ma, poi che Salamone e il bon Ricardo
E Iachetto con Guido, e baron fieri,
Intrarno furïosi alla gran folta,
La bella vista in brutta fu rivolta.

23. Roncioni e cavallier morti e tagliati
Tutto infiammarno il campo sanguinoso,
E l'arme rotte e gli elmi spenacchiati
Facean riguardo tristo e doloroso.
E paramenti e' squarci dissipati,
E ciascun pien di sangue e polveroso;
Il ruïnare a terra e il gran fraccasso
Avrian smariti gli occhi a un satanasso.

24. Ricardo entrò primiero alla battaglia,
Il qual portava per cimiero un nido,
E Salamone adosso alla canaglia,
E Iachetto con seco e 'l franco Guido.
Ciascun sì crudamente i Pagan taglia,
Che sino al cel se odiva andare il crido;
Ma alor se mosse incontra Balugante,
Grandonio e Serpentino e lo Amirante.

25. E per la lor prodezza e suo valore,
E per sua gente ancor, che gli abondava,
La nostra certo arìa avuto il peggiore,
Che indietro a poco a poco rinculava;
Ma, ciò veggendo Carlo imperatore,
Che a lato alla baruffa sempre istava,

22. — 1. *un bel riguardo,* un bello spettacolo, per via delle armi..

Mandò in soccorso Olivieri il marchese,
E Naimo e il conte Gano e il bon Danese;

26.   E seco Avino e Ottone e Berlengiero
E Avorio, che anco lui fu paladino;
Avenga che io nol ponga per primiero,
Pur va con gli altri, e dietro a lui Turpino.
Alor se radoppiò lo assalto fiero
E levossi di novo alto polvino;
Altro che trombe non se ode nïente,
E lancie rotte de una e de altra gente.

27.   Carlo chiamò da parte Bradamante,
Ch'è fior de gagliardia, quella donzella,
E 'l bon Gualtiero, il cavalliero aitante,
Ed alla dama in tal modo favella:
— Tu vedi il monte il quale è qua davante.
Là con Gualtiero a quel bosco ti cella,
Con questi cavallier che teco mando,
Né te partir di là, se io nol comando. —

28.   Ella ne andò; ma sopra di quel piano
Era battaglia sì crudele e stretta,
Che nol potria contare ingegno umano.
A furia vien la gente maledetta;
Benché il franco Olivier col brando in mano
Di qua di là gli taglia a pezzi e fetta,
Pur si diffende assai la gente fiera:
Ecco de il monte scende un'altra schiera.

29.   Questo è il re Stordilano, e Malgarino
E Baricondo è seco e Sinagone,
E Maradasso più gli era vicino:
La schiera guida al campo Falcirone.
Costui portava al suo stendardo un pino
Col foco ne le rame e nel troncone,
Ed ha la gente spessa come piova:
Ben vi so dir che il gioco se rinova.

---

27. — 6. *ti cella*, ti cela, nasconditi.
28. — 6. *e fetta*: il F. lo interpreta come verbo: e li affetta.

LIBRO PRIMO D'ORLANDO

INNAMORATO COMPOSTO DAL SIGNOR

Matteo Maria Boiardo Conte di Scandiano, et rifor-
mato da Meſſer Lodouico Dominichi.

RE CARLO ORDINA VNA GIOSTRA ET VN SOLENNE
conuito, a mezzo delquale uiene Argalia con la ſorella Angelica, & iſſida a gioſtra tutti i Baroni
della corte . Malagigi conoſciuto, che hebbe l'incanto delle arme, & de l'anello, ua per
uſare ſue arti, & riman prigione. Angelica lo manda incatenato al Catuio. Aſtol-
fo gioſtra, & e abbattuto; Ferrau benche cadeſſe in terra, non uolſe ſtar
al patio, ma di nuouo torna a combattere, & ammazza i giganti,

CANTO PRIMO.

SE, CO
me mo-
ſtra il ta
citurno
aſpetto,
SI-
gnori,
& Ca-
uallier
ſete adu
nati,

Per hauer dal mio canto alcun diletto,
Piacciaui di ſilentio eſſermi grati;
Che dirui coſe nuoue io ui prometto,
Proue d'arme, & affetti innamorati
D'Orlando in ſeguitar Marte, e Cupido,
Onde ne gionto al ſecol noſtro il grido.

Forſe parrà di marauiglia degno
Che ne l'alma d'Orlando entraſſe amore,
Sendo egli ſtato à piu d'un chiaro ſegno
Di maturo ſaper, di ſaggio core,
Ma non e al mondo coſi ſcaltro ingegno,
Che non s'accenda d'amoroſo ardore,
Teſtimonio ne fan l'antiche carte,
Doue ne ſon mille memorie ſparte.

Queſta hiſtoria fin hor poco paleſe,
E ſtata per induſtria di Turpino,
Che di laſciarla uſcir ſempre conteſe,
Per non ingiuriar il Paladino;
Il qual poi che ad Amor prigion ſi reſe,
Quaſi à perder ſe ſteſſo andò uicino,
Però fu lo ſcrittore ſaggio, & accorto,
Che far non uolſe al caro amico torto.

A ij

L'esordio dell'*Orlando innamorato*

rimaneggiato da Ludovico Domenichi nell'edizione di Venezia, Comin da Trino, 1553.

30.   Alor Grandonio, quella anima accesa,
Qual mai non se ha potuto adoperare,
Sol per tenir la sua gente diffesa
(Ché a ricoprirla troppo avea che fare),
Ora una lancia in su la coscia ha presa,
E sopra Salamon se lascia andare.
Avendo posta già quella asta a resta,
Roverso al campo il getta con tempesta.

31.   Guido abattuto fu da Serpentino,
Io dico Guido il conte de Monforte,
E non il Borgognon, che è paladino,
Il qual si stava con re Carlo in corte.
Or Balugante, il forte saracino,
Al conte de Rivera diè la morte,
Dico a Iachetto; gionselo al costato,
E via passando lo distese al prato.

32.   Quando il Danese vidde Balugante,
Che avea in tal modo morto il giovanetto,
Turbato acerbamente nel sembiante
Sprona il ronzone adosso al maledetto.
Gionse al cimier, che è un corno de elefante,
E specciòl tutto e roppe il bacinetto,
E se dritto il colpiva a compimento,
Tutto il fendeva di sotto dal mento.

33.   Ma il brando per traverso un poco calla,
Sì che una guanza con la barba prese,
E venne gioso e colse nella spalla,
Né piastra grossa o maglia la diffese.
Nel scudo de osso il bon brando non falla,
Ma seco ne menò quanto ne prese,
E fo sì gran ferita e sì diversa,
Che quasi ha lui da poi la vita persa.

34.   Ma Balugante volta il suo ronzone
Menando le calcagne forte e spesso,
Sin che fo avante al re Marsilïone,

32. — 5. *corno*: altra lez. *capo de elefante*.

Come io vi contarò qua poco apresso.
Ora Oliviero abatte Sinagone,
Ed hagli il capo insino ai denti fesso:
Barbuta non gli valse o l'elmo fino;
E poi se volta e segue Malgarino.

35.   Ma non lo aspetta lui, che è impaurito;
Mostrògli Sinagon ciò che 'l die' fare,
Ed ebbe senno a pigliar bon partito.
Ecco Grandonio, che un serpente pare:
E gionse Avino, il giovanetto ardito,
E sottosopra il fece trabuccare;
Poi Belengero abatte in sul sabbione,
E seco Avorio e il suo fratello Ottone.

36.   Gionse anche Serpentino a un'altra banda
E scontrò il bon Ricardo paladino:
For dello arcione alla campagna il manda;
Né qui se arresta e scontrase a Turpino,
E benché 'l prete a Dio se ricomanda,
Pur fu abattuto da quel saracino.
Rimescolata è tutta quella traccia,
Qua fugge questo, e là quell'altro caccia.

37.   Vidde Olivier Grandonio di Volterna,
Che abatte sopra al campo gente tanta
Che altri che lui non par che se discerna,
E tutto è sangue dal capo alla pianta.
Dicea Oliviero: — O Maiestate Eterna,
Io pur diffendo la tua Fede santa,
Come far deggio, e il tuo culto divino;
Dammi possanza contra al Saracino! —

38.   Egli avea già racolta un'altra lanza
Così dicendo, e con animo ardito
Spronava il suo destrier con gran baldanza.
Or non so dir se ben fusse seguito,
Però che gionse il conte di Maganza,
E per traverso ha il Saracin colpito;
Non se guardando forse da quel lato,
Tutto el distese fuor de arcione al prato.

39.   Quando Grandonio se vidde abattuto,
Non dimandati se rodea la brena;
Presto ricciato rembracciava il scuto,
E mena il brando, e non è dritto apena;
Ma il conte Gano, che stava aveduto,
Volta il destriero e le calcagna mena;
Ma il re Grandonio afferra il suo ronzone,
Rimette il brando e salta nello arcione.

40.   Poi che salito fu sopra al destriero,
Tra la gran folta col brando se caccia;
Mai non fu Saracin cotanto fiero:
Questo abatte per terra e quello amaccia.
Ecco raggionto il marchese Oliviero,
Che avea ferito Falcirone in faccia.
E spezzato gli ha l'elmo e rotto il scuto,
Quando gionse Grandonio a darli aiuto.

41.   Gionse Grandonio, e ben gli bisognava,
Ché non potea durar lunga stagione;
Presto Oliviero a questo se voltava,
Lasciando mezo morto Falcirone.
Or l'uno e l'altro gran colpi menava;
Benché più forte sia quel can fellone,
Era Olivier di lui poi più maestro,
Ma molto accorto e più legiero e destro.

42.   Menò Grandonio un colpo a quel marchese,
E nel fondo del scudo agionse al basso,
Qual ponto nol coperse né diffese,
Ma tutto se fiaccò con gran fraccasso,
E passò il brando ed arivò allo arnese:
Se egli avea forza, a voi pensar vi lasso.
Poco prese la coscia, e nello arcione
Via passò il brando e gionse 'l bon ronzone.

43.   Colse il ronzone a quella spalla stanca,
E sconciamente l'ebbe innaverato;
Per questo ad Oliviero il cor non manca,

39. — 2. *la brena,* la briglia (cfr. l'immagine *rodere il freno*).

Mena a due mano il suo brando affilato;
Gionse a Grandonio quella anima franca
Sopra del scudo, e tutto l'ha spezzato,
Né piastra integra al forte usbergo lassa:
Tutte le speza e dentro al petto passa.

44. Come io ve dico, ove gionse Altachiera
Non lascia a quello usbergo piastra sana;
Spezza ogni cosa quella spada fiera,
E 'l fianco aperse più de una gran spana.
Ciascadun de essi a tristo partito era,
Spargendo il sangue in su la terra piana,
Né per ciò l'uno a l'altro dava loco,
Ed ogni colpo accresce legne al foco.

45. Cresce lo assalto dispietato e fiero,
E ben de l'arme sentirno il polvino;
Ma da altra parte il bon danese Ogiero
Per tutto il campo caccia Malgarino,
E di suo scampo non ve era mestiero,
Se non vi fosse agionto Serpentino,
Quel dalla Stella, il giovanetto adorno,
Che avea fatate l'arme tutte intorno.

46. Come fu gionto, e vidde che il Danese
Condotto ha Malgarino a mal partito,
Sopra de Ogiero un gran colpo distese
Dal lato manco in su l'elmo forbito,
Quale era grosso e ponto nol diffese,
Perché aspramente al capo l'ha ferito.
Volta il Danese a lui, forte adirato:
Bene ha di che, sì come io vi ho contato.

47. Cominciarno battaglia aspra e feroce
Que' duo guerrer mostrandosi la fronte,
Benché Curtana a quelle arme non nôce,
Ché eran fatate per tagli e per ponte.
Or cresce un novo crido ed alte voce,

47. — 3. la spada *Curtana* (così detta perché spuntata) appartiene
ad Ogieri.

Ché un'altra schiera giù calla del monte,
Maggiore assai de l'altre due davante:
Non fur vedute mai gente cotante.

48.   Colui che vien davanti è Folicone,
Il figlio de Marsilio, che è bastardo,
Che ha de Almeria la terra e il bel girone:
Ben vi posso acertar che egli è gagliardo.
Larbin de Portugallo, il fier garzone,
Gli viene apresso in su un corsier leardo;
Maricoldo il Galego, che è gigante,
Vien seco, e lo Argalifa e il re Morgante;

49.   Ed Alanardo, conte in Barzelona,
Vi venne, e Dorifebo, il fier pagano,
Qual porta di Valenza la corona,
E il conte de Girona, Marigano,
E il franco Calabrun, re de Aragona.
Par che quel monte giù roini al piano;
A sì gran folta ne vien via la gente,
Che par che il cel profondi veramente.

50.   Quando re Carlo vidde gente tante,
Ben se crede quel dì de aver gran scorno;
Chiamando a sé Ranaldo e il sir de Anglante,
— Filioli, — dicea — questo è il vostro giorno! —
E poi mandava un messo a Bradamante
Che, giù voltando quella costa intorno,
Quanto nascosta può, per quella valle
Ferisca a i Saracin dietro alle spalle.

51.   E dapoi che ebbe la dama avisata,
Ranaldo e Orlando chiamò, con amore
Dicendo a lor: — Questa è quella giornata
Che sempre al mondo vi può fare onore:
Or questa è quella che ho sempre espettata
Per discerner qual sia di voi megliore;
Per mia man seti entrambi cavallieri,
Né so di qual di voi meglio mi speri.

49. — 4. *Girona,* Gerona.

52.   Or via, miei paladini, alla battaglia!
Ecco e nimici! Io non vi gli nascondo;
Fatime un squarcio entro a quella canaglia,
Che sempre mai di voi se dica al mondo.
Io non li stimo tutti un fil di paglia,
Quando io vi guardo il viso furibondo;
Nel vostro viso ben mi sono accorto
Che il mio nemico è già sconfitto e morto. —

53.   Non aspettâr più oltra e duo baroni
Il ragionar che fece Carlo Mano.
Come dal cel turbato escon duo troni,
E duo venti diversi allo oceàno,
Così van loro a furia di ronzoni.
Ahi sventurato e tristo quel pagano,
Qual sia scontrato da Ranaldo ardito!
Né quel de Orlando avrà meglior partito.

54.   Ranaldo avanti il conte un poco avancia,
Perché aveva il destrier più corridore;
A mezo il corso aresta la sua lancia,
Spronando tutta fiata a gran furore.
Il re Larbino avea molta arrogancia,
Come hanno tutt'e Portugesi il core;
E veggendo venire il fio de Amone,
— Chi è costui, — disse — che ha sì bel ronzone?

55.   Come ne vene! E' par che metta l'ale!
E pure ha un gran poltrone armato adosso;
Per manco nol darebbe come il vale,
Né lasciarebbe del suo pregio un grosso.
E veramente che io faccio ben male
Ferire a quel meschin, ma più non posso;
Qua fusse Orlando con Ranaldo a un fasso,
Ché io so che a un colpo l'uno e l'altro passo. —

56.   Così dicendo il re, che è bravo tanto,
Un tronco for di modo ebbe arestato.
Ranaldo ne venìa da l'altro canto,

52. — 4. *Che* (lo *squarcio*): di cui si parli eternamente.
55. — 3-4. non lo cederebbe per un soldo meno di quanto vale.

E l'uno a l'altro a gran corso è scontrato;
Quel roppe il tronco grosso tutto quanto,
E questo lui passò da l'altro lato,
Dico Ranaldo il passa, e la sua lancia
Dietro alle spalle un gran braccio gli avancia.

57. Poi lo urta a terra e quella asta abandona,
E dà tra gli altri con Fusberta in mano.
Forte era Calabron, re de Aragona,
Quanto fosse nel campo altro pagano,
Ad ogni prova de la sua persona.
Costui, veggendo il senator romano
Che vien spronando con la lancia a resta,
Verso di lui se mosse a gran tempesta.

58. Chi li avesse cernuti ad uno ad uno,
Duo più superbi non avea quel campo,
Come era quel Larbino e Calabruno,
Che contra al conte vien con tanto vampo;
Benché gli serìa meglio esser digiuno
Di cotal prova e di cotale inciampo,
Ché il conte lo passò da banda a banda,
E morto for de arcione a terra il manda.

59. Poi dà tra gli altri e trasse Durindana,
Perché allo incontro avea rotta la lanza.
Come apre il mare intrando una fiumana,
Così quel paladin, che è il fior di Franza,
Nel mezo a quella gente ch'è pagana,
Dimostra molto ardire e gran possanza,
Tagliando e dissipando ad ogni mano;
L'arme spezzate insino al cel ne vano.

60. Ecco nel campo ha visto un gran pedone:
Questo era Maricoldo di Galizia,
Che fa de' nostri tal destruzïone
Che a riguardare egli era una tristizia.
Il conte lo mirava di storzone,
Ché de sì fatti avea morti a dovizia,
Fra sé dicendo: « Sì grandon ti veggio,
Ch'io te voglio ascurtar un piede e meggio. »

58. — 5. *digiuno*: cfr. Dante, *Inf.*, XXVIII, 87: « *che vorria di tal vedere esser digiuno* ».

61.   E parlando così come io ve conto,
Con lui se azuffa e fu corto quel gioco,
Ché dove avea segnato, lo ebbe agionto;
Niente vi lasciò del collo, o poco,
Ed ascurtollo un piede e mezo aponto.
Poi dà tra gli altri; come fusse un foco
Posto di zugno in un campo de biada,
Così destrugge e taglia con la spada.

62.   Re Stordilano abatte e Baricondo,
E' soi destrier e lor getta in un fasso.
Colpito ha in fronte il primo, e quel secondo
Avea ferito nel gallone al basso;
La gente saracina va in profondo.
Ecco scontrato al campo ha Maradasso,
Maradasso da Argina, lo Andaluccio,
Che ha per insegna e per cimero un struccio.

63.   Sì come io dico, è re de Andologia
Quel Maradasso che il struccio portava.
Per tutto il campo Orlando lo seguia,
Ma per niente lui non lo aspettava;
Onde cacciosse tra l'altra genia.
Chi contarebbe e colpi che menava?
Questo ha per largo e quel per lungo aperto:
Dal capo al piè di sangue era coperto.

64.   Né già Ranaldo fa minor roina
Ove si trova con Fusberta in mano,
Ché intrato è tra la gente saracina,
E tutta in pezzi la distende al piano;
Menar Fusberta mai non se raffina.
Ora ecco ha visto il forte Marigano,
Qual, come io dissi, è conte de Girona;
Sopra di lui Ranaldo se abandona.

65.   Ed ebbel gionto in testa con Fusberta,
E fraccassò il cimiero e il bacinetto;
La fronte e la gran barba gli ebbe aperta,
E callò il brando insino a mezo il petto.
Fugge allo inferno la anima diserta,
Rimase in terra il corpo maledetto.

Quivi lo lascia il paladin gagliardo
E dietro in caccia è posto ad Alanardo:

66.   Conte Alanardo, quel barcelonese.
Ranaldo non gli pone differenza;
O sia de l'uno o de l'altro paese,
Tutti gli mena al pare a una semenza.
Questo stordito per terra distese;
Poi Dorifebo, che era di Valenza,
Abatte al campo sì de un colpo crudo:
Rotto avia l'elmo e fraccassato il scudo.

67.   Come alla verde selva del ginepre
Se 'l foco dentro vi è posto talora
Per cacciar fora caprioli e lepre,
La fiama intorno e in mezo se avalora;
Tal da Ranaldo convien che si sepre
Quella canaglia, e non prende dimora,
Ché gli spaventa e caccia in ogni loco,
Come la lepre e il capriolo il foco.

68.   Lui lo Argaliffa abatte e Folicone,
E il re Morgante for di sella caccia:
Il primo avea ferito nel gallone,
El secondo nel petto, e 'l terzo in faccia.
Chi contaria la gran destruzïone?
A questo taglia il collo, a quel le braccia;
Non se vidde giamai tanta tempesta:
Sin da le piante è sangue in su la testa.

69.   Dico, segnor, che il bon Ranaldo ardito
Tutto era sangue dal capo alle piante:
Non dico già che lui fosse ferito,
Ma per le gente che ha occise cotante.
Ora di lui vi lascio a tal partito,
Però che io vo' tornare a Balugante,
Qual, dissipato a gran confusïone,
Gionse davante al re Marsilïone.

66. — 4. *a una semenza*: come tutti fossero d'una sola stirpe.
67. — 5. *si sepre*, si separi.

70.   Rotto avea il capo e aperta una masella,
Fessa una spalla, e il scudo avea perduto,
E dimenando se crollava in sella,
Come morendo al fin fosse venuto.
E benché apena con dolor favella,
Pur quanto più potea, cridava: — Aiuto!
Aiuto! aiuto! ché il re Carlo Mano
Tutta tua gente ha dissipata al piano. —

71.   Quando ciò vidde il re Marsilïone,
Ambe le man se batte in su la fronte,
E forte biastemando il suo Macone
Facea le ficche al celo a pugne gionte;
Poi comanda a ciascun che sia in arcione.
Feraguto fu il primo e Rodamonte,
Re Malzarise apresso e Folvirante;
Questo non è spagnol, ma di Levante,

72.   Benché al presente sia re di Navara,
Ché il re Marsilio a lui l'avea donata;
Ma questo giorno li costarà cara.
Or viene a furia giù la gran brigata,
Che a riguardar parìa mille migliara.
Non dico che sian tanti tutta fiata;
Ma chi all'incontro e suoi nemici vede,
Più del dovere assai gli estima e crede.

73.   Come io ve dico, giù callano al piano:
Par che profondi il mondo da quel lato;
Tutti meschiati e senza ordine vano,
Sì come vôl Marsilio disperato.
Bovarte era davanti e Languirano
(Ciascuno era de un regno incoronato),
E Doriconte apresso e Baliverno
E il vecchio Urgin, che è schiavo de l'inferno.

74.   Par che la terra e il mare e il cel ruine;
Ciascun di essere il primo a denti freme.
Ma quelle dame misere e tapine
Li guardan drieto, e chi piange e chi geme;
E tutte le donzelle e le regine

Battean le palme lacrimando insieme,
Dicendo ai cavallier: — Per nostro amore
Oggi mostràti se aveti valore!

75. Voi ben vedeti che alle vostre mani
Macone ha posta nostra libertate;
Via nel bon ponto, o cavallier soprani,
Contra a' nemici! e sì ve diportate,
Che non giongiamo in forza di que' cani,
Sendo in eterno poi vituperate.
Nostra persona e l'anima col core
Vi acquistareti e insieme il vostro onore. —

76. Non fu nel campo re né cavalliero,
Qual non se commovesse a cotal dire;
Ma sopra a gli altri Rodamonte il fiero
Di starsi in loco non potea soffrire;
Ma già partirse gli facea mestiero,
Perché Marsilio gli mandava a dire
Ad esso e a Feraguto alora alora
Che sian con seco senza altra dimora.

77. Onde callarno quei duo saracini,
Che erano al mondo fior di gagliardia.
Oh quanti cristïan faran tapini!
Donaci aiuto, o Santa Matre pia!
Non menaran la cosa in quei confini
Che se è menata e mena tuttavia;
Ranaldo e Orlando, che or paion di foco,
Avran suo carco e soprasoma un poco.

78. Callarno quei baron, che aveano il vanto,
Come io vi dico, di forza e di ardire;
Parve che il mondo ardesse de quel canto
E che la terra se volesse aprire.
Questo cantare è stato lungo tanto,
Che ormai ve increscerebbe il troppo dire,
Onde io prenderò possa e voi diletto;
Ne l'altro canto ad ascoltar vi espetto.

77. — 5-6. non lasceranno le cose come sono ora.

CANTO VENTESIMOQUARTO

1. Quando la tromba alla battaglia infesta
    Suonando a l'arme sveglia il crudo gioco,
    Il bon destrier superbo alcia la testa,
    Battendo e piedi, e par tutto di foco;
    Squassa le crine e menando tempesta
    Borfa le nare e non ritrova loco,
    Ferendo a calci chi se gli avicina;
    Sempre anitrisce e mena alta ruina.

2. Così ad ogni atto degno e signorile,
    Qual se raconti, di cavalleria,
    Sempre se allegra lo animo gentile,
    Come nel fatto fusse tuttavia,
    Manifestando fuore il cor virile
    Quel che gli piace e quel ch'egli disia;
    Onde io di voi comprendo il spirto audace,
    Poi che de odirme vi diletta e piace.

3. Non debbo adunque a gente sì cortese
    Donar diletto a tutta mia possanza?
    Io debbo e voglio, e non faccio contese,
    E torno ove io lasciai ne l'altra stanza
    Di Feraguto, che il monte discese,
    E Rodamonte con tanta arroganza
    Che de i lor guardi e de la orribil faccia
    Par che il cel tremi e il mondo se disfaccia.

CANTO XXIV. — Grande strage da ambe le parti. Feraguto abbatte
Carlo, che giunge in grave pericolo ma è tosto soccorso da Ranaldo e
Orlando. Si affrontano Carlo e Marsilio, Ranaldo e Feraguto, Orlando e
Rodamonte.

4. Venian davanti a gli altri e duo baroni
    Più de una arcata per quella pianura.
    Sì come fuor del bosco duo leoni
    Che abbian scorto lo armento e la pastura,
    Così venian spronando e lor ronzoni
    Sopra la gente che de ciò non cura;
    Io dico e Cristïani e Carlo Mano,
    Che ben veduti gli han callare al piano.

5. Lo imperator gli vidde alla costiera,
    Dico e Pagani e il re Marsilïone,
    A benché allora non sapea chi egli era;
    Pur fece presto a ciò provisïone.
    Subitamente fece una gran schiera
    De cavallieri arditi e gente bone;
    Ove gli trova, senza altro riguardo
    Tutti gli aduna intorno al suo stendardo.

6. Poi mosse Carlo questa compagnia,
    Sopra a un destriero a terra copertato;
    Per quel furor la terra sbigotia,
    Tamburi e trombe suonan da ogni lato.
    Marsilio d'altra parte anco vien via,
    Ma son davanti, come io ve ho contato,
    Il franco Feraguto e Rodamonte;
    E duo de' nostri a lor scontrarno a fronte,

7. Il conte Gano e lo ongaro Otachiero,
    Contra di lor spronando a gran baldanza;
    E Rodamonte, che gionse primiero,
    Scontrò nel scudo al conte di Maganza.
    Tutto il fraccassa il saracino altiero,
    E usbergo e 'l fianco passa con la lanza.
    Turpino il dice, ed io da lui lo scrivo,
    Che Satanasso alor lo tenne vivo.

8. Questo servizio allor gli fïe' di certo,
    Per far dapoi dell'anima più straccio.

---

4. — 4. *lo armento e la pastura*: da prendere come endiadi.
6. — 2. *a terra*, color terra.

Or Feraguto, il cavalliero esperto,
Ben dette ad Otachier più presto spaccio;
Usbergo e scudo tutto gli ebbe aperto,
Dietro a le spalle andò di lancia un braccio.
Caderno entrambi a grave disconforto:
L'un mezo è vivo, e l'altro al tutto morto.

9.   E dui pagan lasciâr costoro in terra,
E dan tra' nostri a briglia abandonata;
Il conte Gano ben presto si sferra,
E se nascose, l'anima dannata.
Or chi me aiuta a ricontar la guerra
Che fan color, crudele e disperata?
Io non mi credo mai di poter dire
L'aspre percosse e il lor crudo ferire.

10.   Lingua di ferro e voce di bombarda
Bisognarebbe a questo racontare,
Che par che 'l cel de lampi e di foco arda,
Veggendo e brandi intorno fulminare;
E benché nostra gente sia gagliarda,
Contra a' duo saracin non può durare,
Come iudichi il cel quel giorno a morte
Lo imperatore e la sua real corte.

11.   Questo da quella e quel da questa banda
Armi e persone tagliano a traverso;
Il re Carlone a Dio si racomanda,
Ché, come gli altri, di stupore è perso,
Benché per tutto provede e comanda;
Ma tanto è il crido orribile e diverso
Di gente occisa e de arme il gran rumore,
Che non intende alcun lo imperatore.

12.   Ma ciascaduno, ove meglio far crede,
Corre alla zuffa come disperato;
Ben vi so dir, se Dio non gli provede,
Che Carlo questo giorno è disertato,
E rimarrà la Francia senza erede,

10. — 7. *Come,* come se.

Ché ogni barone a quel campo è tagliato,
Ed è occiso anco il popol più minuto
Da Rodamonte insieme e Feraguto.

13. Dal destro lato intrò re Rodamonte
Col brando di Nembrot ad ambe mano,
E partì Ranibaldo per la fronte,
Duca de Anversa, che è bon cristïano.
Da poi Salardo, che de Alverna è conte,
Taglia a traverso e lascia morto al piano;
Ugo e Raimondo trova il maledetto,
L'un sino al collo e l'altro fende al petto.

14. Quel di Cologna, e questo era Picardo:
Il Saracino a terra gli abandona,
E gli altri occide senza alcun riguardo
Quel re che di prodezza è la corona;
Né di lui Feraguto è men gagliardo,
Ché meraviglia fan de la persona:
Ranier di Rana, il patre de Oliviero,
Ferito a morte abatte del destriero;

15. E il conte Ansaldo, il quale era alemano,
Ed è segnor de la città de Nura,
Percote sopra a l'elmo ad ambe mano,
E tutto il parte insino alla cintura.
Tutta la gente fugge per il piano:
Chi non avria di que' colpi paura?
Duca di Clevi, il duca di Sansogna,
Ciascuno ha un colpo, e più non vi bisogna;

16. Però che il collo a l'un tagliò di netto,
Volò via il capo e l'elmo col cimiero;
L'altro divise da la fronte al petto,
Poi dà tra gli altri quel saracin fiero.
Re Carlo avea di ciò tanto dispetto,
Che non capìa di doglia nel pensiero.
Ecco Marsilio ariva e la gran gente:
Non sa re Carlo che farsi nïente.

15. — 2. *Nura*, Norimberga (Nürnberg)? — 7. *Clevi*, Clèves.

17.   Nïun Ranaldo vi è, nïuno Orlando,
Nïun Danese e nïuno Oliviero;
Chi qua, chi là nel campo combattando.
Ciascun di adoperarse avea mestiero;
Onde il bon re, de intorno riguardando,
Poi che non vede conte o cavalliero
Che a' soi nemici più volti la faccia,
Fasse la croce e il forte scudo imbraccia,

18.   Dicendo: — O Dio, che mai non abandoni
Chiunque in te spera con perfetto core,
Sì come fanno adesso e miei baroni,
Che abandonano al campo il suo segnore:
Meglio è morire e poter star tra' boni,
Che più campare al mondo in disonore;
Aiutame, mio Dio, dammi baldanza:
In te sol fido ed ho la mia speranza. —

19.   Tra le parole una grossa asta aresta,
Sempre chiamando a Dio del celo aiuto,
E dove è la battaglia e più tempesta,
Sprona il destriero e scontra Feraguto.
Proprio alla vista il gionse nella testa,
Poco mancò che non fosse caduto;
Ma tal possanza avea il crudo barone,
Che se mantiene a forza ne l'arcione.

20.   La lancia volò in pezzi con romore,
E Feraguto, che il colpo avea preso,
Qual mai pigliato non avea il maggiore,
Se rivoltò, de furia e de ira acceso;
Gionse ne l'elmo al franco imperatore,
E sopra al prato lo mandò disteso.
Ciascun che 'l vidde, crede che 'l sia morto:
Bene hanno e nostri e cruccio e disconforto.

21.   Ma sopra agli altri il franco Balduino,
Benché sia nato de la falsa gesta,
Forte piangendo se chiama tapino,
E via correndo di cercar non resta
Per ritrovare Orlando paladino.

Ugetto di Dardona ancora in questa
Veggendo il fatto se partì di saldo,
E va correndo per trovar Ranaldo.

22. Ma il re Marsilio intrò nella battaglia,
Suonando trombe e corni e tamburini,
E tanto è il crido de la gran canaglia,
Che par che ne lo abisso il cel ruini.
La nostra gente tutta se sbaraglia,
Perché adosso gli sono i Saracini,
Che gli tagliano tutti a pezzi e a fetta:
Chi può fuggir, nel campo non aspetta.

23. Ma Balduin cercando atrovò il conte,
Che pure alora occise Balgurano;
Come di sangue là fusse una fonte,
Fatto avea rosso tutto intorno il piano;
E Balduin, battendosi la fronte,
Conta piangendo come Carlo Mano
È morto al campo, o sta con tal martìre
Che in poco de ora converrà morire.

24. Orlando alle parole stette un poco,
Per la gran doglia che gli gionse il core,
Ma poi divenne rosso come un foco,
Battendo i denti insieme a gran furore.
Da Balduino avendo inteso il loco
Ove abattuto è Carlo imperatore,
Là se abandona quella anima fiera:
Ciascun fa loco più che volentiera.

25. Chi non il fa ben presto, se ne pente,
Ché lui non cegna, ma del brando mena,
Ed è tanto turbato e tanto ardente,
Che non discerne e soi da gli altri apena.
Per quel camino occise una gran gente;

---

23. — 7. Affatto plausibile è la correzione del F. *o sta*. Lo Z. lasciando
e nota che morto potrebbe qui valere caduto, ma è forzato e dubbio,
tanto più che alla 20-7 era detto: *ciascun che 'l vidde, crede che 'l sia morto.*
25. — 2. *non cegna*, non segna, non fa alcun cenno prima per far sco-

Ma ritorno ad Ugiero di Dardona,
Qual mai non posa cercando a ogni mano,
Sin che ha trovato il sir di Montealbano.

26.　　Né il cognoscea, tanto era sanguinoso,
Ché il scudo avea coperto e l'armatura;
Poi che il cognobbe, tutto lacrimoso
Gli racontò la gran disaventura,
Come era andato il fatto doloroso,
E che il re Carlo sopra alla pianura
Era abattuto, de la vita in bando,
Se non lo ha già soccorso il conte Orlando;

27.　　Perché venendo lo vidde passare,
Ed era seco a lato Balduvino,
Qual forse questo gli debbe contare,
Però che anch'esso a Carlo era vicino.
Quando Ranaldo odìa ciò racontare,
Forte piangendo disse: — Ahimè tapino!
Che se egli è ver ciò che costui favella,
Perduta ho in tutto Angelica la bella.

28.　　Se di me prima là vi gionge Orlando,
Io so che Carlo aiutarà di certo,
Ed io serò, come fui sempre, in bando,
Disgrazïato, misero e diserto.
Almen potevi tu venir trottando!
Venuto sei di passo, io il vedo aperto,
Né me il faria discreder tutto il celo,
Ché il tuo destrier non ha sudato un pelo. —

stare. — 6. *Ugiero di Dardona*: qui troviamo quella che è forse la più curiosa particolarità fonetica del testo boiardesco: *Dardona* rima con *mena* e *apena* perché con la pronuncia emiliana quella o è molto simile alla e aperta. Il F. corregge *Dardena*, inopportunamente; tutti i testi portano sempre, qui come altrove, *Dardona*, e anche nell'Ariosto leggiamo: *la figlia del Duca di Dordona* (II, 68, 7), che dovrebb'essere lo stesso non e dal fiume *Dordogna* che passa fra Limosino e Guienna (la *figlia del Du a* è Bradamante, menzionata come *amorosa vergin di Dordona* ancora d l Parini, *Mezzogiorno*, v. 869). Anche il passaggio dalla o alla *a* sarebl e influenza emiliana. Quanto al nome, conserviamo la disuguaglianza d i testi, che danno *Ugiero* qui e *Ugetto* le altre volte: forse che non è leci o al Poeta usare in un luogo il nome normale, in un altro il diminutiv ?

29.   — A tutta briglia venni speronando, —
Rispose Ugetto — e tu pur fai dimora;
Or che sai tu se qualche impaccio Orlando
Ha retenuto, e non sia gionto ancora?
Tu provar debbi la ventura, e quando
Venga fallita, lamentarti alora;
Sì presto è il tuo destrier, che a questo ponto
Prima de ogni altro ti vedo esser gionto. —

30.   Parve a Ranaldo che il dicesse il vero,
Però ben presto se pose a camino.
Spronando a tutta briglia il suo destriero,
A gran fraccasso va quel paladino;
Qualunque trova sopra del sentiero,
O voglia esser cristiano o saracino,
Con lo urto getta a terra e con la spada,
Né vi ha riguardo, pur che avanti vada.

31.   Marcolfo il grande, che fu un pagano
Che servia in corte il re Marsilïone,
Il qual, seguendo e nostri in su quel piano,
Scontrossi a caso nel figlio de Amone,
Che de Fusberta lo gionse a due mano
E tutto lo partì sino al gallone;
E poco apresso truova Folvirante,
Re di Navarra, di cui dissi avante.

32.   Ranaldo de una ponta l'ha percosso,
Dietro alle spalle ben tre palmi il passa,
E de urto gli cacciò Baiardo adosso
Percotendolo a terra, e quivi il lassa;
E Balivorne, quel saracin grosso,
Che avea rivolto al capo una gran fassa,
De cotal colpo tocca con Fusberta,
Che gli ha la faccia insino al collo aperta.

33.   Ranaldo non gli stima tutti uno asso,
Pur che se spacci a trovar Carlo Mano.

---

31. — 1. Quel *che* turba il periodo sì da far ritenere la lezione errata: a meno di attribuire al Poeta una simile frettolosa negligenza di costrutto. Comunque la lezione è in tutti i testi e non v'è modo palese di ripararla.

Ecco uno abbate ch'è davanti al passo,
Limosinier di Carlo e capellano:
Grassa era la sua mula, e lüi più grasso,
Né sa che farsi, a benché sia nel piano:
Questo avea tanta tema de morire,
Che stava fermo e non sapea fuggire.

34.   Ranaldo l'urta a mezo del camino,
Lui cadde sotto, sopra è la sua mulla;
Quel che ne fosse, non scrive Turpino,
Ed io più oltra ve ne so dir nulla.
Sopra a lui salta il franco paladino,
E ben col brando intorno se trastulla,
Facendo braccie e teste al cel volare:
Ben vi so dir che largo se fa fare.

35.   Ecco davanti vidde una gran folta,
Ma che sia in mezzo non pô discernire.
Questa è gente pagana, che era involta
De incerco a Carlo per farlo morire;
E dietro tanta vi ne era aricolta,
Che ad alcun modo non ne potea gire;
Ben che lui mostri arditamente il viso
E si diffenda, pur l'avriano occiso.

36.   Ranaldo adosso a lor sprona Baiardo,
Avenga che non sappia di quello atto,
Ma, come dentro al cerchio fie' riguardo,
Subitamente se accorse del fatto.
Qui vi so dir che se mostra gagliardo,
Onde il re Carlo il cognobbe di tratto,
— Aiutami, — dicendo, — filiol mio,
Ché al mio soccorso te ha mandato Iddio! —

37.   Parlava Carlo, e tuttavia col scuto
Stava coperto e la spada menava,
E veramente gli bisogna aiuto,
Tanta la gente adosso gli abondava.
Di Corduba era il conte qua venuto
(Partano il saracin se nominava),
Qual mai non lascia che Carlo se mova;
Per dargli morte pone ogni gran prova.

38.   Ma gionto da Ranaldo all'improviso
Non se diffese, tanto impaurì;
A benché in ogni modo io faccia avviso
Che il fatto serìa pur gito così.
Ranaldo dà ne l'elmo, e fesse il viso,
E 'l mento e il collo, e il petto gli partì.
Lascialo andare, e mena a più non posso
A un altro, che al re Carlo è pure adosso.

39.   Questo era il conte de Alva, Paricone:
Ranaldo lo tagliò tutto a traverso
E prestamente prese il suo ronzone,
Però che quel de Carlo era già perso;
E tanto se sostenne il fio de Amone,
Dando e togliendo in quel stormo diverso,
Che a mal dispetto de ciascun pagano
Sopra al destrier salì re Carlo Mano.

40.   Né bisognava che fosse più tardo,
Perché non era apena in su la sella,
Che Feraguto, il saracin gagliardo,
E 'l re Marsilio gionse proprio in quella.
Venian quei duo pagan senza riguardo,
Ciascaduno a due man tocca e martella;
Come tra gente rotta e dissipata,
Venian ferendo a briglia abandonata.

41.   La nostra gente avante a lor non resta,
Ma fugge in rotta, piena di spavento;
Chi avia frappato il viso e chi la testa:
Non fu veduto mai tanto lamento.
Ma quando Carlo e i baron di sua gesta
Al campo se voltâr con ardimento,
Ed apparbe Ranaldo in su Baiardo,
Chi più fuggiva, più tornò gagliardo.

42.   Suonâr le trombe e il crido se rinova,
E la battaglia più s'accende e aviva.
Ciascuno intorno a Carlo se ritrova,
Né mostra de esser quel che mo fuggiva,
Anci per amendar pone ogni prova.

41. — 3. *frappato*, francesismo, da *frappé*, colpito, ferito, lacerato.

Marsilio, che sì ratto ne veniva,
E Feraguto ancor da l'altro canto,
A ciò mirando, se affermarno alquanto.

43.   Ciascun di loro in su la briglia sta,
Già non temendo che altri se gli appressi;
Or l'uno e l'altro a furia se ne va
Ove e nimici son più folti e spessi.
E' si suol dir che Dio gli uomini fa,
Poi se trovano insieme per se stessi,
Sì come Carlo al re Marsilïone
Trovosse, e Feraguto al fio de Amone.

44.   Oh colpi orrendi! oh battaglia infinita!
Che chi l'avesse con gli occhi veduta,
Credo che l'alma tutta sbigotita
Per tema avria cridato: " Aiuta! aiuta! "
E, poi che fosse for del corpo uscita,
Mai non serebbe in quel loco venuta,
Per non vedere in viso e due guerrieri
De ira infiammati e de arroganza fieri.

45.   Or de Marsilio e de lo imperatore
Vi lasciarò, ch'io non ne fo gran stima,
E contarò la forza e il gran valore
De gli altri duo, che son de ardire in cima.
A cominciarla mi spaventa il core:
Che debbo io dire al fin? che dirò in prima?
Duo fior di gagliardia, duo cor di foco
Sono a battaglia insieme a questo loco.

46.   E cominciarno con tanta ruina
L'aspra baruffa e con tanto fraccasso,
Che già non sembra che da la mattina
Sian stati in arme al sol che era già basso.
Ciascun stare al suo loco se destina,
Né se tirâr dal campo a dietro un passo,
Menando colpi di tanto furore
Che a' riguardanti fa tremare il core.

47.   Ranaldo gionse in fronte a Feraguto,
E se non era quello elmo affatato,

Lo avria fiaccato in pezzi sì minuto,
Che ne l'arena non se avria trovato.
Callò Fusberta e giù colse nel scuto,
Che era di nerbo e di piastra ferrato;
Tutto lo spezza e tocca ne lo arcione:
Mai non se vidde tal destruzïone.

48. E ben responde il saracino al gioco,
Ferendo a lui ne lo elmo di Mambrino,
E quel se divampava a fiamma e foco,
Ma nol puote attaccar, cotanto è fino.
Il scudo fraccassò proprio a quel loco
Che a lui avea fiaccato il paladino,
E gionse ne lo arcione a gran tempesta:
Più de tre quarti en porta a la foresta.

49. Né pone indugia, ché un altro ne mena,
E gionse pur ne lo elmo di traverso.
Pensàti se egli avea soperchia lena:
Quasi Ranaldo a terra andò roverso,
E se sostenne con fatica e pena;
La vista aveva e lo intelletto perso.
Baiardo il porta e nel corso se serra,
Ciascun che 'l guarda, dice: — Eccolo in terra! —

50. Ma pur rivenne, e veggendo il periglio
A che era stato e la vergogna tanta,
Tutto nel viso divenne vermiglio
Dicendo: — Un Saracin di me si vanta?
Ma se mo mo vendetta non ne piglio,
La vita vo' lasciarvi tutta quanta,
E l'anima allo inferno e il corpo a' cani,
Se mai de ciò se vanta tra' Pagani. —

51. Mentre che parla, ponto non se aresta,
Ma mena a Feraguto invelenito,
E gionse il colpo orribile alla testa,
Tal che alle croppe il pose tramortito.

48. — 8. *en*, ne.
50. — 8. se tra i pagani qualcuno si vanta su di me (cfr. v. 4).

Ferir non fu giamai di tal tempesta:
Ben stava il saracino a mal partito,
Per uscir da ogni lato dello arcione;
Quasi mezza ora stette in stordigione.

52.   Il sangue gli uscia fuor di bocca e naso,
Già ne avea lo elmo tutto quanto pieno.
Or lasciar me il conviene in questo caso,
Ché la istoria ad Orlando volge il freno.
Dietro a Ranaldo è il paladin rimaso,
Però che 'l suo destrier corre assai meno,
Io dico Brigliador, che non Baiardo;
Però qua gionse il conte un poco tardo.

53.   Quando fu gionto e vidde il re Carlone
Fuor di periglio in su lo arcion salito,
Che avea afrontato il re Marsilïone,
Anci in tre parte già l'avea ferito;
E d'altra parte il franco fio de Amone
Conduce Feraguto a mal partito:
Quando ciò prese il conte a rimirare,
— Ahimè! — diceva, — qua non ho che fare!

54.   A quel che io vedo, le poste son prese;
Male aggia Balduino il traditore!
Qual bene è de la gesta maganzese,
Che in tutto il mondo non è la peggiore.
Per lui son consumato alla palese,
Perduta è la speranza del mio amore;
Persa è mia gioia e il mio bel paradiso
Per lui che tardo gionse a darmi avviso.

55.   Ben dirà Carlo ch'io venni in gran fretta
Per dargli aiuto, come io debbo fare!
Ma tu, gente pagana maledetta,
Tutta la pena converrai portare;
Sopra di voi serà la mia vendetta,
E, se io dovessi il mondo ruïnare,
Farò quanto Ranaldo questo giorno,
O che davanti a Carlo mai non torno. —

53. — 6. *Conduce*: questo presente è da far dipendere dal *che* (*vidde... che*)

56. Così dicendo in dietro si rivolta,
     Torcendo gli occhi de disdegno e de ira.
     Sì come un tempo oscuro alcuna volta,
     Che brontolando intorno al cel se gira,
     E il tristo villanel che quello ascolta,
     Guarda piangendo e forte se martira;
     E quel pur viene ed ha il vento davante,
     Poi con tempesta abatte arbori e piante:

57. Cotal veniva col brando a due mano
     Il conte Orlando, orribile a guardare.
     Non ebbe tanto ardire alcun pagano
     Che sopra al campo osasse de aspettare;
     Tutti a ruina e in folta se ne vano,
     Ma il conte altro non fa che speronare,
     Dicendo a Brigliador gran villania,
     Dandoli gran cagion del mal che avia.

58. Il primo che egli agionse in suo mal ponto
     Fu Valibruno, il conte de Medina,
     E tutto lo partì, come io vi conto,
     Dal capo in su lo arcion con gran ruina.
     Poscia Alibante di Toledo ha gionto,
     Che non avea la gente saracina
     Di lui maggior ladrone e più scaltrito;
     Orlando per traverso l'ha partito.

59. Poi dà tra gli altri e trova Baricheo,
     Che ha il tesor di Marsilio in suo domino;
     Costui primeramente fu giudeo,
     E da poi cristïan, poi saracino,
     Ed in ciascuna legge fu più reo,
     Né credeva in Macon né in Dio divino.
     Orlando lo partì dal zuffo al petto:
     Non so chi se ebbe il spirto maledetto;

60. Non so se tra' Giudei o tra' Pagani
     Giù ne lo inferno prese la sua stanza.
     Il conte il lascia, e tra' Saracin cani
     Ferisce ad ogni banda con baldanza.
     Sì come in Puglia ne gli aperti piani

Ponesse il foco alcun per mala usanza,
Quando tra' il vento e la biada è matura,
Ben faria largo e netto alla pianura;

61.   Cotal tra' Saracini il sir de Anglante
Tagliando e dissipando ne veniva.
Ecco longi cernito ebbe Origante,
Ma nol volse ferir quando fuggiva;
Anci correndo gli passò davante,
E poi se volta e nel scudo lo ariva,
E taglia il scudo e lui con Durindana,
Sì che in duo pezzi il manda a terra piana.

62.   Di Malica segnore era il pagano
Qual v'ho contato che è in duo pezzi in terra;
Orlando tocca Urgino ad ambe mano,
E in due bande aponto lo disserra.
A Rodamonte, il quale era lontano
E facea in altro loco estrema guerra,
Fu aportato il furore e 'l gran periglio
Nel quale è Feraguto e il re Marsilio.

63.   Incontinente lascia Salamone,
Quel di Bertagna, che era rimontato;
E mal per lui, però che nel gallone
E in faccia Rodamonte l'ha piagato;
E già lo trabuccava de lo arcione,
Che tutto il mondo non lo avria campato,
Quando quel messo ch'io dissi, giongia;
Lui lascia Salamone e tira via.

64.   Ne lo andar trovò il duca Guielmino,
Sir de Orlïense, de gesta reale;
Insino ai denti il parte il saracino,
Ché la barbuta, o l'elmo non vi vale.
Quanto più andando avanza del camino,
Più gente urta per terra e fa più male;
Ovunque passa quel pagano ardito,
Qual morto abatte e qual forte ferito.

60. — 7. *tra'*, trae, tira.
61. — 3. *cernito*, latin., scorto.
62. — 1. *Malica*, Màlaga.
64. — 2. *Orlïense*, Orléans.

65.   Missère Ottino, il conte di Tolosa,
E il bon Tebaldo, duca di Borbone,
Per terra abatte in pena dolorosa,
E via passando con destruzïone
Trovò la terra tutta sanguinosa,
E un monte de destrieri e di persone,
L'un sopra a l'altro morti e dissipati:
Il conte è quel che gli ha sì mal menati.

66.   Quivi le strida e il gran lamento e il pianto
Sono a quel loco ove se trova Orlando,
Quale era sanguinoso tutto quanto,
E mena intorno con ruina il brando.
Ma già finito nel presente è il canto,
Che non me ne ero accorto ragionando;
Segue lo assalto di spavento pieno,
Qual fo tra il conte e il figlio de Ulïeno.

66. — 1. Cfr. Dante, *Inf.*, V, 35: *Quivi le strida, il compianto, il lamento.*

CANTO VENTESIMOQUINTO

1.   Se mai rime orgogliose e versi fieri
Cercai per racontare orribil fatto,
Ora trovarle mi farà mestieri,
Però che io me conduco a questo tratto
Alla battaglia con duo cavallieri,
Che questo mondo e l'altro avrian disfatto;
Tra ferro e foco inviluppato sono,
Ché l'altre guerre ancor non abandono.

2.   Perché dove è il Danese e Serpentino,
Ov'è Olivieri e Grandonio si geme;
E il re Marsilio e il figlio di Pipino,
Quanto se può, ciascun sopra se preme;
Ranaldo e Feraguto il saracino
Fan più lor duo che tutti gli altri insieme;
Ed or di novo Orlando e Rodamonte
Per più ruina son condutti a fronte.

3.   Sì come a l'altro canto io vi ebbi a dire,
Ciascun di loro avanti avea gran cazza;
Cristian né Saracin potean soffrire,
Perché l'un più che l'altro assai ne amazza.
Quando la gente gli vide venire,
Ognun a più poter fa larga piazza;

CANTO XXV. — Nel duello di Rodamonte e Orlando interviene anche Bradamante per vendicarsi dell'Africano. Brandimarte giunge al palazzo di Febosilla ove uccide un mostro sdoppiato in serpe e gigante, e poi il cavaliere che custodisce il sepolcro: quindi osserva le profetiche sculture delle logge.

Come avante al falcone e storni a spargo,
Fugge ciascun cridando: — Largo! largo! —

4.   E quei duo cavallier con gran baldanza
Se urtarno adosso, senza più pensare.
Avea prima ciascun rotta sua lanza,
Ma con le spade ben vi fo che fare,
Menando i colpi con tanta possanza,
Che ciascadun che sta intorno a mirare
Di trare il fiato apena non se attenta,
Tanto al ferire estremo se spaventa.

5.   Barbute e scudi e usberghi e maglie fine
Ne porta seco a ogni colpo di spada,
Come lo inferno e il cel tutto ruine,
E mare e terra con fraccasso cada;
E la piastra percossa a polverine
Vola de intorno e non so dove vada,
Ché ogni pezzo è sì minuto e poco
Che non se trovarebbe in alcun loco.

6.   E se non fosse per gli elmi affatati
Che aveano in capo, e la bona armatura,
Non vi seriano a quest'ora durati,
Per la battaglia tenebrosa e scura;
Ché tanto sono e colpi smisurati,
Che pure a racontarli è una paura;
Quando giongon e brandi in abandono,
Par che 'l cel s'apre e gionga trono a trono.

7.   Re Rodamonte, il quale ardea de andare
Ove era il re Marsilio e Feraguto,
Temendo forse che per dimorare
Giongesse dapoi tardo a dargli aiuto,
Ad ambe mano un colpo lascia andare,
E tocca nel cantone in cima al scuto;
Per lungo il fende a l'altra ponta bassa,
Gionge a l'arcion e tutto lo fraccassa.

3. — 7. *a spargo,* sparsi, dispersi.

8. Quando se avidde di quel colpo Orlando,
Turbato d'altro, forte disdegnoso,
Ira sopra ira più multiplicando,
Lascia a due mano un colpo tenebroso;
Gionse nel scudo il furïoso brando,
E più di mezo il manda al prato erboso,
Né pone indugia e tira un gran roverso,
E nel guanciale il gionse di traverso.

9. Fo il colpo orrendo tanto e smisurato,
Che trasse di se stesso quel pagano,
E fo per trabuccar da l'altro lato,
E da la briglia abandona la mano.
Il brando che nel braccio avea legato,
Tirando drieto trasinava al piano,
E sì gli avea ogni lena il colpo tolta,
Che per cader fo assai più che una volta.

10. Poi che fu il spirto e l'anima venuta,
Ne la sua vita mai fu tanto orribile;
Di presto vendicarse ben se aiuta:
Mena ad Orlando un gran colpo e terribile,
Qual dileguò in tal modo la barbuta,
Che via per l'aria ne volò invisibile,
Più trita e più minuta che l'arena;
Che ormai sia al mondo, non mi credo apena.

11. Lo elmo de Almonte, che tanto fu fino,
Ben campò alora Orlando dalla morte,
Avenga che a quel colpo il paladino
Del morir corse fino in su le porte;
Di man gli cadde il bon brando acciarino,
Ma la catena al braccio il tiene forte:
Fuor delle staffe ha i piedi, e ad ogni mano
Spesso se piega per cadere al piano.

12. La gente che de intorno era a guardare,
Ed avea de tal colpi assai che dire,
Subitamente cominciò a cridare:
— Aiuto! aiuto! — e poi prese a fuggire;
Perché, avendosi indietro a riguardare,

Gran schiere sopra a lor vidder venire,
E questo era Gualtier da Monlïone
E Bradamante, la figlia de Amone.

13.   Eran costor fuor dello aguaito usciti,
Sì come avea commesso Carlo Mano:
Ben diece millia cavallieri arditi,
Che avuto impaccio quel giorno non hano.
Per questo i Saracin son sbigotiti,
Ciascuno a più poter spazza quel piano;
E ben presto spaciarsi gli bisogna,
Sì Bradamante a lor gratta la rogna.

14.   Avanti a gli altri la donzella fiera
Più de un'arcata va per la pianura,
Tanto robesta e sì superba in ciera
Che solo a riguardarla era paura;
Là quel stendardo e qua questa bandiera
Getta per terra, e de altro non ha cura
Che di trovare al campo Rodamonte,
Ché del passato se ramenta l'onte,

15.   Quando in Provencia gli occise il destriero
E fece di sua gente tal ruina.
Ora di vendicarse ha nel pensiero,
E di cercarlo mai non se rafina.
Sprezando sempre ogni altro cavalliero,
Via passa per la gente saracina,
Né par pur che di lor se accorga apena,
Benché de intorno sempre il brando mena.

16.   Pur Archidante, il conte de Sanguinto,
Ed Olivalto, il sir de Cartagena,
L'un pose morto a terra, e l'altro vinto,
Perché de intorno gli donavan pena;
Ad Olivalto nel scudo depinto
Una aspra ponta la donzella mena,

13. — 1. *aguaito*, agguato (simili forme sono attestate in antichissimi documenti toscani e abruzzesi).
16. — 1. *Sanguinto*, Sagunto. — 2. *Olivalto*: conserviamo la lezione di tutti gli editori, ma gli antichi testi avevano *Oliviero*.

E spezzò quello usbergo come un vetro;
Ben più de un palmo gli passò di dietro.

17.   Questo abandona e mena ad Archidante
Ad ambe man, sì come era adirata,
E ne la fronte li gionse davante:
Per sua ventura se voltò la spata;
E lui cadendo a su voltò le piante
E rimase stordito ne la strata.
La dama non ne cura e in terra il lassa,
E ruïnando via tra gli altri passa.

18.   E mena in volta le schiere pagane,
Facendo deleguare or quelle or queste;
Ove ella corre, il segno vi rimane
E fa le strate a tutti manifeste,
Che restan piene di piedi e di mane,
Di gambe e busti e di braccie e di teste;
E la sua gente, che alle spalle mena,
È di gran sangue caricata e piena.

19.   Veggendo tal ruina Narbinale,
Conte de Algira, quel saracin fiero
(Ben che abbia altro mestier, ché fu corsale,
Era ancor destro e forte in su il destriero):
Costui veggendo il gran dalmaggio e il male
Che fea la dama per ogni sentiero,
Con una lancia noderuta e grossa
A lei se afronta e dàgli alta percossa.

20.   Ma lei de arcion non se crolla nïente,
E mena sopra a l'elmo a quel pagano,
E calla il brando giù tra dente e dente;
Quel cadde morto del destriero al piano.
Quando ciò vidde la pagana gente,
Ben vi so dir che a folta se ne vano,
Chi qua chi là fuggendo a più non posso;
Ma sempre e Cristïan lor sono adosso.

---

18. — 4. fa manifesto a tutti dove mai ella sia passata.
19. — 2. *Algira*, Algeri, o forse meglio qualche località spagnola.

21. Tenne la dama diverso camino,
    Lasciando a man sinestra gli altri andare,
    E gionse dove Orlando il paladino
    Stava for dello arcion per trabuccare.
    Vero è che Rodamonte il saracino
    Non lo toccava e stavalo a mirare;
    La dama ben cognobbe il pagan crudo
    Al suo cimiero e alle insegne del scudo.

22. Onde se mosse, e verso lui se afronta.
    Or se rinova qui l'aspra battaglia
    E' crudel colpi de taglio e di ponta,
    Spezzando al guarnimento piastra e maglia;
    Ma nel presente qua non se raconta,
    Perché Turpin ritorna alla travaglia
    Di Brandimarte e sua forte aventura,
    Sin che il conduca in Francia alla sicura.

23. Avendo occiso al campo Barigaccio,
    Come io contai, quel perfido ladrone,
    Con la sua dama in zoia ed in sollaccio
    Venìa sopra a Batoldo, il bon ronzone;
    E caminando gionse ad un palaccio,
    Che avea verso a un giardino un bel verone,
    E sopra a quel verone una donzella
    Vestita de oro, e a maraviglia bella.

24. Quando ella vidde il cavallier venire,
    Cignava a lui col viso e con la mano
    Che in altra parte ne dovesse gire,
    E che al palazzo passasse lontano;
    Ora, Segnori, io non vi saprei dire
    Se Brandimarte intese, o non, certano;
    Ma cavalcando mai non se ritiene
    Sin che a la porta del palazzo viene.

25. Come fu gionto alla porta davante,
    Dentro mirando vidde una gran piazza
    Con loggie istoriäte tutte quante:

24. — 2. *Cignava*, faceva cenno. — 6. *certano*, con certezza; va con *dire*.

26. BOIARDO, II.

Di quadro avea la corte cento brazza.
Quasi a mezo di questa era un gigante,
Qual non avea né spada né mazza,
Né piastra o maglia, od altre arme nïente,
Ma per la coda avea preso un serpente.

26.   Il cavallier de ciò ben si conforta,
Poi che ha trovata sì strana aventura;
Ma in su quel dritto aperta è un'altra porta,
Che del giardin mostrava la verdura,
E un cavallier, sì come alla sua scorta,
Si stava armato ad una sepoltura;
La sepoltura è in su la soglia aponto
Di questa porta, sì come io vi conto.

27.   Ora il gigante stava in gran travaglia
Con quel serpente, come io vi contai,
Ma sempre a un modo dura la battaglia:
Quel per la coda nol lascia giamai.
Benché il serpente, che de oro ha la scaglia,
Piegasse a lui la testa volte assai,
Mai nol puote azaffare o darli pena,
Ché per la coda sempre intorno il mena.

28.   Mentre il gigante quel serpente agira,
Brandimarte alla porta ebbe veduto,
Onde, soffiando di disdegno e de ira,
Correndo verso lui ne fo venuto,
E detro a sé il dragon per terra tira.
Or doni il celo a Brandimarte aiuto,
Ché questo è il più stupendo e grande incanto
Che abbia la terra e il mondo tutto quanto.

29.   Come è gionto, il gigante alcia il serpente,
Con quello a Brandimarte mena adosso.
Non ebbe mai tal doglia al suo vivente,
Perché quel drago è lunghissimo e grosso;
Pur non se sbigotisce de nïente,
Ma quel gigante ha del brando percosso

26. — 3. *Ma in su quel dritto*: proprio diritto su quel punto, su quella
direzione; Berni: *È diritto a la prima un'altra porta.*

Sopra a una spalla, e giù calla nel fianco:
Lunga è la piaga un braccio, o poco manco.

30.   Crida il gigante e pur alcia il dragone,
E gionse Brandimarte ne la testa,
E tramortito lo trasse de arcione,
E, il serpente menando, non se arresta;
Anci gionse a Batoldo, il bon ronzone,
E disteselo a terra con tempesta.
Rivene il cavalliero, e in molta fretta
È destinato a far la sua vendetta.

31.   Col brando in mano il gran gigante affronta,
E se accomanda alla virtù soprana;
Ma quel mena del drago a prima gionta,
E di novo il distese a terra piana.
Già Brandimarte avea tratto una ponta,
E passato l'avea più de una spana;
Avendo l'uno e l'altro il colpo fatto,
Quasi alla terra se ne andarno a un tratto.

32.   Ma quel serpente fece capo umano,
Sì come proprio avea prima il gigante,
E collo e petto e busto e braccie e mano
E insieme l'altre membre tutte quante;
E quel gigante venne un drago istrano,
Proprio come questo altro era davante,
E, sì come era per terra disteso,
Fo dal gigante per la coda preso.

33.   E verso Brandimarte torna ancora
Menando, come il primo fatto avia;
Lui, che levato fu senza dimora,
Già di tal cosa non se sbigotia,
Anci menando del brando lavora,
Dando e cogliendo colpi tuttavia;
Tanto animoso e fiero è Brandimarte!
Ferito ha già il gigante in quattro parte.

34.   A benché anco esso pisto e percosso era,
Tanto il feriva spesso il maledetto;

31. — 5. *una ponta*, un colpo di punta.

E la battaglia assai fo lunga e fiera;
Ma, per venire in ultimo allo effetto,
Brandimarte lo agionse de Tranchera,
E tutto lo divise insino al petto,
Onde se fece drago incontinente,
E fo gigante quel che era serpente.

35. Sì come in prima, per la coda il prese,
E verso il cavalliero anco se calla,
Tornando pur di novo alle contese;
Ma Brandimarte il gionse in una spalla
Ed a terra mandò quanto ne prese,
Né già per questo il brando se aristalla,
Ma giù callando a gran destruzïone
Tutto lo fende insin sotto al gallone.

36. Come davanti se fôr tramutati,
Questo è gigante e quello era dragone,
E ben sei volte a ciò fôrno incontrati,
Crescendo sempre più la questïone.
Sei volte Brandimarte gli ha atterrati,
Né trova più rimedio quel barone,
Onde dolente e con gran disconforto
Senza alcun dubbio estima de esser morto.

37. Pur, come quel che molto era valente,
Non avea al tutto ancor l'animo perso,
Anci con gran ruina arditamente
Mena un gran colpo orribile e diverso,
E gionse a mezo il busto del serpente
Dietro da l'ale, e tagliollo a traverso.
Quando il gigante vide quel ferire,
Trasse via il resto e posese a fuggire.

38. Verso la porta, ove è la sepoltura,
Fugge il gigante forte lamentando,
Ché di quel che gli avenne avea paura.
Il cavallier gli pose in testa il brando,
E partil tutto insino alla cintura,

---

35. — 6. *se aristalla*, si arresta. Da *stallare*, come *installare* (*stallo* = stanza, luogo d'arresto).

Onde lui cadde alla terra tremando;
Poi che in tal forma del compagno è privo,
Moritte al tutto e non tornò più vivo.

39. Non era a terra quel gigante apena,
Che il campïon che a l'altra porta stava,
Ver Brandimarte venne di gran lena,
Onde la zuffa qua se cominciava,
E de gran colpi l'uno a l'altro mena,
Ma sempre Brandimarte lo avanzava;
E per conclusïone in uno istante
Morto il distese apresso a quel gigante.

40. E Fiordelisa, quale era seguita
Dentro alla loggia il cavallier soprano,
Veggendo la battaglia esser finita
Dio ne ringrazïava a gionte mano.
Or la porta ove entrarno, era sparita,
E per vederla se riguarda in vano;
Ben per trovarla se affannarno assai,
Ma non se vede ove fusse pur mai.

41. Onde si stanno, e non san che si fare,
E solo una speranza li assicura:
Che quella dama che gli ebbe a cennare,
Gli mostri a trarre a fin questa ventura.
Ma, stando quivi in ocio ad aspettare,
Cominciarno a mirar la depintura
Che avea la loggia istorïata intorno,
Vaga per oro e per color adorno.

42. La loggia istorïata è in quattro canti,
Ed ha per tutto intorno cavallieri
Grandi e robusti a guisa de giganti,
E con lor soprainsegne e lor cimieri.
Sopra allo arcione e armati tutti quanti
Sì nella vista se mostravan fieri,
Che ciascadun che intrava de improviso,
Facean cambiar per meraviglia il viso.

43. Chi fu il maestro, non saprebbi io dire,
Il quale avea quel muro istorïato

41. — 3. *gli ebbe a cennare*, fece loro segno, cenno; v. 24-2, *cignava*.

De le gran cose che dovean venire,
Né so chi a lui l'avesse dimostrato.
Il primo era un segnor di molto ardire,
Benché ha lo aspetto umano e delicato,
Qual per la Santa Chiesa e per suo onore
Avea sconfitto Rigo imperatore.

44.   Apresso alla Ada ne' prati Bressani
Se vedea la battaglia a gran ruina,
E sopra al campo morti li Alemani,
E dissipata parte gibillina.
L'acquila nera per monti e per piani
Era cacciata misera tapina
Dal volo e da gli artigli de la bianca,
A cui ventura né virtù non manca.

45.   Era il suo nome sopra alla sua testa,
Descritto in campo azurro a lettere d'oro;
Benché la istoria assai la manifesta,
Nomar se debbe di virtù tesoro.
Molti altri ivi eran poi de la sua gesta;
E de' gran fatti e de le guerre loro
Tutta era istorïata quella faccia,
Che è da man destra a lato alla gran piaccia.

46.   Ne la seconda vi era un giovanetto,
Che natura mostrò ma presto il tolse;
Per non lasciar qua giù tanto diletto,
Il cel, che ne ebbe invidia, a sé lo volse;
Ma ciò che puote avere un om perfetto
De ogni bontate, in lui tutto se accolse:
Valor, beltate e forza e cortesia,
Ardire e senno in sé coniunti avia.

47.   Contra di lui, di là dal Po nel piano,
Eran Boemi ed ogni gibillino,
Con quel crudel che il nome ha di Romano,

---

43. — 8. la battaglia fra gli Estensi (*acquila bianca*) e i ghibellini
(*acquila nera*) presso Brescia è descritta nell'ottava seguente. Il capo dei
guelfi sarebbe stato, secondo il XXI, 57, *il terzo Aldrovandino* – riferimento
storicamente inesatto.
45. — 3. *la*, perché riferito all'*acquila bianca*.
46. — 1. *un giovanetto*: vedi XXI, 57: *Azzo primo*.
47. — 3-4. *di Romano, ma da Trivisi*: Ezzelino che si denomina *da*

Ma da Trivisi il perfido Azolino,
Che non se crede che de patre umano,
Ma de lo inferno sia quello assassino;
Ben chiariva la istoria il suo gran storno,
Ché ha dame occise e fanciullini intorno.

48.   Undeci millia Padovani al foco
Posti avea insieme il maledetto cane,
Che non se odì più dire in alcun loco
Tra barbariche gente o italïane;
Poi se vedeva là nel muro un poco
Con le sue insegne e con bandiere istrane
Di Federico imperator secondo,
Che la Chiesa de Dio vôl tor del mondo.

49.   Di là le sante chiave, e in sue diffese
L'acquila bianca nel campo cilestro,
E quivi eran depente le contese
E la battaglia di quel passo alpestro;
Ed Azolin se vedia là palese,
Passato di saetta il piè sinestro
E ferito di mazza nella testa,
E' soi sconfitti e rotti alla foresta.

50.   E la faccia seconda era finita
De la gran loggia con lavor cotale.

Romano ma vien da Treviso. — 5-8. Nell'*Ecerinis* di Albertino Mussato
si narra la leggenda secondo cui Ezzelino sarebbe nato da un demonio. —
7. *storno*: F.: « forse: la sua strage, la quantità di gente uccisa »; cioè il B.
darebbe *storno* per *stormo* (dal germ. *sturm*), che vale anche poeticamente:
assalto di combattimento. Al XXVIII, 27, 2 si ha appunto *stornir* per
stormir. *Storno* potrebbe anche valere: deviazione, quindi abiezione morale.
Vedi *stormo* al III, IV, 47, 3.
    48. — 1. *Undeci millia Padovani...*: cfr. Machiavelli, *Ist. Fiorentine*,
I, XXII: « *E perché, nel trattare la guerra* (in favore di Manfredi), *se gli
ribellò Padova, fece morire dodici mila Padovani* ». Identità di cifre si trova
invece nella probabile fonte del B.: Ricobaldo, *Pomarium Ravennatis Ec-
clesiae* (in *R. I. S.*, IX, 133): « *Eccelinus Mantuam obsidens... Veronam
traxit exercitum, XI millium Paduanorum inermium in aedibus quiescen-
tium capit, et carcere trudit. Mox omnes inedia et igne comsumsit* ». —
3. cosa che non s'era udita mai ancora... — 5-6. *se vedeva... un poco... di
Federico*: si vedeva qualche impresa di Federico, – l'imperatore tanto
maltrattato dalla propaganda guelfa che ne fece un empio solo volto a
distruggere la Chiesa.
    49. — 6. Cfr. Rolandino Padovano, *Chronicon*, XII, VIII, in *R. I. S.*,
VIII, 350 : « *Ecce namque sagitta quaedam de pontis munitione emissa, fixit
Eccelini sinistrum pedem* ». Nessuna cronaca estense di questo particolare
della battaglia di Cassano d'Adda (G. Ponte).

Ma ne la terza è lunga istoria ordita
De una persona sopranaturale,
Sì vaga nello aspetto e sì polita,
Che non ebbe quel tempo un'altra tale;
Tra zigli e rose e fioretti d'aprile
Stava coperta la anima gentile.

51.   Essendo in prima etate piccolino,
In mezo a fiere istrane era abattuto,
E non avea parente né vicino
Qual gli porgesse per pietate aiuto.
Duo leoni avea in cerco il fanciullino,
E un drago, che di novo era venuto;
E l'acquila sua stessa e la pantera
Travaglia gli donâr più d'altra fiera.

52.   Il drago occise ed acquetò e leoni,
E l'acquila cacciò con ardimento;
A la pantera sì scurtò li ungioni,
Che se ne avede ancor, per quel ch'io sento.
Poi se vedea, da conti e da baroni
Accompagnato, con le velle al vento
Andar cercando con devozïone
La Santa Terra ed altre regïone.

53.   Indi se volse e, come avesse l'ale,
Tutta la Spagna vidde e lo occeàno;
È recevuto in Francia alla reale,
Forse come parente e prossimano.
Error prese il maestro, e fece male,
Ché non dipense come egli era umano,
Come era liberale e d'amor pieno;
Non vi capia, ché 'l campo venne meno.

54.   La terza istoria in quel modo se spaccia;
La quarta somigliava a questo figlio,
Che, essendo fanciullin, fortuna il caccia,

50. — 4. *persona sopranaturale*: Nicolò III d'Este (1384-1441). Cfr. *De laudibus Estensium Carmina*, e vedi Reichenbach, *M. M. B.*, p. 154. Gli animali allegorici si rapportano alle difficoltà che travagliarono il primo regno del Marchese: il rivale Azzo d'Este (l'aquila), catturato nel 1396, Ottobuono Terzo signore di Parma e Reggio, Francesco Novello da Carrara, e Venezia stessa. A Gerusalemme Nicolò ordinò cavaliere Feltrino Boiardo. Ma è messo a tacere il crudele supplizio di Ugo e Parisina.

54. — 2. Il Duca Ercole I (1431-1505).

Vago e dipento e bianco come un ziglio,
Di pel rossetto ed acquillino in faccia;
Ma lui sol a virtute diè di piglio,
E quella ne portò fuor di sua casa;
Ogni altra cosa in preda era rimasa.

55.   Là se vedea, cresciuto a poco a poco
Di nome, de sapere e di valore,
Or con arme turbate ed or da gioco
Mostrar palese il generoso core;
E quindi apresso poi parea di foco
In gran battaglia e trïonfale onore.
In diverse regioni e terre tante
Sempre e nemici a lui fuggon davante.

56.   Sopra del capo aveva una scrittura
Che tutta è de oro, e tale era il tenore:
' Se io vi potessi in questa dipentura
Mostrare espressa la virtù del core,
Non avria il mondo più bella figura,
Né più reale e più degna de onore;
A dessignarla non posi io la mano,
Però che avanza lo intelletto umano. '

57.   Or Brandimarte ciò stava a mirare,
Tanto che quella dama venne giù,
La dama che al veron gli ebbe a cennare.
Come fo gionta, disse: — Che fai tu,
Perdendo il tempo a tal cosa guardare,
E non attende a quel che monta più?
A te bisogna quel sepolcro aprire,
O qua rinchiuso di fame morire.

58.   Ma, poi che quel sepolcro serà aperto,
Ben ti bisogna avere il core ardito,
Perché altrimenti seresti deserto,
E te con noi porresti a mal partito. —
Or, bei segnori, io mi credo di certo
Che abbiate a male il canto che è finito,
Ché non aveti al fine il tutto inteso;
Ma a l'altra stanza lo dirò disteso.

---

55. — 3. *turbate*, spuntate e senza filo. Non è aggettivo usuale in tal
senso.

CANTO VENTESIMOSESTO

1.   Il vago amor che a sue dame soprane
Portarno al tempo antico e cavallieri,
E le battaglie e le venture istrane,
E l'armeggiar per giostre e per tornieri,
Fa che il suo nome al mondo anco rimane,
E ciascadun lo ascolti volentieri;
E chi più l'uno, e chi più l'altro onora,
Come vivi tra noi fossero ancora.

2.   E qual fia quel che, odendo de Tristano
E de sua dama ciò che se ne dice,
Che non mova ad amarli il cor umano,
Reputando il suo fin dolce e felice,
Che, viso a viso essendo e mano a mano
E il cor col cor più stretto alla radice,
Ne le braccia l'un l'altro a tal conforto
Ciascun di lor rimase a un ponto morto?

3.   E Lancilotto e sua regina bella
Mostrarno l'un per l'altro un tal valore,
Che dove de' soi gesti se favella,
Par che de intorno il celo arda de amore.
Traggase avanti adunque ogni donzella,
Ogni baron che vôl portare onore,
Ed oda nel mio canto quel ch'io dico
De dame e cavallier del tempo antico.

CANTO XXVI. — Brandimarte bacia la serpe che esce dal sepolcro,
ridando così l'aspetto umano alla fata Febosilla: la quale gli incanta le
armi e il destriero. Partono con Doristella che era stata colà imprigionata
dal marito geloso: la dama racconta come l'abbia ingannato. Incontrano
dei ladroni e catturano Fugiforca.

2. — 1. E chi sarà colui che...; col relativo ripetuto al v. 3.

4.   Ma dove io vi lasciai, voglio seguire,
Di Brandimarte e sua forte aventura,
Qual quella dama di cui vi ebbi a dire,
Avea condotto a quella sepoltura,
Dicendo: — Questa converrai aprire,
Ma poi non ti bisogna aver paura.
Conviente essere ardito in questo caso:
A ciò che indi uscirà, darai un baso. —

5.   — Come! Un baso? — rispose il cavalliero.
— È questo il tutto? Ora èvvi altro che fare?
Non ha lo inferno un demonio sì fiero,
Che io non gli ardisca il viso de accostare.
Di queste cose non aver pensiero,
Che dece volte lo averò a basare,
Non che una sola, e sia quello che voglia;
Orsù! Che quella pietra indi si toglia. —

6.   Così dicendo prende uno annel d'oro,
Che avea il coperchio de la sepoltura,
E, riguardando quel gentil lavoro,
Vide intagliata al marmo una scrittura,
La qual dicea: 'Fortezza, né tesoro,
Né la beltate, che sì poco dura,
Né senno, né lo ardir può far riparo,
Ch'io non sia gionta a questo caso amaro. '

7.   Poi che ebbe Brandimarte questo letto,
La sepoltura a forza disserrava,
Ed uscinne una serpe insino al petto,
La qual forte stridendo zuffelava;
Ne gli occhi accesa e d'orribil aspetto,
Aprendo il muso gran denti mostrava.
Il cavalliero, a tal cosa mirando,
Se trasse adietro e pose mano al brando.

8.   Ma quella dama cridava: — Non fare!
Non facesti, per Dio, baron giocondo!
Ché tutti ci farai pericolare,
E caderemo a un tratto in quel profondo.
Or quella serpe ti convien baciare,
O far pensier de non essere al mondo:

Accostar la tua bocca a quella un poco,
O morir ti conviene in questo loco. —

9.　　— Come? Non vedi che e denti digrigna? —
Disse il barone — e tu vôi che io la basi?
Ed ha una guardatura sì maligna,
Che de la vista io mi spavento quasi. —
— Anci — disse la dama — ella t'insigna
Come dèi fare; e molti altri rimasi
Son per viltate in quella sepoltura:
Or via te accosta e non aver paura. —

10.　　Il cavallier se accosta, e pur di passo,
Ché molto non gli andava volentiera;
Chinandosi alla serpe tutto basso,
Gli parve tanto terribile e fiera,
Che venne in viso morto come un sasso,
E disse: — Se fortuna vôl ch'io pèra,
Tanto fia un'altra fiata come adesso,
Ma dar cagion non voglio per me stesso.

11.　　Così certo fossi io del paradiso,
Come io son certo, chinandomi un poco,
Che quella serpe me trarà nel viso,
O pigliarami a' denti in altro loco.
Egli è proprio così come io diviso!
Altri che me fia gionto a questo gioco,
E dàmmi quella falsa tal conforto
Per vendicare il suo baron che è morto. —

12.　　Dicendo questo indietro se retira,
E destinato è più non se accostare.
Or ben forte la dama se martira,
E dice: — Ahi vil baron! che credi fare?
Tanta tristezza entro il tuo cor se agira,
Che in grave stento te farà mancare.
Del suo scampo lo aviso, e non mi crede!
Così fa ciascadun che ha poca fede. —

13.　　Or Brandimarte per queste parole
Pur tornò ancora a quella sepoltura,

Benché è pallido in faccia, come suole,
E vergognosse de la sua paura.
L'un pensier gli disdice, e l'altro vôle,
Quello il spaventa, e questo lo assicura;
Infin tra l'animoso e il disperato
A lei se accosta, e un baso gli ebbe dato.

14.　　Sì come l'ebbe alla bocca baciata,
Proprio gli parve de toccare un giaccio;
La serpe, a poco a poco tramutata,
Divenne una donzella in breve spaccio.
Questa era Febosilla, quella fata
Che edificato avea l'alto palaccio
E il bel giardino e quella sepoltura
Ove un gran tempo è stata in pena dura.

15.　　Perché una fata non può morir mai,
Sin che non gionge il giorno del iudicio,
Ma ben nella sua forma dura assai,
Mille anni, o più, sì come io aggio indicio.
Poi (sì come di questa io ve contai,
Qual fabbricata avea il bello edificio)
In serpe si tramuta e stavi tanto
Che di basarla alcun se doni il vanto.

16.　　Questa, tornata in forma de donzella,
Tutta de bianco se mostra vestita,
Coi capei d'oro, a meraviglia bella:
Gli occhi avea neri e faccia colorita.
Con Brandimarte più cose favella,
E proferendo a dimandar lo invita
Quel che ella possa de incantazïone,
De affatar l'arme o vero il suo ronzone.

17.　　E molto il prega che quell'altra dama
Che quivi era presente tuttavia,
Qual Doristella per nome se chiama,

13. — 3. Z.: « come suole avvenire in simili circostanze, non come
suole essere Brandimarte ».
15. — 6. *fabbricata*: la desinenza femminile viene dall'incertezza strut-
turale della lingua boiardesca. — 7. *stavi*: i testi hanno *stava*.

Voglia condur su il mar de la Soria,
Perché il suo vecchio patre altro non brama,
Che più filiol né figlia non avia.
Re de la Liza è quel gran barbasoro,
Ricco de stato e de arme e de tesoro.

18.   Brandimarte accettò la prima offerta
De aver l'arme e il destrier con fatasone,
Poi Doristella, sì come ella merta,
Condurre al patre con salvazïone.
La porta del palagio ora era aperta,
Batoldo avanti a quello era, il ronzone:
Quando del drago il gigante il percosse,
Cadde alla terra, e più mai non se mosse.

19.   E morto là serìa veracemente,
Se Febosilla, quella bella fata,
Soccorso non l'avesse incontinente
Con succi de erbe ed acqua lavorata.
Poscia l'usbergo e la maglia lucente
Ed ogni piastra ancora ebbe incantata.
Da poi ch'ebbe fornita ogni dimanda,
Da lei se parte e a Dio la ricomanda.

20.   In mezo alle due dame il cavalliero
Via tacito cavalca e non favella,
Però che forse aveva altro pensiero;
Onde, ridendo alquanto, Doristella
Disse: — Io me avedo ben che egli è mestiero
Che io sia colei che con qualche novella
Faccia trovar lo albergo più vicino,
Perché parlando se ascurta il camino.

21.   E più ancor tanto volentier lo faccio,
Che io vi dimostrarò per qual maniera
Fosse condotta dentro a quel palaccio,
Ove son stata un tempo pregioniera;
Ed a voi credo che serà solaccio,
Ed odireti molto volentiera

---

17. — 4. *Soria*, Siria. — 7. *Liza*, Licia, regione dell'Anatolia fra **Caria**
e Cilicia.

Come a un zeloso mai scrimir non vale,
E ben gli sta, ché è degno d'ogni male.

22.   Due figlie ebbe mio patre Dolistone.
La prima, essendo ancora fanciullina,
Fu rapita per forza da un ladrone,
Nel litto de la Liza alla marina.
Per sposa era promessa ad un barone,
Filiol del re d'Armenia, la tapina,
Né novella di lei se seppe mai,
Benché cercata sia nel mondo assai. —

23.   Or Fiordelisa, interrompendo il dire,
Il nome de la matre adimandava :
Ma Brandimarte, che ha voglia de odire,
Un poco sorridendo se voltava,
— Per Dio! — dicendo — lasciala seguire,
Ché voglia ho de ascoltar, se non ti grava. —
E Fiordelisa, che lo amava assai,
Queta si stette e non parlò più mai.

24.   E Doristella segue : — Il damigello
Nel quale era promessa mia germana,
Dapoi crescette, fatto molto bello;
Né sendo una sua terra assai lontana
Ove stava il mio patre ad un castello,
Spesso veniva la persona umana
A visitarlo, sì come parente,
Ben che non sia per quello inconveniente.

25.   Andando e ritornando a tutte l'ore
Di quanto dimorammo in quel paese,
Mi piacque sì, ch'io fui presa d'amore,
Veggendol sì ligiadro e sì cortese.
Lui de altra parte ancor me avea nel core;
Forse perché io l'amava se raccese,
Ché quello è ben di ferro ed ostinato
Il qual non ama essendo ponto amato.

21. — 7. come ad un geloso non vale schermirsi, far difesa.
24. — 8. ben che non sia (parente) per quell'incidente del rapimento.
25. — 8. Cfr. Dante, Inf. V, 103: *Amor, ch'a nullo amato amar perdona.*

26.   Lui pur spesso ritorna a quel girone,
E sempre il patre mio molto lo onora;
In fin gli aperse la sua intenzïone,
Credendo che io non sia promessa ancora;
Ma quel malvaggio, perfido, bricone,
Che occidesti al palazo in sua malora,
Me avea richiesta proprio il giorno istesso,
E 'l vecchio patre me gli avea promesso.

27.   Quando ciò seppi, tu debbi pensare
S'io biastemavo il celo e la natura;
E diceva: « Macon non potria fare
Che mai segua sua legge e sua misura,
Poi che mi volse femina creare,
Ché nasciemo nel mondo a tal sciagura,
Che occelli e fiere ed ogni altro animale
Vive più franco ed ha di noi men male.

28.   E ben ne vedo lo esempio verace:
La cerva e la colomba tuttavia
Ama a diletto e segue chi gli piace,
Ed io son data a non so chi se sia.
Crudel Fortuna, perfida e fallace!
Goderà adunque la persona mia
Questo barbuto, e terrammi suggetta,
Né vedrò mai colui che mi diletta?

29.   Ma non serà così, sazo di certo,
Ché ben vi saprò io prender riparo.
Se ogni proverbio è veramente esperto,
L'un pensa il giotto e l'altro il tavernaro.
Se lo amor mio potrò tenir coperto
Che non lo intenda alcuno, io lo avrò caro,
E non potendo, io lo farò palese;
Per un bon giorno io non stimo un mal mese. »

30.   Io faceva tra me questo pensiero
Che io te ragiono; ma il termine ariva

---

29. — 4. è una variazione sul tema « fare i conti senza l'oste ». — 8. affronto volentieri il rischio di un mese infelice per una giornata gioiosa. Anche questo è un motto popolare vivo sotto varie forme.

Che andarne sposa mi facea mestiero.
Io non rimasi né morta né viva,
Ché Teodoro, il mio bel cavalliero,
Si resta a casa, ed io di lui son priva.
A Bursa andar convengo, in Natollia,
Ove mi mena la fortuna ria.

31.   Sobasso era di Bursa il mio marito,
E turcomano fo de nazïone;
Gagliardo era tenuto e molto ardito,
Ma certo che nel letto era un poltrone,
Abenché a questo avria preso partito,
Pur che io gli avessi avuto occasïone;
Ma tanto sospettoso era quel fello,
Che me guardava a guisa de un castello.

32.   E giorno e notte mai non me abandona,
Ma sol de basi me tenea pasciuta,
Né il matino, o la sera, ni di nona
Concede che dal sole io sia veduta,
Perché non se fidava di persona.
Ma sempre a' bisognosi il celo aiuta,
Ché al mio marito fo forza di andare
Con gli altri Turchi che han passato il mare.

33.   Passarno i Turchi contra Avatarone,
Che avea de' Greci il dominio e l'imperio,
E mio marito con molte persone
Convenne andar, non già per disiderio.
Avea egli un schiavo chiamato Gambone,
Che a riguardar proprio era un vituperio;
L'uno occhio ha guerzo e l'altro lacrimoso,
Troncato ha il naso, ed è tutto rognoso.

34.   A questo schiavo me ricomandava,
Che de la mia persona avesse cura,
E con aspre parole il minacciava
De ogni tormento e de ogni pena dura,

---

31. — 1. *Sobasso,* feudatario (F. « principe? »).
33. — 1. Vedi II, XX, 4: *Vatarone.*

Se dal mio lato mai se discostava
Né tutto il giorno, né la notte oscura.
Or pensa, cavallier, come io rimase;
De la padella io caddi nelle brase.

35.   Venne de Armenia in Bursa Teodoro,
Quale io te dissi che cotanto amava,
Per dare a l'amor nostro alcun ristoro;
Ed alla via più presto se attaccava,
Ché portato avea seco assai tesoro,
Onde Gambone in tal modo acquetava,
Che ciascaduna notte a suo diletto
L'uscio gli aperse e meco il pose in letto.

36.   Ora intervenne fuor di nostra stima
Che 'l mio marito gionse avanti al giorno,
Ed alla nostra porta picchiò, prima
Che in Bursa se sapesse il suo ritorno.
Or per te stesso, cavalliero, estima
Se ciascadun de noi ebbe gran scorno,
Io, dico, e Teodoro, il caro amante,
Quale era gionto forse una ora avante.

37.   Incontinente il cognobbe Gambone
Alla sua voce, ché l'aveva in uso,
E disse: "Noi siam morti! Ecco il patrone!"
E Teodoro ancor esso era confuso.
Ma io mostrai del scampo la ragione,
E pianamente lo condussi giuso,
Dicendo a lui: "Come entra il mio marito,
Così di botto fuor serai uscito.

38.   Come sei fuora e ch'èn calati i panni,
Chi avria giamai di questo fatto prova?
Se mio marito ben crida mille anni,
A confessar non creder che io me muova.
Lui dirà brontolando: 'Tu me inganni'.
Trista la musa che scusa non trova!

---

35. — 4. *presto*: così tutti i testi antichi; F.: *presta*.
    38. — 1. *i panni*, le vesti. Tratto popolarmente realistico. — 6. *musa:*
F.: «sarà da leggere *mente*?»: ma *musa* nel basso it. vale muso, faccia,

Se giuramento ce può dare aiuto,
Alla barba l'avrai, becco cornuto! "

39.   Or mio marito alla porta cridava,
Di tanta indugia avendo già sospetto;
E Gambone adirato biastemava
E diceva: "Macon sia maledetto!
Ché de la chiave in mal ponto cercava,
Quale ho smarito alla paglia del letto.
Ecco, pur l'ho trovata in sua malora;
A voi ne vengo senza altra dimora. "

40.   Così dicendo alla porta callava,
E quella con romore in fretta apriva;
E, come Usbego, il mio marito, entrava,
Alle sue spalle Teodoro usciva.
Or, mentre che la porta si serrava,
Il mio marito in camera saliva,
Ed io queta mi stava come sposa,
Mostrandomi adormita e sonocchiosa.

41.   E mio marito prese un lume in mano,
Cercando sotto al letto in ogni canto;
Ed io tra me dicea: "Tu cerchi invano,
Ché pur le corne a mio piacer ti pianto. "
Di qua di là cercando quel villano
Ebbe veduto ai piè del letto un manto;
Da Teodoro il manto era portato:
Per fretta poi l'avea dimenticato.

42.   Ma come Usbego il manto ebbe veduto,
Grandi oltraggi me disse e diverse onte;
Per ciò non ebbi io l'animo perduto,
Ma sempre li negai con bona fronte.
Ora a Gambone bisognava aiuto,

come dire: chi non sa avere la « faccia tosta » di trovare una scusa; o semplicemente « donna » (familiare). — 8. nel B. le mogli forzate sono assai decise contro i mariti!

40. — 7-8. Cfr. *L'Asino d'oro*, nella traduzione del B. stesso: «Scorpione ne va gridando alla camera, e trova la moglie nel letto, che molto *sonachiosa* se mostrava ».

Il qual mercè chiedea con le man gionte,
E credo che la cosa volea dire;
Ma lui turbato mai nol volse odire.

43.   E già per tutto essendo chiaro il giorno,
Agli altri schiavi lo fece legare,
E a lor commesse che, suonando il corno,
Sì come alla iustizia si suol fare,
Poi che lo avean condotto alquanto intorno
Sopra alla forche il debbano impiccare;
E tutti quei sergenti a mano a mano,
Per far ciò che è comesso, se ne vano.

44.   Ma quel zeloso accolta avia tant'ira,
Che desïava de vederlo impeso;
Tanto l'orgoglio e 'l sdegno lo martira,
Che nol vedendo mai non avria creso,
E ratto a quei sergenti dietro tira;
Ma prima in dosso un tabarone ha preso
E un capellaccio de un feltron crinuto,
Perché dagli altri non sia cognosciuto.

45.   Ora Teodoro, essendo già scappato
E per questo cessata la paura,
Del manto se amentò che avia lasciato,
E cominciò di questo ad aver cura.
Cercando de Gambone in ogni lato,
Lo ritrovò con tal disaventura
Che pegio non può star, se non è morto;
Ma de Usbego ancor fu presto accorto,

46.   Qual dietro gli veniva a passo lento,
Nascoso e inviluppato al tabarone.
Il giovanetto fu de ciò contento,
E con gran furia va verso Gambone;
Un pugno dette al naso e un altro al mento,
E mena gli altri, e diceva: "Giottone!
Ladro! ribaldo! Or va, ché a questo ponto,
Come tu merti, alla forca sei gionto.

44. — 4. *creso*, creduto: solita libertà morfologica.
46. — 6. *E mena gli altri*, e continua (coi pugni).

47.   Ove è il mio manto, di', falso strepone,
        Qual me involasti iersera a l'osteria?
        Or fusse qua vicino il tuo patrone,
        Che ben de l'altre cose gli diria,
        E pur voria saper se di ragione
        Tu debbi satisfar la roba mia;
        E quando io non ne possa aver più merto,
        De pugni vo' pagarmi, io te fo certo. "

48.   Né avea compite le parole apena,
        Che un altro pugno gli pose su il viso,
        Sempre dicendo: "Ladro da catena!
        Ben ti smacarò gli occhi, io te ne aviso ";
        E tutta fiata pugni e calci mena,
        Sì che la cosa non andò da riso
        Per questa fiata al tristo de Gambone,
        Benché ciò fusse sua salvazïone.

49.   Perché Usbego, mirando alla apparenza
        Del giovinetto che mostrava fero,
        Alle parole sue dette credenza,
        Come avrian fatto molti de ligiero;
        Però che non avea sua cognoscenza,
        Né avria stimato mai che un forestiero
        Fusse venuto tanto di lontano
        Per quello amor che lui stimava vano.

50.   Senza altramente palesarse ad esso,
        Fece Gambone adietro ritornare,
        E poi secreto il dimandò lui stesso
        Ciò che con quel garzone avesse a fare.
        Il schiavo, che era un giotto molto espresso,
        Seppe la cosa in tal modo narrare,

47. — 6. *satisfar*, compensarmi per il furto. — 7. *merto*, compenso,
contraccambio, restituzione.

50. — Questa storia dell'inganno di Doristella e Teodoro deriva dalla
novella apuleiana di Filesitero, nota come « novella delle pantofole » perché
là l'amante, anziché il mantello, aveva dimenticato le pantofole (*Metam.*,
VIII, 18-21). Di astuzia femminile ai danni del marito geloso vi sono
anche altre novelle in Apuleio. Il P. cita la nov. 207 del Sacchetti (derivata
appunto dalla medesima fonte).

Che per un dito fo creduto un braccio,
E campò lui, e me trasse de impaccio.

51.   Non creder già che per questa paura
Che era incontrata, io me fossi smarita,
Ma più volte me posi alla ventura
Dicendo: « Agli animosi il celo aita. »
E benché sempre uscisse alla sicura,
Non fu la zelosia giamai partita
Dal mio marito, e crebber sempre sdegni,
E pur comprese al fin de' brutti segni.

52.   E di guardarme quasi disperato,
Se consumava misero e dolente,
Sempre cercando un loco sì serrato
Che non se apresse ad anima vivente;
E trovò al fine il palazo incantato,
Ma non vi era il gigante, né il serpente,
Qual ritrovasti alla porta davante:
Questo a sua posta fece un negromante. —

53.   Ragionava in tal modo Doristella
Ed altre cose assai volea seguire,
Ché non era compita sua novella,
Quando vide de un bosco gente uscire,
Ch'è parte a piedi e parte in su la sella:
Tutti erano ladroni, a non mentire.
Ciascaduno di lor crida più forte:
— Colui s'affermi, che non vôl la morte! —

54.   — Stative adunque fermi in su quel prato, —
Rispose a quei ladroni il cavalliero
— Ché, se alcun passa qua dal nostro lato,
De aver bone arme gli farà mestiero! —
Un che tra lor Barbotta è nominato,
Senza ragione e dispietato e fiero,
Gli vien cridando adosso con orgoglio:
— Se Dio te vôl campare, ed io non voglio. —

---

51. — 5. Benché la cosa riuscisse sempre senza incidenti.
53. — 8. s'affermi, si fermi.

55.   Quel vien correndo e ponto non se arresta,
Ma verso lui se affronta Brandimarte,
E tocca de Tranchera in su la testa,
E sino al petto tutto quanto il parte.
Ma gli altri a lui ferirno con tempesta,
E se quelle arme non fosser per arte
Tutte affatate, quanto ne avea intorno,
Campato non serìa giamai quel giorno;

56.   Ché tutti quei ladroni aveva adosso.
Non fo mai gente tanto maledetta;
Chi lo ha davante e chi dietro percosso,
E più de colpeggiar ciascuno affretta;
Ma sopra a tutti gli altri un grande e grosso:
Questo era Fugiforca dalla cetta,
Qual, da che nacque, è degno di capestro,
Ma non se può toccar, tanto era adestro.

57.   Costui girando intorno al cavalliero
Con quella cetta spesso lo molesta;
E poi se volta e via va sì legiero,
Che cosa non fo mai cotanto presta.
Salta più volte in groppa del destriero,
E prese Brand'marte nella testa;
Ma come vede che gli volta il brando,
Salta alla terra e via fugge cridando.

58.   Già il cavalliero a lui più non attende,
E sopra a gli altri fa la sua vendetta,
E chi per lungo e chi per largo fende:
Ormai non vi è di lor pezzo né fetta.
Poi dietro a Fugiforca se distende;
Ma quel ribaldo ponto non aspetta,
E de quel corso ben serìa scampato;
Ma fortuna lo gionse e il suo peccato.

59.   Perché, saltando sopra ad una macchia,
Lo prese ad ambo i piedi una berbena,

---

56. — 6. *dalla cetta,* armato di accetta.
59. — 2. *berbena,* verbèna, vermèna (mazza, ramicello che gli fe'
trappola ai piedi).

Come se prende al laccio una cornacchia,
E lei battendo l'ale se dimena,
E tra' del becco e se dispera e gracchia.
Ma Fugiforca non è preso a pena,
Che Brandimarte, qual correndo il caccia,
Gli gionse adosso e ben stretto lo abraccia.

60.   E non lo volse de brando ferire,
Parendo a lui che fosse una viltate,
Ma ben diceva: — Io te farò morire,
Sì come tu sei degno in veritate.
Meco legato converrai venire,
Tanto che io trovi o castello o citate;
E là per la iustizia del segnore
Serai posto alle forche a grande onore. —

61.   E Fugiforca piangendo dicia:
— Quel che ti piace ormai pôi di me fare;
Ma ben ti prego per tua cortesia,
Che non mi mena alla Liza in sul mare. —
Ora, segnori e bella compagnia,
Finito è nel presente il mio cantare.
A l'altro racontar non serò lento;
Dio faccia ciascadun lieto e contento.

CANTO VENTESIMOSETTIMO

1.   Un dicitor che avea nome Arïone,
    Nel mar Cicilïano, o in quei confini,
    Ebbe voce sì dolce al suo sermone,
    Che allo ascoltar venian tóni e delfini.
    Cosa è ben degna de amirazïone
    Che 'l pesce in mar ad ascoltar se inchini;
    Ma molto ha più di grazia la mia lira,
    Che voi, segnori, ad ascoltar retira.

2.   Così dal cel lo stimo in summa graccia,
    E la mente vi pongo e lo intelletto
    Nel dire a modo che vi satisfaccia,
    E che vi doni allo ascoltar diletto.
    Pur ho speranza che io non vi dispiaccia,
    Come mi par comprender ne lo aspetto,
    Se ne la istoria ancora io me ritorni
    Di cui gran parte ho detto in molti giorni.

3.   Nel canto qui di sopra io vi lasciai
    Di Fugiforca, il quale, essendo preso
    Per Brandimarte, menava gran guai,

CANTO XXVII. — In Lidia Doristella ritrova l'amante Teodoro, che
sta assediando re Dolistone. Fiordelisa è riconosciuta figlia minore del re,
rapita bambina da Fugiforca. Si celebrano le doppie nozze. Brandimarte
per burrasca giunge a Biserta e sfida gli eroi di Agramante. Il Poeta canta
le glorie d'Aragona.

1. — 1. *Arïone*: Arione di Metimna, in viaggio verso la Sicilia con
molte ricchezze acquistate con l'arte citaredica, fu gettato a mare dai
marinai per rapinarlo: ma ottenuto di cantare un'ultima volta, incantò
un delfino che accorse, e lo portò sul dorso al Tenaro. Vedi anche *Canz.*, CIV.
3. — 3. *Per*, da (francesismo).

Ed essendosi a lui per morto reso,
Con molto pianto e con lacrime assai,
Standoli avante alla terra disteso,
Per pietate e mercè l'avea a pregare
Che non lo voglia alla Liza menare.

4.   — Se tu mi meni alla Liza, barone,
Di me fia fatta tanta crudeltate,
Che, ancor che ben la merti di ragione,
Insino a' sassi ne verrà pietate.
Deh prendate di me compassïone!
Non che io voglia campare in veritate,
Ch'io merto che la vita mi sia tolta,
Ma non voria morir più de una volta.

5.   E là di me fia fatto tanto strazio
Quanto mai se facesse di persona;
Quel re del mio morir non serà sazio,
Ché troppo ingiurïai la sua corona;
E forse questo me ha condotto al lazio,
Sì come ne' proverbi se ragiona
E come esperienza fa la prova:
Peccato antiquo e penitenzia nova.

6.   Perché, essendo una volta alla marina,
Qual da la Liza poco se alontana,
Perodia vi era in festa, la regina,
Con Dolistone, intorno a la fontana;
Io, là correndo, presi una fantina,
Qual poi col conte di Rocca Silvana
Cambiai ad aspri, e fôrno da due miglia:
Questa di Dolistone era la figlia.

7.   Né puotè il re, né altrui donarli aiuto,
Sì che a Rocca Silvana la portai,
A benché da ciascun fui cognosciuto,
Però che in quella casa me allevai;
Né cotal tema poi me ha ritenuto,

4. — 5. *prendate,* prendati, ti prenda.
6. — 7. *aspri:* « *aspro,* moneta turchesca d'argento che vale quattro
quattrini » (Manuzzi).

Ma robbato ho il suo regno sempre mai,
Dispogliando ciascun sino alla braga;
Ma questo è quello che per tutto paga. —

8. Pensando Brandimarte a cotal dire,
Ne fu contento assai per più cagione;
Pur disse al ladro: — Il te convien venire
In ogni modo a quel re Dolistone,
Qual, come merti, ti farà punire. —
Così dicendo il lega in su un ronzone,
Con gran minaccie se ponto favella,
Poi la sua briglia dette a Doristella.

9. E non parlava quel ladron nïente,
Perché di Brandimarte avia paura.
Or, giongendo alla Liza, una gran gente
Trovarno armata sopra alla pianura;
E Doristella fu molto dolente,
— Lassa! — dicendo — in che disaventura
Ritrovo il patre a questo mio ritorno,
Che è posto in guerra ed ha l'assedio intorno! —

10. E facendo di ciò molti pensieri,
Scoprisse avanti da cento pedoni
E circa da altretanti cavallieri,
I qual cridarno: — Voi sete pregioni! —
— Altro che zanze vi sarà mestieri, —
Rispose Brandimarte — o compagnoni,
A volerci pigliar così di fatto! —
Tra le parole il brando avia già tratto.

11. E gionse per traverso un contestabile,
Quale era grande e portava la ronca,

7. — 7. *braga*, braca (brache).
9. — 3-4. ecco come il B. concepisce i paesaggi: senza configurazione
precisa, senza cura della localizzazione: giungono nella Licia (che è una
provincia, non un villaggio) e *sopra alla pianura*, così semplicemente,
s'imbattono in una gran folla. Un fare assai simile ha l'Ariosto, con luoghi
immaginati, o meglio sentiti nell'unità dello stato d'animo generale, senza
singola individuazione.
11. — 1. *contestabile*, più usato *connestabile*, grado elevato nelle milizie
medievali e in talune corti. La forma del B., più del fr. *conestable*, dà
chiaramente il lat. *comite(m) stabuli*.

Armato a maglia e piastre innumerabile;
Ma tutto a un tratto Tranchera lo tronca.
Né mai se vidde un colpo più mirabile,
Ché la persona sua rimase monca
De un braccio e de la testa a un tratto solo,
E l'uno e l'altro in pezzi andò di volo.

12.   Ben ne fece de gli altri simiglianti,
E de' maggior, se Turpin dice il vero,
Onde gli pose in rotta tutti quanti:
Beato se tenìa chi era il primiero,
Quel dico che a fuggire era davanti;
E non tenean né strata né sentiero,
Né in dietro a riguardar se voltan ponto;
Fugge ciascuno insin che al ponto è gionto.

13.   Ora nel campo si leva il romore.
— A l'arme! a l'arme! — ciascadun cridava.
Adosso a Brandimarte a gran furore
Chi di qua chi di là ciascun toccava;
E lui ben dimostrava un gran valore,
Ma contra tanti poco gli giovava:
A suo mal grado quella gente fella
Pigliarno Fiordelisa e Doristella;

14.   E seco Fugiforca, quel ladrone:
Via ne 'l menarno, come era legato;
Ma non cessa però la questïone,
Ché Brandimarte al tutto è disperato,
E fa col brando tal destruzïone,
Che sino alla cintura è insanguinato,
Né puote il suo destrier levare il passo
Per la gran gente morta in quel fraccasso.

15.   Ma per le dame è ciò poco ristoro,
Quale ha perdute quel baron gagliardo.
Lasciamo lui, e torniamo a coloro
Che via ne le menarno senza tardo;
E come avanti fôrno a Teodoro,

---

12. — 1. altri (tratti. V. 11-7).

Lui cognobbe Doristella al primo guardo,
E lei cognobbe anch'esso al primo tratto,
Come lo vidde, e ciò non fu gran fatto;

16.   Però che ciascadun tanto se amava,
Che altra sembianza non avea nel core.
Or quando l'un quell'altro ritrovava,
Non fu allegrezza al mondo mai maggiore;
E ciascadun più stretto se abracciava,
Dandosi basi sì caldi de amore,
Che ciascadun che intorno era in quel loco,
Morian de invidia, sì parea bel gioco.

17.   Poi lui conta alla dama la ragione
Perché alla Liza era intorno acampato,
E facea guerra al patre Dolistone,
Dicendo: — Io venni come disperato,
A lui dando la colpa e la cagione
Che via te conducesse il renegato,
Dico Usbego, che Dio gli doni guai!
Ove ne andasti, non seppi più mai. —

18.   La dama ad ogni parte gli respose,
E dègli alla risposta gran conforto,
E la ventura sua tutta gli espose,
E come Usbego a quel palagio è morto;
Poi lo pregava con voce piatose
Che divetasse ad ogni modo il torto
Quale era fatto a quel baron valente,
Che fo assalito da cotanta gente.

19.   Per il dover fo lui mosso di saldo,
E più dai preghi della giovanetta,
Onde da lui mandò presto uno araldo,
Ove era la battaglia, e un suo trombetta;
E là trovarno Brandimarte caldo,
Più che ancor fosse, a far la sua vendetta.
Ma come il real bando a ponto intese,
Lasciò la zuffa, tanto fu cortese.

15. — 6. verso ipermetro: il F. elimina *lui*, nuocendo alla chiarezza.

20.   E venne con gli araldi in compagnia
       De Teodoro al pavaglion reale
       (Costui già il regno de gli Armeni avia;
       Morto era il patre a corso naturale),
       E lo trovarno a mezo de la via,
       Con molta gente e pompa trïonfale,
       Intra quelle due dame, ogniuna bella:
       Qua Fiordelisa e là sta Doristella.

21.   Ricevutolo in campo a grande onore,
       Re Teodoro il tutto gli contò,
       Cominciando al principio del suo amore,
       Insino al giorno ove gionti son mo;
       E poi elesse un degno ambasciatore,
       Che a Dolistone e Perodia mandò,
       Per voler pace e amendar quel che è fatto,
       Pur che abbia Doristella ad ogni patto.

22.   La cosa era passata in tal travaso
       Quale io ve ho detto, e tal confusïone,
       E Fugiforca e' pur preso è rimaso,
       Ché un tristo mai non trova bon gallone.
       Legato ancor si stava quel malvaso
       Con le mano alle rene in sul ronzone,
       E Brandimarte, che l'ebbe trovato,
       Dimandò al re che fusse ben guardato.

23.   Onde per questo con gran diligenza
       Era guardato e con molta custodia,
       Co' e ferri a' piedi, e non stava mai senza,
       E per il suo mal far ciascadun lo odia.
       Ora lo ambasciador con riverenza
       A Dolistone e a sua dama Perodia
       Parlò sì bene, e fu tanto ascoltato,
       Che quel concluse per che egli era andato.

---

20. — 7. *ogniuna bella*: talvolta e più evidente del solito che il B. non
sta a pensare sul come finire i versi.
    22. — 1. *travaso*, trambusto (spostamento, trasloco). — 4. questa non
è frase di Crusca; Berni: « *E Fuggiforca preso era rimaso;* | *che non gli
venne questo tratto colta* ». F.: *E Fuggiforca è pur preso* [*e*] *rimaso,* | *Ché...*

24.   E tornò fora con lo olivo in testa,
        Che era un signale a quel tempo di pace,
        E poi la somma espose de sua inchiesta,
        Qual sopra a gli altri a Doristella piace.
        Tutti alla Liza intrarno con gran festa;
        Ma Fugiforca, quel ladro fallace,
        Via era condutto lui con mal pensiero
        Tra' carrïaggi, sopra ad un somiero.

25.   Ne la Liza per tutto è cognosciuto:
        Chi gli cridava dietro e chi da lato,
        E lui dicea: — Macon mi doni aiuto,
        Ché un altro non fu mai peggio trattato! —
        E Brandimarte, poiché fu venuto
        Avanti al re, quel ladro ha presentato.
        Il re mirando lui se meraviglia:
        Ben sa che è quel qual già tolse la figlia.

26.   Ma che sia preso si meravigliava,
        Cognoscendol sì presto e tanto astuto.
        De la filiola poi lo adimandava,
        Se sapea lui quel che fosse avenuto;
        Ed esso a pieno il tutto racontava,
        Insin che il prezio ne avea recevuto:
        Ma che poi se partitte incontinente,
        Sì che di lei più non sapea nïente.

27.   — Per prezzo al conte di Rocca Silvana
        Io la vendetti; — diceva il ladrone
        — Da mille miglia è forse di lontana
        Di sopra a Samadrìa la regïone. —
        E Brandimarte alor con voce umana
        Adimandava quel re Dolistone
        Se ebbe segnal la figlia, che abbia a mente;
        Ma Perodia rispose incontinente.

28.   Come Perodia ha Brandimarte odito,
        Rispose al dimandar senza dimora;
        Né aspetta che parlasse il suo marito,

27. — 3-4. Vedi II, XIII, 10, 7-8, Nota. G. Ponte ha rinvenuto nella
carta di Giovanni Leardo da Venezia (1448) *Samaria* per la regione o
città di Samarcanda.

Ma disse: — Se mia figlia vive ancora,
Sotto alla poppa destra forse un dito
Ha per segnale una voglia di mora;
De una mora di celso, ora me amento,
Essendo di lei pregna ebbi talento.

29.   Là mi toccai; ed ella, come nacque,
Sotto la poppa avea quel segno nero;
Né mai per medicine o forza de acque
Se puotè via levare, a dire il vero. —
Or Brandimarte, sì come ella tacque,
Cominciò poi la istoria, il cavalliero;
A parte a parte il fatto gli divisa,
Sì come sua filiola è Fiordelisa.

30.   E fatto gli altri tuor di quel cospetto,
Però che Fiordelisa avia vergogna,
La fece avanti a loro aprire il petto,
Onde più prova ormai non vi bisogna.
Perodia e Dolistone han tal diletto
Qual have il pregionier, quando si sogna
La notte esser impeso e la dimane
Poi viene assolto e in libertà rimane.

31.   Ciascuno ha pien di lacrime la faccia.
Piangendo gli altri ancor di tenerezza,
La matre lei e lei la matre abraccia:
Ogniuna di basarse ha maggior frezza.
A Fugiforca fu fatta la graccia,
Pregando ogniom per lui nella allegrezza;
Cridi e lieti romori a gran divizia,
Campane e trombe suonan di letizia.

32.   Poi furno queste cose divulgate
Fuor nella terra e per tutto il paese,
E con trïonfo le noce ordinate
Con real festa a ciascadun palese,
E le due damigelle fôr sposate,
Ché Fiordelisa Brandimarte prese.

28. — 7. *celso*, gelso.

E Teodor si prese Doristella;
Non so se alcun trovò la sua polcella.

33. Ché tanto poche ne vanno a marito,
Che meglio un corvo bianco se dimostra;
Ma queste due, sì come aveti odito,
Eran pur state avanti a questo in giostra.
Usavasi a quel tempo a tal partito,
Ora altrimente nella etade nostra,
Ché ciascuna perfetta si ritrova;
E chi nol crede, lui cerchi la prova.

34. Ora queste due dame che io ve dico
Catolice ènno entrambe e cristïane,
E Macone avean tolto per nimico
E le sue legge scelerate e vane;
Onde ne andarno dal suo patre antico,
E sì con prieghi e con parole umane
Se adoperarno, per la Dio mercede,
Che lo tornarno alla perfetta fede.

35. Dapoi la matre con minor fatica
Ridussero anco a sua credenza santa;
E la corte da poscia a tal rubrica
Se attenne e la citate tutta quanta;
E, senza che di questo più vi dica,
La grazia de le dame fu cotanta,
Che de i monti d'Armenia alla marina
Corse ciascuno alla legge divina.

36. Ora de ricontar non è mestiero
La festa, che ogni dì cresce maggiore;
Qua se fa giostra, e là fassi torniero,
Altrove è suono e danza con amore;
Ma pur sta Brandimarte in gran pensiero,
Né se può il conte Orlando trar del core.
In fine un giorno la sua opinïone
Fie' manifesta in tutto a Dolistone,

35. — 3. *rubrica,* legge (*rubriche* erano i titoli delle leggi segnati in rosso nei codici).

37.   Mostrando quasi aver fermato il chiodo
Che in ogni forma Orlando vôl seguire.
Diceva Dolistone: — Io non te lodo
Per questo tempo adesso il dipartire;
Ma, se pur de lo andare ad ogni modo
Sei destinato, non so più che dire,
Né di ciò la cagion più te dimando,
Il gire e il star serà nel tuo comando. —

38.   Una galea dapoi fu apparecchiata
Di molte che ne avea quel barbasoro;
Questa era la reale e meglio armata,
Che avea la poppa tutta missa ad oro.
Brandimarte e sua dama e più brigata
Là se allogarno, con molto tesoro
Qual Perodia ha donato alla sua figlia,
Rubin, smeraldi e perle a meraviglia;

39.   Tra l'altre cose il più bel pavaglione
Che se trovasse in tutta la Soria.
Ora spira levante, e il suo patrone
Gli acerta che ogni indugia è troppo ria;
Onde se accomandarno a Dolistone
E a tutti gli altri, e vanno alla sua via,
Passando Rodi e la isola di Creti;
Col vento in poppa van zoiosi e lieti.

40.   Ma il navicare e nostra vita umana
De una fermezza mai non se assicura,
Però che la speranza al mondo è vana,
Né mai bon vento lungamente dura;
Qual ora si levò da tramontana,
Chiamando il Greco, che è mala mistura
A cui di Creti vôl gire in Cicilia;
L'aria se anera e l'acqua si scombilia.

---

37. — 1. *fermato il chiodo*, deciso fermamente.
39. — 2. qui *Soria* (Siria) è in senso lato per Levante.
40. — 6. *mala mistura*: potrebbe ricordarsi la nostra espressione volgare:
un brutto pasticcio. — 7. *a cui*, a chi.

41.   Dicea il parone: — Il cel turbato è meco,
E non me inganno già, ma ben me sforza,
Perché io vorebbi ne la taza il Greco,
E lui me 'l dona ne la vela a l'orza.
Io non posso alla zuffa durar seco:
Ove gli piace, convien che io mi torza. —
Poi dice a Brandimarte: — A dir il vero,
Con questo vento in Franza andar non spero.

42.   Africa è quivi dal lato marino,
Se drittamente ho ben la carta vista,
E noi volteggiaremo nel camino,
Ché, quando non se perde, assai s'acquista.
Forse mutarà il vento, Dio divino!
E cessarà questa fortuna trista;
Pregar si puote che un siroco vegna,
Qual ci conduca al litto de Sardegna. —

43.   Parlava quel parone in cotal sorte,
Chìedendo quel che egli avrebbe voluto,
Ma tramontana ognior cresce più forte,
E 'l mar già molto grosso è divenuto;
Onde ciascun per tema de la morte
Facendo voti a Dio dimanda aiuto;
Ma lui non li essaudisce e non li ascolta,
E sottosopra il mar tutto rivolta.

44.   Pioggia e tempesta giù l'aria riversa,
E par che 'l celo in acqua se converta,
E spesso alla galea l'onda atraversa,
Battendo ciò che trova alla coperta.
Vien la fortuna ogniora più diversa,
E spaventosa, orribile ed incerta,
Pur col vento che io dissi, tuttavia,
Sin che condotti gli ebbe in Barbaria.

---

41. — 3. *ne la taza il Greco*: Berni: « *io vorrei nel bicchier vedere il greco; | e lui in vela me lo mette a l'orza* ». F.: « in mio potere ». Non pare si tratti di termine tecnico (*bicchiere* o *picciona* è la tazza da vino per marinai; *tazza* è un pezzo di legno per tener tesa la rete da pesca).

42. — 1. *dal lato marino*, dalla parte dell'alto mare, perché a destra erano presso la costa siciliana, diretti in Francia.

44. — 7. *Pur*, per di più; *tuttavia*, tuttora, ancora sempre.

45.   Presso Biserta, al capo di Cartagine,
Son gionti, ove già fu la gran citade
Che ebbe di Roma simigliante imagine,
E quasi partì seco per mitade;
Di lei non se vede or se non secagine,
Persa è la pompa e la civilitade;
E gran trïomfi e la superba altura
Tolti ha fortuna, e il nome apena dura.

46.   Or, come io dissi, il franco Brandimarte
Fu gionto per fortuna in questo porto.
Ma un fie' comandamento in quelle parte
Che ogni cristian che ariva ivi, sia morto;
Perché una profecia trovarno in carte,
Che in fine, al lungo andare o in tempo corto,
Da un re de Italia fia la terra presa,
Per cui da poi serà la Africa incesa.

47.   E Brandimarte, che il tutto sapea,
Non volse palesarse per nïente,
Avengaché di sé poco temea,
Ma sì de la sua dama e d'altra gente.
A tutti disse ciò che far volea,
Ma poi discese in terra incontinente,
E presentossi allo amiraglio avante,
Dicendo come è figlio a Manodante;

48.   E come vien da le Isole Lontane
Per vedere Agramante e la sua corte,
Ed a provarse a sue gente soprane,
Qual son laudate al mondo tanto forte;
Onde lo prega che quella dimane
Lo faccia accompagnar con bone scorte,
Sin che a Biserta sia salvo guidato,
Proferendosi a ciò de esser ben grato.

49.   E lo amiraglio, che era assai cortese,
Lo fece accompagnar di bona voglia;
E Fiordelisa di nave discese

45. — 3-4. e quasi divise a metà con lei la grandezza. — 5. *secagine,*
seccaggine, ruderi disseccati, sgretolati da vento e sole.
46. — 3-8. Vedi sotto, ott. 54.
48. — 4. *forte,* fortemente, grandemente (frances.).

E molta altra brigata con gran zoglia.
Verso Biserta la strada si prese,
Ed arivarno senza alcuna noglia
Vicino alla citate una matina,
E là fermârsi a canto alla marina.

50. Dapoi che ebbe donato molto argento
A questi che gli han fatto compagnia,
Coi suoi se ragunò baldo e contento
Sopra una larga e verde prataria,
Ove dal mar venìa suave vento,
Tra molte palme che quel prato avia.
Sotto di queste senza altra tenzone
Fece adricciare il suo bel pavaglione.

51. Questo era sì legiadro e sì polito,
Che un altro non fu mai tanto soprano.
Una Sibilla, come aggio sentito,
Già stette a Cuma, al mar napolitano,
E questa aveva il pavaglione ordito
E tutto lavorato di sua mano;
Poi fo portato in strane regïone,
E venne al fine in man de Dolistone.

52. Io credo ben, Segnor, che voi sappiati
Che le Sibille fôr tutte divine,
E questa al pavaglione avea signati
Gran fatti e degne istorie pellegrine
E presenti e futuri e di passati;
Ma sopra a tutti, dentro alle cortine,
Dodeci Alfonsi avea posti de intorno,
L'un più che l'altro nel sembiante adorno.

52. — 7. Ecco dieci stanze in onore degli Aragonesi. Ritroviamo can-
tate queste e altre gesta nell'*Egloga Volgare* X. Già erano elogiati gli
Aragonesi al II, XXIII, 6-7. Quella casa s'era legata agli Estensi attraverso il matrimonio di Eleonora d'Aragona con Ercole I nel 1473. Il 14 gen-
naio 1482 entrò in Ferrara accolto a grande onore Alfonso Duca di Calabria,
figlio del Re di Napoli (proprio allora il B. dovette pensare di introdurre
la sua famiglia nel poema), e l'anno seguente partecipò alle lotte contro
Venezia – che aveva assalito gli Estensi – e movendo da Ferrara si unì
alle truppe milanesi, invase il Bergamasco e il Veronese, conquistò il
Bresciano. Alleati degli Estensi erano, oltre i Napoletani, il Papa, il Duca
di Milano e Firenze.

53.　　Nove di questi ne la fin del mondo
　　　Natura invidïosa ne produce,
　　　Ma di tal fiamma e lume sì iocondo,
　　　Che insino a l'orïente facean luce;
　　　Chi avea iustizia e chi senno profondo,
　　　Quale è di pace, e qual di guerra duce.
　　　Ma il decimo di questi dieci volte
　　　Le lor virtute in sé tenea raccolte:

54.　　Pacifico guerrero e trïomfante,
　　　Iusto, benigno, liberale e pio,
　　　E l'altre degne lode tutte quante
　　　Che può contribuir natura e Dio.
　　　La Africa vinta a lui stava davante
　　　Ingenocchiata col suo popol rio;
　　　Ma lui de Italia avea preso un gran lembo,
　　　Standosi a quella con amore in grembo.

55.　　E come Ercole già sol per amore
　　　Fo vinto da una dama lidïana,
　　　Così a lui prese Italia vinta il core,
　　　Onde scordosse la sua terra Ispana,
　　　E seminò tra noi tanto valore,
　　　Che in ogni terra prossima e lontana

53. — 1. *ne la fin del mondo,* nell'estremo occidente. Trattasi del periodo in cui i domini aragonesi erano limitati alla Spagna. Secondo Giovanni Ponte, tenendo conto che il B. fa derivare gli Aragonesi, come unica schiatta, dai Goti (vedi *Egl. Volg.* X), questi *nove Alfonsi* sarebbero: Alfonso I (739-756), genero dell'eroe nazionale spagnolo Pelayo, il capo dei Baschi contro i Mori; Alfonso II il Casto (791-842), re di Biscaglia, che resistette agli Arabi e ai Franchi (vedi II, XXIII, 6, 4-8); Alfonso III il Grande (866-910); Alfonso V († 1027; trascurato il IV perchè figura di scarso rilievo), che riordinò le leggi; Alfonso VI il Valoroso (1072-1109), amico del Cid e conquistatore di Toledo; questi, re prima delle Asturie, poi anche di Castiglia; quindi si passa ai veri e proprii Aragonesi con Alfonso I il Battagliero (1104-1134), signore d'Aragona e Castiglia, genero di Alfonso VI il Valoroso; Alfonso II (1164-1196), anche marchese di Provenza; Alfonso III il Liberale (1285-1291); Alfonso IV il Benigno (1327-1336).
54. — Questi è Alfonso V d'Aragona, poi Alfonso I il Magnanimo, re di Napoli (1442-1458).
55. — 1-2. È questa una leggenda di origine lidia: Ercole, compiute le dodici fatiche, sarebbe rimasto tre anni in servitù presso la regina della Lidia, Onfale, figlia di Jardano e vedova di Tmolo, al fine di espiare l'uccisione di Ifito: egli avrebbe filato la lana fra le donne della corte, lasciando la sua pelle leonina e la clava a Onfale. La versione del B. è una riabilitazione dell'eroe (*sol per amore*).

Ciascaduna virtù che sia lodata
O da lui nacque, o fo da lui creata.

56.　　Ma l'undecimo Alfonso giovanetto
　　　　Con l'ale è armato, a guisa de Vittoria,
　　　　Sì come la natura avesse eletto
　　　　Uno omo a possidere ogni sua gloria;
　　　　Ché, volendo di lui con dir perfetto
　　　　Di ciascuna cosa seguir la istoria,
　　　　Avria coperto, non che il pavaglione,
　　　　Ma il mondo tutto in ogni regïone.

57.　　Pur vi era ordita alcuna eletta impresa
　　　　De arme, o di senno, o di guerra, o de amore:
　　　　Sì come è Italia da' Turchi diffesa
　　　　Per sua prodezza sola e suo valore;
　　　　E la battaglia tutta era distesa
　　　　Di Monte Imperïale a grande onore,
　　　　E le fortezze ruïnate al fondo,
　　　　Sì belle che eran di trïomfi al mondo.

58.　　Il duodecimo a questo era vicino,
　　　　Di etate puerile e in faccia quale
　　　　Serìa depinto un Febo piccolino,
　　　　Coi raggi d'oro in atto trïomfale.
　　　　Ne l'abito sì vago e pellegrino,
　　　　Giongendovi gli strali e l'arco e l'ale,
　　　　Tanta beltate avea, tanto splendore,
　　　　Che ogniom direbbe: " Questo è il dio d'Amore. "

56. — 1. È Alfonso Duca di Calabria, che a Ferrara incontrò il nipote
Alfonso figlio di Ercole I d'Este ed Eleonora; divenne Alfonso II di Napoli
(1494-1495).

57. — 3. Trattasi della liberazione nel 1481 di Otranto, presa dai
Turchi l'anno precedente. — 6. La battaglia di Poggio Imperiale presso
Poggibonsi fu vinta nel 1479 contro i Fiorentini comandati da Sigismondo
d'Este. Essa è ricordata anche nell'*Egloga* II, v. 54, oltre che nella X.

58. — *Il duodecimo* è Alfonso d'Aragona duca di Bisceglie, figlio naturale di Alfonso di Calabria e futuro marito di Lucrezia Borgia. Notava il
Reichenbach (« G. S. L. I. », XC, 1927, 153-4) che, poiché questi nacque
nel 1481 (agosto?), questo canto doveva esser composto verso la fine del
1481 e l'inizio dell'82. Il canto XXXI, a sua volta, appartiene all'estate o
autunno dell'82 (guerra fra Ferraresi e Veneziani), e il 24 febbraio 1483
Ercole riceveva tre copie a stampa dei due libri.

59.   Avanti a lui si stava ingenocchiata
Bona Ventura, lieta ne' sembianti,
E parea dire: "O dolce figliol, guata
Alle prodezze de gli avoli tanti,
E alla tua stirpe al mondo nominata;
Onde fra tutti fa che tu ti vanti
Di cortesia, di senno e di valore,
Sì che tu facci al tuo bel nome onore. "

60.   Molte altre cose a quel gentil lavoro
Vi fôr ritratte, e non erano intese,
Con pietre prezïose e con tanto oro,
Che tutto alluminava quel paese.
Di sotto al pavaglione un gran tesoro
In vasi lavorati se distese,
De smeraldo e zaffiro e di cristallo,
Che valeano un gran regno senza fallo.

61.   Non vi potrei contare in veritate
Il bel lavoro fatto a gentilezza;
Ninfe se gli vedeano lavorate,
Che eran tanto legiadre a gran vaghezza,
Che meritan da tutti essere amate;
Vedeansi cavallier di tal prodezza:
Quivi erano ritratti a non mentire;
Ma a qual fine, alcun non sapria dire.

62.   Or Brandimarte presto lo abandona,
Come lo vidde a quel campo dricciato;
Sopra a Batoldo la franca persona
Presso a Biserta se appresenta armato,
E con molta baldanza il corno suona.
Ne l'altro canto ve sarà contato
Come il fatto passasse e la gran giostra;
Dio vi conservi e la Regina nostra.

CANTO VENTESIMOTTAVO

1.　　Segnori e dame, Dio vi dia bon giorno
E sempre vi mantenga in zoia e in festa!
Come io promissi, a ricontar ritorno
De Brandimarte, che con tal tempesta
Presso a Biserta va suonando il corno
Ed isfida Agramante e la sua gesta,
Dicendo nel suonare: — O re soprano,
Odi mio suono, e nol tenere a vano.

2.　　Se non è falsa al mondo quella fama
La qual per tutto tua virtù risuona,
E per valore un altro Ettor ti chiama,
Perché hai de ogni prodeza la corona,
Onde per questo ti verisce ed ama
Tal che giamai non vidde tua persona,
Ed io tra gli altri certamente sono,
Che non te ho visto, ed amo in abandono:

3.　　Fa che risponda a ciò che se ne dice,
O valoroso ed inclito segnore,
Della tua corte, che è tanto felice
Che de ogni vigoria mantiene il fiore.
A me soletto in su quella pendice
Provarli ad un ad un ben basta il core;
Ma non so se al pensier cotanto ardito
Mancarà lena, e vengami fallito. —

CANTO XXVIII. — Brandimarte affronta Agramante, poi partecipa
alla caccia e alla festa di corte. Si prepara la partenza per la Francia.

　2. — 5-6. *ti verisce... tal che,* ti riverisce anche chi...

4.   Stava Agramante in quel tempo a danzare
Tra belle dame sopra ad un verone
Che drittamente riguardava al mare,
Ove era posto il ricco pavaglione.
Odendo il corno tanto ben sonare,
Lasciò la danza e venne ad un balcone,
Apoggiandosi al collo al bel Rugiero,
E giù nel prato vidde il cavalliero.

5.   E stando alquanto a quel sonare attento,
La voce e le parole ben comprese,
E vòlto alli altri disse: — A quel ch'io sento,
Questo di noi ragiona assai cortese;
E certo che me ha posto in gran talento
De essere il primo che faccia palese
Se ponto ha di prodezza o di valore;
Siano qua l'arme e il mio bon corridore. —

6.   Benché dicesse alcun che facea male,
E mormorasse assai la baronia
Che sua persona nobile e reale
Aponga ad un che non sa chi se sia:
Lui di natura e de animo è cotale
Che mena a fretta ciò che far desia;
Onde lascia da parte l'altrui dire,
E prestamente se fece guarnire.

7.   De azuro e de ôr vestito era a quartiero,
E a tale insegne è il destrier copertato;
La rocca e' fusi porta per cimiero.
Ver Brandimarte se ne vien al prato;
E solo è seco il giovane Rugiero,
Senza alcuna arma, for che 'l brando a lato,
E dopo alcun parlar tutto cortese,
Voltò ciascuno e ben del campo prese.

8.   Poi ritornarno con le lancie a resta
Quei dui baron, che avean cotanta possa,

4. — Scena rinascimentale vaghissima, che ci sorprende un po' trattandosi di un re, che fino ad ora non stava più in sé dalla smania di tempestare in Francia.

Drizzando i lor ronzon testa per testa.
Ciascuna lancia a meraviglia è grossa,
Ma entrambe se fiaccarno con tempesta,
E l'uno a l'altro urtò con tal percossa,
Ch'e lor destrier posâr le groppe al prato,
Benché ciascun di subito è levato.

9.   E via correndo come imbalorditi
Ne andarno a gran ruina quasi un miglio,
E credo che più avanti serian giti,
Ma fu dato a ciascun nel fren di piglio.
E duo baroni al tutto eran storditi,
E a l'uno e a l'altro uscia il sangue vermiglio
Di bocca e da l'orecchie e per il naso,
Tanto fu il scontro orribile e malvaso!

10.   Or se vengono a dietro a passo a passo,
Ciascun di vendicar voluntaroso;
Poi spronarno e destrieri a gran fraccasso,
L'un più che l'altro a corso ruïnoso.
Alcun di lor non segna al scudo basso,
Ma dritto in fronte a l'elmo luminoso;
Le lancie de le prime eran più grosse,
Ma non restarno integre alle percosse.

11.   Però che nel scontrar di quei baroni
Sino alla resta se fiaccarno, in tanto
Che non eran tre palmi e lor tronconi,
Né più che prima se donarno il vanto
De alcun vantaggio e forti campïoni,
E l'uno e l'altro è sangue tutto quanto;
E, come e lor destrier sian senza freno,
Ne andâr correndo un miglio, o poco meno.

12.   Due lancie tece il re portare al prato,
Che avea il tempio de Amone, antiquo deo,
E, sì come da vecchi era contato,
Di Ercole l'uno, e l'altra fo de Anteo.
Bene era ciascun tronco smisurato:

12. — 2. *tempio de Amone*, che dava il nome alla regione Ammonia, in

Ognuna a sei bastasi portar feo;
Vedise adunque aperto in questo loco
Che la natura manca a poco a poco,

13.   Se questi antiqui fôr tanto robusti,
Che avean forza per sei de quei moderni;
Ma non so se gli autor fosser ben giusti,
E scrivesseno il vero a' lor quaderni.
Or son portati al campo e duo gran fusti;
E guarda pur, se vôi: tu non discerni
Qual sia più forte, ché senza divaro
Di vena e di grossezza son al paro.

14.   A Brandimarte fu dato la eletta:
Ciò volse il re Agramante per suo onore.
Ben vi so dir che ogniomo intorno aspetta
Veder che abbia più lena e più vigore.
Ma, mentre che ciascun di lor se assetta,
Di verso al fiume se ode un gran romore.
Fugge la gente trista e sbigottita:
Tutti venian cridando: — Aita! aita! —

15.   Il re Agramante sì come era armato
Ver là se tira e lascia il gran troncone;
E Brandimarte a lui se pose a lato,
Per aiutarlo in ogni questïone.
Via vien fuggendo il popol sterminato;
Ed Agramante prese un ragazone,
Qual sopra ad un ronzone era a bisdosso
E senza briglia corre al più non posso.

16.   — Ove ne andati? — diceva Agramante
— Ove ne andati, pezzi de bricconi? —
E quel rispose con voce tonante:
— Per beverare andavamo e ronzoni
Dietro a quel fiume che è quivi davante,
E là fummo assaliti da leoni,

Egitto sulla sinistra del Nilo. — 6. *bastasi* (da βαστάζειν, sostenere, da cui: *basto*), portatori, facchini (cfr. siciliano *bastàsu, vastàsu*).

13. — 3-4. Di tanto in tanto emerge con una punta ironica la coscienza dell'esagerazione romanzesca.

15. — 7. *a bisdosso*, sul dorso nudo del cavallo. (Il F. spiega arbitrariamente: « di traverso »).

Qual posti ce hanno in tal disaventura,
Che bene è paccio chi non ha paura.

17. Da trenta insieme sono, al mio parere,
Che ce assalirno con tanta tempesta,
Che de scampare apena ebbi il potere,
Ben che io gli vidi uscir de la foresta.
Che sia de gli altri, non potea vedere,
Perché giamai non ho volta la testa
A remirar quel che de lor se sia;
Or fa al mio senno, e tuotti anco te via. —

18. Il re sorrise e a Brandimarte volto
Gli disse: — Certo alquanto ho di dispetto
Che il piacer della giostra ce sia tolto,
Benché alla caccia avrem molto diletto. —
E Brandimarte, il qual non era stolto,
Rispose: — Il tuo comando sempre aspetto;
Sì che adoprame pure in giostra o in caccia,
Ch'io son disposto a far quel che ti piaccia. —

19. Il re dapoi mandò nella citate
Che a lui ne vengan cacciatori e cani,
De' qual sempre tenìa gran quantitate,
Segusi e presti veltri e fieri alani,
Ed altre schiatte ancora intrameschiate.
Or via ne vanno e tre baron soprani,
Brandimarte, Agramante e il bon Rugiero,
Per dare aiuto ove facea mestiero.

20. Ma ne la corte se lasciâr le danze,
Come il messo del re là su se intese,
E fuor portarno rete e speti e lanze,
E furvi alcun che se guarnîr de arnese,
Ché a cotal caccia vôle altro che cianze;
Né lepri o capre trova quel paese,
Ma pien son e lor monti tutti quanti
Di leoni e pantere ed elefanti.

20. — 3. *speti,* spiedi.

21. E molte dame montarno e destrieri,
Con gli archi in mano ed abiti sì adorni,
Che ogniom le accompagnava volentieri,
E spesso avanti a lor facean ritorni.
E tutti e gran segnori e cavallieri
Uscîr sonando ad alta voce e corni:
Da lo abaglio de' cani e dal fremire
Par che 'l cel cada e 'l mondo abbia a finire.

22. Ma già Agramante e il giovane Rugiero
E Brandimarte, che non gli abandona,
Sopra a quel fiume ove è l'assalto fiero,
Ciascuno a più poter forte sperona;
E ben de esser gagliardi fa mestiero,
Ché ogni leone ha sotto una persona;
Alcuna è viva e soccorso dimanda,
E qual morendo a Dio se aricomanda.

23. A ciascadun di lor venne pietate,
E destinarno di donarli aiuto,
Avendo prima già tratte le spate:
Non vôle indarno alcun esser venuto.
Ecco un leon con le chiome arrizzate,
Maggior de gli altri, orribile ed arguto,
Che in su la ripa avea morto un destrero:
Quello abandona e vien verso Rugiero.

24. Rugier lo aspetta e mena un manroverso,
E sopra della testa l'ebbe aggionto,
E quella via tagliò per il traverso,
Ché tra gli occhi e l'orecchie il colse a ponto.
Ora ecco l'altro, ancora più diverso
E più feroce di quel che io vi conto,
Al re se aventa da la banda manca,
E l'elmo azaffa e nel scudo lo abranca.

25. E certamente il tirava de arcione,
Se non ne fosse il bon Rugiero accorto,

21. — 4. *ritorni*: fr. *retour*, rigiro. Virgili: « i cavalieri facean per pompa caracollare i loro cavalli innanzi alle dame ». — 7. *dal fremire*, dal nitrire dei cavalli.

Qual là vi corse e gionselo al gallone,
Sì che de l'anche a ponto il fece corto.
Brandimarte ancor lui con un leone
Fatto ha battaglia, e quasi l'avea morto,
Quando se odirno e corni e' gran rumori
Di quella gente, e' cani e' cacciatori.

26.　　Ora cantando a ricontar non basto
Di loro e cridi grandi e la tempesta;
Tutte le fiere abandonarno il pasto,
Squassando e crini ed alciando la testa.
Quale avean morto, e qual è mezo guasto;
Pur li lasciarno, e verso la foresta,
Voltando il capo e mormorando d'ira,
A poco a poco ciascadun se tira.

27.　　Ma la gente che segue, è troppo molta,
E fa stornir del crido e il monte e il piano;
Dardi e saette cadeno a gran folta,
A benché la più parte ariva invano.
De quei leoni or questo or quel se volta,
Ma pur tutti alla selva se ne vano;
E il re cinger la fa da tutte bande:
Allor se incominciò la caccia grande.

28.　　La selva tutto intorno è circondata,
Che non potrebbe uscire una lirompa;
Più dame e cavallieri ha ogni brigata,
Che mostrava alla vista una gran pompa.
Il re dato avia loco ad ogni strata,
Né bisogna che alcun l'ordine rompa;
Alani e veltri a copia sono intorno,
Né se ode alcuna voce, o suon di corno.

29.　　Poi son poste le rete a cotal festa
Che spezzar non le può dente né graffa,

---

27. — 2. *stornir*, per *stornire*, detto del rumore delle fronde mosse.
28. — 2. *lirompa*: N. Cossu suggerisce trattarsi di corruzione del fr. *liron* « loir gris ou lérot », topo di bosco (lat. volg. *liro, -onis*). Il Berni l'eliminò: *acciocché 'l gran piacer nulla corrompa.* — 5. *dato avia loco*, aveva messo le pòste.
29. — 2. *graffa*, unghione, artiglio. — 4. *biffi e baffa* sono voci onomatopeiche, per chi incitava i cani o per il ringhio dei cani stessi.

Indi e sagusi intrarno alla foresta:
Altro non si sentia che biffi e baffa.
Or se ode un gran fraccasso e gran tempesta,
Ché per le rame viene una ziraffa;
Turpino il scrive, e poca gente il crede,
Che undeci braccia avia dal muso al piede.

30.   Fuor ne venìa la bestia contrafatta,
Bassa alle groppe e molto alta davante,
E di tal forza andava e tanto ratta,
Che al corso fraccassava arbori e piante.
Come fu al campo, intorno ha la baratta
De molti cavallieri e de Agramante
E molte dame che erano in sua schiera,
Onde fu alfine occisa la gran fiera.

31.   Leoni e pardi uscirno alla pianura,
Tigri e pantere io non sapria dir quante;
Qual se arresta a le rete e qual non cura.
Ma pur fôr quasi morti in uno istante.
Or ben fece alle dame alta paura,
Uscendo for del bosco, uno elefante:
Lo autore il dice, ed io creder nol posso
Che trenta palmi era alto e vinti grosso.

32.   Se il ver non scrisse a ponto, ed io lo scuso,
Ché se ne stette per relazïone.
Ora uscì quella bestia e col gran muso
Un forte cavallier trasse de arcione,
E più di vinti braccia gettò in suso,
Poi giù cadette a gran destruzïone,
E morì dissipato in tempo poco;
Ben vi so dir che gli altri gli dàn loco.

33.   Via se ne va la bestia smisurata,
Né de arestarla alcun par che abbia possa;
La schiera ha tutta aperta ove è passata,
A benché de più dardi fu percossa,
Ma non fu da alcun ponto innaverata;

---

30. — 1. *contrafatta*, mostruosa (nel linguaggio del '3-400 *contrafatto*
vale: fatto contro natura, opp. imitato artificiosamente). — 5. *baratta*: C.:
« assalto a gara ».
32. — 3. *muso*, proboscide.

Lōe so dentro steso Brigliadoro
Per bere al fōte che dauanti appre
Poi che legato lhebe ad un aloro
Chinosse in su la r.pa a lōde chiare
Dentro a gl'acqua vide ū bel lauoro
Che tuto intēto lo trasse amirare
La dentro de cristal lo era vna stanza
Piēa di dame e chi sōa e chi danza

Le vaghe dame danzauan intorno
Cantando insieme cō voce amorose
Nel bel palagio de cristallo adōno
Scolpito ad oro e prete preciose
Hia se chinaua a loccidēte il giorno
Albō che Orlando eltuto se dispose
Vedder il fin di tanta maraniglia
Ne piu vi pēsa e piu nō se ōsiglia

Ma dentro alacqua si cōe era armato
Hitosse e psto giōse insin al fondo
E la trouosse in piede ad ū bel prato
Il piu fiorito mai nō vide il mondo
Verso il palagio il conte so inuiato
Et era gia nel cor tanto iocondo
Che p leticia samētaua poco
Perche fosse q giōto e di ql locho

Alui dauanti vra porta patēte
Qual doro e fabricata e di zaphyro
Que entro il ore cō facia ridente
Dāzando alui le dāe atōno in giro
Mētre chio canto fi possi la mēte
Che giōto son al fin e ñ vi miro
A qsto libro e gia lalena tolta
Il terzo ascoltareti ynaltra volta

Pero lassiati Orlando in qsta pte
Che vi sta senza pena e sēza lagno
Adir cōe lo trasse Brandimarte
Di qsto incanto il suo fido cō pagno
Bisegnarebe agionger molte carte
Farche il stampitor poco guadagno
Ma acui piacesse pur sapil resto
Vēga auederlo e fia stampito psto

Albor con rime eleto e miglior verss
Faro bataglie e amor tuti di focho
Non saran sempre etempi si diuersi
Che mi tragan la mente di suo locho
Ma nel presente e canti mei son psi
E porui ogni pensier mi giona poco
Sentendo Italia de lamenti piena
Nō ch bō canti ma sospiro apena

A voi ligiadri amanti e damegiele
Che dentro a cor gētil haueti amōr
Bō scrite qste istorie tanto bele
Di cortesia fiorite e di valore
Lio non ascolten questanime fele
Che fā guera p sdegno e p furore
A dio amanti e dōmme peregrine
A vostro bonō di qsto libro e il fine

FINIS.

Matheus posuit facili me carmie: ples
Que boiarda tulit nom ad astra feres.
Slagrātes cūctis p me vt feret amōs
Rolandi necnon inclyta gesta viri
Quis mors z mlta ōdit q pector curas
Expellūt moestas: oia quippe nitēt

Qui finisse linamoramento de Or
lando: Impresso in Uenetia p Piero
de Piasi L bremeese ditto Ueronese
Adi.xir.de Febraro.M.ccccl xxvi.
Regnāte Augustino Barbarigo Du
ce de Uenetia.

a b c d e f g h i
l m n o p q r s t
u x y z ç ?

Questi sono tuti qderni excepto
del quale fie terno.

L'ultima carta dell'*Orlando innamorato*
nell'edizione veneziana del 1487.

Tanto la pelle avea callosa e grossa
E sì nerbosa e forte di natura,
Che tiene il colpo come una armatura.

34.   Ma già non tenne al taglio di Tranchera,
Né al braccio di Rugiero in questo caso;
A piedi ha lui seguita la gran fiera,
Ché il destrier spaventato era rimaso.
Tanto ha quello animale orribil ciera
Per grande orecchia e pel stupendo naso
E per li denti lunghi oltra misura,
Che ogni destriero avia di lui paura.

35.   Ma, come vidde solo il giovanetto,
Che lo seguiva a piedi per lo piano,
Voltando quel mostazzo maledetto,
Qual gira e piega a guisa de una mano,
Corsegli adosso per darli di petto;
Ma quel furore e lo impeto fu vano,
Perché Rugier saltò da canto un passo,
Tirando il brando per le zampe al basso.

36.   Dice Turpin che ciascuna era grossa,
Come ène un busto d'omo a la centura.
Io non ho prova che chiarir vi possa,
Perché io non presi alora la misura;
Ma ben vi dico che de una percossa
Quella gran bestia cadde alla pianura:
Come il colpo avisò, gli venne fatto,
Ché ambe le zampe via tagliò ad un tratto.

37.   Come la fiera a terra fu caduta,
Tutta la gente se gli aduna intorno,
E ciascun de ferirla ben se aiuta:
Ma il re Agramante già suonava il corno,
Perché oramai la sera era venuta,
E ver la notte se ne andava il giorno.

34. — 1. ricordiamo che *Tranchera* è la spada già di Agricane ora in mano di Brandimarte.
36. — 7. Rugiero riuscì a colpire come intendeva (*avisò* = calcolò, divisò).

Or, come il re nel corno fu sentitu,
Ogniomo intese il gioco esser finito.

38.   Onde tornando tutte le brigate
Se radunarno ove il re se ritrova;
Tutti avean le sue lancie insanguinate,
Per dimostrar ciascun che fatto ha prova.
Le fiere occise non furno lasciate,
Benché a fatica ciascuna se mova;
Pur con ingegno e forza tutti quanti
Furno portati a' cacciatori avanti.

39.   Da poi de cani un numero infinito
Era menato in quella cacciasone:
Qual da tigre o pantere era ferito,
E quale era straziato da leone.
Come io vi dissi, il giorno era partito,
Che fo diletto di molte persone,
Però che ciascadun, come più brama,
Chi va con questa, e chi con quella dama.

40.   Qual de la caccia conta meraviglia,
E ciascadun fa la sua prova certa;
E qual de amor con le dame bisbiglia,
Narrando sua ragion bassa e coperta.
E così, caminando da sei miglia
Con gran diletto, gionsero a Biserta,
Ove parea che 'l celo ardesse a foco,
Tante lumiere e torze avea quel loco.

41.   E dentro entrarno a gran magnificenzia,
Quasi alla guisa de processïone;
Omini e donne a tal appariscenzia
Per la citade stavano al balcone.
Brandimarte al castel prese licenzia
Per ritornar di fora al paviglione,
E benché il re il volesse retenire,
Per compiacerlo al fine il lasciò gire;

38. — 7. *tutti quanti,* accordato con un sottinteso « animali ».
41. — I dettagli compiaciuti e preziosi di questa caccia con festa e
luminaria inducono a pensare alle esperienze personali del Poeta presso
la corte ferrarese, ove il gusto delle cacce era assai sviluppato.

42.   E dal nepote il fece accompagnare,
E da cinque altri. Lì con grande onore
La sera istessa il fece appresentare
De più vivande, ciascuna megliore;
E una sua veste gli fece arrecare,
Con pietre e perle di molto valore:
La veste è parte azurra e parte de oro,
Come il re porta, senza altro lavoro.

43.   Poi l'altro giorno, come è loro usanza,
Una gran festa se ebbe ad ordinare,
E venne Fiordelisa in quella danza,
Ché Brandimarte e lei fece invitare.
Tre son vestiti ad una somiglianza,
Ché tal divisa altrui non può portare;
Brandimarte, Agramante con Rugiero
D'azurro e d'or indosso hanno il quartiero.

44.   Standosi in festa ed ecco un tamburino
Vien giù del catafalco a gran stramaccio.
Per tutto traboccava quel meschino,
Ché ogni festuca gli donava impaccio,
O che la colpa fosse il troppo vino,
O che di sua natura fosse paccio;
Ma sopra al tribunal ove è Agramante,
Pur se conduce e a lui se pone avante.

45.   Il re credendo de esso aver diletto,
Lo recevette con faccia ridente;
Ma, come quello è gionto al suo cospetto,
Batte la mano e mostrase dolente,
E diceva: — Macon sia maledetto,
E la Fortuna trista e miscredente,
Qual non riguarda cui faccia segnore,
Ed obedir conviensi a chi è peggiore!

46.   Costui de Africa tutta è incoronato,
La terza parte del mondo possiede,
Ed ha cotanto popolo adunato

44. — 2. vien giù a precipizio da una tribuna.

Che spaventar la terra e il cel si crede.
Or ne lo odor de algalia e di moscato
Tra belle dame il delicato siede,
Né se cura de guerra, o de altro inciampo,
Pur che se dica che sua gente è in campo.

47.   Non si dièno le imprese avere a ciancia:
Seguir conviensi, o non le cominciare,
E fornir con la borsa e con la lancia,
Ma l'una e l'altra prima mesurare.
Così faccia Macon che il re de Francia
Te venga a ritrovar di qua dal mare,
Ché alor comprenderai poi se la guerra
Fia meglio in casa, o ver ne l'altrui terra. —

48.   Parlando il tamburin, fo presto preso
Da la guarda del re che intorno stava,
Né fu però battuto, né ripreso,
Perché ebriaco ogniomo il iudicava.
Ma il re Agramante che lo ha ben inteso,
Gli occhi dolenti alla terra bassava;
Mormorando tra sé movia la testa,
E poi crucioso uscì fuor de la festa.

49.   Onde la corte fo tutta turbata:
Langue ogni membro quando il capo dole;
La real sala in tutto è abandonata,
Né più se danza, come far se suole.
Il re la zambra avea dentro serrata:
Alcun compagno seco non vi vôle;
Pensando il grande oltraggio che gli è detto,
Se consumava de ira e de dispetto.

50.   Poi, come l'altro giorno fo apparito,
Fece il consiglio ed adunò suo stato,
Dicendo come ha fermo e stabilito
Di fornire il passaggio che è ordinato;

---

46. — 5. *algalia*, zibetto, brionia, vitalba. Berni: *or ne l'odor de l'ambra il dilicato | e de' profumi...* V. *Celestina*, a. 1, materia preparata segretamente dalla mezzana, detta simile all'*almizcle*; nel *Don Quijote*, P. I, Canto III, l'*hidalgo* afferma che *ambar y algalia mana del ojo* della donna amata.

E poi fa noto a tutti a qual partito
E da cui serà il regno governato,
Perché il vecchio Branzardo di Bugea
Vôl che a Biserta in suo loco si stea,

51.   A lui dicendo: — Attendi alla iustizia,
E ben ti guarda da procuratori
E iudici e notai, ché han gran tristizia
E pongono la gente in molti errori.
Stimato assai è quel che ha più malizia,
E gli avocati sono anco peggiori,
Ché voltano le legge a lor parere;
Da lor ti guarda, e farai tuo dovere.

52.   Il re di Fersa, Folvo, anche rimane,
E Bucifar, il re de la Algazera;
L'uno al diserto alle terre lontane,
E l'altro guarda verso la rivera.
Se forse qualche gente cristïane
Con caravella, o con fusta ligiera,
Over gli Aràbi te donino affanno,
Sia chi soccorra e chi proveda al danno. —

53.   Dapoi gli fece consegnar Dudone,
Che era condotto de Cristianitate,
Dicendo a lui che lo tenga pregione,
Sì che tornar non possa in sue contrate;
Ma poi nel resto il tratti da barone,
Né altro gli manchi che la libertate.
Da poscia a Folvo e a Bucifar comanda
Che a Branzardo obedisca in ogni banda.

54.   E perché ciò non sia tenuto vano,
Per la citate il fece publicare,
Ed a lui la bacchetta pose in mano,
La quale è d'oro, e suole esso portare.

50. — 7. *Bugea*, Bugia.
51. — L'attacco agli uomini di legge è in bocca ad Agramante, ma
in nome del Poeta. Molto spesso emergono dal testo le proteste del B.
contro la società contemporanea: il poema stesso è, per un aspetto, una
protesta idealistica sfogata nell'immaginazione.

Or se aduna lo esercito inumano:
Chi potrebbe il tumulto racontare
De la gente sì strana e sì diversa,
Che par che 'l celo e il mondo se sumersa?

55.   Quando sentirno il passaggio ordinare,
Chi ne ha diletto, e chi n'avea spavento.
La gran canaglia se adunava al mare,
Per aspettar sopra le nave il vento.
Chi vôle odir l'istoria seguitare,
Ne l'altro canto lo farò contento,
E se gran cose ho contato giamai,
Seguendo le dirò maggiore assai.

CANTO VENTESIMONONO

1. La più stupenda guerra e la maggiore
    Che racontasse mai prosa né verso,
    Vengo a contarvi, con tanto terrore
    Che quasi al cominciare io me son perso;
    Né sotto re, né sotto imperatore
    Fu mai raccolto esercito diverso,
    O nel moderno tempo, o ne lo antico,
    Che aguagliar si potesse a quel che io dico.

2. Né quando prima il barbaro Anniballe,
    Rotto avendo ad Ibero il gran diveto,
    Con tutta Spagna ed Africa alle spalle
    Spezzò col foco l'Alpe e con lo aceto;
    Né il gran re persïano in quella valle
    Ove Leonida fe' l'aspro decreto,
    Con le gente di Scizia e de Etïopia
    Ebbe de armati in campo maggior copia,

3. Come Agramante, che sua gente anombra
    Solo a la vista, senza ordine alcuno.
    De le sue velle è tanto spessa l'ombra,

CANTO XXIX. — Le schiere di Agramante s'imbarcano, tosto sbarcano in Spagna e giungono a Montealbano. I paladini lasciano i duelli per affrontare gli Africani.

2. — 2. il divieto era appunto di non oltrepassare l'Ebro, fiume di confine. — 4. *Spezzò col foco l'Alpe e con lo aceto*: questo particolare (ripetuto dal Berni) è reminiscenza classica: vedi T. Livio, XXI, c. 37: *ardentiaque saxa infuso aceto putrefaciunt*: con quell'artificio le truppe di Annibale si sarebbero aperta la strada fra le montagne. — 5-6. Serse alla strettoia delle Termopili, ove lo Spartano fece l'*aspro decreto*, cioè decise di resistere fino all'ultimo uomo dei 1400 che aveva trattenuto con sé.

Che il mar di sotto a loro è scuro e bruno;
E sì l'un l'altro il gran naviglio ingombra,
Che fu mestier partirse ad uno ad uno,
Avendo il vento in poppa alla seconda.
Avanti a gli altri è Argosto di Marmonda:

4.   Ne la sua nave è la real bandiera,
Che tutta è verde e dentro ha una Sirena.
Il re Gualciotto apresso di questo era,
Quale era ardito, e bella gente mena,
Ed era la sua insegna tutta nera,
Di bianche columbine al campo piena;
E Mirabaldo viene apresso a loro,
Che porta il monton nero a corne d'oro:

5.   Il campo ove è il montone, è tutto bianco.
E da questi altri venìa longi un poco
Sobrin, che è re di Garbo, il vecchio franco,
Il qual portava in campo bruno il foco;
E dietro mezo miglio, o poco manco,
Il re de Arzila seguitava il gioco:
Il nome de costui fu Brandirago,
Che avea nel campo rosso un verde drago.

6.   Dapoi Brunello, il re de Tingitana,
Avea la insegna di novo ritratta,
Più vaga assai de l'altre e più soprana,
Perché lui stesso a suo modo l'ha fatta;
Come oggi al mondo fa la gente vana,
Stimando generosa far sua schiatta
E le casate sue nobile e degne
Con far de zigli e de leoni insegne.

7.   Così Brunel, la cui fama era poca,
Come intendesti, ché era re di novo,
Nel campo rosso avea depinta una oca,
Che avea la coda e l'ale sopra a l'ovo.
De ciò parlando lui con gli altri, gioca
— Ben — dicendo — fo antico, e ciò ti provo:

6. — 2. aveva instaurato una novella insegna per il regno di Tingitana.
7. — 6. *fo antico*: quel blasone, – quindi la sua famiglia. F.: *Ben son,*

Ché lo evangelio, che è dritto iudicio,
Afferma che la oca era nel principio. —

8.   Il re Grifaldo apresso a lui ne viene,
Che porta una donzella scapigliata,
E quella un drago per l'orecchie tiene:
Cotal divisa avea tutta la armata,
Benché sua insegna a questa non conviene,
Ché solo è nera e di bianco fasciata.
Il re di Garamanta era vicino,
Giovane ardito, e nome ha Martasino.

9.   Costui portava nel campo vermiglio
Le branche e il collo e il capo de un griffone;
E dietro alla sua nave forse un miglio
Veniva il re di Septa, Dorilone,
Qual porta al campo azurro un bianco ziglio;
Poi Soridano, che porta il leone.
Il leon bianco in campo verde avia:
Costui ch'io dico, è re de la Esperia.

10.   El re di Constantina, Pinadoro,
Venne, che al rosso la acquila portava,
Ch'è gialla, con due teste, in quel lavoro;
E poco apresso Alzirdo il seguitava,
Che ha la rosa vermiglia in campo d'oro;
E Pulïano alla bandiera blava
Segnata avea de argento una corona;
Franco è costui, che è re de Nasamona.

11.   Né 'l re de la Amonìa ponto vi manca,
Benché sua gente è tutta pedochiosa,
Dico Arigalte da la insegna bianca,
Né dentro vi ha dipenta alcuna cosa.
Poi Manilardo, che porta la branca
Qual tutta è d'oro a l'arma sanguinosa:

---

dicendo, antico. — 8. Nel *Vangelo* di Giovanni è scritto: « *Hoc* (da cui Brunello fa *Oca*) *erat in principio* ».
10. — 6. *blava*, azzurra. Vedi I, II, 37, 2. — 8. *Nasamona*: i *Nasamoni* di *re Pulïano* erano una tribù abitante fra Cirene e Bengasi, che predava le navi naufragate nelle Sirti.

La branca di cui parlo, è di leone.
La armata apresso vien di Prusïone.

12.   De la Norizia è re quel Manilardo,
Questo altro de Alvarachie, ch'io vi conto.
Saper volete qual sia più gagliardo?
Né l'un né l'altro, a dirvelo ad un ponto.
Re di Canara, il qual venne ben tardo,
Ma pure apresso di questi altri è gionto,
Portava, se Turpin me dice il vero,
Nel campo verde un corvo tutto nero.

13.   Era costui nomato Bardarico,
Che in occidente ha sua terra lontana.
Poi venne Balifronte, il vecchio antico,
E Dudrinasso, il re de Libicana;
Fo re di Mulga quel vecchio ch'io dico,
E porta in campo azurro una fontana;
E Dudrinasso alla bandiera e al scudo
Porta nel rosso un fanciulletto nudo.

14.   E Dardinello, il giovanetto franco,
Ha le sue nave a queste altre congionte.
Il quartiero ha costui vermiglio e bianco,
Come suolea portare il padre Almonte;
E pur cotale insegna, più né manco,
Portava indosso ancora Orlando il conte.
Ma ad un di lor portarla costò cara;
Questo garzone è re de la Zumara.

15.   Presso vi viene il forte Cardorano,
Il re di Cosca; e porta per insegna
Un drago verde, il quale ha il capo umano.
Da poi Tardoco, che in Alzerbe regna,
E seco Marbalusto, il re de Orano;
Quello avia al scudo una serpe malegna,
Che intorno avolto ha il busto tutto quanto,
Per non odire il verso de lo incanto.

14. — 1. *franco*, ardito, schietto: ma trattasi dei soliti epiteti vaghi.
— 7. L'Ariosto si incaricherà di portar a compimento questa funesta profezia del B. (*Fur.*, XVIII, 149-152: l'uccisore è Rinaldo, che lo affronta dicendo: *vengo a te per provar... | come ben guardi il quartier rosso e bianco*).

16.   E Marbalusto un capo de regina
Portava, intorno a quello una ghirlanda.
Poi Farurante, che è re di Maurina,
Che al scudo verde ha una vermiglia banda.
Alzirdo ha la sua armata a lui vicina
(In campo azurro avea d'oro una gianda);
E de Almasilla il re Tanfirïone,
Qual porta in bianco un capo di leone.

17.   Or già vien de la corte il concistoro,
Che a quella impresa è tutta gente eletta;
Mordante avea il governo di costoro.
La prima armata vien di Tolometta,
Con due lune vermiglie in campo d'oro,
Che portava Mordante e la sua setta;
Costui fo grande e di persona fiero,
Filiol bastardo fo di Carogiero.

18.   Da Tripoli seguia la gente franca:
Non fo di questa la più bella armata,
Né più fiorita; e, se nulla vi manca,
Da Rugier paladino era guidata.
Lui ne lo azurro avea l'acquila bianca,
Qual sempre da' suoi antiqui fu portata.
Da poi venìa la armata de Biserta,
Ove Agramante ha la sua insegna aperta.

19.   Di Tunici ivi apresso era il naviglio,
E quel governa il vecchio Daniforte,
Omo saputo e di molto consiglio,
Gran siniscalco de la real corte.
Portava in campo verde un rosso ziglio
Costui, che viene in Franza a tuor la morte;
E poscia da Bernica e da la Rassa
L'una armata con l'altra insieme passa.

20.   Di queste avea il governo Barigano,
Quale ha nutrito il re da piccolino,
E porta per insegna quel pagano

17. — 8. *Carogiero*; vedi II, I, 42, 3 (*Caroggieri*).
19. — 7. *Bernica*, Bengasi. — *la Rassa* (?)

In campo rosso un candido mastino.
Dietro da tutti il gran re di Fizano,
Mulabuferso, ha preso il suo camino;
Lui porta divisato nel stendardo,
Come nel scudo, in campo azurro un pardo.

21.   In cotal modo, come io vi discerno,
La grande armata in Spagna se disserra;
Il re Agramante ha de tutti il governo:
Non fu tal furia mai sopra la terra.
Come se aprisse il colmo de lo inferno,
Se far volesse al paradiso guerra,
E la sua gente uscisse tutta integra,
Qual con pallida faccia e qual con negra:

22.   Morti e demonii, dico, tutti quanti,
Del fuoco uscendo e d'ogni sepultura,
Sarebbono a questi altri simiglianti,
Per contrafatte membra e faccia oscura.
Il stil diverso e i navigli son tanti,
Che cento miglia e più la folta dura,
Qual nel litto di Spagna se abandona,
E da Maliga tiene a Taracona.

23.   Il re Agramante lui sotto Tortosa
Discese, ove il fiume Ebro ha foce in mare;
Là se adunò la gente copïosa,
E verso Franza prese a caminare
A gran giornate, senza alcuna posa.
Già la Guascogna sotto a loro appare,
Callando l'Alpe, e giù scendono al piano,
Sin che fôr gionti sopra a Montealbano.

24.   Di sotto a quel castello, alla campagna,
Era battaglia più cruda che mai,
Però che il re di Franza e il re di Spagna,
Come di sopra già vi racontai,
Con lor persone e con sua corte magna,
E gente de' suoi regni pure assai,
Sono azuffati, e sopra di quel dosso
Corre per tutto il sangue un palmo grosso.

25.   Là se vedea Ranaldo e Feraguto,
L'un più che l'altro alla battaglia fiero;
E il re Grandonio orribile e membruto
Avea afrontato il marchese Oliviero;
Ad alcun de essi non bisogna aiuto.
E Serpentino e il bon danese Ogiero
Se facean guerra sopra di quel piano;
E il re Marsilio contra a Carlo Mano.

26.   Ma Rodamonte il crudo e Bradamante
Avean tra lor la zuffa più diversa;
Ché, come io dissi, il bon conte de Anglante
Avea de un colpo la memoria persa,
Quando il percosse il perfido africante,
Che tramortito a dietro lo riversa.
Tutta la cosa vi narrai a ponto,
Però trapasso e più non la riconto.

27.   Se non che, essendo quella dama altiera
Ora affrontata al saracino ardito,
E durando la zuffa orrenda e fiera,
Il conte Orlando se fu risentito;
E ben serìa tornato volentiera
A vendicarse, come aveti odito:
Essendo dal pagan sì forte offeso,
Gli avria pan cotto per tal pasto reso.

28.   Ma pur, temendo a farli villania,
Poi che era de altra mischia intravagliato,
Sua Durindana al fodro rimettia,
E, lor mirando, stavasi da lato.
Quel loco ove era la battaglia ria,
Posto è tra duo colletti in un bel prato,
Lontano a l'altra gente per bon spaccio,
Sì che persona non gli dava impaccio.

29.   Tre ore, o poco più, stettero a fronte
La dama ardita e quel forte pagano;
E stando quivi a rimirare il conte,
Alciando gli occhi vidde di lontano
Quella gran gente che callava il monte,
E le bandiere poi di mano in mano,

Con tal romor che par che 'l cel ruine,
Tanta è la folta; e non se vede il fine.

30.　　　Diceva Orlando: — O re del celo eterno,
Dove è questo mal tempo ora nasciuto?
Ché il re Marsilio e tutto suo governo
Di tanta gente non avrebbe aiuto.
Credo io che sono usciti dello inferno,
Benché serà ciascuno il mal venuto
E il mal trovato, sia chi esser si vôle,
Se Durindana taglia come suole. —

31.　　　Così parlava con molta arroganza;
Verso quel monte ratto se distende.
Sopra del prato integra era una lanza:
Chinosse il conte e quella in terra prende,
Ché cotal cosa avea spesso in usanza.
Non so se lo atto a ponto ben s'intende;
Dico, stando in arcione, essendo armato,
Quella grossa asta su tolse del prato.

32.　　　Con essa in su la coscia passa avante
Sopra de Brigliador, che sembra occello.
Ma ritornamo a dir del re Agramante,
Che, veggendo nel piano il gran zambello,
Forte allegrosse di cotal sembiante,
E fie' chiamarsi avante un damigello,
Qual fu di Constantina incoronato,
E Pinadoro il re fu nominato.

33.　　　A lui comanda che vada soletto
Tra quelle gente e, senza altra paura,
Là dove il grande assalto era più stretto
E la battaglia più crudiele e dura,
Piglia qualche barone al suo dispetto,
Vivo lo porti a lui con bona cura;
O quattro o sei ne prenda ad un sol tratto,
Acciochè meglio intenda tutto il fatto.

---

30. — 3-4. Per se stesso, dal suo regno tutto quanto Marsilio non
potrebbe trarre in aiuto tanta gente.

34.   Re Pinadoro parte cavalcando,
E prestamente scese la gran costa;
Da poi, per la campagna caminando,
Non pone a speronare alcuna sosta,
Ma poco cavalcò che trovò Orlando,
Come venisse per scontrarlo a posta,
E disfidandol con molta tempesta
Se urtarno adosso con le lancie a resta.

35.   Quivi de intorno non era persona,
Benché fosse la zuffa assai vicina;
L'un verso l'altro a più poter sperona
A tutta briglia, con molta ruina.
Ciascadun scudo al gran colpo risuona,
Ma cade a terra il re di Constantina;
Sua lancia andò volando in più tronconi,
E lui di netto uscì fuor de l'arcioni.

36.   Orlando lo pigliò senza contese,
Poi che caduto fu de lo afferante,
Però che lui non fece altre diffese,
Né puote farle contra al sir de Anglante;
E seco ragionando il conte intese
Come quel ch'è nel monte è il re Agramante,
Che per re Carlo e Francia disertare
Con tanta gente avia passato 'l mare.

37.   De ciò fu lieto il franco cavalliero:
Guardando verso il cel col viso baldo
Diceva: « O summo Dio, dove è mestiero,
Pur mandi aiuto e soccorso di saldo!
Ché, se non vien fallito il mio pensiero,
Serà sconfitto Carlo con Ranaldo,
Ed ogni paladin serà abattuto,
Onde io serò richiesto a darli aiuto.

38.   Così lo amor di quella che amo tanto
Serà per mia prodezza racquistato,

---

37. — 3-8. Qui si può dire veramente che l'amore tenga un bel posto nei personalissimi calcoli del nostro paladino! Il colmo – un colmo inaudito – lo raggiungerà al XXX, 61, quando pregherà *Iddio devotamente* | *che le sante bandiere...* | *siano abattute e Carlo e la sua gente*!

E per la sua beltate oggi mi vanto
Che, se de incontro a me fosse adunato
Con l'arme indosso il mondo tutto quanto,
In questo giorno averòl disertato. »
Ciò ragionava il conte in la sua mente,
E Pinadoro odìa de ciò nïente.

39.   Ma il conte, vòlto a lui, disse: — Barone,
Ritorna prestamente al tuo segnore,
Se ti ha mandato per questa cagione
Che tu rapporti a lui tutto il tenore.
Dirai che il re Marsilio e il re Carlone
Fan per battaglia insieme quel furore,
E s'egli ha core ed animo reale,
Venga alla zuffa e mostri ciò che vale. —

40.   Re Pinador lo ringraziava assai,
Come colui che molto fo cortese;
E torna adietro e non se arresta mai,
Sin che il destriero avanti il re discese,
Dicendo: — Alto segnore, io me ne andai
Ove volesti, e dicoti palese
Che la battaglia ch'è sopra a quel piano,
È tra Marsilio e il franco Carlo Mano.

41.   Né so circa a tal fatto il tuo pensiero,
Ma giù non callerai per mio consiglio,
Perché io trovai nel piano un cavalliero
De la cui forza ancor mi meraviglio,
Che il scudo e sopraveste de quartiero
Ha divisato bianco e di vermiglio;
E se ciascun de gli altri serà tale,
Il fatto nostro andrà peggio che male. —

42.   E disse sorridendo il re Sobrino,
Che a questo ragionare era presente:

38. — 6. *averòl*: Z. *averlo*, sintatticamente incompatibile col *che* precedente.
41. — 5-6. la successione logica dei termini di questo costrutto dovrebbe essere: *che ha le armi divisate di quartiero bianco e di vermiglio*, spostati per ragioni di verso in modo alquanto duro. *Divisato* si riferisce alle insegne suddivise a più colori.

— Quel dal quartiero è Orlando paladino:
Or scemarà il superchio a nostra gente;
Ben lo cognosco insin da piccolino.
Così Macon lo faccia ricredente,
Come di spada e lancia ad ogni prova
Il più fiero omo al mondo non se trova.

43.   Or saperà se io ragionava invano
Dentro a Biserta, allor che io fui schernito,
Perché io lodai da possa Carlo Mano
E lo esercito suo tanto fiorito.
Traggasi avanti Alzirdo e Pulïano
E Martasino, il quale è tanto ardito,
Ché Rodamonte, alor cotanto acceso,
Per la mia stima adesso è morto o preso.

44.   Tragansi avanti questi giovanetti,
Che mostravano aver tanta baldanza,
E sono usati a giostra, per diletti,
Andar forbiti e ben portar sua lanza.
Ed acciò che altri forse non suspetti
Ch'io dica tal parole per temanza,
Gir vo' con essi, e l'anima vi lasso,
Se alcun di lor mi varca avanti un passo. —

45.   Re Martasino a questo ragionare
De ira e de orgoglio tutto se commosse,
E disse: — Certamente io vo' provare,
Se questo Orlando è un om di carne e de osse.
Poi che Sobrin non lo osa ad affrontare,
Che sin da piccoletto lo cognosse.
Chi vôl callar, se calla alla pianura:
Nel monte aresti chi de onor non cura. —

46.   Così parlava il franco Martasino:
Non avea il mondo un altro più orgoglioso.
Grossetto fu costui, ma piccolino
De la persona, e destro e ponderoso,

43. — 1. *saperà,* si saprà (solita forma assoluta per la riflessiva o impersonale passiva). — 3. *da possa,* di possa, per la sua potenza.
45. — 7. *se calla,* si cali.

Rosso de faccia e di naso acquilino,
Oltra a misura altiero e furïoso;
Onde, cridando e crollando la testa,
Giù de la costa sprona a gran tempesta.

47.   Re Marbalusto il segue e Farurante;
Alzirdo e Mirabaldo viene apresso,
E Bambirago e il re Grifaldo avante.
Né il re Sobrin, de cui parlava adesso,
Mostra aver tema del segnor de Anglante,
Ma più de gli altri tocca il destrier spesso,
E con tanto furore andar se lassa,
Che a Martasino avanti e a gli altri passa.

48.   Né valse de Agramante il richiamare,
Ché ciascaduno a più furia ne viene;
Di esser là giù mille anni a tutti pare,
Come livreri usciti di catene.
Quando Agramante vede ogniomo andare,
Movese anch'esso, e già non se ritiene,
Né pone ordine alcuno alla battaglia,
Ma fa seguire in frotta la canaglia.

49.   Lui più de gli altri furïoso e fiero,
Sopra de Sisifalto avanti passa,
E seco a lato a lato il bon Rugiero,
Ed Atalante, che giamai non lassa.
Contar l'alto romor non fa mestieri;
Ciascun direbbe: " Il mondo se fraccassa."
Trema la terra e il cel tutto risuona,
Cotanta gente al crido se abandona.

50.   Suonando trombe e gran tamburi e corni
La diversa canaglia scende al piano.
Pochi di lor ne avea di ferro adorni,

49. — 6-8. Questo tratto, come soprattutto quelli dei vv. 1-6 della stanza seguente, sono ormai la ripetizione di noti particolari ambientali, quasi *leitmotive* che accompagnano una a una le circostanze analoghe. Quando vanno all'attacco, il frastuono sembra far cadere il mondo, gli uomini di Agramante sono canaglia, nudi senz'armi – ma di numero sterminato... Questo sistema di ripetizioni e parallelismi era una peculiarità di indole latina-medievale assai usata nelle leggende caroline.

Chi porta mazze e chi bastoni in mano.
Non se numerariano in cento giorni,
Sì sterminatamente se ne vano.
Ma tutti eran di lor con l'arme indosso
Avanti van correndo a più non posso.

51. In questo tempo il re Marsilïone
Gionto era quasi al ponto di morire,
Né più se sosteniva ne lo arcione,
Ma già da banda se lasciava gire,
Però che adosso ha il franco re Carlone,
Che ad ambe man non resta di ferire,
E, come io dico, lo travaglia forte,
Che quasi l'ha condutto in su la morte.

52. Ma, alciando gli occhi, vidde il re Agramante,
Qual giù callando al piano era vicino,
Con tante insegne e con bandiere avante,
Che empìano intorno per ogni confino.
Quando vidde callar gente cotante,
Fasse la croce il figlio di Pepino;
Per meraviglia è quasi sbigotito,
Veggendo il gran trapel di novo uscito.

53. Il re Marsilio abandonò di saldo,
Per porre altrove l'ordine ed aiuto.
Poco lontano ad esso era Ranaldo,
Che male avea condotto Feraguto.
Benché ancor fosse alla battaglia caldo,
Il brando pur di man gli era caduto;
Or con la mazza ben gran colpi mena,
Ma de la morte se diffende appena.

54. Ranaldo l'avria morto in veritate,
Come io vi dico, e sempre il soperchiava,
Perché poco estimava sue mazzate,
E de Fusberta a lui spesso toccava.
Tra le percosse orrende e sterminate

---

50. — 7. per accordare con il v. 3., secondo lo Z. quel *tutti* vale grammaticalmente *tutti coloro che.* Il F. propone: *ma quei ch'eran.*

Odì re Carlo, che a voce chiamava:
Sì forte lo chiamò lo imperatore,
Che pur intese intra tanto romore.

55.   — Figlio, — cridava il re — figlio mio caro,
Oggi d'esser gagliardo ce bisogna;
Se tosto non se prende un bon riparo,
Noi siam condotti alla ultima vergogna.
Se mai fu giorno doloroso e amaro
Per Montealbano e per tutta Guascogna,
Se la Cristianità debbe perire,
Oggi è quel giorno, o mai non de' venire. —

56.   A questo crido de lo imperatore
Il franco fio de Amon fu rivoltato,
A benché combattesse a gran furore
Con Feraguto, come io vi ho contato,
Il qual de la battaglia avia il peggiore;
E poco gli giovava esser fatato:
Tanto l'avea Ranaldo urtato e pisto,
Che un sì malconzo più non fu mai visto.

57.   E sì fu per affanno indebilito,
Ed avea l'armi sì fiaccate intorno,
Che intrare a nova zuffa non fu ardito,
Ma prese posa insino a l'altro giorno.
Ranaldo al campo lo lasciò stordito,
Tornando a Carlo, il cavalliero adorno,
Che ordinava le schiere a fronte a fronte
Verso Agramante, che discende il monte.

58.   De le schiere ordinate la primiera
Dette il re Carlo a lui, come fu gionto,
Dicendo: — Va via ratto alla costiera,
Ove e nemici giù callano a ponto.
Fa che seco te azuffi a ogni maniera
Nel piè del monte, sì come io ti conto;
Apizza la battaglia al stretto loco,
Ove è quel re che ha in campo nero il foco.

55. — 8. altra lez.: *quel giorno: omai...*: che vorrebbe dire « non ha più
da venire, perché è già questo ».

59.   Ora certanamente me divino
Che il re Agramante avrà passato il mare,
Ché quel da tale insegna è re Sobrino:
Ben lo cognosco e so ciò che può fare.
Di certo egli è gagliardo saracino.
Or via, filiolo, e non te indugïare! —
Poi la seconda schiera Carlo dona
Al duca de Arli e al duca di Baiona.

60.   Entrambi son del sangue di Mongrana:
Sigieri il primo, e l'altro ha nome Uberto.
Poscia il re Otone e sua gente soprana
L'altra schiera ebbe sopra al campo aperto.
La quarta, ch'era a questa prossimana,
Governa il re di Frisa, Daniberto;
La quinta poi il re Carlo arriccomanda
A Manibruno, il quale era de Irlanda.

61.   El re di Scozia giù mena la sesta;
La settima governa Carlo Mano.
Or se incomincia il crido e la tempesta.
Gionto alla zuffa è il sir de Montealbano,
Sopra Baiardo, con la lancia a resta:
Tristo qualunche iscontra sopra il piano!
Qual mezo morto de lo arcion trabocca,
Qual come rana per le spalle insprocca.

62.   Rotta la lancia, fuor trasse Fusberta:
Ben vi so dir che spaccia quel cammino.
— Or chi è costui che mia gente diserta, —
Diceva, a lui guardando, il re Sobrino
— Ed ha il leon sbarato alla coperta?
Io non cognosco questo paladino.
Nel gran paese dove Carlo regna,
Mai non viddi colui, né questa insegna.

63.   Ma debbe esser Ranaldo veramente,
Di cui nel mondo se ragiona tanto.
Or provarò se egli è così valente,
Come de lui se dice in ogni canto. —
Nel dir sperona il suo destrier corrente

61. — 8. *insprocca*, imbrocca, infilza.

Quel re che di prodezza ha sì gran vanto;
La lancia rotta avia prima nel piano,
Ma ver Ranaldo vien col brando in mano.

64.   Ranaldo il vidde e, stimandol assai
Per le belle arme e per la appariscenza,
Fra sé diceva: « Odito ho sempre mai
Che il bon vantaggio è di quel che incomenza;
Al mio poter tu non cominciarai,
Ché chi coglie de prima, non va senza. »
Così dicendo sopra de la testa
Ad ambe man lo tocca a gran tempesta.

65.   Ma l'elmo che avea in capo era sì fino
Che ponto non fu rotto né diviso,
E nïente se mosse il re Sobrino,
Benché non parve a lui colpo da riso.
Ma già son gionto a i'ultimo confino
Del canto consueto; onde io me aviso
Che alquanto riposar vi fia diletto:
Poi serà il fatto a l'altro canto detto.

---

64. — 6. chi prende per primo è sicuro di non andarsene a mani vuote.

CANTO TRENTESIMO

1.　Baroni e dame, che ascoltati intorno
Quella prodezza tanto nominata,
Che fa de fama il cavallier adorno
Alla presente etade e alla passata,
Io vengo a ricontarvi in questo giorno
La più fiera battaglia e sterminata,
E la più orrenda e più pericolosa
Che racontasse mai verso né prosa.

2.　Se vi amentati bene, aveti odito
Ove sia questa guerra e tra qual gente,
E come il re Sobrin fosse ferito
Dal pro' Ranaldo in su l'elmo lucente;
Ma tanto era feroce il vecchio ardito,
Che mostrava di ciò curar nïente;
E vòlto contra il sir de Montealbano
Sopra la fronte il colse ad ambe mano.

3.　Ranaldo a lui rispose con ruina,
E tra lor duo se cominciò gran zuffa;
Ma l'una schiera e l'altra se avicina,
E tutti se meschiarno alla baruffa.
Benché sia più la gente saracina,
Ciascun cristian dua tanta ne ribuffa:

CANTO XXX. — La strage reciproca procede con alterne vicende. Ranaldo fa prodezze prodigandosi contro i migliori. Oliviero e il Danese rientrano col grosso. Feraguto si ritira per rimettersi dai colpi di Ranaldo e trova in un boschetto Orlando che aspetta il suo momento.

3. — 6. *dua tanta*, due volte tanta, il doppio.

Grande è il romor, orribile e feroce
Di trombe, di tamburi e de alte voce.

4.   Di qua di là le lancie e le bandiere
L'una ver l'altra a furia se ne vano,
E quando insieme se incontrâr le schiere
Testa per testa a mezo di quel piano,
Mal va per quei che sono alle frontiere,
Perché alcun scontro non ariva in vano;
Qual con la lancia usbergo e scudo passa,
Qual col destriero a terra se fraccassa.

5.   E tuttavia Ranaldo e il re Sobrino
L'un sopra a l'altro gran colpi rimena,
Benché ha disavantaggio il saracino,
E dalla morte se diffende apena.
Ecco gionto alla zuffa Martasino,
Quello orgoglioso che ha cotanta lena;
E Bambirago è seco, e Farurante,
E Marbalusto, il quale era gigante.

6.   Alzirdo e il re Grifaldo viene apresso,
Argosto di Marmonda e Pulïano;
Tardoco e Mirabaldo era con esso,
Barolango, Arugalte e Cardorano,
Gualciotto, che ogni male avria commesso,
E Dudrinasso, il perfido pagano.
De quindeci ch'io conto, vi prometto,
Stasera non andrà ben cinque a letto.

7.   Se non vien men Fusberta e Durindana,
Non vi andranno, se non vi son portati,
Ma restaranno in su la terra piana,
Morti e destrutti e per pezzi tagliati.
Ora torniamo alla gente africana
E a questi re, che al campo sono entrati
Con tal romore e crido sì diverso,
Che par che il celo e il mondo sia sumerso.

4. — 5. *alle frontiere,* nelle prime file.

8. La prima schiera, qual menò Ranaldo,
Che avea settanta miglia di Guasconi,
Fu consumata da costor di saldo,
E cavallier sconfitti con pedoni.
Così come le mosche al tempo caldo,
O ne l'antiqua quercia e formigoni,
Tal era a remirar quella canaglia
Senza numero alcuno alla battaglia.

9. Ma de quei re ciascun somiglia un drago
Adosso a' nostri; ogniom taglia e percote,
E sopra a tutti Martasino è vago
De abatter gente e far le selle vote;
E così Marbalusto e Bambirago
Al campo di costui seguon le note,
E gli altri tutti ancor senza pietate
Pongono i nostri al taglio de le spate.

10. Il crido è grande, i pianti e la ruina
Di nostra gente morta con fraccasso,
Crescendo ognior la folta saracina,
Che giù del monte vien correndo al basso.
Re Farurante mai non se raffina;
Grifaldo, Alzirdo, Argosto e Dudrinasso,
Tardoco, Bardarico e Pulïano
Senza rispetto tagliano a due mano.

11. Ranaldo, combattendo tutta fiata
Contra a Sobrino, il quale avea il peggiore,
Veduta ebbe sua gente sbaratata,
Onde ne prese gran disdegno al core,
E lascia la battaglia cominciata,
Battendo e denti de ira e de furore.
Stati per Dio, segnori, attenti un poco,
Ché or da dovere si comincia il gioco.

12. Battendo e denti se ne va Ranaldo,
Gli omini e l'arme taglia d'ogni banda;
Ove è il zambello più fervente e caldo
Urta Baiardo e a Dio si racomanda.
Il primo che trovò fu Mirabaldo,

In duo cavezzi fuor d'arcione il manda;
Tanto fu il colpo grande oltra misura,
Che per traverso il fesse alla centura.

13.   Questo veggendo Argosto di Marmonda
Divenne in faccia freddo come un gelo,
Mirando quel per forza sì profonda
Tagliar quest'altri come fosse un pelo.
Ranaldo ce gli mena alla seconda,
Facendo squarzi andare insino al celo;
Cimieri e sopraveste e gran pennoni
Volan per l'aria a guisa de falconi.

14.   Di teste fesse e di busti tagliati,
Di gambe e braccie è la terra coperta,
E' Saracini in rotta rivoltati
Fuggendo e ansando con la bocca aperta;
Né puon cridar, tanto erano affrezzati.
Sempre Ranaldo tocca di Fusberta,
Facendo di costor pezzi da cane:
Tristo colui che là oltra rimane!

15.   Sì come Argosto, che in dietro rimase,
E Ranaldo il ferì con gran possanza,
E sino in su l'arcione il partì quase:
Tre dita non se tenìa della panza.
E quelle genti perfide e malvase
Chi getta l'arco e chi getta la lanza,
E chi lascia la tarca e chi il bastone,
Tutti fuggendo a gran confusïone.

16.   Combatte in altra parte Martasino,
Che ha per cimiero un capo de grifone,
E sotto a quello uno elmo tanto fino,
Che non teme di brando offensïone.
Costui, veggendo per quel gran polvino
Sua gente persa e la destruzïone
Che fa tra loro il sir di Montealbano,
Là s'abandona con la spada in mano.

---

14. — 5. *affrezzati*, colpiti con frecce.

17.   Gionse a Ranaldo dal sinistro lato
E ne l'elmo il ferì de un manriverso;
Quasi stordito lo mandò nel prato,
Tanto fu il colpo orribile e diverso.
Tardoco ancor di novo era arivato,
E Bardarico gionse di traverso
Con Marbalusto, che è sì grande e grosso;
Ciascun tocca Ranaldo a più non posso.

18.   Lui da cotanti se diffende apena,
Sì spesso del colpire è la tempesta;
Ciascun de questi quattro è di gran lena,
Né l'un per l'altro di ferir se arresta.
Ranaldo irato a Bardarico mena,
E colse de Fusberta ne la testa,
E fesse l'elmo e la barbuta e 'l scudo:
A mezo il petto andò quel colpo crudo.

19.   Ma lui gionse ne l'elmo Marbalusto,
Il qual portava in mano un gran bastone,
Che avea ferrato tutto intorno il fusto;
Lui gionse ne la testa il fio de Amone.
Cotanta forza ha quel pagan robusto,
Che quasi lo gettò fuor de lo arcione;
Già tutto da quel canto era piegato,
Ma Tardoco il ferì da l'altro lato.

20.   Tardoco, il re de Alzerbe, il tiene in sella,
Ferendo, come io dico, a l'altro canto,
E Martasino adosso gli martella,
Ed il cimier gli ruppe tutto quanto.
E mentre che Ranaldo stava in quella,
Il popol de' Pagan, che era cotanto,
Da Grifaldo guidato e Dudrinasso,
Di novo i nostri posero in fraccasso.

21.   Tanta la gente sopra a' nostri abonda,
Che non vi val diffesa a ogni maniera,

20. — 8. soggetto di *posero* è il *popol de' Pagan.*

A benché alcun però non se nasconda.
Ma tutta consumata è quella schiera,
Onde al soccorso mosse la seconda,
Che alle baruffe entrò ben volentiera;
Né soi megliori aveva il re de Francia
Di questi dui, de ardire e di possancia:

22.   Del duca d'Arli, dico, il bon Sigieri,
E 'l bono Uberto, duca di Baiona,
Usi in battaglia e franchi cavallieri;
E l'uno e l'altro avea forte persona.
Via se ne vanno al par de bon guerrieri,
De arme e de cridi il cel tutto risuona.
E par che 'l mondo seco se comova;
Or la battaglia al campo se rinova.

23.   Uberto se incontrò col re Grifaldo,
Sigiero e Dudrinasso l'africante;
Uscîr d'arcione e duo pagan di saldo,
Voltando verso il celo ambe le piante.
Vicino a questo loco era Ranaldo,
Qual combattendo, come io dissi avante,
Con quei pagan, condutto era a mal porto,
Benché de' quattro Bardarico ha morto.

24.   Pur sempre il re Tardoco e Martasino
E quel gigante il quale è re de Orano
Toccano adosso al nostro paladino,
L'un col bastone e' duo col brando in mano.
Ora Sigieri, essendo là vicino,
Presto cognobbe il sir de Montealbano,
E là per dargli aiuto se abandona:
A tutta briglia il suo destrier sperona.

25.   E mena al re Tardoco in prima gionta,
E tra lor duo se cominciò la danza,
Con gran percosse di taglio e di ponta.
Ma pur Sigieri il saracino avanza,
Come Turpino al libro ce raconta;
Al fin gli messe il brando per la panza,
E le rene forò sotto al gallone,
Via più de un palmo passò ancor l'arcione.

26.   Né avendo ancora il brando rïavuto,
Ché forte ne l'arcione era inclinato,
Per voler dare al re Tardoco aiuto
Aponto Martasino era voltato;
Ma, poi che il vidde a quel caso venuto,
Che il freno aveva e il brando abandonato,
Sopra a Sigieri un colpo orrendo lassa,
E la barbuta e l'elmo gli fraccassa.

27.   Tanta possanza avea quel maledetto,
Che per la fronte gli partì la faccia,
E 'l collo aperse e giù divise il petto,
Ché non vi valse usbergo né coraccia.
Or bene ebbe Ranaldo un gran dispetto,
E con Fusberta adosso a lui se caccia:
Dico Ranaldo adosso a Martasino
Lascia un gran colpo in su l'elmo acciarino.

28.   Forte era l'elmo, come aveti odito,
E per quel colpo ponto non se mosse,
Ma rimase il pagano imbalordito,
Ché la barbuta al mento se percosse,
E stette un quarto de ora a quel partito,
Che non sapeva in qual mondo se fosse;
E, mentre che in tal caso fa dimora,
Re Marbalusto col baston lavora.

29.   Ad ambe mano alzò la grossa maccia,
E sopra al fio de Amon con furia calla;
Ranaldo a lui rimena, non minaccia,
Con sua Fusberta che giamai non falla.
Meza la barba gli tolse di faccia,
Ché la masella pose in su la spalla,
Né elmo o barbuta lo diffese ponto,
Ché 'l viso gli tagliò, come io vi conto.

30.   Smarito di quel colpo il saracino
Subitamente se pose a fuggire,
E ritrovò nel campo il re Sobrino,
Qual, veggendo costui in tal martìre,

---

26. — 7. *lassa*: come s'è visto finora, *lassare* e *lasciare* sono usati dal
B. nel senso del fr. *lâcher*, che ha la stessa etimologia di *laisser* (lat.
laxare, come it. (*ri*) *lassare* e *lasciare*), ma uso diverso. Vedi 27-8, *lascia
un gran colpo*.

— Ove è, — cridava — dove è Martasino,
E Bardarico, che ebbe tanto ardire?
Ov'è Tardoco, il giovane mal scorto?
So che Ranaldo ogniun di loro ha morto.

31.   Non fu dato credenza al mio parlare;
Da Rodamonte apena me diffese,
Quando a Biserta io presi a racontare
La possanza di Carlo in suo paese.
Se io dissi veritate ora si pare,
Ché faciamo la prova a nostre spese;
Or fuggi tu, dapoi che ti bisogna,
Ché qua voglio io morir senza vergogna. —

32.   Così dicendo quel crudo vecchiardo
Via va correndo e Marbalusto lassa;
Tagliando e nostri senza alcun riguardo
E sempre dissipando avanti passa.
Da ciascun canto quel pagan gagliardo
Destrieri insieme ed omini fraccassa.
E ne lo andare il forte saracino
Trovò Ranaldo a fronte e Martasino.

33.   Perché, dapoi che in sé fu rivenuto,
Fu con Ranaldo di novo alle mano,
Ma certamente gli bisogna aiuto,
Ché male il tratta il sir de Montealbano.
Come Sobrino il fatto ebbe veduto,
Cridava, essendo alquanto anco lontano:
— Ove son le prodezze e l'arroganze
Che dimostravi in Africa di zanze?

34.   Ove lo ardir che avesti, e quella fronte
Che dimostravi in quello giorno, quando
Con tal ruina giù callavi il monte
E che stimavi tanto poco Orlando?
Or questo che ti caccia non è il conte,
Che avevi morto e preso al tuo comando;
Questo non è colui che ha Durindana,
E pur ti caccia a guisa de puttana. —

35.   Non guarda Martasino a tal parlare,
E ponto non l'intende e non l'ascolta,

Ché certamente aveva altro che fare,
Tanto Ranaldo lo menava in volta.
Ma il re Sobrin non stette ad aspettare:
Avendo ad ambe man sua spada còlta,
Percosse di gran forza il fio d'Amone
Sopra al cimier, che è un capo di leone.

36.　　Un capo di leone e il collo e il petto
Portava il pro' Ranaldo per cimiero,
Ma il re Sobrino il tolse via di netto,
Ché tutto il fraccassò quel colpo fiero;
Onde prese de ciò molto dispetto,
E volta a quel pagano il cavalliero;
Ma, mentre che si volta, Martasino
Percosse lui ne l'elmo de Mambrino.

37.　　Come ne l'alpe, alla selva men folta,
Da' cacciatori è l'orso circondato,
Quando l'armata è d'intorno aricolta,
Chi tra' davanti e chi mena da lato;
Lui lascia questo, e a quello altro si volta,
Ché de ciascun vôle esser vendicato,
E mentre che a girarse più se affretta,
Più tempo perde e mai non fa vendetta:

38.　　Cotale era Ranaldo in quel zambello,
Sendo condutto a quei pagani in mezo;
A lui sempre feriva or questo or quello,
Ed esso a tutti attende e fa 'l suo pezo.
Ciascuno de quei re sembrava ocello,
Come scrive Turpino, il quale io lezo;
Tanto eran presti e scorti nel ferire,
Ch'io nol posso mostrar, né in rima dire.

39.　　Come io vi dico, senza alcun riguardo
Qual dietro mena e qual tocca davante;
Ma quel bon cavallier sopra a Baiardo
Pur fa gran prove, e non potria dir quante.
Mentre ha tal zuffa il principe gagliardo,

---

38. — 4. *fa 'l suo pezo*, fa loro il peggio che può. — 6. *lezo*, leggio, leggo.

Del monte era disceso il re Agramante,
E di tanta canaglia il piano è pieno,
Che par che al crido il mondo venga meno.

40.   Poco davanti è Rugier paladino,
Daniforte vien dietro e Barigano,
Ed Atalante, quel vecchio indivino,
Mulabuferso, che è re di Fizano,
El re Brunello, il falso piccolino,
Mordante, Dardinello e Sorridano,
E seco Prusïone e Manilardo
E Balifronte, il perfido vecchiardo.

41.   Re de Almasilla vien Tanfirïone:
Chi potria racordar tutti costoro?
Mancavi il re di Septa, Dorilone,
Che dietro ne venìa con Pinadoro.
Provato ha l'uno il figlio di Melone,
E l'altro è copïoso di tesoro:
Perché e ricchi ebban seguir tutti quanti,
Mandan gli arditi e' disperati avanti.

42.   Per tal cagione indetro era rimaso
Il re di Constantina e quel di Cetta,
E ben confortan gli altri in questo caso
A gire avanti, ove è la folta stretta.
Ora me aiuta, ninfa di Parnaso,
Suona la tromba e meco versi detta;
Sì gran baruffa me apparecchio a dire,
Che senza aiuto io non potrò seguire.

43.   Re Carlo tutto il fatto avea veduto,
E a' soi rivolto il franco imperatore
Dicea: — Filioli, il giorno oggi è venuto,
Che sempre al mondo ce può fare onore.
Da Dio dovemo pur sperare aiuto,

---

41. — 2. *racordar*, ricordare. — 7. lez. incerta: *ebban*, abbiano (da
seguire), sta per l'indicativo, essendo opinione di Dorilone; poiché i ricchi
debbono venir dopo tutti.

Ponendo nostra vita per suo amore,
Né perder se può quivi, al parer mio:
Chi starà contra noi, se nosco è Iddio?

44.   Né vi spaventi quella gran canaglia,
Benché abbia intorno la pianura piena;
Ché poco foco incende molta paglia,
E piccol vento grande acqua rimena.
Se foriosi entramo alla battaglia,
Non sosterranno il primo assalto apena.
Via! Loro adosso a briglie abandonate!
Già sono in rotta; io il vedo in veritate. —

45.   Nel fin de le parole Carlo Mano
La lancia arresta e sprona il corridore.
Or chi serìa quel traditor villano
Che, veggendo alla zuffa il suo segnore,
Non se movesse seco a mano a mano?
Qua se levò l'altissimo romore;
Chi suona trombe e chi corni, e chi crida:
Par che il cel cada e il mondo se divida.

46.   Da l'altra parte ancora e Saracini
Facean tremar de stridi tutto il loco.
Correndo l'un ver l'altro son vicini:
Discresce il campo in mezo a poco a poco,
Fosso non vi è né fiume che confini,
Ma urtarno insieme gli animi di foco,
Spronando per quel piano a gran tempesta;
Ruina non fu mai simile a questa.

47.   Le lancie andarno in pezzi al cel volando,
Cadendo con romore al campo basso,
Scudo per scudo urtò, brando per brando,
Piastra per piastra insieme, a gran fraccasso.
Questa mistura a Dio la racomando:
Re, caval, cavallier sono in un fasso,
Cristiani e Saracini, e non discerno
Qual sia del celo, qual sia de l'inferno.

---

44. — 3-4. Cfr. il fare popolare di questi sentenziosi paragoni, con l'icasticità dantesca tutta nerbo: *poca favilla gran fiamma seconda.*

31. Boiardo, II.

48.   Chi rimase abattuto a quella volta,
Non vi crediati che ritrovi iscampo,
Ché adosso gli passò quella gran folta,
Né se sviluppâr mai di quello inciampo;
Ma la schiera pagana in fuga è volta,
E già de' nostri è più de mezo il campo;
Ferendo e trabuccando a gran ruina,
Via se ne va la gente saracina.

49.   Essendo da due arcate già fuggiti,
Pur li fece Agramante rivoltare;
Allora e nostri, in volta e sbigotiti,
Incominciarno il campo abandonare,
Fuggendo avanti a quei che avean seguiti:
Come intraviene al tempestoso mare,
Che il maestrale il caccia di riviera,
Poi vien sirocco, e torna dove egli era.

50.   Così tra Saracini e Cristïani
Spesso nel campo se mutava il gioco,
Or fuggendo or cacciando per quei piani,
Cambiando spesso ciascaduno il loco,
Benché e signori e' cavallier soprani
Se traesseno a dietro a poco a poco.
Pur la gente minuta e la gran folta
Com'una foglia ad ogni vento volta.

51.   Tre fiate fu ciascun del campo mosso,
Non potendo l'un l'altro sostenire.
La quarta volta se tornarno adosso,
E destinati son de non fuggire.
Petto con petto insieme fu percosso;
L'aspra battaglia e l'orrendo ferire
Or se incomincia e la crudel baruffa:
Questo con quello e quel con questo ha zuffa.

52.   Re Pulicano e Ottone, il bono anglese,
Se urtarno insieme con la spada in mano;
Rugiero al campo de' Cristian distese,
Ciò fu Grifon, cugin del conte Gano.
Ricardo ed Agramante alle contese

Stettero alquanto sopra di quel piano,
Ma al fin lo trasse il saracin de arcione,
Poi rafrontò Gualtier da Monlïone,

53. E Barigano, el duca de Baiona,
E Gulielmier di Scoccia, Daniforte.
De Carlo Mano la real corona
Feritte in testa Balifronte a morte.
Re Moridano avea franca persona,
Né de lui Sinibaldo era men forte,
Sinibaldo de Olanda, il conte ardito:
Costor toccâr l'un l'altro a bon partito.

54. Apresso Daniberto, il re frisone,
Col re de la Norizia, Manilardo;
Brunello il piccolin, che è un gran giottone,
Stava da canto con molto riguardo.
Ma poco apresso il re Tanfirïone
S'affrontò con Sansone, il bon picardo;
E gli altri tutti, senza più contare,
Chi qua chi là se avean preso che fare.

55. È la battaglia in sé ramescolata,
Come io ve dico, a questo assalto fiero;
De crido in crido al fin fu riportata
Sin là dove era il marchese Oliviero,
Che combattuto ha tutta la giornata
Contra a Grandonio, il saracino altiero,
E fatto ha l'un a l'altro un gran dannaggio,
Benché vi è poco o nulla d'avantaggio.

56. Ma, sì come Olivier per voce intese
L'alta travaglia ove Carlo è condotto,
Forte ne dolse a quel baron cortese:
Lasciò Grandonio e là corse di botto.
Così fu reportato anche al Danese,
Qual combatteva, e non era al desotto,
Anci ben stava a Serpentino al paro;
De la lor zuffa vi è poco divaro.

56. — 5. *reportato*, riferito, annunciato.

57.   Ma, come oditte che 'l re Carlo Mano
Entrato era a battaglia sì diversa,
Subitamente abandonò il pagano,
Io dico Serpentin, l'anima persa,
E via correndo il cavallier soprano
Poggetti e valli e gran macchie atraversa,
Sin che fu gionto sotto a l'alto monte
Ove azuffato è Carlo e Balifronte.

58.   Così a ciascun che al campo combattia,
Fu l'aspra zuffa subito palese,
Ove il re Carlo e la sua baronia
Contra Agramante stava alle contese.
L'un più che l'altro a gran fretta venìa
A spron battuti e redine distese,
E sì ve se adunarno a poco a poco,
Che ormai non è battaglia in altro loco.

59.   Però che 'l re Marsilio e Balugante,
Grandonio di Volterna e Serpentino
E l'altre gente sue, ch'eran cotante,
Mirando per quel monte il gran polvino,
Ben se stimarno che gli era Agramante,
Ed ormai gionger dovea per confino,
Onde tornarno adietro a dargli aiuto;
Ma già con lor non viene Feraguto.

60.   Però che era fiaccato in tal maniera
Dal pro' Ranaldo, come io vi contai,
Che, stando a rinfrescarsi alla riviera,
Più per quel giorno non tornò giamai.
Vago fu molto il loco dove egli era,
De fiori adorno e de occelletti gai,
Che empìan di zoia il boschetto cantando,
E là in nascosto stava ancora Orlando;

61.   Perché, poi che esso lasciò Pinadoro
(Non so se ricordate il convenente),
Venne in quel bosco e scese Brigliadoro,
E là pregava Iddio devotamente
Che le sante bandiere a zigli d'oro

Siano abattute e Carlo e la sua gente;
E pregando così come io ve ho detto,
Lo trovò Feraguto in quel boschetto.

62.   Né l'un de l'altro già prese sospetto,
Come se fôrno insieme ravisati;
Ma qual fosse tra lor l'ultimo effetto,
Da poi vi narrarò, se me ascoltati.
Or l'aspro assalto che di sopra ho detto,
Quale ha tanti baron ramescolati,
Si rinovò sì crudo e sì feroce,
Che io temo che al contar manchi la voce.

63.   Onde io riprenderò di posa alquanto,
Poi tornarò con rime più forbite,
Seguendo la battaglia de che io canto,
Ove l'alte prodezze fiano odite
Di quel Rugier che ha di fortezza il vanto.
Baron cortesi, ad ascoltar venite,
Perché al principio mio io me dispose
Cantarvi cose nove e dilettose.

CANTO TRENTESIMOPRIMO

1.   Il sol girando in su quel celo adorno
Passa volando e nostra vita lassa,
La qual non sembra pur durar un giorno
A cui senza diletto la trapassa;
Ond'io pur chieggio a voi che sete intorno,
Che ciascun ponga ogni sua noia in cassa,
Ed ogni affanno ed ogni pensier grave
Dentro ve chiuda, e poi perda la chiave.

2.   Ed io, quivi a voi tuttavia cantando,
Perso ho ogni noia ed ogni mal pensiero,
E la istoria passata seguitando,
Narrar vi voglio il fatto tutto intiero,
Ove io lasciai nel bosco il conte Orlando
Con Feraguto, quel saracin fiero,
Qual, come gionse in su l'acqua corrente,
Orlando il ricognobbe amantinente.

3.   Era in quel bosco una acqua di fontana;
Sopra alla ripa il conte era smontato,
Ed avea cinta al fianco Durindana,
E de ogni arnese tutto quanto armato.
Or così stando in su quella fiumana,

CANTO XXXI. — Feraguto perde l'elmo nella fonte; Orlando non
tollera i suoi elogi per Ranaldo, e rientra in campo. Atalante, vistolo alle
prese con Rugiero, finge una falsa scena che lo distoglie dalla battaglia
conducendolo ad una fonte di ninfe, ove egli si tuffa.

1. — 1-8; 2. — 1-2. È in fondo un tratto della poetica boiardesca:
l'oblio nel bel cantare, l'evasione, il superamento del dolore e della brut-
tezza quotidiani nella parzialità della fantasia compiaciuta.

Gionse anche Feragù molto affannato,
Di sete ardendo e d'uno estremo caldo
Per la battaglia che avea con Ranaldo.

4.   Come fu gionto, senza altro pensare
Discese de lo arcione incontinente;
Trasse a sé l'elmo e, volendo pigliare
De l'onda fresca al bel fiume lucente,
O per la fretta o per poco pensare
L'elmo gli cadde in quella acqua corrente,
Ed andò al fondo sin sotto l'arena:
Di questo Feraguto ebbe gran pena.

5.   L'elmo nel fondo basso era caduto,
Né sa quel saracin ciò che si fare,
Se non in vano adimandare aiuto
E al suo Macone starsi a lamentare.
In questo Orlando l'ebbe cognosciuto
Al scudo e a l'arme che suolea portare;
Ed appressato a lui in su la riviera,
Lo salutò parlando in tal maniera:

6.   — Chi te puote aiutare, ora te aiute,
Ed usi verso te tanta pietate,
Che non te mandi a l'anime perdute,
Essendo cavallier di tal bontate.
Così te dricci alla eterna salute
Cognoscimento de la veritate;
Nel ciel gioia te doni e in terra onore,
Come tu sei de' cavallieri il fiore. —

7.   Alciando Feraguto il guardo altiero
A quel parlar cortese che ho contato,
Incontinente scorto ebbe il quartiero,
E ben se tenne alora aventurato,
Poi che la cima de ogni cavalliero
Aveva in quel boschetto ritrovato,
Parendo a lui de averlo a sua balìa
O de pigliarlo o farli cortesia.

8.   E fatto lieto, dove era dolente
Per quel bello elmo che è caduto al fondo,

— Non vo' — disse — dolermi per nïente
Più mai di caso che mi venga al mondo;
Perché, dove io stimai de esser perdente,
Più contento mi trovo e più iocondo
Che esser potesse mai de alcuno acquisto,
Dapoi che 'l fior d'ogni barone ho visto.

9.   Ma dimmi, se gli è licito a sapere:
Perché nel campo, ove è battaglia tanta,
Non te ritrovi a mostrar tuo potere,
Dove Ranaldo sol de onor si vanta?
Sopra di me ben l'ha fatto vedere,
Che son fatato dal capo alla pianta
Per tutti e membri, fora che un sol loco;
Ma ciò giovato me è nïente, o poco.

10.   Né credo che abbia il mondo altro barone
Qual superchi Ranaldo di valore,
Benché per tutto sia la opinïone
La qual ti tien di lui superïore;
Ma se veder potessi il parangone
E provar qual di voi fosse il minore
Di fortezza, destrezza e de ardimento,
E poi morissi, io moriria contento.

11.   E certo che io te volsi disfidare
Come io te viddi ed ebboti compreso,
Ché ogn'altra cosa fabula mi pare,
Poiché dal fio de Amon me son diffeso. —
Odendo Orlando questo ragionare,
De ira e de sdegno fu nel core acceso,
Onde rispose: — E' si può dir con vero
Ch'el fio de Amone è prodo cavalliero.

12.   Ma quel parlare e lunga cortesia
Qual tanto loda alcun fuor di misura,
Ne offende l'onor de altri in villania.
Se tu tenessi in capo l'armatura,
In poco d'ora si dimostraria
Quel parangon de che hai cotanta cura;
Se il valor di Ranaldo ti è palese,
Me provaresti, e forse alle tue spese.

13.   Poscia che stracco sei di gran travaglia,
        Non ti farebbe adesso adispiacere,
        Ché tornar voglio in campo alla battaglia,
        E, mal per qual che sia, farò vedere
        Se la mia spada al par d'una altra taglia. —
        Così parlando il conte, al mio parere,
        Con molta fretta ed animo adirato
        Sopra al destrier salì de un salto armato.

14.   Rimase Feraguto alla foresta,
        Che era affannato, come io ve contai,
        Ed era disarmato de la testa,
        E penò poi ad aver l'elmo assai.
        Ma il conte Orlando menando tempesta
        Via va correndo, e non se posa mai
        Sin che fu gionto a ponto in quelle bande
        Ove è la zuffa e la battaglia grande.

15.   Come io ve dissi nel passato giorno,
        Re Carlo ed Agramante alla frontiera
        Avea ciascuno e suoi baroni intorno:
        Battaglia non fu mai più orrenda e fiera.
        Non vi è chi voglia di vergogna scorno,
        Ma ciascun vôl morir più volentiera
        E che sia il spirto e l'animo finito,
        Che abandonar del campo preso un dito.

16.   Le lancie rotte e' scudi fraccassati,
        Le insegne polverose e le bandiere,
        E' destrier morti e' corpi riversati
        Facean quel campo orribile a vedere;
        E' combattenti insieme amescolati,
        Senza governo on ordine de schiere,
        Facean romore e crido sì profondo,
        Come cadesse con ruina il mondo.

13. — 2. *non ti farebbe* (prima pers.), non ti vorrei fare.
14. — 4. Anzi, per l'Ariosto non l'avrà più. Il B. fa ricomparire in battaglia Feraguto al III, VIII, 15 e 47, mentre l'Ariosto, riprendendo questa scena della ricerca dell'elmo al C. I del *Fur.*, fa incontrare il pagano con l'ombra dell'Argalia, possessore legittimo dell'elmo.
15. — 5. il *chi* è plausibile ricostruzione del P., mentre i testi hanno un inspiegabile *di*.

17.   Lo imperator per tutto con gran cura
Governa, combattendo arditamente,
Ma non vi giova regula o misura:
Suo comandar stimato è per nïente;
E benché egli abbia un cor senza paura,
Pur mirando Agramante e sua gran gente,
De retirarse stava in gran pensiero,
Quando cognobbe Orlando al bel quartiero.

18.   Correndo venìa il conte di traverso,
Superbo in vista, in atto minacciante.
Levosse il crido orribile e diverso,
Come fu visto quel segnor de Anglante;
E se alcun forse avea l'animo perso,
Mirando il paladin se trasse avante;
E 'l re Carlon, che 'l vidde di lontano,
Lodava Idio levando al cel le mano.

19.   Or chi contarà ben l'assalto fiero?
Chi potrà mai quei colpi dessignare?
Da Dio l'aiuto mi farà mestiero,
Volendo il fatto aponto racontare;
Perché ne l'aria mai fu trono altiero,
Né groppo di tempesta in mezo al mare,
Né impeto d'acque, né furia di foco,
Qual l'assalir de Orlando in questo loco.

20.   Grandonio di Volterna, il fier gigante,
Gionto era alora alla battaglia scura;
Con un baston di ferro aspro e pesante
Copria de morti tutta la pianura.
Questo trovosse al conte Orlando avante,
E ben gli bisognava altra ventura,
Ché tal scontro di lancia ebbe il fellone,
Che mezo morto uscì fuor de l'arcione.

21.   Quel cadde tramortito alla foresta;
Il conte sopra lui non stette a bada,
Ma trasse il brando e mena tal tempesta
Come a ruina lo universo cada,
Fiaccando a cui le braccia, a cui la testa.
Non si trova riparo a quella spada,

Né vi ha diffesa usbergo, piastra, o maglia,
Ché omini e l'arme a gran fraccasso taglia.

22.   Cavalli e cavallieri a terra vano
Ovunque ariva il conte furïoso.
Ecco tra gli altri ha visto Cardorano,
Quel re di Mulga, che è tutto peloso.
Il paladin il gionse ad ambe mano,
E parte il mento e 'l collo e 'l petto gioso;
Lui cade de l'arcion morto di botto,
Il conte il lascia e segue il re Gualciotto:

23.   Il re Gualciotto di Bellamarina,
Qual ben fuggia da lui più che di passo;
E 'l conte fra la gente saracina
Segue lui solo e mena gran fraccasso,
Ché porlo in terra al tutto se destina;
Ma avanti se gli oppose Dudrinasso,
A benché dir non sappia in veritate
Se sua sciagura fosse o voluntate.

24.   Costui ch'io dico, è re de Libicana.
Un volto non fu mai cotanto fiero,
Larga la bocca avea più de una spana;
Grosso e membruto e come un corbo nero.
Orlando lo assalì con Durindana
Ed ispiccolli il capo tutto intiero;
Via volò l'elmo, e dentro avia la testa:
Già per quel colpo il conte non s'arresta,

25.   Perché adocchiato avea Tanfirïone,
Re de Almasilla, orrenda creatura,
Che esce otto palmi e più sopra a l'arcione,
Ed ha la barba insino alla cintura.
A questo gionse il figlio de Melone,
E ben gli fece peggio che paura,
Perché ambedue le guanze a mezo 'l naso
Partì a traverso il viso a quel malvaso.

26.   Né a sì gran colpi in questo assalto fiero
Giamai se allenta il valoroso conte.
Più non se trova re né cavalliero

Qual pur ardisca di guardarlo in fronte,
Quando vi gionse il giovane Rugiero,
E vidde fatto di sua gente un monte:
Un monte rasembrava più nè meno,
Tutto di sangue e corpi morti pieno.

27.   Cognobbe Orlando a l'insegna del dosso,
A benché a poco se ne discernia,
Ché il quarto bianco quasi è tutto rosso,
Pel sangue de' Pagan che morti avia.
Verso del conte il giovane fu mosso:
Ben vi so dir che ormai de vigoria,
De ardire e forza e di valore acceso,
Una sol dramma non vi manca a peso.

28.   E se incontrarno insieme a gran ruina:
Tempesta non fu mai cotanto istrana
Quando duo venti in mezo la marina
Se incontran da libezio a tramontana.
De le due spade ogniuna era più fina:
Sapeti ben qual era Durindana,
E qual tagliare avesse Balisarda,
Che fatasone e l'arme non riguarda.

29.   Per far perire il conte questo brando
Fu nel giardin de Orgagna fabricato:
Come Brunello il ladro il tolse a Orlando,
E come Rugier l'ebbe, è già contato,
Più non bisogna andarlo ramentando;
Ma seguendo l'assalto incominciato,
Dico che un sì crudele e sì perverso
Non fu veduto mai ne l'universo.

30.   Come loro arme sian tela di ragna,
Tagliano squarci e fanno andare al prato.
Di piastre era coperta la campagna,
Ciascadun de essi è quasi disarmato,
E l'un da l'altro poco vi guadagna:
Sol di colpi crudeli han bon mercato;
E tanto nel ferir ciascun s'affretta,
Che l'una botta l'altra non aspetta.

31.   Sopra de Orlando il giovane reale
Ad ambe mano un gran colpo distese,
E spezzò l'elmo dal cerchio al guanzale,
Ché fatason né piastra lo diffese.
Vero che al conte non tocca altro male,
Come a Dio piacque; ché il colpo discese
Tra la farsata aponto e le mascelle,
Sì che lo rase e non toccò la pelle.

32.   Orlando ferì lui con tanta possa,
Che spezzò il scudo a gran destruzïone,
Né lo ritenne nerbo o piastra grossa,
Ma tutto lo partì sino a lo arcione;
E fuor discese il colpo ne la cossa,
Tagliando arnese ed ogni guarnisone:
La carne non tagliò, ma poco manca,
Ché il celo aiuta ogni persona franca.

33.   Fermate eran le gente tutte quante
A veder questi duo sì ben ferire;
Ed in quel tempo vi gionse Atalante,
Qual cercava Rugiero, il suo disire;
E come visto l'ebbe a sé davante
Per quel gran colpo a risco de morire,
Subito prese tanto disconforto,
Che quasi dal destrier cadde giù morto.

34.   Incontinente il falso incantatore
Formò per sua mala arte un grande inganno
E molta gente finse, con romore,
Che fanno a Cristïan soperchio danno.
Nel mezo sembra Carlo imperatore
Chiamando: — Aiuto! aiuto! — con affanno:
Ed Olivier legato alla catena,
Un gran gigante trasinando il mena.

35.   Ranaldo a morte là parea ferito,
Passato de un troncone a mezo il petto,
E cridava: — Cugino, a tal partito

31. — 7. *farsata* era il guancialetto da tener sotto l'elmo.

Me lasci trasinar con tal dispetto? —
Rimase Orlando tutto sbigotito,
Mirando tanto oltraggio al suo cospetto.
Poi tutto il viso tinse come un foco
Per la grande ira, e non trovava loco.

36.　　A gran roina volta Brigliadoro.
E Rugiero abandona e la battaglia,
Né prende al speronare alcun ristoro.
Avanti ad esso fugge la canaglia,
Menando li pregioni in mezo a loro,
Ché gli ha de intorno fatto una serraglia;
E proprio sembra che li porti il vento,
Tanta è la forza de lo incantamento!

37.　　Rugier, poiché partito è il paladino,
Rimase assai turbato ne la mente;
Prese una lancia e, rivolto Frontino,
Con molta furia dà tra nostra gente,
E sopra al campo ritrovò Turpino.
Né vespro o messa a lui valse niente,
Né paternostri on altre orazïone,
Ché a gambe aperte uscì fuor de l'arcione.

38.　　Rugier lo lascia e a gli altri se abandona,
Come dal monte corre il fiume al basso;
Colse nel petto al duca di Baiona,
E tutto lo passò con gran fraccasso.
Re Salamon, che in capo ha la corona,
Andò col suo destrier tutto in un fasso;
Dà a Belenzero, Avorio, Ottone e Avino:
Tra lor non fu vantaggio de un lupino;

39.　　Ché tutti quattro insieme nel sabbione
Se ritrovarno a dar de' calci al vento.
Rugier tutti gli abatte, el fier garzone,
E sempre cresce in forza ed ardimento;
Poi riscontrò Gualtier da Monlïone,
E fuor di sella il caccia con tormento.

36. — 6. *Ché gli ha* (sogg. *la canaglia*).

Non fu veduto mai cotanta lena:
Quanti ne trova, al par tutti li mena.

40.   Già gli altri saracin, che prima ascosi
Per la tema de Orlando eran fuggiti,
Or più che mai ritornano animosi,
E sopra al campo se mostrano arditi.
Rugier fa colpi sì meravigliosi,
Che quasi sono e nostri sbigotiti,
Né posson contrastare a tanta possa;
La gente a le sue spalle ognior se ingrossa.

41.   Però che 'l re Agramante e Martasino
Dopo Rugiero entrarno al gran zambello,
Mordante e Barigano e 'l re Sobrino.
Atalante il mal vecchio e Dardinello,
Mulabuferso, il franco saracino;
E dietro a tutti stava il re Brunello,
Benché conforta ogniom che avanti vada,
Per governar qualcosa che gli cada.

42.   Rugier davanti fa sì larga straza
Che non bisogna a lor troppa possancia,
Né fuor del fodro ancor la spada caza,
Però che resta integra la sua lancia.
Ben vi so dir che Carlo oggi tramaza,
E fia sconfitta la corte di Francia.
Ma non posso al presente tanto peso:
Nel terzo libro lo porrò disteso.

43.   Prima vi vo' contar quel che avenisse
Del conte Orlando, il quale avea seguito
Quel falso incanto, sì come io vi disse,
Ove sembrava Carlo a mal partito.
Parea che avanti a lui ciascun fuggisse
Tremando di paura e sbigotito,

41. — 8. per recuperare qualcosa che ha perso per via.
42. — 1. *straza* dovrebbe essere *strazio* con genere mutato, opp. *straccia* da stracciare, aprire un varco col brando. F.: *piazza*.

Sin che fôr gionti al mare in su l'arena,
Poco lontani alla selva de Ardena.

44. Di verde lauro quivi era un boschetto
Cinto d'intorno de acqua di fontana,
Ove disparve il popol maledetto:
Tutto andò in fumo, come cosa vana.
Ben se stupitte il conte, vi prometto,
Per quella meraviglia tanto istrana,
E sete avendo per la gran calura,
Entrò nel bosco in sua mala ventura.

45. Come fu dentro, scese Brigliadoro
Per bere al fonte che davanti appare;
Poi che legato l'ebbe ad uno alloro,
Chinosse in su la ripa a l'onde chiare.
Dentro a quell'acqua vidde un bel lavoro,
Che tutto intento lo trasse a mirare:
Là dentro de cristallo era una stanza
Piena di dame: e chi suona, e chi danza.

46. Le vaghe dame danzavano intorno,
Cantando insieme con voce amorose,
Nel bel palagio de cristallo adorno,
Scolpito ad oro e pietre prezïose.
Già se chinava a l'occidente il giorno,
Alor che Orlando al tutto se dispose
Vedere il fin di tanta meraviglia,
Né più vi pensa e più non se consiglia;

47. Ma dentro a l'acqua sì come era armato
Gettossi e presto gionse insino al fondo,
E là trovosse in piede, ad un bel prato:

43. — 7-8. Risulterebbe che il B. non colloca la *selva di Ardena* precisamente nelle Ardenne ma verso il golfo di Guascogna. Anche Rodamonte
e Ranaldo quando partono da Monaco verso la selva prendono *a ponente*
lungo la costa, e il primo capita proprio presso Montealbano; invece
quando Angelica partì da Parigi verso il Cataio si fermò *per via* alle
Ardenne (vedi I, I, 12, 8). Così Ranaldo che la seguiva. Nel *Furioso*, come
risulta chiaramente dal XXII, 6 e XLI, 45, la fonte si trova proprio fra
Reno e Mosa, come d'altronde nei *Quatre filz Aymon* e nella *Berte aux
grands pieds*. Il B. era più fantastico che preciso nella sua geografia.

Il più fiorito mai non vidde il mondo.
Verso il palagio il conte fu invïato,
Ed era già nel cor tanto giocondo,
Che per letizia s'amentava poco
Perché fosse qua gionto e di qual loco.

48. A lui davante è una porta patente,
Qual d'oro è fabricata e di zafiro,
Ove entrò il conte con faccia ridente,
Danzando a lui le dame atorno in giro.
Mentre che io canto, non posa la mente,
Ché gionto sono al fine, e non vi miro;
A questo libro è già la lena tolta:
Il terzo ascoltareti un'altra volta.

49. Alor con rime elette e miglior versi
Farò battaglie e amor tutto di foco;
Non seran sempre e tempi sì diversi
Che mi tragan la mente di suo loco;
Ma nel presente e canti miei son persi,
E porvi ogni pensier mi giova poco:
Sentendo Italia de lamenti piena,
Non che or canti, ma sospiro apena.

48. — 8. Nell'ed. 1486 a questa stanza seguiva quest'altra che non leggiamo altrove:

Però lasciate Orlando in questa parte,
Che vi sta senza pena e senza lagno.
A dir come lo trasse Brandimarte
Di quell'incanto, il suo fido compagno,
Bisognerebbe aggiunger molta carta;
Farebbe il stampator poco guadagno?
Ma a cui piacesse pur sapere il vero,
Venga a vederlo, e fia stampato intero.

Evidentemente essa fu poi espulsa dall'Autore quando ebbe scritto qualche altro canto: ché non v'è ragione di promettere se non quando non si dà: e nell'86 si trattava, diciamo così, di *réclame* ai canti ancor da venire. Che sia poi, o non sia di mano del B., non è il caso di perderci molto tempo su: recisamente lo esclude il F., e lo sostiene il Reichenbach.

49. — 7. Nell'aprile 1482 era scoppiata fra Ferrara e Venezia la guerra che doveva durare due anni: Papa Sisto IV era alleato della Serenissima, Firenze Milano e Napoli di Ercole I, in difesa dello *status quo*. La Repubblica avanzava (battaglia di *Argenta*), ma infine il Papa passò alla Lega, siccné con la Pace di *Bagnolo* (1484) Venezia ebbe solo il Polesine di Rovigo e la riva sinistra del Po. Erano colpi che in un piccolo ducato come l'Estense avevano ripercussioni morali assai forti, e il Poeta se ne fa voce in varie parti del poema.

50.   A voi, legiadri amanti e damigelle,
        Che dentro ai cor gentili aveti amore,
        Son scritte queste istorie tanto belle
        Di cortesia fiorite e di valore;
        Ciò non ascoltan queste anime felle,
        Che fan guerra per sdegno e per furore.
        Adio, amanti e dame pellegrine:
        A vostro onor di questo libro è il fine.

LIBRO TERZO * DE ORLANDO INAMORATO, NEL QUALE
SE CONTIENE LE PRODEZE DE MANDRICARDO ED
ALTRI CAVALLIERI CON LA LIBERAZIONE DE ORLAN-
DO ED ALTRI PALAINI, GENEALOGIE DE RUGIERO,
ASSEDIO DE PARIGI ED AMORE VANO DE FIORDE-
SPINA CON BRADAMANTE **

* Questo terzo libro fu pubblicato, senza le stanze del C. IX, anche
a parte nel 1495 col titolo *El fin del inamoramento d'Orlando, in Venecia
per Simone Bevilaqua da Pavia* (unico esemplare a Monaco). Fu Augusto
Campana a scoprire che trattavasi veramente dell'opera boiardesca, mentre
si riteneva che quel libro non avesse rapporti col B. Esso contiene però
16 ottave diverse dalle corrispondenti negli altri testi (ove contro quelle 16
ne leggiamo 18), da ritenere interpolate, « forse per sostituire fogli man-
canti nel manoscritto » – suggerisce lo Z. Per il resto le varianti di questa
stampa son da tenersi come autentiche.
** Quest'epigrafe trovasi nella prima edizione completa – di quelle a
noi giunte – datata 1506. Essa fu composta al momento della pubblica-
zione, perché si adatta precisamente al contenuto dei nove canti; cosa
che non si può dire invece della proposizione inclusa nel testo (III, I, 3.
Vedi Nota).

CANTO PRIMO

1. Come più dolce a' naviganti pare,
    Poi che fortuna li ha battuti intorno,
    Veder l'onda tranquilla e queto il mare,
    L'aria serena e il cel di stelle adorno;
    E come il peregrin nel caminare
    Se allegra al vago piano al novo giorno,
    Essendo fuori uscito alla sicura
    De l'aspro monte per la notte oscura;

2. Così, dapoi che la infernal tempesta
    De la guerra spietata è dipartita,
    Poi che tornato è il mondo in zoia e in festa
    E questa corte più che mai fiorita,
    Farò con più diletto manifesta
    La bella istoria che ho gran tempo ordita:
    Venite ad ascoltare in cortesia,
    Segnori e dame e bella baronia.

3. Le gran battaglie e il trïomfale onore
    Vi contarò di Carlo, re di Franza,
    E le prodezze fatte per amore
    Dal conte Orlando, e sua strema possanza;
    Come Rugier, che fu nel mondo un fiore,

CANTO I. — Mandricardo, figlio di Agricane, parte a piedi e disarmato
di Tartaria per vendicare il padre su Orlando; càpita nel Fonte della Fata,
ove gli si promette l'armatura di Ettore se supererà le prove. Abbatte
Gradasso e uccide il bandito Malapresa.

2. — Cfr. II, XXXI: 49, 7, Nota.

3. — Invece Carlo non avrà onore tanto *trionfale*, Rugiero non morrà
(nemmeno ancora nel *Furioso*), e Gano avrà sulla coscienza una fellonia
di meno.

Fosse tradito; e Gano di Maganza,
Pien de ogni fellonia, pien de ogni fele,
Lo uccise a torto, il perfido crudele.

4. E seguirovi, sì come io suoliva,
Strane aventure e battaglie amorose,
Quando virtute al bon tempo fioriva
Tra cavallieri e dame graziose,
Facendo prove in boschi ed ogni riva,
Come Turpino al suo libro ce espose.
Ciò vo' seguire, e sol chiedo di graccia
Che con diletto lo ascoltar vi piaccia.

5. Nel tempo che il re Carlo de Pipino
Mantenne in Franza stato alto e giocondo,
Uscì di Tramontana un Saracino,
Che pose quasi lo universo al fondo;
Né dove il sol se leva a matutino,
Né dove calla, né per tutto il mondo,
Fo mai trovato in terra un cavalliero
Di lui più franco e più gagliardo e fiero.

6. Mandricardo appellato era il Pagano,
Qual tanta forza e tale ardire avia,
Che mai non vestì l'arme il più soprano,
Ed era imperator di Tartaria;
Ma fo tanto superbo ed inumano
Che sopra alcun non volse segnoria,
Che non fosse in battaglia esperto e forte:
A tutti gli altri facea dar la morte.

7. Onde fo il regno tutto disertato,
Abandonò ciascuno il suo paese.
Ora trovosse un vecchio disperato,
Qual, non sapendo fare altre diffese,
Passando avanti al re preso e legato
Con alti cridi a terra se distese,
Facendo sì diverso lamentare
Che ogni om trasse intorno ad ascoltare.

8. — Mentre ch'io parlo, — disse il vecchio — aspetta,
E poi farai di me quel che ti pare.

L'anima del tuo patre maledetta
Non può il mal fiume allo inferno passare,
Perché scordata se è la sua vendetta.
Sopra alla ripa stassi a lamentare:
Stassi piangendo e tien la testa bassa,
Ché ogni altro morto sopra li trapassa.

9. Il tuo patre Agrican, non so se 'l sai,
O nol saper te infingi per paura,
Dal conte Orlando occiso fo con guai:
A te del vendicar tocca la cura.
Tu fai morir chi non te offese mai,
E meni per orgoglio tanta altura;
Non è stimato, datelo ad intendere,
Chi offende quel che non si può deffendere.

10. Va, trova lui, che ti potrà respondere,
E mostra contra a Orlando il tuo furore.
La tua vergogna non si può nascondere:
Troppo è palese ogni atto de segnore.
Codardo e vile, or non ti dèi confondere
Pensando alla onta grande e il disonore
Qual ti fu fatto? E sei tanto da poco
Che hai faccia de apparire in alcun loco? —

11. Così cridava il vecchio ad alta voce,
Come io vi conto, e più volea seguire;
Se non che Mandricardo, il re feroce,
A lo ascoltar non puote sofferire.
Una ira sì rovente il cor li coce,
Che se convenne subito partire,
E ne la zambra se serrò soletto,
Di sdegno ardendo tutto e de dispetto.

12. Dopo molto pensar prese partito
Suo stato e tutto il regno abandonare.

8. — 4. Curiosa questa reminiscenza mitologica eterogenea in mezzo
al mondo cavalleresco.
11. — 3-8. Nello stesso modo reagì Agramante alle insolenze del tamburino ubriaco (II, XXVIII, 48-49).

Per non esser da altrui mostrato a dito
Giurò nella sua corte mai tornare,
Ma reputar se stesso per bandito
Sin che il suo patre possa vendicare;
Né a sé ritenne tal pensiero in petto,
Ma palesollo e poselo ad effetto.

13.   Avendo a tutto il regno proveduto
Di bon governo de ottima persona,
Nel tempio de' suoi dei ne fo venuto,
E sopra al foco offerse la corona;
Poi se partì la notte scognosciuto,
Ed a fortuna tutto se abandona:
Senza arme, a piede, come peregrino
Verso ponente prese il suo camino.

14.   Arme non tolse e non mena destriero,
Per non voler che al mondo fosse detto
Che alcuno aiuto a lui facea mestiero
Per vendicar sua onta e suo dispetto.
E lui prosume molto de legiero
De acquistarse arme e un bon destrier eletto,
Sì che ponga ad effetto el suo disegno
Sol sua prodezza, e non forza di regno.

15.   Così, soletto sempre caminando,
Passò gli Armeni ed altra regïone,
E da un colletto un giorno remirando
Presso a una fonte vidde un paviglione.
Là giù se calla, nel suo cor pensando,
Se vi trova arme dentro né ronzone,
Per forza o bona voglia a ogni partito
Non se levar de là se non fornito.

16.   Poiché fu gionto in su la terra piana,
Ne la cortina entrò senza paura.
Non vi è persona prossima o lontana
Che abbia del pavaglion guarda né cura;
Solo una voce uscì de la fontana,
Qual gorgogliava per quella acqua pura,
Dicendo: — Cavallier, per troppo ardire
Fatto èi pregione, e non te poi partire. —

17.   O che lui non odette, o non intese,
Alle parole non pose pensiero,
Ma per il pavaglione a cercar prese,
Se ivi trovasse né arme né destriero.
L'arme a un tapete tutte eran distese,
Ciò che bisogna aponto a un cavalliero;
E lì fuori ad un pino in su quel sito
Legato era un ronzon tutto guarnito.

18.   Quello ardito baron senza pensare
L'arme se pose adosso tutte quante.
Preso è il destriero e, via volendo andare,
Subito un foco a lui sorse davante.
Nel pino prima si ebbe a divampare,
E, quello acceso sin sotto le piante,
Per ogni lato il foco se trabocca,
Ma sol la fonte e il pavaglion non tocca.

19.   Gli arbori e l'erbe e pietre di quel loco
Tutte avamparno a gran confusïone;
La fiamma cresce intorno a poco a poco,
Tanto che dentro chiuse quel barone.
A lui se aventa lo incantato foco
Ne l'elmo, el scudo, ed ogni guarnisone,
E lo usbergo de acciaro e piastre e maglia
Gli ardeano a cerco, come arida paglia.

20.   El cavallier per cosa tanto istrana
Lo usato orgoglio ponto non abassa;
Smonta de arcion quella anima soprana,
Per mezo il foco via correndo passa.
Come fu gionto sopra alla fontana,
Dentro vi salta e al fondo andar si lassa;
Né più potea campare ad altra guisa:
Arso era tutto insino alla camisa.

21.   Ché, come io dissi, e piastre e maglia e scudo
Gli ardeano atorno come foco di esca;
Arse la giuppa, e lui rimase ignudo
Sì come nacque, in mezo a l'onda fresca;
E mentre che a diletto il baron drudo

Per la bella acqua se solaccia e pesca,
Parendo ad esso uscito esser de impaccio,
Ad una dama se ritrova in braccio.

22.   Era la fonte tutta lavorata
Di marmo verde, rosso, azurro e giallo
E l'acqua tanto chiara e riposata,
Che traspareva a guisa de cristallo;
Onde la dama che entro era spogliata,
Così mostrava aperto senza fallo
Le poppe e il petto e ogni minimo pelo,
Come de intorno avesse un sotil velo.

23.   Questa ricolse in braccio quel barone,
Basandoli la bocca alcuna fiata,
E disse ad esso: — Voi seti pregione,
Come molti altri, al Fonte de la Fata;
Ma, se sereti prodo campïone,
Cotanta gente fia per voi campata,
Tanti altri cavallieri e damigelle,
Che vostra fama passarà le stelle.

24.   Perché intendiati il fatto a passo a passo,
Fece una fata ad arte la fontana,
Che tanti cavallieri ha posti al basso,
Che nol potria contar la gente umana.
Quivi pregione è il forte re Gradasso,
Quale è segnor di tutta Sericana;
Di là da la India grande è il suo paese:
Tanto è potente, e pur non se diffese!

25.   Seco pregione è il nobile Aquilante
E lo ardito Grifon, che è suo germano,
Ed altri cavallieri e dame tante,
Che a numerarli me affatico invano.
Oltre a quel poggio che vedeti avante,
Edificato è un bel castello al piano,
Ove rinchiuse dentro ha quella fata
L'arme di Ettorre, e mancavi la spata.

26.   Ettor di Troia, il tanto nominato,
Fu la eccellenzia di cavalleria,

Né mai si trovarà né fu trovato
Chi il pareggiasse in arme o in cortesia.
Ne la sua terra essendo assediato
Da re settanta ed altra baronia,
Dece anni a gran battaglie e più contese:
Per sua prodezza sol se la difese.

27.   Mentre ch'egli ebbe il grande assedio intorno,
Se può donar tra gli altri unico vanto
Che trenta ne sconfisse in un sol giorno,
Che de battaglia avea mandato il guanto;
Poi d'ogni altra virtù fu tanto adorno,
Che il par non ebbe il mondo tutto quanto,
Né il più bel cavallier, né il più gentile;
A tradimento poi lo occise Achile.

28.   Come fu morto, andò tutta a roina
Troia la grande e consumosse in foco.
Or dir vi vo' di sua armatura fina
Come se trovi adesso in questo loco.
Prima la spata prese una regina
Pantasilea nomata; e in tempo poco,
Essendo occisa in guerra, perse il brando;
Poi l'ebbe Almonte; adesso il tiene Orlando.

29.   Tal spata Durindana è nominata
(Non so se mai la odesti racordare),
Che sopra a tutti e brandi vien lodata.
Or de l'altre arme vi voglio contare.
Poi che fu Troia tutta dissipata,
Gente da quella se partì per mare
Sotto un lor duca nominato Enea;
Lui tutte l'arme eccetto il brando avea.

30.   De Ettorre era parente prossimano
El duca Enea, che avea quella armatura;
E questa fata, per un caso istrano,
Trasse tal duca de disaventura,
Ché era condotto a un re malvaggio in mano,

26. — 7. oppugnò in grandi battaglie per dieci anni e più.
27. — 4. *avea*, avean. Solito sing. per il plur.

Che 'l tenea chiuso in una sepoltura:
Stimando trar da lui tesoro assai,
Lo tenea chiuso e preso in tanti guai.

31.   La fata con incanto lo disciolse,
Per arte il trasse fuor del monumento,
E per suo premio le belle arme volse,
E il duca de donarle fu contento.
Lei poscia a questo loco se racolse
E fece l'opra de lo incantamento
Onde io vi menarò, quando vi piacia,
E provarò se in core aveti audacia.

32.   Ma quando non ve piaccia de venire
E vinto vi trovati da viltate,
Contro a mia voglia me vi convien dire
Quel che serà di voi la veritate:
In questa fonte vi convien perire,
Come perita vi è gran quantitate;
De' quai memoria non serà in eterno,
Ché il corpo è al fondo e l'anima a lo inferno. —

33.   A Mandricardo tal ventura pare
Vera e non vera, sì come si sogna;
Pur rispose alla dama: — Io voglio andare
Ove ti piace e dove mi bisogna;
Ma così ignudo non so che mi fare,
Ché me ritiene alquanto la vergogna. —
Disse la dama: — Non aver pavento,
Ché a questo è fatto bon provedimento. —

34.   E soi capegli a sé sciolse di testa,
Ché ne avea molti la dama ioconda,
Ed abracciato il cavallier con festa
Tutto il coperse de la treccia bionda;
Così, nascosi entrambi di tal vesta,
Uscîr di quella fonte la bella onda,
Né ferno al dipartir lunga tenzone,
Ma insieme a braccio entrarno al pavaglione.

35.   Non lo avea tocco, come io disse, il foco,
Pieno è di fiori e rose damaschine.

Loro a diletto se posarno un poco
Entro un bel letto adorno de cortine.
Già non so dir se fecero altro gioco,
Ché testimonio non ne vide el fine;
Ma pur scrive Turpin verace e giusto
Che il pavaglion crollava intorno al fusto.

36.   Poi che fôr stati un pezo a cotal guisa
Tra fresche rose e fior che mena aprile,
La damigella prese una camisa
Ben perfumata, candida e sotile;
Poi de una giuppa a più color divisa
Di sua man vestì il cavallier gentile;
Calcie gli diè vermiglie e speron d'oro,
Poi lo armò a maglia de sotil lavoro.

37.   Dopo lo arnese lo usbergo brunito
Gli pose in dosso, e cinse il brando al fianco,
E uno elmo a ricche zoie ben guarnito
Li porse e cotta d'arme e scudo bianco;
Indi condusse un gran destriero ardito,
E Mandricardo non parve già stanco,
Né che lo impacci l'arme o guarnisone:
D'un salto armato entrò sopra allo arcione.

38.   La damigella prese un palafreno
Che ad un verde genevre era legato,
E caminando un miglio o poco meno
Passarno il colle e gionsero al bel prato,
Dicendo a lui la dama: — Intendi appieno,
Ché tutto il fatto ancor non te ho contato:
Acciò che intenda ben quel che hai a fare,
Col re Gradasso converrai giostrare.

39.   Adesso del castello è campïone
E diffensore il re tanto membruto;
Cotale impresa prima ebbe Grifone,
Qual da lui poco avanti fu abattuto.
Se quel te vince, restarai pregione

38. — 2. *genevre*, ginepro.

Sin che altro cavallier ti doni aiuto;
Ma se lui getti sopra alla pianura,
Te provarai a l'ultima ventura.

40.   Provar convienti al glorïoso acquisto
Di prender l'arme che fôrno di Ettòre;
Più forte incanto il mondo non ha visto,
E sino a qui ciascun combattitore
Ce è reuscito a tale impresa tristo,
Né par che gionga alcuno a tanto onore;
E tu la proverai, poiché èi venuto:
Fortuna o tua virtù ti darà aiuto. —

41.   Così parlando gionsero al castello.
Mai non se vidde il più ricco lavoro:
Le mura ha de alabastro, e il capitello
De ogni torre è coperto a piastre d'oro.
Verdeggiava davanti un praticello
Chiuso de mirto e de rami de aloro
Piegati insieme a guisa di steccato,
E stavi dentro un cavalliero armato.

42.   — El re Gradasso è quel che avanti appare —
Disse la dama — dentro a quel ridotto.
Ora con me non averai a fare,
Che sempre teco mi trovai di sotto. —
E Mandricardo, odendo tal parlare,
La vista a l'elmo se chiuse di botto;
Spronando a tutta briglia e gran tempesta,
A mezo il corso l'asta pose a resta.

43.   Da l'altra parte il forte re Gradasso
Contra di lui se mosse con gran fretta.
Alcun de' duo corsier non mostra lasso,
Anci sembravan folgore e saetta,
E se incontrarno insieme a tal fraccasso,
Che par che nello inferno il cel si metta
E la terra profondi e la marina:
Odita non fu mai tanta ruina.

44.   Ni quel ni questo se mosse de arcione,
E sì fiaccarno l'una e l'altra lanza,

Che sino a l'aria andava ogni troncone:
Un palmo integro d'esse non avanza.
Or veder se convien il parangone
De' cavallieri e l'ultima possanza,
Perché, voltati con le spade in mano,
Se razuffarno insieme in su quel piano.

45. Cominciâr la battaglia orrenda e scura:
Già non mostrava un scherzo il crudo gioco,
Ché pure a riguardarlo era paura,
Perché a ogni colpo se avampava el foco:
A pezzi si ne andava ogni armatura,
Già ne era pieno il prato in ogni loco;
E lor pur drieto, e non guardano a quella:
Ciascuno a più furor tocca e martella.

46. Duo guerrier son costor di bona raccia,
E ben lo dimostravan ne lo aspetto:
Cinque ore e più durò tra lor la traccia;
Pervennero alla fine in questo effetto,
Che Mandricardo il re Gradasso abraccia
Per trarlo de lo arcione al suo dispetto,
E il re Gradasso a lui se era afferrato,
Sì che ne andarno insieme in su quel prato.

47. Non so se fu fortuna o fusse caso,
Quando caderno entrambi de lo arcione
Di sopra Mandricardo era rimaso,
E convenne a Gradasso esser pregione.
Già se ne andava il sol verso l'occaso
Allor che se finì la questïone,
E la donzella di cui vi ho parlato,
Con piacevol sembiante entrò nel prato;

48. Ed a Gradasso disse: — O cavalliero,
Vetar non pôsse quel che vôl fortuna;
Lasciar questa battaglia è di mestiero,

46. — 3. *traccia*, in ant. it., pratica di negozio e, come qui, rissa.
47. — 1-4. Come risulta anche dal *Flos duellatorum* di Fiore dei Liberi, cadere sulla schiena abbracciato dall'avversario era grave scorno e poteva determinare la sconfitta, non solo per principio, ma anche per via del grave impaccio costituito dal peso delle armature.

Perché la notte vene e il cel se imbruna.
Ma a te che hai vinto, tocca altro pensiero;
E dir ti so che mai sotto la luna
Fo sì strana ventura in terra o in mare,
Come al presente converrai provare.

49. Come di novo il giorno sia apparito,
Vedrai l'arme di Ettorre e chi le guarda;
Ora che il sole all'occidente è gito,
Entrar non pôi, ché l'ora è troppo tarda.
In questo tempo pigliaren partito
Che tua persona nobile e gagliarda
Qua sopra a l'erba prenda alcun riposo,
Sin che il sol se alci al giorno luminoso.

50. Dentro alla rocca non potresti entrare
(Di notte mai non se apre quella porta);
Tra fiori e rose qua pôi riposare,
Ed io vegliando a te farò la scorta.
Ben, se ti piace, te posso menare
Ove una dama grazïosa e accorta
Onora ciascaduno a un suo palagio,
Ma temo che ivi avresti onta e dannagio.

51. Perché un ladron, che Dio lo maledica!
Quale è gigante e nome ha Malapresa,
Alla donzella, come sua nemica,
Fa gran danno ed oltraggio ed ogni offesa;
Onde non pigliarai questa fatica,
Ché converresti seco aver contesa,
Né a te bisogna più briga cercare,
Perché domane avrai troppo che fare. —

52. Rispose Mandricardo: — In fede mia,
Tutto è perduto il tempo che ne avanza,
Se in amor non si spende o in cortesia,
O nel mostrare in arme sua possanza;
Onde io ti prego per cavalleria
Che me conduci dentro a quella stanza
Qual m'hai contata; e farem male, o bene,
Se Malapresa ad oltraggiar ce viene. —

53.   Per compiacere adunque al cavalliero
La damigella se pose a camino.
Lei era a palafreno, esso a destriero,
Sì che in poca ora gionsero al giardino
Ove è posto il palagio del verziero,
Qual lustreggiava tutto quel confino;
Cotanti lumi accesi avea de intorno,
Che si cerniva come fusse il giorno.

54.   Sopra alla porta del palagio altano
Era un verone adorno a meraviglia,
Ove si stava giorno e notte un nano,
Che di far guarda molto se assotiglia.
Come suonato ha il corno, a mano a mano
Corre de intorno tutta la famiglia;
E se egli è Malapresa, il rio ladrone,
Saette e sassi tran da ogni balcone.

55.   Se egli è barone, o cavalliero errante,
Dece donzelle, ad onorare avezze,
Apron la porta e con lieto sembiante
Al cavallier fan festa e gran carezze;
E notte e giorno il servon tutte quante,
Con sì bon viso e tal piacevolezze
E con tanto piacere e tanta zoglia,
Che indi a partirse mai non li vien voglia.

56.   Dunque a tal modo tra le dame accolto
Fu Mandricardo con faccia serena.
La dama del verzier con lieto volto
A braccio seco festeggiando il mena;
Né passeggiarno per la loggia molto,
Che con diletto se assettarno a cena,
Serviti alla real di banda in banda
De ogni maniera de ottima vivanda.

57.   A lor davanti cantava una dama,
E con la lira a sé facea tenore,
Narrando e gesti antichi e di gran fama,

54. — 4. *se assotiglia*, si adopera, si industria.

33. BOIARDO, II.

Strane aventure e bei moti d'amore;
E mentre che de odire avean più brama,
Odirno per la corte un gran romore.
— Ahimè! ahimè! — dicean — che cosa è questa,
Che 'l nano suona il corno a tal tempesta? —

58.   Così dicean le dame tutte quante,
E ciascuna nel viso parea morta.
Già Mandricardo non mutò sembiante,
Ché era venuto a posta per tal scorta.
Perché intendiati il tutto, quel gigante
De cui vi dissi, avea rotta la porta,
E del romore e gran confusïone
Che ora vi conto, lui ne era cagione.

59.   Entrò cridando quel dismisurato:
Parean tremar le mura alla sua voce;
De una spoglia di serpe ha il busto armato,
Che spata o lancia ponto non vi nôce.
Portava in mano un gran baston ferrato
Con la catena il malandrin feroce;
In capo avea di ferro un bacinetto,
Nera la barba e grande a mezo il petto.

60.   Quando egli entrava ne la loggia aponto,
Tratto avea Mandricardo il brando apena;
Né stette a calcular la posta o il conto,
Ma nel primo arivare assalta e mena,
Ed ebbe nella cima il baston gionto,
E via tagliò di netto la catena.
Ricopra il colpo e tira un manroverso,
E tagliò tutto il scudo per traverso.

61.   Per questo colpo il gigante adirato
Menò del suo baston, che a due man prese;
E il cavallier de un salto andò da lato,
E ben de gioco a quella posta rese;
A ponto gionse dove avea segnato,

59. — 3. Vedi I, IV, 42, 2, Nota.
60. — 7. *Ricopra*, recupera, riprende posizione e tira di nuovo.

Sotto al ginocchio, al fondo de lo arnese,
E spezzò quello e le calcie di maglia,
Sì che le gambe ad un colpo gli taglia.

62.   Quel cade a terra. A voi lascio pensare
Se le donzelle ne menavon festa.
Più Mandricardo nol volse toccare,
Onde un sergente li partì la testa.
Fuor del palagio il fecer trasinare,
E longi il sepellirno alla foresta;
Le gambe gettâr seco in quella fossa:
Di lui più mai non si parlò da possa.

63.   Come se stato mai non fosse al mondo,
Di lui più non si fa ragionamento.
Le dame cominciarno un ballo in tondo,
Suonando a fiato, a corde ogni instromento,
Con voci vive e canto sì iocondo,
Che ciascun qual ne avesse intendimento,
Essendo poco a quel giardin diviso,
Giurato avria là dentro il paradiso.

64.   Così durando il festeggiar tra loro,
Bona parte di notte era passata,
E stando incerco come a consistoro,
Venne di dame una nova brigata:
Chi ha frutti, chi confetti e coppe d'oro,
E ciascuna fu presto ingenocchiata,
E la dama cortese e il cavalliero
Se renfrescarno senza altro pensiero.

65.   De bianche torze vi è molto splendore,
E girno a riposar senza sospetti.
Parate eran le zambre a grande onore
De fina seta e bianchissimi letti;
Rame de aranci intorno a molto odore,
E per quei rami stavano ocelletti,
Che a' lumi accesi se levarno a volo.
Ma qua non stette il cavallier lui solo,

63. — 7. *diviso*, lontano.

66.   Perché una dama il rimase a servire
De ciò che chieder seppe, più ni meno.
La notte ivi ebbe assai che fare e dire,
Ma più ne avrà nel bel giorno sereno,
Come tornando potereti odire
Lo orrendo canto e di spavento pieno,
Che il maggior fatto mai non fo sentito.
Addio, segnori: il canto è qui finito.

66. — In questo canto si realizza, più che altrove, l'aspirazione del
Poeta ad un mondo di nobiltà e libertà morale, dove il valore sia virtù,
e la donna premio naturale e ingenuo, senza ombra di peccato e di rifles-
sione: situazione spirituale che non può realizzarsi se non nell'idillio.

CANTO SECONDO

1.   Il sol, de raggi d'oro incoronato,
Trasse il bel viso fuor de la marina,
E il cel depinto di color rosato
Già nascondea la stella matutina;
Sentiasi entro il palagio in ogni lato
Cantar la rondinella peregrina,
E li augelletti nel giardino intorno
Facean bei versi a lo apparir del giorno;

2.   Quando dal sonno Mandricardo sciolto
Uscì di zambra e nel prato discese;
Ad una fonte renfrescosse il volto,
E prestamente se vestì lo arnese.
Combiato avendo da le dame tolto,
Là dove era venuto, il camin prese,
E quella dama che l'avea guidato,
Non l'abandona e sempre gli è da lato.

3.   Ragionando con seco tuttavia
De arme e de amore e cose dilettose,
Lo ricondusse in quella prataria
Ove eran l'opre sì maravigliose.
Lo alto edificio avanti se vedia,

CANTO II. — Giunto allo scudo di Ettore, Mandricardo debella i mostri che nascono dalla biada dorata. Svelle la magica pianta e scopre l'armatura di Ettore, che gli viene indossata da un corteo di dame. Condotto dalla Fata del castello è accolto a gran festa e quindi licenziato in cerca di Durindana, conducendo con sé i cavalieri già prigioni. Aquilante e Grifone combattono Orrilo e il suo coccodrillo.

3. — 1. *tuttavia*, sempre, continuamente.

Candido tutto a pietre luminose,
Con torre e merli, a guisa di castello:
Mai vide al mondo un altro tanto bello.

4.   Un quarto avea de miglio ad ogni fronte,
Ed era quadro aponto di misura;
Dritto a levante avea la porta e il ponte,
Ove se puote entrar senza paura:
Ma come ariva cavalliero o conte
Sopra alla soglia dell'entrata, giura
Con perfetta leanza e dritta fede
Toccar quel scudo che davante vede.

5.   Posto è il bel scudo in mezo a la gran piaza,
A ricontarvi el come non dimoro;
Avea la corte intorno ad ogni faza
Logie dipinte con sotil lavoro;
Gran gente era ritratta ad una caza,
E un gentil damigello era tra loro:
Più bel di lui tra tutti non si vede,
Ed avea scritto al capo: 'Ganimede.'

6.   Tutta la istoria sua vi era ritratta
Di ponto in ponto, che nulla vi manca:
Come, cacciando alla selva disfatta,
Lo portò sino al cel l'acquila bianca,
Qual poi sempre fo insegna di sua schiatta,
Sino al giorno che Ettòr, l'anima franca,
Occiso fu nel campo a tradimento;
Cangiò Priamo e l'arme e il vestimento.

7.   L'acquila prima avea bianche le piume,
Ché candida dal celo era mandata;
Ma poi che Troia fie' de pianti un fiume,
Ne la crudele e misera giornata
Quando fu morto Ettorre, il suo gran lume,
La lieta insegna allor fu tramutata:
Per somigliarse a sua scura fortuna,
L'acquila bianca travestirno a bruna.

8.   Benché el scudo d'Ettòr, che io vi ho contato,
Quale era posto in mezo alla gran corte,

Non era in parte alcuna tramutato;
Ma tal quale il portava il baron forte,
Ad un pilastro d'oro era chiavato,
Ed avea scritto sopra in lettere scorte:
' Se un altro Ettòr non sei, non mi toccare:
Chi me portò, non ebbe al mondo pare.'

9. Di quel color che mostra il cel sereno
Avea il scudo, ch'io dico, appariscenzia.
La dama dismontò del palafreno
E fece in su la terra riverenzia,
E Mandricardo fece più né meno;
Poi passò dentro senza resistenzia.
Essendo gionto in mezo a quel bel loco,
Trasse la spada e toccò el scudo un poco.

10. Come fu tocco il scudo con la spada,
Tremò de intorno tutto il territoro,
Con tal romor che par che il mondo cada;
Indi se aperse il campo del tesoro.
Questo era un campo folto de una biada
Che avea tutte le paglie e spiche de oro:
Quel campo se mostrò senza dimora
Per una porta che se aperse alora.

11. Ma l'altra da levante, ove era entrato
Il cavallier, se chiuse tutta quanta.
La dama disse a lui: — Baron pregiato,
Uscir de quindi alcun mai non se vanta,
Se la biada che vedi in ogni lato,
Prima non tagli, e se la verde pianta
Qual vedi in mezo a quel campo felice,
Prima non schianti in fin dalla radice. —

12. E Mandricardo senza altro pensare
Entrò nel campo con la spada in mano,
E, cominciando la biada a tagliare,
Lo incanto apparve ben palese e piano;
Ché ogni granetto se ebbe a tramutare
In diverso animale orrendo e strano,

Or leonza, or pantera, ora alicorno:
Al baron tutti se aventarno intorno.

13.   Come cadeva il grano in su la terra,
In diverso animal se tramutava;
Per tutto intorno Mandricardo serra,
E sua prodezza poco gli giovava,
Ché non se vidde mai sì strana guerra.
La folta sempre più multiplicava
De lupi, de leoni e porci ed orsi:
Qual con graffi lo assalta, e qual con morsi.

14.   Durando aspra e crudel quella contesa
Quasi era posto il cavalliero al basso,
E restava perdente de la impresa,
Tanto era de le fiere il gran fraccasso;
Né potendo più quasi aver diffesa,
Chinosse a terra e prese in mano un sasso.
Quel sasso era fatato; e non sapea
Già Mandricardo la virtù che avea.

15.   Questa pietra ch'io dico, avea segnali
Verdi, vermigli, bianchi, azuri e de oro,
E, come tratta fu tra gli animali,
Tra quelli apportò zuffa e gran martoro;
Perché e tauri selvatici e' cingiali
E l'altre bestie cominciâr tra loro
Sì gran battaglia e morsi aspri e diversi,
Che in poco d'ora fôr tutti dispersi.

16.   Le bestie fôr disperse in poco de ora,
Ché l'una occise l'altra incontinente;
E Mandricardo non fece dimora,
Ché a ciò che far conviene, avia la mente.
L'altra aventura vi restava ancora,
Dico la pianta lunga ed eminente,
Che ha mille rami, e ogni ramo è fiorito;
A quella presto il cavalliero è gito.

---

12. — 7. *leonza*, leonessa. — *alicorno*, liocorno.
13. — 7. altra lez.: *de lupi, de leon, de porci e de orsi.* Quella adottata
è nell'uso del B.: v. 25-7: *de ambra e corallo e de argento.*
15. — 5. perchè i tori selvatici e i cinghiali.

17.   Di tutta forza al tronco s'abbracciava,
E pone a radicarla ogni vigore,
Ma dibattendo forte la crollava,
Onde a ogni foglia si spiccava il fiore,
E giù cadendo per l'aria volava.
Odeti se mai fu cosa maggiore:
Cadendo foglie e fiori a gran fusone,
Qual corbo diveniva, e qual falcone.

18.   Astori, aquile e guffi e barbagianni
Con seco cominciarno a far battaglia;
A benché non potean stracciarli e panni,
Ché armato è il cavalliero a piastre e maglia,
Pur eran tanti, che davano affanni
D'intorno a gli occhi e sì fatta travaglia,
Che non potea fornire il suo lavoro
De trare il tronco alle radice d'oro.

19.   Ma come quel che avea molto ardimento,
Non teme impaccio e la forza radoppia,
Sì che in fin la divelse a grave istento,
E nel stirparla parbe tuon che scoppia.
Con orribil romore uscitte un vento,
E tutti quelli ocelli a l'aria soffia:
Il vento uscitte, come Turpin dice,
Dal buco proprio ove era la radice.

20.   For di quel buco il gran vento rimbomba
Gettando con romor le pietre in sue
Come fossero uscite de una fromba;
E riguardando il cavallier là giue,
Vide una serpe uscir di quella tomba;
Indi li parbe non una, ma due,
Poi più de sei e più de otto le crede,
Cotante code invilupate vede.

21.   Or, perché sia la cosa manifesta,
Era la serpe di quel buco uscita,
Quale avea solo un busto ed una testa,
Ma dietro in dece code era partita;
E Mandricardo ponto non se arresta,
Ché volea sua ventura aver finita;

Col brando in mano alla serpe se accosta,
E il primo colpo a mezo il collo aposta.

22.   Ben gionse il tratto dove era apostato,
Dietro alla testa, a ponto nella coppa;
Ma quel serpente aveva il coio fatato.
Sì come un scoglio al legno che se intoppa,
Adosso al cavallier se fu lanciato;
E con due code alle gambe lo agroppa,
Con altre il busto e con altre le braccia,
Sì che legato a forza in terra il caccia.

23.   Lungo ha il drago il mostaccio e il dente bianco,
E l'occhio par un foco che riluca;
Con quello azaffa il cavalliero al fianco,
La piastra come pasta se manduca.
Lui se rivolge assai, ben che sia stanco,
E rivolgendo cade in quella buca
Ove uscia quel gran vento oltre misura:
Non è da dimandar s'egli ha paura.

24.   Ma sua ventura nel cader fu questa,
Ché in altro modo da la morte è preso:
Cadendo nel profondo con tempesta,
Fiaccò il capo al serpente col suo peso,
Sì che schiantar gli fie' gli occhi di testa,
Onde se sciolse e tutto s'è disteso;
Dibattendo le code tutte quante,
Rimase a terra morto in uno istante.

25.   Morto il serpente, or guarda il cavalliero
La scura grotta de sopra e de intorno
(Lucea un carbonchio a guisa de doppiero,
Qual rendea lume come il sole al giorno):
La tomba era de un sasso tutto intiero,
Ma quello era coperto e tanto adorno
De ambra e corallo e de argento brunito,
Che non si vede di quel sasso un dito.

23. — 3. *Con quello* (*dente*).
24. — 2. *è preso*, sarebbe stato preso (se non fosse caduto a quel modo).

26.   Avea nel mezo un palco edificato,
De uno avorio bianchissimo e perfetto,
E sopra un drappo azurro ad ôr stellato,
Posto come dossiero o capoletto.
Parea là sopra un cavalliero armato,
Che se posasse senza altro sospetto:
Parea, dico, e non vi era; ogniom ben note:
Sol vi eran l'arme, e dentro eran poi vote.

27.   Queste arme fôr de la franca persona
Che viene al mondo tanto racordata,
De Ettor, dico io, che ben fu la corona
De ogni virtute al mondo apregïata.
Sua guarnison, di cui mo se ragiona,
Priva è del scuto e priva de la spata.
Ove stia il scuto, poco su se spiana;
La spata ha Orlando, e quella è Durindana.

28.   Forbite eran le piastre e luminose,
Che apena soffre l'occhio di vederle,
Frissate ad oro e pietre prezïose,
Con rubini e smiraldi e grosse perle.
Mandricardo ha le voglie disïose,
Mille anni a lui pare de indosso averle;
Guarda ogni arnese e lo usbergo d'intorno,
Ma sopra a tutto l'elmo tanto adorno.

29.   Questo avea de oro alla cima un leone,
Con un breve d'argento entro una zampa;
Di sotto a quel pur d'oro era il torchione,
Con vinti sei fermagli de una stampa;
Ma dritto nella fronte avea il carbone,
Qual reluceva a guisa de una lampa,
E facea lume, com'è sua natura,
Per ogni canto de la grotta oscura.

30.   Mentre che il cavallier stava a mirare
L'arme, che eran mirande senza fallo,

---

26. — 4. *dossiero,* sinonimo di *capoletto* (coperta da letto).
28. — 3. *Frissate,* fregiate.
29. — 2. *breve,* striscia. — 3. *torchione,* l'asse d'attacco sulla cima. —
4. *de una stampa,* tutti dello stesso tipo. — 5. *carbone,* carbonchio.

Sentì dietro alle spalle risuonare
Ne lo aprir de una porta di metallo.
Voltosse, e vidde a sé più dame intrare,
Che a copia ne venian menando un ballo,
Vestite a nova gala e strane zacare,
Suonando dietro a lor zuffoli e gnacare.

31.   Lor, scambiettando ad ogni lato, sguinceno,
Con salti dritti se innalciano a l'aria;
Così danzando, una canzon comincieno
Di nota arguta, consonante e varia;
E con le voci, ch'e stormenti vinceno,
Fan rintonar la tomba solitaria;
Poi ne la fin, tacendo tutte quante,
Se ingienocchiarno al cavalliero avante.

32.   Quindi se fu levata una di quelle,
E Mandricardo comincia a lodare,
Ponendo sua virtù sopra alle stelle
Per questa impresa tanto singulare.
Come ella tacque, e due altre donzelle
Apresero il barone a disarmare,
E disarmato sotto alla sua scorta
Fuor de la tomba il misero alla porta.

33.   Adosso poi gli posero un bel mánto
De fina seta, ricamato a ziffere,
E perfumârlo apresso tutto quanto
De odor suavi e con acque odorifere;
E con festa ioconda e dolce canto,
Suonando tamburini e trombe e piffere,
Per una scala di marmoro ad aggio
Con lui se ritornarno entro al palaggio:

---

30. — 7. *zacare* (*zacchera*, bagatella), fregi, ninnoli femminili.
31-32. — Da notare la successione irregolare dei tempi, che è caratteri-
stica così frequente nella sintassi boiardesca: i presenti storici e i passati si susseguono e si mescolano con effetto di evidenza e di vivacità
parlata.
32. — 6. *Apresero*, impresero, cominciarono.
33. — 2. *ziffere*, cifre, figure geometriche simboliche. — 4. *odorifere*:
notare la rima imperfetta con *ziffere* e *piffere*: segno ulteriore della scarsa
sensibilità emiliana alle doppie e scempie. Vedi pure II, XV, 22: *tràffica*,
Africa (trattasi ancor qui di sdrucciole).

34.   Nel bel palaggio, quale io ve contai,
Che avea il scudo di Ettorre alla gran piaza.
Quivi eran cavallieri e dame assai,
Chi canta e danza, e chi ride e sollaza:
Più regal corte non se vidde mai;
Ma, come apparve Mandricardo in faza,
Gli andarno contra, e a sumissimo onore
Lo riceverno a guisa de segnore.

35.   Nel mezo a ricco seggio era la fata,
Che a sé davante Mandricardo chiede,
E disse: — Cavallier, questa giornata
Tal tesoro hai, che il simil non si vede.
Or se conviene agiongervi la spata,
E ciò mi giurarai su la tua fede:
Che Durindana, lo incantato brando,
Torai per forza de arme al conte Orlando.

36.   E sin che tale impresa non sia vinta,
Giamai non posarà la tua persona,
Nulla altra spada portarai più cinta,
Né adornarai tua testa di corona;
L'aquila bianca a quel scudo dipinta,
Nella alta enchiesta mai non la abandona,
Ché quella arma gentile e quella insegna
Sopra ad ogni altra de trïomfi è degna. —

37.   Re Mandricardo allor con riverenzia,
Sì come piace a quella fata, giura;
E l'altre dame ne la sua presenzia
Tutte il guarnirno a ponto de armatura.
Come fu armato, allor prese licenzia,
Avendo tratta a fin l'alta aventura,
Per la qual più baron de summo ardire
Eron là presi, e non potean partire.

38.   Ora uscirno le gente tutte quante,
Che gran cavalleria vi era pregione:

---

36. — 5-6. *Nella* è correzione, proposta tanto dal F. che dallo Z., del *nulla* che è lezione comune a tutti i testi antichi: oscura però per senso e sintassi, e probabilmente indotta ai copisti dal precedente *nulla* del v. 3 (« nessuna alta impresa abbandona mai l'aquila bianca »).

Isolieri il spagnolo e Sacripante,
Il re Gradasso e il giovane Grifone,
E sieco uscitte il fratello Acquilante.
Gente di pregio e di condizïone
Vi erano assai, e nomi de alta gloria,
Che non accade a dire in questa istoria.

39.   Però che il re Gradasso e Mandricardo
Insieme se partirno in compagnia,
Né a ricontarvi molto serò tardo
Ciò che intravenne a loro in questa via.
Ben vi so dir che un par tanto gagliardo
Non fu in quel tempo in tutta Pagania;
Però faran gran cose e peregrine,
Prima che in Francia sian condotti a fine.

40.   Ma Grifone e Aquilante altro camino
Presero insieme, perché eran germani,
E sapendo il lenguaggio saracino
Securi andarno un tempo tra' Pagani.
Or, cavalcando un giorno a matutino,
Due dame ritrovarno con duo nani;
L'una di quelle a bruno era vestita,
L'altra di bianco, candida e polita.

41.   E similmente e nani e' palafreni
Di neve e di carbone avean colore;
Ma le donzelle avean gli occhi sereni,
Da trar col guardo altrui di petto il core,
Accoglimenti di carezze pieni,
Parlar suave e bei gesti d'amore;
Ed è tra queste tanta somiglianza,
Che l'una l'altra de nïente avanza.

42.   E cavallier le dame salutaro
Chinando il capo con atto cortese:
Ma quelle l'una a l'altra se guardaro,
E la vestita a nero a parlar prese,
Dicendo alla compagna: — Altro riparo
Far non si può, ni fare altre diffese
Contra di quel che il cel destina e il mondo,
Come infinito è il suo girare a tondo.

43.   Ma pur se puote il tempo prolungare
        E far col senno forza a la fortuna:
        Chi fece il mondo, lo potrà mutare,
        E porre il sole in loco de la luna. —
        — Prendiam dunque partito, se ti pare, —
        Disse la bianca alla donzella bruna
        — De ritener costor, poi che la sorte
        Or gli conduce in Francia a prender morte. —

44.   Queste parole insieme ragionando
        Avean le dame, e non erono intese
        Da quei duo cavallieri, insino a quando
        La bianca verso de essi a parlar prese,
        Dicendo loro: — Io me vi racomando:
        Se la ragion per voi mai se diffese,
        Se amate onore e la cavalleria,
        Esser vi piaccia alla diffesa mia. —

45.   Ciascun de' duo baron quasi ad un tratto
        Proferse a quelle aiuto a suo potere.
        Disse la bruna: — Ora intenditi il fatto,
        Poi che inteso abbiam noi vostro volere.
        Fermar vogliamo a fede questo patto,
        Che una battaglia avrete a mantenere,
        Insin che un cavallier sia al tutto morto
        Il qual ce offende e villaneggia a torto.

46.   Quel disleale è nominato Orilo,
        E non è in tutto il mondo il più fellone;
        Tiene una torre in su il fiume del Nilo,
        Ove una bestia a guisa de dragone,
        Che là viene appellata il cocodrilo,
        Pasce di sangue umano e di persone.
        Per strano incanto è fatto il maledetto,
        Che de una fata nacque e de un folletto.

47.   Com'io vi dico, nacque per incanto
        Quella persona di mercè ribella,
        Che questo regno ha strutto tutto quanto,

---

43. — 7-8. Intorno alle due fate, v. II, XX, 5, nota.
47. — 2. *di mercè ribella*, ribelle alla pietà, senza umanità.

Perché ogni cavalliero o damigella
Qual quivi gionga o passi in ogni canto,
Fa divorare a quella bestia fella.
Cercato abbiamo de un barone assai,
Che tragga il regno e noi de tanti guai.

48.   Ma sino a qui rimedio non si trova
Né alcun riparo a tal destruzïone,
Ché quel da morte a vita se rinova
Per alta forza d'incantazïone.
Ora de voi se vederà la prova,
Ché ciascun mostra d'essere campïone
Per trare a fine ogn'impresa eminente,
Se a vostra vista lo animo non mente. —

49.   A quei duo cavallier gran voglia preme
De provar questa cosa tanto istrana;
E, caminando con le dame insieme,
Girno alla torre, e poco era lontana.
Già se ode il maledetto che là freme
Come fa il mar quando esce tramontana;
Fremendo batte Orilo in forma e denti,
Che sembra un mar turbato a suon de venti.

50.   Avea ne l'elmo per cimero un guffo
Cornuto, a penne e con gli occhi di foco,
E lui soffiava con orribil buffo;
Ma quei duo cavallieri il stimon poco,
Perché altre volte han visto il lupo in zuffo,
E stati sono a danza in altro loco,
Né stimono il periglio una vil paglia;
Onde il sfidarno presto alla battaglia.

51.   Ma quel superbo non fece risposta,
Mosse con furia e la sua mazza afferra;
Né più fece Aquilante indugia o sosta,
Ma la sua lancia lascia andare a terra,

50. — 5. aver *visto il lupo in zuffo* (ciuffo) vorrebbe dire essersi trovato a tu per tu, faccia a faccia col pericolo, esser stati quasi in bocca al lupo (*ciuffo*, chioma, vale: faccia).

el fin de le parole uolea il freno
Seguendo il ceruo e pur coshu dimanda
Benche hauesse uno amblante palafreno
Quale era nato nel regno de Irlanda
E correa come un ueltro o poco meno
Come tutti e roncin di quella banda
Non gia che fosse in corso simigliante
A laltro che hauea dato a Braddamante

Quello Andaluzo correua assai piu
Conouolea il patrone alcuna fiata
Hora apena nel corso posto fu
Che uarcho Fiordespina de una archata
Gia se pente la dama esserui su
E uede ben che la boccha ha sfrenata
Hora tira di possa hor tira prano
Ma a retenerlo ogni remedio e vano

Era dauanti un monte rileuato
Pien di cespugli e de arboscelli istrani
Ma non retemne il cauallo sfrenato
Questo passo come ha passato e prani
Il ceruo alle sue spalle hauea lasciato
Ben lo auicina e presso a qsto e cani
E pocho longe a cani e Fiordespina
Che studia il corso e quanto piu camina

Nella scesa del monte a ponto a ponte
fa presso il ceruo da un can cotridore
E come fu da questo prima agionto
Li altri poi lo aterrarno a gian furore
Hora factua Fiordespina conto
De non lasciar piu dire il suo amatore
E scudando al destrier come far suole
Fermar lo fa ben presto come uole

Non dimandar se Bradamante allora
Seggiendo il destrier fermo se conforta
El smonto de lo arcion senza dimora
Che quasi gia se hauea posta per morta
Tanto che li batteua il core anchora
E Fiordespina che e di questo accorta
Gli disse caualier uo che tu ymagine
Che un fal commesso ho sol p smenteagine

Ben si suol dar non falla, chi non fa
Non scio come mi sia di monte visate
Di farti noto che il destrier che te ha
Quasi condutto di morte al pa raro
Qualunche uolta se gli dice sta
Non passarebbe piu nel corso in dieo
Ma come io dissi me dimentuoai
Farlo a te noto e cio mi dole assai

Rimase Bradamante satisfatta
Per le parole e ancho per le proue
Che correndo il cauallo a briglia tratta
Come odeua dir sta piu non se moue
La experienza te piu uolte fatta
Al fin smontarno in su lherbette noue
Se stesse a lombra del fronzuto monte
Oue era un riuo e sopra a qllo u pesi

Quiui smontarno le due damigielle
Bradamante hauea arme anchora tecno
Laltra uno habito biano fatto a stelle
Quello era doro e larco e strali el corno
Ambe tanto legiadre ambe si belle
Che haurian di sue bellez ze il modo adorno
Luna de laltra accesa e nel desio
Quel che la mancha ben saprei dire io

Mentre che io canto o iddio redemptore
Sedo la italia tutta a fiamma e a foco
Per questi galli che con gran ualore
Uengon per disertar no scio che loce
Perho ui lascio in questo uano amoce
De Fiordespina ardente a poco a poco
Sin altra fiata se mi fia concesso
Racontaroui il tutto per expresso

Fins

Le ultime ottave dell'*Orlando innamorato* nel codice Trivulziano.

E poi col brando in mano a lui se accosta;
E tra lor cominciarno una aspra guerra,
Dando e togliendo e di sotto e di sopra,
E quel la maccia e questo il brando adopra.

52.   Di quel ferir Grifone ha poca cura,
Ché era guarnito a piastre fatte ad arte,
Ma lui taglia al pagano ogni armatura,
Come squarciasse tegole di carte.
Gionselo un tratto a mezo la cintura,
E in duo cavezzi apento lo diparte;
Così andò mezo a terra quel fellone,
Dal busto in giù rimase ne lo arcione.

53.   Quel che è caduto, già non vi è chi lo alci,
Ma brancolando stava ne l'arena;
E il suo destrier traea terribil calci,
Facea gran salti e giocava di schiena,
Onde convien che il resto al prato balci.
Ma non fu gionto in su la terra apena,
Che un pezo e l'altro insieme se sugella,
E tutto integro salta ne la sella.

54.   Se a quei baron parea la cosa nova,
Quale è incontrata, a dir non è bisogno,
Ché, avengaché Turpino a ciò me mova,
Io stesso a racontarla mi vergogno.
Disse Aquilante: — Io vo' veder la prova,
Se io faccio dadovero o pur insogno. —
Così dicendo adosso a quel si caccia,
E Orilo adosso a lui con la sua maccia.

55.   E l'uno e l'altro a bon gioco lavora,
Benché disavantagio ha quel pagano,
Ché il gagliardo Aquilante in poco de ora
L'arme gli ha rotte e poste tutte al piano;

51. — 8. *E quel la maccia: Quel la malicia* portava lo Z., evidente errore di lettura. Vedi *Fur.* XV, 81, 6: *La mazza l'un, l'altro ha la spada in mano.* Vedi anche qui sotto, 54-8. Lo stesso Z., ma solo in nota, preferiva la nostra lezione.
   52. — 1. Come ben nota lo Z., qui si trova un errore del B.: non è Grifone che combatte, bensì Aquilante solo.

Essendo destinato pur che ei mora,
Abandona un gran colpo ad ambe mano
Sopra le spalle, alla cima del petto,
E il collo e il capo via tagliò di netto.

56.   Ora ascoltati che stupendo caso:
La persona incantata e maledetta,
Colui, dico, che in sella era rimaso,
Par che la mazza a lato se rimetta,
E prende la sua testa per il naso,
E nel suo loco quella se rassetta;
Indi sua mazza ha presto in man ritolta,
E torna alla battaglia un'altra volta.

57.   La bianca dama cominciava a ridere,
E disse ad Aquilante: — Bello amico,
Lascia costui, ché non lo puoi conquidere,
E credi a me che vero è quel ch'io dico:
Se in mille parte l'avesti a dividere,
E più minuto il tagli che il panìco,
Non lo potrai veder del spìrto privo:
Spezato tutto, sempre sarà vivo. —

58.   Disse Aquilante: — E' non fia mai sentito
Questo nel mondo o tal vergogna intesa,
Che ogni mio assalto non abbi finito,
Se ben me consumassi in fiama accesa;
E benché a questo non veda partito,
Sino alla morte seguirò la impresa.
Fia de mia vita poi quel che a Dio piace,
Ma con costui non vo' tregua ni pace. —

59.   Così dicendo e turbato nel volto
Voltò ad Orril, ed hallo in terra a porre;
Ma quel ribaldo è già del campo tolto,
E rifuggito dentro da la torre.
Lo orrendo cocodrilo avea disciolto:
Fuor della porta quella bestia corre,

55. — 5. essendo (Aquilante) deciso senz'altro a farlo morire.
59. — 2. e ha da porlo in terra, e vuole, si accinge a porlo a terra.

E dietro Orilo in sul cavallo armato:
Ben par che il campo tremi in ogni lato.

60.   Come vide Grifon quello animale,
Qual vien correndo a quel fellone avante,
Mossesi ratto, come avesse l'ale,
Per dare aiuto al germano Aquilante.
Altra battaglia non fu mai cotale
Di tanto affanno e di fatiche tante
Quanto se puote in zuffa sostenire;
Ma ciò riserbo in l'altro canto a dire.

CANTO TERZO

1.   Tra bianche rose e tra vermiglie, e fiori
Diversamente in terra coloriti,
Tra fresche erbette e tra soavi odori
De gli arboscelli a verde rivestiti,
Cantando componea gli antichi onori
De' cavallier sì prodi e tanto arditi,
Che ogni tremenda cosa in tutto il mondo
Fu da lor vinta a forza e posta al fondo;

2.   Quando mi venne a mente che il diletto
Che l'om se prende solo, è mal compiuto.
Però, baroni e dame, a tal cospetto
Per dilettarvi alquanto io son venuto;
E con gran zoia ad ascoltar vi aspetto
L'aspra battaglia de Grifone arguto
E de Aquilante, il tanto apregïato,
La qual lasciai nel canto che è passato.

3.   Contai del cocodrilo in che maniera
Da la torre de Orrilo a furia n'esce.
A meraviglia grande è questa fiera,
Che molto vive e sempre in vita cresce;
Ora sta in terra ed or nella riviera,
Le bestie al campo, a l'acqua prende il pesce;

Fatto è come lacerta, over ramaro,
Ma di grandezza già non sono al paro;

4. Ché questo è lungo trenta braccia, o piue,
Il dosso ha giallo e maculoso e vario;
La mascella di sopra egli apre in sue,
Ed ogni altro animal fa pel contrario.
Tutta una vacca se ingiottisce, o due,
Ché ha il ventre assai maggior de un grande armario,
E denti ha spessi e lunghi de una spana:
Mai fu nel mondo bestia tanto istrana.

5. Ora Grifon, che lo vidde venire,
Come detto è di sopra, a tal tempesta,
Mosse con gran possanza e molto ardire
Verso di quello e la sua lancia arresta.
Più bello incontro non se potria dire:
Tra gli occhi il colse, a mezo de la testa.
Grossa era l'asta, e il ferro era pongente,
Ma l'uno e l'altro vi giovò nïente.

6. Fiaccosse l'asta come una cannuza
E poco fece il ferro alla percossa,
Ché a quella bestia non passò la buza,
Tanto era aspra e callosa e dura e grossa.
Ora apizata è ben la scaramuza,
E la fiera orgogliosa, ad ira mossa,
Aperse la gran bocca; e senza fallo
Integro se il sorbiva esso e 'l cavallo.

7. Se non che a tempo vi gionse Aquilante,
Che avea già Orilo in due parte tagliato,
E veggendo il germano a sé davante
A tal periglio e quasi devorato,
Mena un gran colpo del brando trinciante
Sopra al mostaccio, che era rilevato.
Fatato è il brando, ed esso avea gran forza,
Ma a quella bestia non taccò la scorza.

4. — 2. *vario*, più moderno *vaio* (fr. *vair*), bigio e spruzzato.
7. — 8. *taccò*, intaccò.

8.   Il cocodrilo ad Aquilante volta,
        Ma tanto spaventato è il suo destriero
        Che già non lo aspettò per quella volta,
        Né di aspettarlo gli facea mestiero,
        Ché in bocca non gli avria dato una volta,
        Ma travalciato in un boccone intiero:
        L'omo, il cavallo, l'arme e' paramenti
        Giù serian giti e non toccati e denti.

9.   Ma, come io dico, il destriero è smarito,
        Fugge correndo e ponto non galoppa;
        Quello orrendo animal l'avea seguito,
        E quasi il tocca spesso ne la groppa.
        Essendogli vicino a men de un dito,
        Altro che fare ad Aquilante intoppa,
        Ché Orrilo è suscitato e non soggiorna,
        Ma con la mazza alla battaglia torna.

10.   Ora Grifone a terra era smontato,
        E salta al cocodrilo in su le rene,
        E sì pel dosso è via correndo andato,
        Che per la coppa al capo se ne viene.
        Saltava il cocodrilo infurïato,
        Ma Grifone attaccato a lui se tiene,
        Ché ad ambe man l'ha preso per il naso:
        Mai non fu visto il più stupendo caso.

11.   Da l'altra parte Orrilo ed Aquilante
        Ripresa insieme avean cruda battaglia,
        Quale era pur come l'altre davante.
        Non giovano al pagan piastre né maglia,
        Ché in pezzi vanno a terra tutte quante.
        Ecco il gionge alla spalla e quella taglia,
        Credendo darli a quella volta il spaccio;
        La spalla via tagliò con tutto il braccio.

12.   Va il braccio dritto a terra col bastone:
        Non sta queto Aquilante, il sire arguto,

---

8. — 6. *travalciato*, trangugiato.
9. — 6. *intoppa*, càpita.

Ché ben sapea di sua condizïone;
Veggendol morto, non l'avria creduto.
Da l'altro lato mena un roversone,
E monca il manco braccio e tutto 'l scuto;
Poi salta dell'arcione in molta fretta,
Prende le braccia e quelle al fiume getta.

13.   Nel fiume le scagliò da mezo miglio:
Grande in quel loco è il Nilo, e sembra un mare.
Disse Aquilante: — Or va, ch'io non te piglio,
E fami el peggio ormai che mi pôi fare.
La mosca mal te cacciarai dal ciglio,
E potrai peggio e gambari mondare,
Malvaggio truffator, che con tuo incanto
M'hai retenuto in tal travaglia tanto. —

14.   Voltosse Orilo e parve una saetta,
Tanto correndo va veloce e chiuso,
E da la ripa nel fiume se getta:
Col capo innanti se ne andò là giuso.
Corse Aquilante a Grifon che lo aspetta,
Che il cocodrilo avea preso nel muso;
Non bisognava che indugiasse un anno,
Ché là stava il germano in grande affanno.

15.   Come io vi dissi su poco davante,
Grifon quello animale al naso ha preso,
E sopra al capo vi tenea le piante,
Facendo a forza il muso star disteso;
E così stando, vi gionse Aquilante,
Qual prestamente fu de arcion disceso,
E prese la sua lancia, che era in terra,
Ché non l'aveva oprata in questa guerra.

16.   Con quella in mano allo animal s'accosta,
Ponendo a tal ferire ogni possanza,
E tra la aperta bocca il colpo aposta,
E dentro tutta vi cacciò la lanza.
Via per il petto e per la prima costa
Fece apparir la ponta per la panza,
Però che sotto al corpo e ne le aselle
Il cocodrilo ha tenera la pelle.

17.   Ben vi so dir che il tratto a Grifon piacque,
Perché già più non lo potea tenire;
Mai lieto fu cotanto poi che nacque.
Ora comincia Orilo ad apparire,
Che su venìa natando per quelle acque.
Quando Aquilante lo vidde venire,
— Può far — diceva — il celo e tutto il mondo
Che abbi pescati e monchi in su quel fondo? —

18.   Lui l'uno e l'altro de' bracci menava
E l'onda con le mano avanti apriva;
Come una rana quel fiume notava,
Tanto che gionse armato in su la riva.
Grifon verso Aquilante ragionava:
— Se questa bestia fosse ancora viva,
Quale abbiam morta con affanno tanto,
Di tale impresa non avremo il vanto. —

19.   Disse Aquilante: — Io non so certo ancora
Che onor ce seguirà questa aventura;
Far non so io tal prova che mai mora
Quella incantata e falsa creatura.
Del giorno avanza poco più de un'ora:
Che faren ne la notte a l'aria scura?
A me par di vedere, e già il discerno:
Quel ce trarà con seco nello inferno. —

20.   Grifon diceva: — Adunque ora si vôle,
Mentre che è il giorno, la spada menare,
Prima che al monte sia nascoso il sole:
Per me la notte non sapria che fare. —
E quasi al mezo di queste parole
Volta ad Orilo e vallo ad afrontare;
Ciascun da dover tocca e non minaccia,
L'un con la spada e l'altro con la maccia.

21.   Molto vi era da far da ciascun lato,
Ché quello a questo e questo a quel menava,
Avenga che Grifone è bene armato,

---

18. — 8. *avremo*, da intendere come *avremmo*, con scempiamento.

E di mazzate poco se curava.
Durando la contesa in su quel prato,
Un cavalliero armato vi arivava,
Che avea preso in catena un gran gigante.
Ma di tal cosa più non dico avante.

22.   Ben poi ritornarò, come far soglio,
E questa impresa chiara conterò,
Ché, quando de una cosa è pieno il foglio,
Convien dar loco a l'altra; ed imperò
De Mandricardo racontar vi voglio,
Qual con Gradasso in Franza menerò.
Ma, prima che sian gionti, assai che fare
Avranno entrambi e per terra e per mare.

23.   Partiti da la fata del castello,
Ove l'arme di Ettòr già star suoleano,
Sorìa, Damasco e quel paese bello
Senza travaglia già passato aveano.
Sendo gionti sul mare ad uno ostello,
Perché era tardi aloggiar vi voleano,
Ma quello è aperto ed è disabitato,
Né appar persona intorno in verun lato.

24.   Guardando giuso al lito il re Gradasso,
Verso una ripa a pietre dirocata,
Ove la batte l'onde e il mare al basso
Stava una dama ignuda e scapigliata,
Che era legata con catene al sasso,
Chiedendo morte la disconsolata.
— Morte, — diceva — o tu, morte, me aiuta,
Ché ogn'altra spene è ben per me perduta! —

25.   E cavallier callarno incontinente
Giuso nel fondo di quel gran petrone
Per saper meglio l'aspro conveniente
Di quella dama, e chi fosse cagione;
Ma lei piangeva sì dirottamente,
Ch'e sassi mossi avria a compassïone,
Dicendo a quei baron: — Deh! per pietate
Tagliatime qua tutta con le spate.

25. — 3. *l'aspro conveniente*, la dura condizione.

26.   E se il celo o fortuna vôl che io pèra,
Per le man de omo almen possa perire,
Né divorata sia da quella fiera,
Ché peggio assai è il strazio che il morire. —
Volean saper la cosa tutta intiera
E duo baron, ma lei non potea dire,
Sì forte in voce singiociva, e tanto
Tra le parole gli abondava il pianto.

27.   E pur dicea piangendo: — Se io mi doglio
Più che io non mostro, n'ho cagione assai.
Se il tempo bastarà, dir la vi voglio:
Odeti se una al mondo è in tanti guai.
Dimora uno orco là sotto a quel scoglio:
Non so se altro orco voi vedesti mai,
Ma questo è sì terribile alla faccia,
Che al ricordarlo il sangue mi se agiaccia.

28.   Apena apena che parlar vi posso,
Ché il cor mi trema in petto di paura.
Grande non è, ma per sei altri è grosso,
Riccia ha la barba e gran capigliatura;
In loco de occhi ha due cocole de osso,
E bene a ciò providde la natura,
Ché, se lume vedesse, a tondo a tondo
Avria disfatto in poco tempo il mondo.

29.   Né vi è diffesa, a benché non gli veda,
Ché, come io dissi, il perfido è senza occhi.
Io già lo vidi (or chi fia che lo creda?)
Stirpar le quercie a guisa de finocchi;
E tre giganti che avea presi in preda,
Percosse a terra qua come ranocchi;
Le cosse dispiccò dal busto tosto,
E pose il casso a lesso e il resto a rosto.

30.   Però che sol se pasce a carne umana,
E tien de sangue de omo a bere un vaso.

---

28. — 5. *cocole*, coccole, globi simili a frutti sodi.
29. — 7-8. L'intensa allitterazione (gioco di cui il B. si compiace talvolta) aggiunge un certo comico al terrore allucinato della prigioniera. —
casso, busto, petto.

Ma gite voi in parte più lontana,
Che quel malvagio non vi senta a naso;
A benché giace adesso nella tana,
Che per dormir là dentro si è rimaso;
Ma come se resvegli, incontinente
Al naso sentirà che quivi è gente.

31.   E come un bracco seguirà la traccia;
Non valerà diffesa, né fuggire,
Ché cento miglia vi darà la caccia,
E converravi in tutto al fin perire.
Onde vi prego che partir vi piaccia,
E me lasciati misera morire,
Ma sol chiedo di grazia e sol vi prego
Che a una dimanda non facciati nego;

32.   E questa fia: se forse tra camino
Avesti un giovinetto a riscontrare,
Re di Damasco (e nome ha Norandino;
Non so se mai lo odesti racordare),
A lui contati il mio caso tapino
(So ben che lo fareti lacrimare),
Dicendo: « La tua dama te conforta,
Che te amò viva ed ama ancora morta. »

33.   Ma ben guardàti, e non prendesti errore,
De dir ch'io viva più tra tante pene,
Però che lui mi porta tale amore,
Che nol potrian tener mille catene;
E la mia doglia poi saria maggiore,
Veggendo perir meco ogni mio bene;
E più mi doleria che la mia morte,
Che se a lui fosser sol due dita torte.

34.   Direti adunque come sotterrata
M'avete istessi a canto alla marina;
Ma lui dimandarà de la contrata
Per trovar morta almen la sua Lucina.
Direti che l'aveti smenticata

33. — 1. *prendesti*, prendiate. — 8. il *che* è pleonastico.
34. — 2. *istessi*, voi stessi.

Come se chiami, e il loco che confina;
Poi confortati lui con tal parole
Che stia contento a quel che 'l mondo vôle. —

35.   Così ragiona, e la faccia serena
Piangendo bagna quella sventurata.
Tenea Gradasso le lacrime apena,
E già dal fianco avea tratta la spata
Per rompere e tagliar quella catena,
Con la qual quivi al sasso era legata;
Ma la dama cridò: — Per Dio, non fare!
Morto serai, né me potrai campare.

36.   Questa catena, misera! dolente!
Per entro al sasso passa nella tana;
Come toccata fosse, incontinente
Scocca uno ordegno e suona una campana;
E se quel maledetto se risente,
Ogni speranza del fuggire è vana.
Per piani e monti e ripe e lochi forti
Mai non vi lasciarà, sin che vi ha morti. —

37.   A Mandricardo molta voglia tocca
De odir se la campana avea bon suono.
La dama non avea chiusa la bocca,
Che è scosso la catena in abandono.
Ben vi so dir che dentro là si chiocca:
Sembra nel sasso risuonare un tuono;
E la donzella pallida e smarita
— Ahimè! — cridava — ahimè! mia vita è gita!

38.   Sol de la tema tutta me distorco:
Adesso qua serà quel maledetto. —
Eccoti uscir de la spelonca lo orco,
Che ha la gozaglia grande a mezo il petto;
E denti ha for di bocca, come il porco,
Né vi crediati che abbi il muso netto,
Ma brutto e lordo e di sangue vermiglio;
Longhi una spanna ha e peli in ogni ciglio.

37. — 5. *si chiocca*, si senton suoni rumorosi.
38. — 4. *gozaglia*, gozaia, enorme gozzo, fino a metà busto.

39.   Quanto una gamba ha grosso ciascun dito
E negre l'ungie e piene di sozzura.
Ora Gradasso già non è smarito
Per tanto istrana ed orrida figura.
Col brando in mano adosso a quello è gito,
Ma l'orco del suo brando ha poca cura,
Nel scudo il prende e via strappò del braccio,
E quel stringendo franse come un giaccio.

40.   Se così preso avesse nella testa,
L'elmo avria rotto e trito come cenere,
Serìa compita ad un tratto la festa.
Come se schiazzan le nociole tenere,
Come se fiacca un ziglio alla tempesta,
O vero un fongo che al fango se genere,
Sì sciolto il capo avria, senza dissolvere
Le fibbie a l'elmo, e fatto tutto in polvere.

41.   Ma lui non vede ove ponga la mano,
Per questo a caso l'ha nel scudo preso;
E dette un scosso sì crudo e villano,
Che a terra il re Gradasso andò disteso.
L'orco il prese a traverso a mano a mano,
Alla spelonca lo portò di peso;
Ben se dibatte invano e se dimena,
Pur l'orco il lega e pone alla catena.

42.   Come legato l'ebbe, incontinente
Fuor de la tana di novo è venuto;
E Mandricardo si stava dolente,
Ché il suo caro compagno avia perduto.
Non avea brando il cavallier valente,
Però che aveva in sacramento avuto
Mai non portare alla sua vita brando,
Se non acquista quel del conte Orlando.

43.   Chinosse e prese una gran pietra e grossa:
Bene è cinquanta libre, vi prometto;
E trasse quella di tutta sua possa,
E gionse lo orco proprio a mezo il petto.
Ma quel non teme ponto la percossa,

Anci l'ira gli crebbe e il gran dispetto;
Ove ebbe il colpo, con la man se tocca,
E, come un verro, ha la schiuma alla bocca.

44.   E dietro al cavallier par che se metta,
Come un seguso a l'orme de una fiera;
Già Mandricardo ponto non lo aspetta,
Ché avea persona destra, atta e legiera.
Su corre al poggio, e sembra una saetta;
Quindi, fermato a megio la costiera,
Tra' un gran sasso tratto fuor del monte,
E quel percosse dritto nella fronte.

45.   Quel sasso in mille parte se spezzò,
Ma fece poco male a quel perverso,
E già per questo non lo abandonò,
Ché non l'aveva mai di naso perso.
Mandricardo ne va quanto più può,
Cercando il monte a dritto ed a traverso,
Tanto che gionse a quello in su la cima,
E lo orco apresso; e quasi ancora in prima.

46.   Non sa più che si fare il cavalliero,
Né a questa cosa sa prender partito;
Per ogni balza e per ogni sentiero
Questa malvagità l'avea seguito,
Né far bisogna ponto di pensiero
Aver con esso de diffesa un dito;
Ben gli tra' sassi e tronchi aspri e robesti,
Ma non ritrova cosa che lo aresti.

47.   Torna correndo in giù, verso il vallone,
A benché indietro se voltava spesso,
Ed ecco avanti trova un gran burone:
Da cima al fondo tutto il monte è fesso.
Alor se tenne morto quel barone,
E per spazzato al tutto se è già messo;
Sopra alla balza a corso pieno è mosso,
Di là de un salto andò con l'arme in dosso.

48.   Ed era larga più de vinti braccia,
Sì come altri estimar puote alla grossa;

Ma quel brutto orco che seguia la traccia,
Perch'era cieco non vidde la fossa,
Onde per quella a piombo giù tramaccia.
De intorno ben se odette la percossa,
Ché, quando gionse in su le lastre al fondo,
Parve che il cel cadesse e tutto il mondo.

49.	Non dette la percossa sopra al letto,
Perché quella aspra ripa era molto alta,
E ben tre coste se fiaccò nel petto,
E quelle pietre del suo sangue smalta.
Diceva Mandricardo con diletto:
— Chi ponto stecca al segno mal si salta.
Or là giù ti riman in tua malora! —
Così dicendo più non se dimora.

50.	E giù callando lieto e con gran festa,
Al mar discese e venne alla spelonca.
Qua vede un braccio, e là meza una testa,
Colà vede una man co' denti monca.
Per tutto intorno è piena la foresta
Di qualche gamba o qualche spalla tronca
E membri lacerati e pezzi strani,
Come di bocca tolti a lupi e a cani.

51.	Ciò riguardando varca di bon passo,
E gionse a quella tana in su la intrata,
Qual molto è grande dentro da quel sasso,
E riccamente d'oro è lavorata.
Poi che ebbe sciolto quindi il re Gradasso,
E la dama che al scoglio era legata,
Tutti se revestirno a nove spoglie,
Ché veste ivi trovarno e ricche zoglie.

52.	Montarno, e ciascadun forte camina;
Seco è la dama dal viso soprano:
E via passando a canto alla marina
Iscorsero una nave di lontano.
Viddero in quella, quando se avicina,
L'alta bandiera del re Tibïano:

---

49. — 6. chi manca la mèta anche di poco fa un salto sbagliato. *Si salta*, come ai v. 8: *se dimora*: i riflessivi per i semplici.

Qual era parte di questa donzella
Tolta da loro alla fortuna fella.

53.   Re de Cipri in quel tempo e de Rodi era
Quel Tibïano ed altre terre assai,
E va cercando per ogni rivera
De la filiola, e non la trova mai;
Onde di doglia in pianto se dispera,
E mena la sua vita in tristi guai.
Come la dama la bandiera vide,
Per allegrezza a un tratto piange e ride.

54.   Già meglio se comincia a discernire
La nave e la sua gente tutta quanta;
E la donzella non può sofferire,
Ma con la veste a quella nave amanta;
E, senza più tenirvi in lungo dire,
Salirno al legno; e la zoia fo tanta
Quanto a sì fatto caso esser credia,
Trovando lei che morta esser tenìa.

55.   E già le poppe voglion rivoltare,
Tirando con le corde alte le antene.
Eccoti lo orco che nel poggio appare,
E verso il mare a corso se ne viene;
Ben vi so dir che ogniom si dà che fare,
Ché la più parte alor morta se tiene;
Ciascun de' marinari era parone
A tirar presto e volgere il temone.

56.   Pur giù vien lo orco e verso il mar se calla.
La barba a sangue se gli vedea piovere,
Un gran pezzo de monte ha in su la spalla,
Che dentro vi eran pruni e sterpi e rovere;
Legier lo porta lui come una galla,
Né cento boi l'avrian potuto movere.
Correndo vien la orrenda creatura:
Già dentro al mare è sino alla cintura.

57.   E tanto passa, che va come il buffolo,
Che il muso ha fuori e i piedi in su la sabbia;

54. — 4. *amanta*, ammanta, fa segno come con un manto.

Movere odendo e remi al suon del zuffolo,
Trasse là verso il monte con gran rabbia.
Gionsine presso; e l'onda diè tal tuffolo,
Che saltar fece l'acqua in su la gabbia;
Ma se più avanti un poco avesse agionto,
Sfondava il legno e li omini ad un ponto.

58.   Se e marinari alora ebber spavento,
Non credo che bisogni racontare,
Ché qual di loro avea più de ardimento
Nascoso è alla carena e non appare.
Ora levosse da levante il vento,
L'onda risuona e grosso viene il mare;
Già rotto il celo e l'acqua insieme han guerra:
Più non se vede lo orco né la terra.

59.   De l'orco, dico, ormai non han paura,
Ma morte han più che prima in su la testa,
Però che orribilmente il celo oscura,
Il vento cresce ogniora e gran tempesta.
Pioggia meschiata de grandine dura
Giù versa con furore, e mai non resta:
Ora fùlgore, or trono ed or saetta,
Che l'una l'altra apena non aspetta.

60.   Per tutto intorno bursano e delfini,
Donando di fortuna il tristo annoncio;
Non sta contento il mare a' suoi confini,
Che in nave ne entra assai più d'un bigoncio:
Da far vi fia per grandi e piccolini.
Ma non vi vo' tenir tanto a disconcio,
E nel presente canto io ve abandono,
Ché ogni diletto a tramutare è bono.

---

58. — Quest'episodio dell'Orco arieggia un po' vagamente quello di Ulisse e Polifemo. L'Ariosto lo raccontò di nuovo, con aggiunte, nel c. XVII, 23-67: immaginò che il re Norandino fosse presente agli avvenimenti della prigionia di Lucina pur essendo libero: dopo l'intervento di Gradasso e Mandricardo, il re ritrovò la sposa in Nicosia. Dall'episodio dell'*Odissea* l'Ariosto derivò lo stratagemma dell'uscire dalla caverna insieme col gregge, ungendosi di grasso di becco per eludere l'odorato dell'Orco: così Norandino tentò in un primo tempo di liberare Lucina.

60. — 1. *bursano*, saltano (non di Crusca); Berni: *saltar si veggon per tutto delfini*. — 8. è sempre bene cambiar divertimento per evitare che annoi.

CANTO QUARTO

1.   Segnor, se voi potesti ritrovare
Un che non sappia quel che sia paura,
O se volesti alcun modo pensare
Per sbigottire una anima sicura,
Quando è fortuna quel poneti in mare,
E si non se spaventa o non se cura,
Toglietelo per paccio, e non ardito,
Perché ha con morte il termine de un dito.

2.   Orribil cosa è certo il mar turbato,
E meglio è odirlo dir che farne prova,
Però creda ciascuno a chi gli è stato,
E per provar di terra non si mova,
Come io contava al canto che è passato,
Di quella nave che entro al mar se trova,
Sì combattuta da prora e da poppa,
Che l'acqua ve entra ed escine la stoppa.

3.   Mandricardo era in quella e il re Gradasso,
Re Tibïano e sua figlia Lucina.
Ora se rompe l'onda a gran fraccasso,
E mostra un gregge tutta la marina,

CANTO IV. — Il re tartaro e il sericano scampano dalla burrasca sulle coste di Acquamorta e giungono alla battaglia di Montealbano. I Francesi sono sbaragliati e fuggono a Parigi. A quella volta si dirige anche Bradamante, lasciando Rugiero alle prese con Rodamonte.

1. — Qui è testimonianza del timore che si aveva allora per i viaggi, tanto malsicuri su quelle deboli navi: e questa insistenza nel narrare viaggi per mare e dipingere tempeste, fa eco alla voga in cui dovevano essere per via delle grandi scoperte geografiche di quegli anni.

2. — Nella descrizione di questa tempesta è chiara la presenza del *Morgante* (XX, 31-37), soprattutto per certi particolari: i delfini, la stoppa, il gregge... (G. Ponte).

3. — 4. *gregge*: con immagine consimile parliamo di « cavalloni ».

Un gregge bianco, che si pasca al basso,
Ma sempre mugge e sembra una ruina;
Stridon le corde e il legno se lamenta:
Gemendo al fondo, par che 'l suo mal senta.

4.   Or questo vento ed or quell'altro salta,
Non san che farsi e marinari apena;
Tra' nivoli talor è la nave alta,
E talor frega a terra la carrena.
Sopra a ogni male e sopra a ogni difalta
Fu quando gionse un colpo ne la antena;
Piegosse il legno e giù dette alla banda:
Ciascun cridando a Dio si racomanda.

5.   Più de due miglia andò la nave inversa,
Che a ponto in ponto sta per affondare,
La gente che vi è dentro è tutta persa:
Se fa de' voti, non lo adimandare.
Ecco da canto gionse una traversa,
Che a l'altra banda fece traboccare;
Ciascadun crida e non se ode persona,
Sì muggia il mare e il vento sì risona.

6.   Questo se cangia e muta in uno istante,
Ora batte davanti, or ne le sponde;
Spiccosse al fine un groppo da levante
Con furia tal, che il mar tutto confonde.
Gionse alla poppa e pinse il legno avante,
E fece entrar la prora sotto l'onde;
Sotto acqua via ne andò più d'una arcata,
Come va il mergo e l'oca alcuna fiata.

7.   Pur fuore uscitte, e va con tal ruina
Qual fuor de la balestra esce la vera.
Da quella sera insino alla matina
E da quella matina a l'altra sera,
Via giorno e notte mai non se raffina,

4. — 5. *difalta*, danno.
7. — 2. *vera* (viera, ghiera), freccia. Berni: *con quella rovina | va, che de la balestra esce la viera.*

Sin che condotta è sopra alla riviera,
Ove quel monte in Acquamorta bagna
Il qual divide Francia dalla Spagna.

8.   Quivi ad un capo che ha nome la Oruna
Smontarno con gran voglia in su la arena,
E sì sbattuti son dalla fortuna,
Che sendo in terra nol credono apena.
Passò il mal tempo e quella notte bruna,
Con l'alba insieme il cel se raserena,
E già per tutto essendo chiaro il giorno,
Deliberarno andar cercando intorno.

9.   Cercar deliberarno in che paese
Sian capitati e chi ne sia segnore,
E tratto fuor di nave ogni suo arnese,
Ciascadun se arma e monta il corridore.
Ma lor vïaggio poco se distese,
Ché oltra ad un colle odirno un gran rumore,
Corni, tamburi ed altre voce e trombe,
Che par che 'l suono insino al cel rimbombe.

10.   Il franco re Gradasso e Mandricardo
Fecer restar la dama e Tibïano.
Possa alcun de essi a mover non fu tardo,
Sin che fôr sopra al colle a mano a mano;
E giù facendo a quel campo riguardo
Vider coperto a genta armata il piano,
Che era afrontata insieme a belle schiere
Sotto a stendardi e segni di bandiere.

11.   Perché sappiati il tutto, il re Agramante
Contro al re Carlo avea questa battaglia,
Come io contai nel libro che è davante:
Un'altra non fu mai di tal travaglia.
Quivi era il re Marsilio e Balugante,
Tanti altri duci e tanta altra canaglia,
Che in alcun tempo mai né alcuna guerra
Maggior battaglia non se vidde in terra.

8. — 1. *Oruna*, nome incerto nei testi, e ignoto.

12.   Orlando qua non è, ni Feraguto:
Stava il pagano ad un fiume a cercare
De l'elmo, qual là giù gli era caduto,
Sì come io vi ebbi avanti a ricontare.
Al conte era altro caso intravenuto
Troppo stupendo e da meravigliare:
Ché lui, qual vincer suole ogni altra prova,
Tra dame vinto e preso se ritrova.

13.   Di lui poi dirò il fatto tutto intiero,
Ma non se trova adesso in queste imprese;
Ben vi è Ranaldo e il marchese Oliviero,
Èvi Ricardo e Guido e 'l bon Danese,
Come io contava alor, quando Rugiero
Tanti baroni alla terra distese
Di nostra gente, e tal tempesta mena
Come fa il vento al campo de l'arena.

14.   Come si frange il tenero lupino
O il fusto de' papaveri ne l'orto,
Cotal fraccasso mena il paladino;
Condotta è nostra gente a tristo porto.
Roverso a terra se trova Turpino,
Uberto, el duca di Baiona, è morto;
Avino e Belengiero e Avorio e Ottone
Sono abattuti, e seco Salamone.

15.   Gualtieri ebbe uno incontro ne la testa
Che il sangue gli schiattò per naso e bocca
E cade trangosciato alla foresta.
Il giovane Rugiero a gli altri tocca,
Né se potria contar tanta tempesta:
Qual tramortito e qual morto trabocca.
Via va correndo e scontrasi a Ricardo
Quel duca altiero, nobile e gagliardo.

16.   Ispezza il scudo e per la spalla passa,
Di dietro fore andò il pennon di netto;
La lancia a mezo l'asta se fraccassa,
Urtarno e duo corsier petto per petto.
Rugier quivi Ricardo a terra lassa
E tra' la spada, il franco giovanetto,

La spada qual già fece Falerina,
Che altra nel mondo mai fu tanto fina.

17.   Comincia la battaglia orrenda e fiera,
Che quasi è stata insino adesso un gioco;
Sembra Rugier tra gli altri una lumiera,
Trono e baleno e folgore di foco.
Or questa abatte ed or quell'altra schiera,
Par che si trovi a un tratto in ogni loco;
Volta e rivolta e, come avesse l'ale,
Per tutto agiongie il giovane reale.

18.   La nostra gente fugge in ogni banda:
Non è da dimandar se avean paura,
Ché a ciascun colpo un morto a terra manda:
Sembraglia non fu mai cotanto oscura.
Già Sinibaldo, il bon conte de Olanda,
Partito avea dal petto alla cintura,
E Daniberto, il franco re frisone,
Avea tagliato insino in su l'arcione.

19.   E il duca Aigualdo, il grande e sì diverso,
Qual fu Ibernese e nacque de gigante,
Fo da Rugiero agionto in su il traverso,
E tutto lo tagliò dietro e davante.
Non è il marchese de Vïena perso,
Se l'altre gente fuggon tutte quante;
Se ben gli altri ne vanno, ed Oliviero
Sol lui se affronta e voltase a Rugiero.

20.   Alor se incominciò l'alta travaglia,
Né questa zuffa come l'altre passa;
La spada de ciascun così ben taglia,
Che io so che dove giongie, il segno lassa.
Ecco il Danese ariva alla battaglia,
Ecco Ranaldo ariva, che fraccassa
Tutta la gente e mena tal polvino
Come il mondo arda e fumi in quel confino.

18. — 4. *Sembraglia*, accozzaglia di gente.
19. — 5. *marchese de Vïena*: Oliviero. — *perso*, smarrito, spaventato.

21.   Quando Rugier, che stava alla vedetta,
          Se accorse che sua gente in volta andava,
          Come dal cel scendesse una saetta,
          Con tal furore ad Olivier menava.
          Menava ad ambe mano, e per la fretta,
          Come a Dio piacque, il brando se voltava;
          Colse di piatto, e fo la botta tanta,
          Che l'elmo come un vetro a pezzi schianta.

22.   Ed Olivier rimase tramortito
          Per il gran colpo avuto a tal tempesta;
          Senza elmo apparve il suo viso fiorito,
          E cadde de lo arcione alla foresta.
          Quando il vidde Rugiero a tal partito,
          Che tutta a sangue gli piovea la testa,
          Molto ne dolse al giovane cortese,
          Onde nel prato subito discese.

23.   Essendo sopra al campo dismontato
          Raccolse nelle braccia quel barone
          Per ordinar che fusse medicato,
          Sempre piangendo a gran compassïone.
          In questo fatto standosi occupato,
          Ecco alle spalle a lui gionse Grifone:
          Grifone, il falso conte di Maganza,
          Vien speronando e aresta la sua lanza.

24.   Di tutta possa il conte maledetto
          Entro alle spalle un gran colpo gli diede,
          Sì che tomar lo fece a suo dispetto:
          Tomò Rugiero e pur rimase in piede;
          Mai non fu visto un salto così netto.
          Ora presto si volta e Grifon vede,
          Che per farlo morir non stava a bada:
          Rotta la lancia, avea tratta la spada.

23. — 6. Naturalmente non si tratta qui del Grifone che, con Aquilante, sta combattendo contro Orrilo. Questo è lo stesso che dopo il duello
contro Grandonio si fece con tutti i suoi familiari di Maganza contro
Astolfo (I, III); naturalmente non desta alcuna simpatia nel Poeta, al
contrario dell'altro. Dalle antiche genealogie risulta che Grifone (da iden-
tificare con questo) fu padre di Gano, suocero di Rolando, conte di Mayence
(Maganza). Nel poema compare un terzo *Grifone, di Altaripa* (I, VIII).
24. — 3. *tomar*, cadere, ruzzolare.

25.   Ma Rugier se voltò con molta fretta,
Cridando: — Tu sei morto, traditore! —
Grifone il falso ponto non lo aspetta,
Come colui che vile era di core.
Ove è più folta la battaglia e stretta,
In quella parte volta il corridore;
Tra gente e gente e tra l'arme se caccia,
Né può soffrir veder Rugiero in faccia.

26.   Questo altro il segue a piede, minacciando
Che lo farà morir come ribaldo;
E quel fuggendo, e questo seguitando,
Gionsero al loco dove era Ranaldo,
Quale avea fatto tal menar del brando,
Che 'l campo correa tutto a sangue caldo.
Parea di sangue il campo una marina:
Veduta non fu mai tanta ruina.

27.   Grifon cridava: — Aiutame per Dio!
Aiutame per Dio! ché più non posso;
Ché questo saracin malvaggio e rio
Per tradimento a morte me ha percosso. —
Quando Ranaldo quella voce odìo,
Voltò Baiardo e subito fu mosso
Per urtarsi a Rugiero a corso pieno;
Ma, veggendolo a piè, ritenne il freno.

28.   Sappiati che il destrier del paladino
Era rimaso là dove discese.
Là presso sopra il campo era Turpino
Che da' Pagani un pezzo se diffese;
Essendo a quel destrier dunque vicino,
A lui se accosta e per la briglia il prese;
E destramente ne lo arcion salito
Ritorna alla battaglia il prete ardito.

29.   Rugiero adunque, come ebbi a contare,
Se ritrovava a piedi in su quel piano.
Fuggito è via Grifone e non appare,
E lui affronta il sir di Montealbano;
Il qual nol volse con Baiardo urtare,

Però che ad esso parve atto villano,
Ma de arcion salta alla campagna aperta
Col scudo in braccio e con la sua Fusberta.

30. Tra lor se cominciò zuffa sì brava,
Che ogni om per meraviglia stava muto;
Né già Ranaldo stracco si mostrava,
Benché abbia combattuto il giorno tuto;
E l'uno e l'altro a tal furia menava,
Che meraviglia è che non sia destruto.
Non che il scudo a ciascuno e l'elmo grosso,
Ma un monte a quei gran colpi serìa mosso.

31. Durando aspra e crudel quella contesa,
Ecco Agramante ariva a la battaglia,
Che caccia e Cristïani alla distesa,
Come fa il foco posto ne la paglia.
Re Carlo e' nostri non pôn far diffesa,
Tanta è la folta di quella canaglia,
Che sembra un fiume grosso che trabocca:
Per un de' nostri, cento e più ne tocca.

32. Avanti a gli altri el re di Garamanta,
Io dico il dispietato Martasino,
Qual vien cridando, a gran voce se vanta
Di prender vivo il figlio de Pipino.
Tanto è il romore e la gente cotanta,
Che il campo trema per ogni confino,
E tale è il saettar fuor di misura,
Che al nivolo de' dardi il cel se oscura.

33. La gente nostra fugge in ogni lato,
E quella che se arresta riman morta.
Quivi è Sobrino, il vecchio disperato,
Che per insegna il foco a l'elmo porta;
E Balifronte, in su un gambelo armato,
Taglia a due mano ed ha la spada torta;
E Barigano e Alzirdo e Dardinello
Ciascun de' Cristïan fa più macello.

34. Oh! chi vedesse in faccia il re Carlone
Guardare il cielo e non parlar nïente:

E sassi mossi avria a compassïone,
Veggendol lacrimar sì rottamente.
— Campati voi, — diceva al duca Amone
— Campati, Naimo e Gano, il mio parente,
Campati tutti quanti, e me lassati,
Ché qua voglio io purgare e mei peccati.

35.   Se a Dio, che è mio segnor, piace ch'io mora,
Fia il suo volere, io sono apparecchiato;
Ma questa è sol la doglia che mi accora,
Che perir veggio il popul battezato
Per man di gente che Macone adora.
O re del celo, mio segnor beato,
Se il fallir nostro a vendicar ti mena,
Fa che io sol pèra e sol porti la pena. —

36.   Ciascun di quei baron che Carlo ascolta,
Piangono anco essi e risponder non sano.
Già la schiera reale in fuga è volta,
E boni e tristi in frotta se ne vano.
La folta grande è già tutta ricolta
Ove Rugiero e 'l sir de Montealbano
Facean battaglia sì feroce e dura,
Che de questi altri alcun de lor non cura.

37.   Ma tanto è la ruina e il gran disvario
Di quella gente, e chi fugge e chi caccia,
Chi cade avanti, e chi per il contrario,
E chi da un lato e chi d'altro tramaccia;
Onde a que' dui baron fu necessario
Spartir la zuffa, e sì grande la traccia
Gli urtava adosso e tanta la zinia,
Che alcun di lor non sa dove si sia.

38.   Partito l'un da l'altro e a forza ispento,
Ché una gran frotta a lor percosse in mezo,
Rimase ciascun de essi mal contento,
Che non si discernia chi avesse el pezo;
Ma pur Ranaldo è quel dal gran lamento,
Dicendo: — O Dio del cel, ch'è quel ch'io vezo?
La nostra gente fugge in abandono,
Ed io che posso far che a piedi sono? —

38. — 6. *vezo*, veggio, vedo.

39.   Così dicendo se pone a cercare,
E vede il suo Baiardo avanti poco.
A lui se accosta, e, volendo montare,
Il destrier volta e fugge di quel loco.
Ranaldo si voleva disperare
Dicendo: — Adesso è ben tempo da gioco!
Deh sta, ti dico, bestia maledetta! —
Baiardo pur va inanti e non lo aspetta.

40.   E lui, pur seguitando il suo destriero,
Se fu condutto entro una selva scura,
Onde lasciarlo un pezo è di mestiero,
Ch'egli incontrò in quel loco alta ventura.
Ora torno a contarvi di Rugiero,
Qual pure è a piedi in su quella pianura,
E ben se augura indarno il suo Frontino:
Eccoti avanti a lui passa Turpino.

41.   Turpino era montato a quel ronzone,
Ché il suo tra' Saracini avea smarito,
Come io contai alor quando Grifone
Ne le spalle a Rugiero avea ferito;
Or correndo venìa per un vallone.
Quando lo vidde il giovanetto ardito,
Dico Rugiero avanti a sé lo vide,
Non dimandar se de allegrezza ride.

42.   E così a piede se il pone a seguire
Cridando: — Aspetta, ché il cavallo è mio! —
E il bon Turpin, che vede ogni om fuggire,
Non avea de aspettarlo alcun desio;
Ma per la pressa avanti non può gire,
Tanta è la folta di quel popul rio;
Sì sono e nostri stretti e inviluppati,
Che forza fo a fuggir da l'un de' lati.

43.   Fugge Turpino, e Rugiero a le spalle,
Sin che condotti fôrno a un stretto passo,

41. — 3. Gli editori scrivono *contai, alor* con errore di senso. Turpino non aveva perso allora il cavallo, ma già prima: quindi *alor quando* si riferisce al *contai*.

Ove tra duo colletti era una valle;
La giù cade Turpino a gran fraccasso.
Rugiero a meza costa per un calle
Vide il prete caduto al fondo basso,
Ove l'acqua e il pantano a ponto chiude;
Embragato era quello alla palude.

44.   Rugier ridendo del poggio discese
E il vescovo aiutò, che se anegava.
Poi che for l'ebbe tratto, il caval prese;
A lui davante quello appresentava,
E proferiva con parlar cortese,
Che lo prendesse, se gli bisognava.
— Se Dio me aiuti, — disse a lui Turpino
— Tu non nascesti mai di Saracino.

45.   Né credo mai che tanta cortesia
Potesse dar natura ad un Pagano:
Prendi il destriero e vanne alla tua via:
Se lo togliessi, ben serìa villano! —
Così gli disse, e poi si dispartia
Correndo a piedi, e ritornò nel piano,
E trovò un Saracin fuor di sentiero:
Tagliolli il capo e prese il suo destriero.

46.   E tanto corse, che gionse la traccia
De' Cristiani che ogniom fuggia più forte;
Non ve si vede chi diffesa faccia:
Chi non puotè fuggire, ebbe la morte.
Sei giorni e notti sempre ebber la caccia
Sino a Parigi, e sino in su le porte
Occisa fo la gente sbigotita:
Maggior sconfitta mai non fu sentita.

47.   Tra' Cristïani sol Danese Ogiero
Fe' gran prodezze, la persona degna,
Ché di quel stormo periglioso e fiero
Riportò salva la reale insegna.
Preso rimase il marchese Oliviero,

43. — 7. ove il pantano terminava; *l'acqua e il pantano*, endiadi.

Ottone ancor, cne tra gli Anglesi regna,
Re Desiderio e lo re Salamone,
Duca Ricardo fo seco pregione.

48.   De gli altri che fôr presi e che fôr morti
Non se potria contar la quantitate,
Cotanti campïon valenti e forti
Fôr presi, o posti al taglio de le spate.
Chi contarebbe e pianti e' disconforti,
Che a Parigi eran dentro alla cittate?
Ciascadun crede e dice lacrimando
Che gli è morto Ranaldo e il conte Orlando.

49.   Fanciulli e vecchi e dame tutte quante
La notte fier' la guardia a' muri intorno;
Ma de Parigi più non dico avante.
Torno a Rugiero, il giovanetto adorno,
Qual gionse al loco dove Bradamante
La gran battaglia avea fatta quel giorno
Con Rodamonte, come io vi contai;
Non so se vi ricorda ove io lasciai.

50.   Nel libro che più giorni è già compito,
Narrai questa gran zuffa, e come il conte
Rimaso era de un colpo tramortito,
Quando percosso fo da Rodamonte;
E come stando ad estremo partito,
Quella donzella, fior di Chiaramonte,
Io dico Bradamante la signora,
Fece la zuffa che io contava alora.

51.   Da poi se dipartitte il paladino,
Ed incontrolli ciò che io vi ebbi a dire;
Tra Bradamante adunque e il Saracino
Rimase la battaglia a diffinire.
Non stava alcuno a quel loco vicino,
Né vi era chi potesse dipartire
L'aspra contesa e il grande assalto e fiero,
Sin che vi gionse il giovane Rugiero.

52.   Gionto sopra a quel colle il giovanetto
Vista ebbe la battaglia giù nel fondo,

E fermosse a mirarla per diletto,
Ché assalto non fu mai sì furibondo;
Perocché chi in quel tempo avesse eletto
Un par de bon guerreri in tutto il mondo,
Non l'avria avuto più compiuto a pieno
Che Bradamante e il figliol de Ulïeno.

53.   E ben ne dimostrarno esperïenza
A quel che han fatto e quel che fanno ancora;
Par che la zuffa pur mo si comenza,
Sì frescamente ciascadun lavora,
E se quel coglie, questo non va senza.
Da un colpo a l'altro mai non è dimora,
E nel colpir fan foco e tal fiammelle,
Che par che il lampo gionga nelle stelle.

54.   Rugiero alcun de' duo non cognoscia,
Ché mai non gli avea visti in altro loco,
Ma entrambi li lodava, e discernia
Che tra lor di vantaggio era assai poco.
Mirando l'aspre offese ben vedia
Cotal battaglia non esser da gioco,
Ma che è tra Saracino e Cristïano,
Onde discese subito nel piano.

55.   — Se alcun de voi — disse egli — adora Cristo,
Fermesi un poco e intenda quel ch'io parlo,
Ché annunzio gli darò dolente e tristo:
Sconfitto al tutto è il campo del re Carlo,
Ciò ch'io vi dico, con questi occhi ho visto.
Onde, se alcun volesse seguitarlo,
A far lunga dimora non bisogna,
Ché alle confine è forse di Guascogna. —

56.   Quando la dama intese così dire,
Dal fren per doglia abandonò la mano,
E tutta in faccia se ebbe a scolorire,
Dicendo a Rodamonte: — Bel germano,
Questo che io chiedo, non me lo disdire:
Lascia che io segua il mio segnor soprano,

Tanto che a quello io me ritrovi apresso,
Ché il mio volere è di morir con esso. —

57. Diceva Rodamonte borbottando:
— A risponderti presto, io nol vo' fare.
Io stava alla battaglia con Orlando:
Tu te togliesti tal rogna a grattare.
Di qua non andarai mai, se non quando
Io stia così che io nol possa vetare:
Onde, se vôi che 'l tuo partir sia corto,
Fa che me getti in questo prato morto. —

58. Quando Rugier cotal parlare intese,
Di prender questa zuffa ebbe gran voglia,
E Rodamonte in tal modo riprese
Dicendo: — Esser non può ch'io non me doglia,
Se io trovo gentil omo discortese,
Però che bene è un ramo senza foglia,
Fiume senza onda e casa senza via
La gentilezza senza cortesia. —

59. A Bradamante poi disse: — Barone,
Ove ti piace ormai rivolgi il freno,
E se costui vorà pur questïone,
De la battaglia non gli verrò meno. —
La dama se partì senza tenzone,
E Rodamonte disse: — Io vedo a pieno
Che medico debbi esser naturale,
Da poi che a posta vai cercando il male.

60. Or te diffendi, paccio da catena,
Da poi che per altrui morir te piace. —
Non minaccia Rugier, ma crida e mena,
E l'altro a lui ritocca e già non tace.
Ciascun di questi è fiero e di gran lena,
Onde battaglia orrenda e pertinace
Ed altre belle cose dir vi voglio,
Se piace a Dio ch'io segua come io soglio.

---

58. — 8. *gentilezza*, nobiltà. Originariamente *gentilezza* e *cortesia* eran
sinonimi, ma non nel senso odierno, bensì appunto di «nobiltà» (cfr. *gente,
corte*). Qui in particolare, *gentil* vale nobile di nascita, *cortese* nobile di
animo.

CANTO QUINTO

1. Còlti ho diversi fiori alla verdura,
    Azuri, gialli, candidi e vermigli;
    Fatto ho di vaghe erbette una mistura,
    Garofili e vïole e rose e zigli:
    Traggasi avanti chi de odore ha cura,
    E ciò che più gli piace, quel se pigli;
    A cui diletta il ziglio, a cui la rosa,
    Ed a cui questa, a cui quella altra cosa.

2. Però diversamente il mio verziero
    De amore e de battaglia ho già piantato:
    Piace la guerra a l'animo più fiero,
    Lo amore al cor gentile e delicato.
    Or vo' seguir dove io lasciai Rugiero
    Con Rodamonte alla zuffa nel prato,
    Con sì crudeli assalti e tal tempesta,
    Che impresa non fu mai simile a questa.

3. E' se tornarno con le spade adosso
    Gli animosi baroni a darsi morte.
    Rugier primeramente fu percosso
    Sopra del scudo a meraviglia forte,
    Che tre lame ha di ferro e quattro d'osso;

CANTO V. — Bradamante torna per continuare il duello, ma Rodamonte si dichiara sconfitto da Rugiero e si allontana. Rugiero racconta le vicende della sua stirpe, e Bradamante scopre il capo. Innamorati a vicenda, fanno fronte insieme ad una schiera africana sopraggiunta.

2. — 1. Per questo, che i gusti sono diversi, io ho suddiviso con varietà la materia.

Ma non è resistenzia che comporte:
Di Rodamonte la stupenda forza
Tagliò quel scudo a guisa de una scorza.

4. Su da la testa alla ponta discende,
Più de un terzo ne cade alla campagna;
Rugier per prugna acerba agresto rende,
Né la piastra ferrata lo sparagna.
Il scudo da la cima al fondo fende,
Come squarciasse tela d'una aragna;
Né a quel ni a questo l'armatura vale:
Un'altra zuffa mai non fu cotale.

5. E veramente morte se avrian data
E l'uno e l'altro a sì crudo ferire,
Ma non essendo l'ora terminata
Né 'l tempo gionto ancora al suo morire,
Tra lor fu la battaglia disturbata,
Ché Bradamante gli venne a partire,
Bradamante, la dama di valore,
Qual dissi che seguia l'imperatore.

6. E già bon pezzo essendo caminata,
Né potendo sua gente ritrovare,
La qual fuggiva a briglia abandonata,
Ne la sua mente se pose a pensare,
Tra sé dicendo: « O Bradamante ingrata,
Ben discortese te puote appellare
Quel cavallier che non sai chi se sia,
Ed ha' gli usata tanta villania.

7. La zuffa prese lui per mia cagione,
E le mie spalle il suo petto diffese.
Ma, se io vedesse quivi il re Carlone
E le sue gente morte tutte e prese,
Tornar mi converrebbe a quel vallone,
Sol per vedere il cavallier cortese.
Sono obligata a l'alto imperatore,
Ma più sono a me stessa ed al mio onore. »

7. — 7-8. Ecco l'individualismo cavalleresco.

8.   Così dicendo rivoltava il freno,
E passò prestamente il monticello,
Ove Rugiero e il figlio de Ulïeno
Faceano alla battaglia il gran flagello.
Come ella ariva a ponto, più né meno,
Gionse Rugiero, il franco damigello,
Un colpo a Rodamonte a tal tempesta,
Che tutta quanta gli stordì la testa.

9.   Fuor di se stesso in su lo arcion si stava
E caddeli di mano il brando al prato;
Rugier alora adietro se tirava,
Ché a cotale atto non l'avria toccato;
E Bradamante, che questo mirava,
Dicea: — Ben drittamente aggio io lodato
Di cortesia costui nel mio pensiero;
Ma che io il cognosca, al tutto è di mestiero. —

10.   E come gionta fo gioso nel piano,
Alta da l'elmo si levò la vista,
E voltata a Rugier con atto umano
Disse: — Accetta una escusa, a benché trista,
De lo atto ch'io te usai tanto villano;
Ma spesso per error biasmo se acquista:
E certo che io commessi questo errore
Per voglia di seguire il mio segnore.

11.   Non me ne avidi alora se non quando
Fu la doglia e il furor de me partito;
Ora in gran dono e grazia te adimando
Che questo assalto sia per me finito. —
Mentre che così stava ragionando,
E Rodamonte si fo risentito,
Qual, veggendosi gionto a cotale atto,
Quasi per gran dolor divenne matto.

12.   Non se trovando ne la mano il brando,
Che, com'io dissi, al prato era caduto,
Il celo e la fortuna biastemando
Là dove era Rugier ne fu venuto.
Con gli occhi bassi a la terra mirando,
Disse: — Ben chiaramente aggio veduto

Che cavallier non è di te migliore,
Né teco aver potrebbi alcun onore.

13.   Se tal ventura ben fosse la mia,
Ch'io te vincessi il campo alla battaglia,
Non sono io vinto già di cortesia?
Né mia prodezza più vale una paglia.
Rimanti adunque, ch'io me ne vo via,
E sempre, quanto io possa e quanto io vaglia,
Di me fa il tuo parere in ogni banda,
Come il maggiore al suo minor comanda. —

14.   Senza aspettar risposta via fu tolto,
In men che non se coce a magro il cavolo;
Il brando su dal prato avea racolto,
Il brando qual già fo de suo bisavolo.
In poco de ora longi era già molto,
Ché sì camina che sembra un dïavolo;
Né mai se riposò quel disperato
Sin che la notte al campo fu arivato.

15.   Rimase Bradamante con Rugiero,
Dapoi che il re di Sarza fie' partenza,
E la donzella avea tutto il pensiero
A prender di costui la cognoscenza.
Ma non trovando ben dritto sentiero
Né via di ragionar di tale essenza,
Temendo che non fosse a lui disgrato,
Senza più dimandar prese combiato.

16.   Disse Rugiero, il giovane cortese:
— Che vadi solo, io nol comportaria.
Di Barbari è già pien tutto il paese,
Che assaliranno in più lochi la via.
Da tanti non potresti aver diffese:
Ma sempre serò teco in compagnia;
Via passaren, quand'io sia cognosciuto,
Se non, coi brandi ce daremo aiuto. —

17.   Piacque alla dama il proferire umano,
E così insieme presero il camino,
Ed essa cominciò ben da lontano

Più cose a ragionar col paladino;
E tanto lo menò di colle in piano,
Che gionse ultimamente al suo destino,
Chiedendo dolcemente e in cortesia
Che dir gli piaccia de che gente sia.

18.   Rugiero incominciò, dal primo sdegno
Che ebbero e Greci, la prima cagione
Che adusse in guerra l'uno e l'altro regno,
Quel de Priamo e quel di Agamenòne;
E 'l tradimento del caval di legno,
Come il condusse il perfido Sinone,
E dopo molte angoscie e molti affanni
Fo Troia presa ed arsa con inganni.

19.   E come e Greci poi sol per sua boria
Fierno un pensier spietato ed inumano,
Tra lor deliberando che memoria
Non se trovasse del sangue troiano.
Usando crudelmente la vittoria,
Tutti e pregion scanarno a mano a mano,
Ed avanti a la matre per più pena
Ferno svenar la bella Polissena.

20.   E cercando Astianatte in ogni parte,
Che era di Ettorre un figlio piccolino,
La matre lo scampò con cotale arte:
Che in braccio prese un altro fanciullino,
E fuggette con esso a la disparte.
Cercando i Greci per ogni confino,
La ritrovarno col fanciullo in braccio,
E a l'uno e a l'altro dier di morte spaccio.

18. — Per questa genealogia cfr. *Fur.*, XXXVI, 70-76. Diamo qui uno schema di questa fantastica successione secondo la tradizione accolta dal B.: Ettore, Astianatte, Polidoro, Polidante, Floviano; da costui Clodovaco, Giambarone, Ruggiero, Rambaldo, Ruggiero di Risa e Beltramo, Ruggiero « nuovo » e Marfisa; fratello di Clodovaco fu Costanzo (Cloro), da cui Costantino Magno e Lucino, questi progenitore dei Maganza, quello di Carlomagno da una parte, Buovo d'Antona dall'altra. Da Buovo discesero Mongrana e Chiaramonte, e la numerosa stirpe di Guerino di Borgogna.

20. — Secondo la tradizione principale, Astianatte sarebbe stato ucciso dai Greci, precipitandolo dalle mura di Troia. Andrea Sorrentino (*La leggenda troiana nell'epopea cavalleresca di M. M. B.*, in *Bulletin Italien*, XVII, 1917) conclude che, più che attingere direttamente al *Roman d'Hector* o dal *Roman de Troie*, il B. rifà liberamente e originalmente le sue fonti, come al solito. Così pure il Reichenbach.

21.   Ma il vero figlio, Astïanatte dico,
Era nascoso in una sepoltura,
Sotto ad un sasso grande e molto antico,
Posto nel mezo de una selva oscura.
Seco era un cavallier del patre amico,
Che se pose con esso in aventura,
Passando il mare; e de uno in altro loco
Pervenne in fine alla Isola del Foco.

22.   Così Sicilia se appellava avante,
Per la fiamma che getta Mongibello.
Or crebbe il giovanetto, ed aiutante
Fu di persona a meraviglia e bello;
E in poco tempo fie' prodezze tante,
Che Argo e Corinto pose in gran flagello;
Ma fu nel fine occiso a modo tristo
Da un falso Greco, nominato Egisto.

23.   Ma prima che morisse, ebbe a Misina
(De la qual terra lui n'era segnore)
Una dama gentile e pellegrina,
Che la vinse in battaglia per amore.
Costei de Saragosa era regina,
Ed un gigante chiamato Agranore,
Re de Agrigento, la oltraggiava a torto;
Ma da Astianatte fu nel campo morto.

24.   Prese per moglie poscia la donzella,
E fece contra e Greci il suo passaggio,
Insin che Egisto, la persona fella,
Lo occise a tradimento in quel rivaggio.
Non era gionta ancora la novella
De la sconfitta e di tanto dannaggio,
Che e Greci con potente e grande armata
Ebber Misina intorno assedïata.

25.   Gravida era la dama de sei mesi,
Quando alla terra fu posto lo assedio,
Ma a patti se renderno e Misinesi,

23. — 1. *Misina*, Messina. — 5. *Saragosa*, Siracusa.

Per non soffrir di guerra tanto tedio.
Poco o nïente valse essersi resi,
Ché tutti morti fôr senza rimedio,
Poi che promesso a' Greci avean per patto
Dar loro la dama, e non l'aveano fatto.

26.   Ma essa, quella notte, sola sola
Sopra ad una barchetta piccolina
Passò nel stretto, ove è l'onda che vola
E fa tremare e monti alla ruina;
Né si potrebbe odire una parola,
Tant'alto è quel furor de la marina;
Ma la dama, vargando come un vento,
A Regio se ricolse a salvamento.

27.   E Greci la seguirno, e a lor non valse
Pigliar la volta che è senza periglio,
Perché un'aspra fortuna a l'onde salse
Sumerse ed ispezzò tutto il naviglio,
E fôr punite le sue voglie false.
Ora la dama a tempo ebbe un bel figlio,
Che rilucente e bionde avia le chiome,
Chiamato Polidoro a dritto nome.

28.   Di questo Polidoro un Polidante
Nacque da poi, e Flovïan di quello.
Questo di Roma si fece abitante
Ed ebbe duo filioli, ogniun più bello,
L'un Clodovaco, l'altro fu Constante,
E fu diviso quel sangue gemello;
Due geste illustre da questo discesero,
Che poi con tempo molta fama apresero.

29.   Da Constante discese Costantino,
Poi Fiovio e 'l re Fiorello, il campïone,
E Fioravante e giù sino a Pipino,
Regal stirpe di Francia, e il re Carlone.
E fu l'altro lignaggio anco più fino:

26. — 3. (Scilla e Cariddi). — *vola*, corre e balza rapidissima.
27. — 2. girare dalla parte non pericolosa.
28. — 7. *geste*: è lez. della stampa del 1495, dallo Z. stesso, che pur
dà *teste*, riconosciuta genuina.

Di Clodovaco scese Gianbarone,
E di questo Rugier, paladin novo,
E sua gentil ischiatta insino a Bovo.

30. Poi se partitte di questa colona
La nobil gesta, in due parte divisa;
Ed una di esse rimase in Antona,
E l'altra a Regio, che se noma Risa.
Questa citade, come se ragiona,
Se resse a bon governo e bona guisa,
Sin che il duca Rampaldo e' soi figlioli
A tradimento fôr morti con dôli.

31. La voglia di Beltramo traditore
Contra del patre se fece rubella;
E questo fu per scelerato amore
Che egli avea posto alla Galacïella;

29. — 7. *paladin novo*, novello paladino, primo della sua schiatta, mentre il nostro Rugiero è detto terzo. — 8. Secondo gli elementi leggendari sparsi in molte antiche redazioni, Buovo d'Antona avrebbe avuto due figli, Sinibaldo e Guidone: quello fondò Mongrana, che diede il nome alla famiglia, questo generò Chiaramonte e Bernardo. Bernardo poi alla morte di Chiaramonte ne assunse il nome per sé e per la sua casa.
30. — 3. *Antona*: traduzione del normanno *Hanstone*, ant. fr. *Hamtone*, contea di Southampton, dove nacque Buovo (*Bueve*). Naturalmente anche qui la tradizione italiana – che fu sistemata dalle versioni precedenti al B. Le guerre dei Saraceni africani coi Franchi avrebbero avuto sconvolto prepotentemente gli elementi originari, secondo i quali Buovo era figlio di Guion e Brandonie: ma a causa dell'amore della madre per Doon de Mayence, al figlio toccò l'esilio in Armenia. Della tradizione italiana abbiamo due redazioni toscane in ottave, due franco-venete, tre toscane in prosa (di cui una inserita nei *Reali*). Detto come curiosità. Buovo fu l'eroe cavalleresco che godé maggior fortuna in Russia, e co'là lasciò molte tracce nel *folklore*. — 4. *Regio*, Risa, Reggio Calabria.
31. — Qui è opportuno fare un breve sunto di questo che è uno dei nodi centrali nelle leggende carolinge, come risultava dalle versioni precedenti al B. Le guerre dei Saraceni africani coi Franchi avrebbero avuto origine dall'uccisione di Barbante in Spagna da parte di Carlomagno. Barbante (discendente, come si ricorderà, di Alessandro Magno e Elidonia, e re di Biserta) lasciò un figlio, Agolante, che deliberò di vendicarlo sbarcando in Calabria coi propri figli Almonte e Troiano. Essi assalgono Risa, governata da Ruggiero II, figlio di Rambaldo. Galaciella, figlia illegittima di Agolante, durante un duello con Ruggiero si innamorò di lui e lo sposò, abbandonando i suoi e facendosi cristiana. Ma Beltramo, fratello di Ruggiero, innamoratosi della cognata, tradì padre e fratello consegnando Risa agli Arabi. Nell'espugnazione caddero Ruggiero e Milone, padre di Orlando; Galaciella, prigioniera, fu messa per punizione in una barca e lasciata alla deriva, ma approdata in Libia partorì Ruggiero (III) e Marfisa. Carlomagno accorse alla vendetta, e ad Aspromonte Agolante, Troiano

Quando Agolante con tanto furore,
Con tanti armati in nave e ne la sella,
Coperse sì di gente insino in Puglia,
Che al vòto non capea ponto de aguglia. —

32.   Così parlava verso Bradamante
Rugier, narrando ben tutta la istoria,
Ed oltra a questo ancor seguiva avante,
Dicendo: — Ciò non toglio a vanagloria,
Ma de altra stirpe di prodezze tante,
Che sia nel mondo, non se ne ha memoria;
E, come se ragiona per il vero,
Sono io di questi e nacqui di Rugiero.

33.   Lui de Rampaldo nacque, e in quel lignaggio
Che avesse cotal nome fu secondo;
Ma fu tra gli altri di virtute un raggio,
De ogni prodezza più compiuto a tondo.
Morto fu poscia con estremo oltraggio,
Né maggior tradimento vidde il mondo.
Perché Beltramo, il perfido inumano,
Traditte il patre e il suo franco germano.

34.   Risa la terra andò tutta a ruina,
Arse le case, e fu morta la gente;
La moglie di Rugier, trista, tapina,
Galacïella, dico, la valente,
Se pose disperata alla marina,

e Almonte rimasero sul campo. A vendetta di questi muove appunto Agramante, figlio di Troiano, alla spedizione in Francia. Notiamo che con la battaglia d'Aspromonte – e conseguente fondazione del regno di Puglia e Sicilia -- si attribuivano a Carlo le imprese dei Normanni contro Saraceni e Bizantini. Nel B. qualche elemento secondario è variato. — 4. *Galacïella*, moglie di Rugiero II e madre di Rugiero III. Essa compare già (*Galiziella*) in più redazioni dell'*Aspromonte*, e poi nei *Reali di Francia* (dal cui Riccieri di Risa deriva il Rugiero del B.), con le medesime vicende che qui ritroviamo, mentre non vengono citati i nomi dei suoi figli; sicché Marfisa sarebbe vera invenzione del B., mentre il primo esempio cavalleresco di donna guerriera – generata idealmente dalla classiche Amazzoni – sarebbe forse appunto questa che l'Ariosto rivelerà come madre: nell'*Aspromonte* magliabechiano Galiziella ha per madre proprio *Pantasalea*, regina dell'*Isola d'Amanzone*. — 8. modo di dire: riempì di soldati quelle regioni a tal punto, che non si trovava più tanto spazio vuoto, da poterci dare un punto con un ago. Oppure *ponto* vale: affatto.

E gionta sendo al termine dolente
Che più il fanciullo in corpo non si porta,
Me parturitte, e lei rimase morta.

35.   Quindi mi prese un negromante antico,
Qual di medolle de leoni e nerbi
Sol me nutritte, e vero è quel ch'io dico.
Lui con incanti orribili ed acerbi
Andava intorno a quel diserto ostìco,
Pigliando serpe e draghi più superbi,
E tutti gli inchiudeva a una serraglia;
Poi me ponea con quelli alla battaglia.

36.   Vero è che prima ei gli cacciava il foco
E tutti e denti fuor de la mascella.
Questo fo il mio diletto e il primo gioco
Che io presi in quell'etate tenerella;
Ma quando io parvi a lui cresciuto un poco,
Non me volse tenir più chiuso in cella,
E per l'aspre foreste e solitarie
Me conducea, tra bestie orrende e varie.

37.   Là me facea seguir sempre la traccia
Di fiere istrane e diversi animali;
E mi ricorda già che io presi in caccia
Grifoni e pegasei, benché abbiano ali.
Ma temo ormai che a te forse non spiaccia
Sì lunga diceria de tanti mali:
E, per satisfar tosto a tua richiesta,
Rugier sono io; da Troia è la mia gesta. —

38.   Non avea tratto Bradamante un fiato,
Mentre che ragionava a lei Rugiero,
E mille volte lo avea riguardato
Giù dalle staffe fin suso al cimero;
E tanto gli parea bene intagliato,

35. — 5. *ostìco, òstico,* aspro.
36. — 1. *il foco* alitato dalla gola dei draghi. Li rendeva innocui.
37. — 4. *pegasei;* la fantasia medievale immaginò questi animali traendone il nome da quello del cavallo Pegaso, figlio di Posidone e Medusa,
nato dal di lei tronco quando Perseo l'ebbe decapitata, e quindi domato
da Bellerofonte.

Che ad altra cosa non avea il pensiero:
Ma disiava più vederli il viso
Che di vedere aperto il paradiso.

39. E stando così tacita e sospesa,
Rugier sogionse a lei: — Franco barone,
Volentier saprebbi io, se non ti pesa,
Il nome tuo e la tua nazïone. —
E la donzella, che è d'amore accesa,
Rispose ad esso con questo sermone:
— Così vedestù il cor, che tu non vedi,
Come io ti mostrarò quel che mi chiedi.

40. Di Chiaramonte nacqui e di Mongrana.
Non so se sai di tal gesta nïente,
Ma di Ranaldo la fama soprana
Potrebbe essere agionta a vostra gente.
A quel Ranaldo son sôra germana;
E perché tu mi creda veramente,
Mostrarotti la faccia manifesta —;
E così lo elmo a sé trasse di testa.

41. Nel trar de l'elmo si sciolse la treccia,
Che era de color d'oro allo splendore.
Avea il suo viso una delicateccia
Mescolata di ardire e de vigore;
E labri, il naso, e cigli e ogni fateccia
Parean depenti per la man de Amore,
Ma gli occhi aveano un dolce tanto vivo,
Che dir non pôssi, ed io non lo descrivo.

42. Ne lo apparir dello angelico aspetto
Rugier rimase vinto e sbigotito,
E sentissi tremare il core in petto,
Parendo a lui di foco esser ferito.
Non sa pur che si fare il giovanetto:
Non era apena di parlare ardito.
Con l'elmo in testa non l'avea temuta,
Smarito è mo che in faccia l'ha veduta.

40. — 4. *agionta*, giunta, arrivata.
41. — 5. *fateccia*, fattezza.

43.   Essa poi cominciò: — Deh bel segnore!
Piacciavi compiacermi solo in questo,
Se a dama alcuna mai portasti amore,
Ch'io veda il vostro viso manifesto. —
Così parlando odirno un gran rumore;
Disse Rugiero: — Ah Dio! Che serà questo? —
Presto se volta e vede gente armata,
Che vien correndo a lor per quella strata.

44.   Questi era Pinadoro e Martasino,
Daniforte e Mordante e Barigano,
Che avean posto uno aguato in quel confino
Per pigliar quei che in rotta se ne vano.
Come gli vidde il franco paladino,
Verso di lor parlando alciò la mano,
E disse: — Stati saldi in su il sentiero!
Non passati più avanti! Io son Rugiero. —

45.   In ver da la più parte e' non fu inteso,
Perché cridando uscia de la foresta.
E Martasin, che sempre è de ira acceso,
Subito gionse e parve una tempesta.
A Bradamante se ne va disteso,
E ferilla aspramente nella testa;
Non avea elmo la meschina dama,
Ma sol guardando al celo aiuto chiama.

46.   Alciando il scudo il capo se coperse,
Ché non volse fuggir la dama vaga.
Re Martasino a quel colpo lo aperse,
E fece in cima al capo una gran piaga.
Già Bradamante lo animo non perse,
E riscaldata a guisa d'una draga
Ferisce a Martasin di tutta possa;
Ma Rugier gionse anch'esso alla riscossa.

47.   E Daniforte cridava: — Non fare!
Non far, Rugier, ché quello è Martasino! —

44. — 5. *franco paladino*: *franco* è pleonastico (« leale », non « francese »).
46. — 3. *lo aperse* (lo scudo).

Già Barigano non stette a cridare,
Ché odio portava occulto al paladino,
Ed avea voglia di se vendicare,
Però che un Bardulasto, suo cugino,
Fo per man di Rugier di vita spento;
Ma lui lo avea ferito a tradimento.

48.   Se vi racorda, e' fu quando il torniero
Se fece sotto al monte di Carena.
Scordato a voi debbe esser de legiero,
Ché io che lo scrissi, lo ramento apena.
Ora, tornando Barigano il fiero,
Sopra a Rugiero un colpo a due man mena;
Sopra la testa a lui mena a due mano,
E ben credette di mandarlo al piano.

49.   Ma il giovanetto, che ha soperchia possa,
Non se mosse per questo dello arcione;
Anci, adirato per quella percossa,
Tornò più fiero, a guisa di leone.
Già Bradamante alquanto era rimossa
Larga da loro; e, stracciato un pennone
Di certa lancia rotta alla foresta,
Con fretta avea legata a sé la testa.

50.   L'elmo alacciato e posta la barbuta,
Tornò alla zuffa con la spada in mano.
La ardita dama aponto era venuta
Quando a Rugier percosse Barigano.
Lei speronando de arivar se aiuta,
E gionse un colpo a quel falso pagano;
Non par che piastra, o scudo, o maglia vaglia:
A un tratto tutte le sbaraglia e taglia.

51.   Rugiero aponto si era rivoltato
Per vendicar lo oltraggio ricevuto,
E vidde il colpo tanto smisurato,

---

49. — Altro tratto di individualismo cavalleresco: contano molto più
le circostanze personali che non l'appartenere al medesimo esercito e
religione.

Che de una dama non l'avria creduto.
Barigano in duo pezzi era nel prato,
Né a tempo furno gli altri a darli aiuto,
A benché incontinente e destrier ponsero;
Ma, come io dico, a tempo non vi gionsero.

52.   Onde adirati, per farne vendetta
Contra alla dama tutti se adricciarno.
Rugier de un salto in mezo a lor se getta
Per dipartir la zuffa, a benché indarno;
Non val che parli, o che in mezo se metta,
E Martasino e Pinador cridarno:
— Tu te farai, Rugier, qua poco onore:
Contra Agramante èi fatto traditore. —

53.   Come quella parola e oltraggio intese
Il giovanetto, non trovava loco,
E sì nel core e nel viso se accese,
Che sfavillava gli occhi come un foco;
E messe un crido: — Gente discortese,
Lo esser cotanti vi giovarà poco.
Traditor sete voi; io non sono esso,
E mostrarò la prova adesso adesso. —

54.   Tra le parole il giovane adirato
Urta il destriero adosso a Pinadoro.
Or vedereti il campo insanguinato,
E de duo cori arditi il bel lavoro.
Chi gli assalta davanti e chi da lato,
Ché molta gente avean seco coloro;
Dico gli cinque re, de che io contai,
Avean con seco gente armata assai.

55.   De' suoi scuderi in tutto da cinquanta
Avean seco costoro in compagnia.
El resto di sua gente, ch'è cotanta,
Era rimaso adietro per la via;
Ma se qui ancora fosse tutta quanta,
Già Bradamante non ne temeria;
Mostrar vôle a Rugier che cotanto ama,
Che sua prodezza è assai più che la fama.

56.   Né già Rugiero avia voglia minore
Di far vedere a quella damigella
Se ponto avea di possa o di valore,
E lampeggiava al cor come una stella.
Ragione, animo ardito e insieme amore
L'un più che l'altro dentro lo martella;
E la dama, ferita a tanto torto,
L'avrebbe ad ira mosso essendo morto.

57.   Dunque adirato, come io dissi avante,
Se adriccia a Pinadoro il paladino;
Né più lenta se mosse Bradamante,
Che fuor de gli altri ha scorto Martasino.
Ma questo canto non serìa bastante
Per dir ciò che fu fatto in quel confino,
Onde io riservo al resto il fatto tutto,
Se Dio ce dona, come suole, aiutto.

CANTO SESTO

1.　　Segnor, se alcun di voi sente de amore,
Pensati che battaglia avranno a fare
Que' duo, che insieme agionto aveano il core,
Né volevan l'un l'altro abandonare.
La fulmina del cel con suo furore
Non gli potrebbe a forza separare;
Né spietata fortuna e non la morte
Può disgiongere amor cotanto forte.

2.　　Come io contava, il nobile Rugiero
Sopra de Pinador forte martella;
L'elmo gli ruppe e spennacchiò il cimiero:
Quasi a quel colpo lo trasse di sella.
Da l'altra parte Martasino il fiero
Non avantaggia ponto la donzella,
La qual sempre cridava: — Ascolta! ascolta!
Non me trovi senza elmo a questa volta. —

3.　　Così dicendo a duo man l'ha ferito
De un colpo tanto orrendo e smisurato,
Che sopra de lo arcion è tramortito:
E veramente lo mandava al prato,
Ma in quel Mordante, il saracino ardito,
Correndo alla donzella urtò da lato,
Ferendola a duo man de un roversone
Che fu per trarla fuora de lo arcione.

CANTO VI. — Bradamante e Rugiero sbaragliano gli assalitori, ma la prima si trova poi sperduta nella campagna. Rugiero incontra Mandricardo e Gradasso, e dopo un duello fra costoro per il diritto a Durindana, tutti e tre seguono Brandimarte in cerca di Orlando.

4. Ma Rugier presto venne ad aiutare,
Lasciando Pinador che aveva avante;
Però che, benché assai abbia da fare,
Sempre voltava gli occhi a Bradamante.
Or sembra il giovanetto un vento in mare:
Spezza in due parte il scudo di Mordante,
Taglia le piastre e usbergo tutto netto,
Ed anco alquanto lo ferì nel petto.

5. Ma Pinadoro, che lo avea seguito,
Percosse a mezo il collo il paladino,
E tagliò la gorziera più de un dito:
Tenne il camaglio el brando, ché era fino.
Non si spaventa il giovanetto ardito:
Tondo de un salto rivoltò Frontino,
E mena a Pinadoro in su la testa;
E Martasino a lui, che già non resta.

6. Mentre che questa zuffa se scompiglia,
Daniforte se afronta e viene in tresca
Con circa a trenta della sua famiglia,
Con targhe e lancie armati alla moresca.
Bradamante ver loro alciò le ciglia:
Come starà cotal canaglia fresca,
Che armati son di sàmito e di tela!
Oh che squarcioni andran per l'aria a vela!

7. Urta tra lor la dama e il brando mena,
E gionse un moro in su un gianetto bianco,
Che coda e chioma avia tinto de alchena;
Lei tagliò il nero dalla spalla al fianco.
Non era a terra quel caduto apena,
Che afronta uno Arbo, e fece più ni manco;
La spada adosso in quel modo gli calla,
Sì che il partì dal fianco in su la spalla.

8. Quasi che insieme tutti ebber la morte;
Chi qua chi là per el campo cascava,

5. — 4. *camaglio*, parte d'armatura fitta e doppia intorno al collo.
7. — 3. *alchena*, « *alcanna*, oggi alchenna, radice d'erba che viene
dall'Indie, colla quale si fa una tinta rossa » (Manuzzi).

E quando il primo bussava alle porte
Giù dello inferno, lo ultimo arivava.
Più fiate la assalitte Daniforte;
Ma, come Bradamante a lui voltava,
Quel fugge e sguincia, e ponto non aspetta,
E torna e volta, e sembra una saetta.

9. Egli avea sotto una iumenta mora,
Di pel di ratta, con la testa nera,
Che in su la terra mai non se dimora
Con tutti e piedi, tanto era legiera.
Vero è che in dosso avia poche arme ancora,
Ché non portava usbergo né lamiera:
La tòcca ha in testa, e la lancia e la targa,
E cinta al petto una spadazza larga.

10. Armato come io dico, il saracino
Tenea sovente la dama aticciata;
Or corre, e volta poi che gli è vicino,
Or da traverso mena una lanciata.
Ecco la dama ha visto Martasino,
Che al suo Rugier ferisce della spata:
Di dietro il tocca, sopra delle spalle,
E ben si crede di mandarlo a valle.

11. Ma Bradamante vi gionse a quel ponto
Che Rugiero ebbe il colpo smisurato;
Balordito era e sì come defonto
Al col del suo destrier stava abracciato.
Or bene a tempo è quel soccorso agionto,
Perché certo altrimente era spacciato;
Ma come gionse, la dama felice
Parve un falcone entrato a le pernice.

12. Insieme Martasino e Pinadoro
A lei voltarno, e gionsevi Mordante
E Daniforte, e molti altri con loro:
Chi la tocca di dietro, e chi davante.

8. — 7. *sguincia*, guizza.
9. — 7. *tòcca*, drappo di seta e oro qui usato come copricapo.
10. — 2. *aticciaia*, attizzata, impegnata.

Ma lei, che di prodezza era un tesoro,
Dispreza l'altre gente tutte quante;
Tocca sol Martasino e quel travaglia,
Né cura il resto che de intorno abaglia.

13.   Tanto adirata è la dama valente,
Che Martasin conduce a rio partito;
La sua prodezza a lui giova nïente,
Spezzato ha l'elmo e nel petto è ferito.
Né vi giova il soccorso de altra gente;
La dama nel suo core ha statuito
Che ad ogni modo in questa zuffa e' mora,
E ben col brando a cerco gli lavora.

14.   Al fin turbata e con molta tempesta
De coprirse col scudo non ha cura,
E ferillo a due man sopra alla testa:
Divide il capo e parte ogni armatura.
Quella tagliente spada non se arresta,
Ché tutto il fende insino alla centura;
Nel tempo che a quel modo lo divide,
Rugier rivenne e quel bel colpo vide.

15.   Torna alla zuffa il giovanetto forte,
Sì rosso in vista che sembrava un foco:
Guardative, Pagan, ché el vien la morte!
A zaro il resto, ormai non vi è più gioco.
E ben se avide il falso Daniforte
Che il contrastar più qua non avea loco:
Già morto è Martasino e Barigano,
Quaranta e più de gli altri sono al piano.

16.   Esso è rimaso e seco Pinadoro,
Circa ad otto altri ancora, con Mordante.
Tagliava allora il capo a un barbasoro
La dama, e gli altri avea morti davante.
Intanto insieme consigliâr costoro

---

12. — 8. *abaglia*, abbaia; quasi non fossero che dei vili cani.
15. —· 4. *zaro* o zara era un gioco fatto con tre dadi. Vuol dire: rischiamo
il resto, buttiamoci ormai allo sbaraglio, ché il gioco è finito, non è più
da star a rifletterci.

Che Daniforte attenda a Bradamante
E conducala via, mostrando fuggere,
Gli altri Rugiero attendano a destruggere.

17.   Era già gionto il giovanetto al ballo,
E stranamente incominciò la danza,
Ché incontrò un rebatin sopra al cavallo,
E tutto lo partì sino alla panza.
Non avea intorno pezzo di metallo,
Perché era armato pure a quella usanza,
Moresca, dico, essendo Genoese:
Ma con la fede avea cambiato arnese.

18.   Rugier lo occise, e un altro a canto ad esso.
Né Bradamante ancora se posava;
Ma Daniforte occultamente apresso
Di lei se fece e sua lancia menava.
Là dove il sbergo alla giontura è fesso,
Colse, ma poco dentro ve ne entrava,
Ché forte mai non mena quel che dubita:
La dama se voltò turbata e subita.

19.   Già Daniforte ponto non la aspetta,
Né star con seco a fronte gli bisogna;
Lei con li sproni il suo destriero afretta,
Ché voglia ha di grattare a quel la rogna.
Serìa scappato come una saetta,
Ma non volea, quel pezzo di carogna,
Che va trottone e lamentase ed urla,
Mostrando stracco sol per via condurla.

20.   Gli altri a Rugiero intorno combattevano,
Io dico Pinadoro e il re Mordante,
Che circa a sei de' suoi ancor vi avevano,
E di dietro il toccavano e davante,
Usando ogni vantaggio che sapevano.
Ma lascio loro e torno a Bradamante,
Che dietro a Daniforte invelenita
Lo vôl seguire a sua vita finita.

17. — 3. *rebatin*: « assalitore », dallo sp. *rebato*, assalto improvviso (N. Cossu). — 7. *essendo*, pur essendo.

21.   E quel malvaggio spesso se rivolta,
Aspettala vicino, e poi calcagna,
E per un pezzo fugge alla disciolta,
Poi va galoppo e il corso risparagna,
Tanto che di quel loco l'ebbe tolta,
E furno usciti fuor de la campagna,
Che tutta è chiusa de monti de intorno,
Ove era stata la battaglia il giorno.

22.   Il falso saracin monta a la costa
E scende ad un bel pian da l'altro lato.
Bradamante lo segue, ché è disposta
Non lo lasciar se non morto o pigliato;
E non prendendo al lungo corso sosta,
Il suo destriero afflitto ed affannato,
Sendo già in piano, al transito d'un fosso,
Non potendo più andar gli cade adosso.

23.   E Daniforte, che sentì il stramaccio,
Presto se volta, e stracco non par più,
Dicendo: — Cristïan, di questo laccio
Ove èi caduto, non uscirai tu. —
Or Bradamante col sinistro braccio
Pinse il ronzon da lato, e levò su,
E forte crida: — Falso saracino,
Ancor non m'hai legata al tuo domìno. —

24.   Pur Daniforte de intorno la agira,
E de improviso spesso la assalisse;
Or mostra de assalirla, e se ritira,
Ed a tal modo il falso la ferisse.
La dama gionta a l'ultimo se mira,
E tacita parlando fra sé disse:
« Io spargo il sangue e l'anima se parte,
Se io non colgo costui con la sua arte.»

25.   Così con seco tacita parlava,
Mostrandosi ne gli atti sbigotita,
Né molta finzïon gli bisognava,
Però che in molte parte era ferita,
E il sangue sopra l'arme rosseggiava.

Or, mostrando cadere alla finita,
Andar se lascia e in tal modo se porta,
Che giuraria ciascun che fusse morta.

26.   E quel malicïoso ben se mosse,
Ma de smontare a terra non se attenta,
E prima con la lancia la percosse
Per veder se de vita fusse ispenta;
La dama lo sofferse e non se mosse,
E quello smonta e lega la iumenta;
Ma come Bradamante in terra il vede,
Non par più morta e fu subito in piede.

27.   Ora non puote il pagan maledetto,
Come suoleva, correre e fuggire;
La dama il capo gli tagliò di netto
E lasciòl possa a suo diletto gire.
La ombra era grande già per quel distretto,
E cominciava il celo ad oscurire:
Non sa quella donzella ove se sia,
Ché condotta era qua per strana via.

28.   Per boschi e valle, e per sassi e per spine
Avea correndo il pagan seguitato,
E non vedeva per quelle confine
Abitacolo o villa in verun lato.
Salitte sopra la iumenta in fine,
E caminando uscitte di quel prato;
Ferita e sola, a lume de la luna
Abandonò la briglia alla fortuna.

29.   Lasciamo andare alquanto Bradamante,
Poi di lei seguiremo e soa ventura,
E ritorniamo ove io lasciai davante
Rugier lo ardito alla battaglia dura.
Il re di Constantina con Mordante,
Che non han di vergogna alcuna cura,
Gli sono intorno per farlo cadere,
E ciascun de essi tocca a più potere.

30.   Oh chi vedesse il giovanetto ardito,
Come a ponto divide il tempo a sesto,

Che non ne perde nel ferire un dito!
Or quinci or quindi tocca, or quello or questo;
Apena par che l'uno abbia ferito,
Che volta a l'altro, e mena così presto
Che con minor distanzia e tempo meno
Fulmina a un tratto e seguita il baleno.

31.   E per non vi seguir sì lunga traccia,
La cosa presto presto vi disgroppo.
Mordante, che assalirlo se procaccia,
Ebbe tra questo assalto un strano intoppo:
Fu ferito a traverso nella faccia,
E via volò de l'elmo tutto il coppo;
Meza la testa è ne lo elmo che vola,
Rimase il resto al busto con la gola.

32.   Non avea fatto questo colpo apena,
Che a Pinador voltò, che era da lato,
E nel voltarse lo assalisce e mena;
Ma quello era già tanto spaventato,
Che parea un veltro uscito di catena,
Fuggendo a tutta briglia per il prato.
Fuggito essendo per sassi e per valle,
Rugier gli tolse il capo dalle spalle.

33.   Era già il sole allo occidente ascoso,
Quando finita è la battaglia dura;
Allor guardando il giovane amoroso
Di Bradamante cerca e di lei cura,
Né trova nel pensiero alcun riposo.
Per tutto a cerco è già la notte oscura:
Veder non può colei che cotanto ama,
Ma guarda intorno e ad alta voce chiama.

34.   Passando per costiere e per valloni,
Trovò duo cavallieri ad un poggetto,
E sentendo il scalpizzo de' ronzoni
Prese alcuna speranza il giovanetto;

---

33. — 6. dovunque all'intorno è calata la notte. Altra lez.: *Per tutto
ha cerco, e già la notte oscura.*

Ma come a lui parlarno que' baroni,
Che il salutarno de animo perfetto,
Tanto cordoglio l'animo gli assale,
Che non rispose a lor ni ben ni male.

35.   — Costui certo debbe esser un villano,
Che avrà spogliato l'arme a qualche morto! —
Disser que' duo; ma il giovanetto umano
Rispose: — Veramente io ebbi il torto.
Amor, che ha del mio cor la briglia in mano,
Me ha da lo intendimento sì distorto,
Che quel che esser soleva, or più non sono,
E del mio fallo a voi chiedo perdono. —

36.   Disse un de' duo baroni: — O cavalliero,
Se inamorato sei, non far più scusa:
Tua gentilezza provi de legiero,
Perché in petto villano amor non usa;
E se di nostro aiuto hai de mestiero,
Alcun di noi servirti non recusa. —
Rispose a lui Rugiero: — Ora mi lagno,
Perché ho perduto un mio caro compagno.

37.   Se lo avesti sentito indi passare,
Mostratimi il camin per cortesia;
Per tutto il mondo lo voglio cercare:
Senza esso certo mai non viveria. —
Così dicea Rugiero, e palesare
Altro non volse, sol per zelosia;
Però che il dolce amore in gentil petto
Amareggiato è sempre di sospetto.

38.   Negarno e duo baroni aver sentito
Passare alcuno intorno a quel distretto,
E ciascadun di lor si è proferito
De accompagnar cercando il giovanetto;
Ed esso volentier prese lo invito,
Ché se trovava in quel loco soletto,
Dico in quel monte diserto e salvatico,
Ed esso del paese era mal pratico.

39.   Tutti e tre insieme adunque cavalcando,
Avosavano intorno spessamente,
Per ogni loco del monte cercando
Tutta la notte, e trovarno nïente.
E già veniva l'alba reschiarando,
La luce rosseggiava in orïente,
Quando un de quei baron tutto se affisse
Mirando il scudo de Rugiero, e disse:

40.   — Chi vi ha concessa, cavallier, licenzia
Portar depenta al scudo quella insegna?
Il suo principio è di tanta eccellenzia,
Che ogni persona de essa non è degna.
Ciò vi comportarò con pacïenza,
Se tal virtù nel corpo vostro regna,
Che alla battaglia riportati lodo
Contro di me, che l'ho acquistata e godo. —

41.   Disse Rugiero: — Ancor non mi ero accorto
Che quella insegna è fatta come questa;
E veramente la portati a torto,
Se non siamo discesi de una gesta;
Onde vi prego molto e vi conforto
Che tal cosa facciati manifesta:
Ove acquistasti tale insegna e come,
E quale è vostra stirpe e vostro nome. —

42.   Disse colui: — Da parte assai lontane
A vostra stirpe credo esser venuto;
Tartaro sono e nacqui de Agricane,
Mio nome ancora è poco cognosciuto.
Per forza de arme ed aventure istrane
In Asia conquistai questo bel scuto;
Ma a che bisogna dare incenso a' morti?
Chi ha più prodezza, quello scudo porti. —

43.   Rugier, poi che lo invito ebbe accettato,
Giva il nimico a cerco rimirando:
Vide che spata non avea a lato,

---

39. — 2. *Avosavano*, vociavano, chiamavano con grida. — *spessa-*
mente, spesso.

E disse a lui: — Voi sete senza brando:
Come faremo, ché io non sono usato
Giocare a pugni? E però vi adimando
Quale esser debba la contesa nostra:
Brando non vi è né lancia per far giostra. —

44.   Rispose il cavallier: — Mai non vien manco
Fortuna de arme a franco campïone;
Le vostre acquistarò, se io non mi stanco:
Acquistar le voglio io con un bastone.
Portar non posso brando alcuno al fianco,
Se io non abatto il figlio di Melone,
Però che Orlando, la anima soprana,
Tien la mia spata, detta Durindana. —

45.   L'altro compagno di quel cavalliero
(Che era Gradasso, ed esso è Mandricardo)
Presto rispose: — E' vi falla il pensiero,
Perché quel brando del conte gagliardo
Sì non acquistareti de legiero,
Ché gionto seti a tale impresa tardo,
E serìa vostra causa disonesta:
Prima di voi io venni a questa inchiesta.

46.   Cento cinquanta millia combattanti
Condussi in Francia fin de Sericana;
Tante pene soffersi, affanni tanti,
Per acquistare il brando Durindana!
Par che il mercato sii fatto a contanti,
Così faceti voi la cosa piana;
Ma prima che il pensier vostro se adempia,
Farò scadervi l'una e l'altra tempia.

47.   Né vi crediati senza mia contesa
Aver per zanze quel brando onorato. —
E Mandricardo di collera accesa
Disse: — Io so che di zanze è bon mercato:
Or vi aconciati e prendeti diffesa. —

---

46. — 5-6. par che si tratti quasi di una vendita a contanti, tanto
fate la cosa facile.

Così dicendo ad uno olmo in quel prato
Un grosso tronco tra le rame scaglia,
E quel sfrondando viene alla battaglia.

48.   Gradasso il brando pose anco esso in terra,
E spiccò presto un bel fusto di pino;
L'un più che l'altro gran colpi disserra
E fuor de l'arme scuoteno il polvino.
Stava Rugiero a remirar tal guerra
E scoppiava de riso il paladino,
Dicendo: — A benché io non veda chi màsini,
Quel gioco è pur de molinari e de asini. —

49.   Più fiate volse la zuffa partire:
Come più dice, ogniom più se martella.
Eccoti un cavalliero ivi apparire
Accompagnato da una damigella.
Rugier da longi lo vidde venire;
Fassegli incontro e con dolce favella
Espose a lui ridendo la cagione
Perché faceano e duo quella tenzone.

50.   Dicea Rugiero: — Io gli ho pregati in vano,
Ma di partirli ancor non ho potere.
Per la spata de Orlando, che non hano,
E forse non sono anco per avere,
Tal bastonate da ciechi se dano,
Che pietà me ne vien pur a vedere:
E certo di prodezza e di possanza
Son due lumiere agli atti e alla sembianza.

51.   Ma voi diceti: onde seti venuto?
Perché, se io non me inganno nel sembiante,
Mi pare altrove avervi cognosciuto:
Se bene amento, in corte de Agramante. —
Rispose il cavalliero: — Io ve ho veduto
Di certo quando io venni di Levante.
Io ve vidi a Biserta, questo è il vero;
Son Brandimarte, e voi seti Rugiero. —

---

47. — 7. *scaglia,* spicca, svelle.
48. — 7. *màsini,* macini. — 8. quei bastoni sembran di un mugnaio
che batta l'asino alla mola.

52.   Incontinente insieme se abbracciarno,
Come se ricognobbero e baroni,
E parlando tra lor deliberarno
De ispartir quella zuffa de bastoni.
Ebbero un pezzo tal fatica indarno,
Ché sì turbati sono e campïoni,
Che per ragione o preghi non se voltano:
L'un l'altro tocca, e ponto non ascoltano.

53.   Pur Brandimarte, a cenni supplicando,
Fece che sue parole furno odite,
Dicendo a lor: — Se desïati il brando
Per il quale è tra voi cotanta lite,
Condur vi posso ov'è al presente Orlando:
Là fïen vostre contese diffinite.
Or sì ve ha tolto l'ira il fren di mano,
Che per nïente combattete in vano.

54.   Ma se traeti il campïon sereno
Di certa incantason dolente e trista,
Lui di battaglia a voi non verrà meno;
Sia Durindana poi di chi l'acquista.
Se il mondo è ben di meraviglia pieno,
Una più strana mai non ne fu vista
Di questa ove ora vado, per provare
Se indi potessi Orlando liberare. —

55.   Gradasso e Mandricardo, odendo questo,
Lasciâr la pugna più che volentiera,
Pregando Brandimarte che pur presto
Gli volesse condurre ove il conte era.
Esso rispose: — Ora io vi manifesto
Che vicino a due leghe è una riviera,
Qual nome ha Riso, e veramente è un pianto;
Dentro vi è chiuso Orlando per incanto.

56.   Uno indovino, a cui molto è creduto,
In Africa m'ha questo apalesato;
E perciò in questo loco ero venuto
A liberarlo, come disperato.
Bastante non ero io; ma il vostro aiuto,

Come io comprendo, il cel me ha destinato,
E so che ogniom di voi passaria il mare
Per tuore impresa tanto singulare. —

57.   Ciascun de' duo baroni ha più desio
Di ritrovarsi presto alla fiumana.
Dicea Rugiero: — E dove rimango io,
Se ben non cheggio Orlando o Durindana? —
Più non dico ora. Il grave incanto e rio
Farò palese e la aventura istrana,
E come tratto for ne fosse Orlando;
Cari segnori, a voi me racomando.

---

57. — 3-4. Vedi, per il senso, questi versi ripetuti al VII, 3.

CANTO SETTIMO

1. Più che il tesoro e più che forza vale,
    Più che il diletto assai, più che l'onore,
    Il bono amico e compagnia leale;
    E a duo, che insieme se portano amore,
    Maggior li pare il ben, minore il male,
    Potendo apalesar l'un l'altro il core;
    E ogni dubbio che accada, o raro, o spesso,
    Poterlo ad altrui dir come a se stesso.

2. Che giova aver de perle e d'ôr divizia,
    Avere alta possanza e grande istato,
    Quando si gode sol, senza amicizia?
    Colui che altri non ama, e non è amato,
    Non puote aver compita una letizia;
    E ciò dico per quel che io vi ho contato
    Di Brandimarte, che ha passato il mare
    Sol per venire Orlando ad aiutare.

3. Di Biserta è venuto il cavalliero
    Per trare il conte fuor de la fiumana;
    Il re Gradasso e Mandricardo altiero
    Avea richiesti a quella impresa strana.
    — Ma dove rimango io? — dicea Rugiero
    — Se ben non chieggio a Orlando Durindana,
    Se ben seco non voglio aver contesa,
    Venir non debbo a sì stupenda impresa? —

CANTO VII. — Brandimarte, Gradasso e Rugiero giungono con Fiordelisa alla Fonte del Riso, ove cadono in meravigliosi inganni. Finalmente
ne escono con Orlando. Questi è tosto sfidato da Gradasso per Durindana,
ma vengono divisi. Gradasso e Rugiero vanno con un nano per vendicare
una fellonia. Orlando e Brandimarte giungono a Parigi assediata.

4.   — Esser conviene il numero disparo, —
Rispose Brandimarte — a quel che io sento;
Condurvi tutti quanti avrebbi a caro,
Ma nol concede questo incantamento;
Ed io non vedo a ciò meglior riparo
Che per la sorte fare esperimento.
Ecco una pietra bianca ed una oscura:
Chi avrà la nera, cerchi altra ventura. —

5.   Ciascun de stare a questo fo contento,
Così gettarno la ventura a sorte,
E Mandricardo fuor rimase ispento,
E quindi se partì dolente a morte.
Turbato se ne va, che sembra un vento,
Per piano e monte caminando forte.
Tanto andò, che a Parigi gionse un giorno,
Ove Agramante ha già lo assedio intorno.

6.   Di fuor ne l'oste, io dico de Agramante,
Fu ricevuto a grandissimo onore.
Ma di lui non ragiono ora più avante,
Perché io ritorno nel primo tenore
A ricontarvi del conte de Anglante,
Che se ritrova preso in tanto errore
Tra le Naiàde al bel fiume del Riso;
Or odeti la istoria che io diviso.

7.   Queste Naiàde ne l'acqua dimorano
Per quella solacciando, come il pesce,
E per incanto gran cose lavorano,
Ché ogni disegno a lor voglia rïesce.
De' cavallier sovente se inamorano,
Ché star senza uomo a ogni dama rencresce,
E di tal fatte assai ne sono al mondo;
Ma non si veggion tutti e fiumi al fondo.

8.   Queste ne l'acque che il Riso se appella,
Avean composto de oro e di cristallo
Una mason, che mai fu la più bella,
E là si stavon festeggiando al ballo.
Già vi contai di sopra la novella,

8. — 1. *il Riso*, del Riso. — 3. *mason*, magione.

Quando discese Orlando del cavallo
Per rinfrescarse a l'onde pellegrine;
Ciò vi contai de l'altro libro al fine.

9. E come tra le dame fu raccolto
Con molta zoia e grande adobamento;
Quivi poi stette libero e disciolto,
Preso de amore al dolce incantamento,
A l'onde chiare specchiandosi il volto,
Fuor di se stesso e fuor di sentimento;
E le Naiàde, allegre oltra misura,
Solo a guardarlo aveano ogni lor cura.

10. Però di fuora, in cerco alla rivera,
Per arte avean formato un bosco grande,
Ove stava di pianta ogni mainera,
Ilice e quercie e soveri con giande:
L'arice e teda e l'abete legera
Di grado in grado al ciel le fronde spande,
Che sotto a sé facean l'aere oscuro;
Poi for del bosco se agirava un muro.

11. Questa cinta era fabricata intorno
Di marmi bianchi, rossi, azurri e gialli,
Ed avea in cima un veroncello adorno
Con colonnette di ambre e de cristalli.
Ora a quei cavallier faccio ritorno,
Che vengon senza suoni a questi balli,
Né san de le Naiàde la mala arte:
Dico Rugier, Gradasso e Brandimarte,

12. E Fiordelisa, che seco favella
Di questa impresa e molto li conforta.
Gionsero in fine a la muraglia bella,
Qual di metallo avea tutta la porta.

---

10. — 4. *sóveri* sono i sugheri. — 5. *l'arice* è forma dialettale per il
larice. La *tèda* è un tipo di pino selvatico, da cui gli antichi derivavano
il nome delle fiaccole fatte di quel legno per funerali e nozze, e, per meto-
nimia, le nozze stesse. — 8. Veramente Orlando, al suo arrivo, non aveva
trovato questa cinta, ma solo un ruscello che circondava un *boschetto di
lauro* con una fonte in mezzo (II, XXXI, 44-45).

Sopra alla soglia stava una donzella.
Come a guardarla posta per iscorta,
E tenea un breve, scritto da due bande,
Con tal parole e con lettere grande:

13.   'Desio di chiara fama, isdegno e amore
Trovano aperta a sua voglia la via.'
Questi duo versi avea scritti di fuore,
Poi dentro in cotal modo se leggia:
'Amore, isdegno e il desïare onore
Quando hanno preso l'animo in balìa,
Lo sospingon avanti a tal fraccasso,
Che poi non trova a ritornare il passo.'

14.   Gionti quivi e baron, come io vi ho detto,
La dama con la mano il breve alciava,
E fo da tutti lor veduto e letto
Da quella banda che se dimostrava.
Adunque e cavallier senza sospetto
Passâr, ché alcun la strata non vetava;
Con Fiordelisa entrarno tutti quanti,
Ma per la selva andar non ponno avanti.

15.   Però che quella molto era confusa
De arbori spessi ed alti oltra misura;
La porta alle sue spalle era già chiusa,
Che più facea parer la cosa scura;
Ma Fiordelisa, tra gli incanti adusa,
— Non abbiati — dicia — de ciò paura;
A ogni periglio e loco ove si vada,
Il brando e la virtù fa far la strada.

16.   Smontati de li arcioni, e con le spate
Tagliando e tronchi, fative sentiero;
E se ben sorge alcuna novitate,
Non vi turbati ponto nel pensiero.
Vince ogni cosa la animositate,
Ma condurla con senno è di mestiero. —
Così dicea la dama; onde e baroni
Smontano al piano e lasciano e ronzoni.

17.   Smontati tutti e tre, come io vi disse,
Rugier nel bosco fo il primo ad entrare,
Ma un lauro il suo camin sempre impedisse,
Né a' folti rami lo lascia passare;
Onde la mano al brando il baron misse,
E quella pianta se pose a tagliare,
Dico del lauro, che foglia non perde
Per freddo e caldo, e sempre se rinverde.

18.   Poi che soccisa fu la pianta bella
E cadde a terra il trïomfale aloro,
Fuor del suo tronco sorse una donzella,
Che sopra al capo avia le chiome d'oro,
E gli occhi vivi a guisa de una stella;
Ma piangendo mostrava un gran martoro,
Con parole suave e con tal voce,
Che avria placato ogni animo feroce.

19.   — Serai tanto crudel, — dicea — barone,
Che il mio mal te diletti e trista sorte?
Se qua me lasci in tal condizïone,
Le gambe mie seran radice intorte,
El busto tramutato in un troncone,
Le braccie istese in rami seran porte;
Questo viso fia scorza, e queste bionde
Chiome se tornaranno in foglie e in fronde.

20.   Perché cotale è nostra fatasone,
Che trasformate a forza in verde pianta
Stiamo rinchiuse, insin che alcun barone
Per sua virtute a trarcene se avanta.
Tu m'hai or liberata de pregione,
Se la pietate tua serà cotanta,
Che me accompagni quivi alla rivera;
Se non, mia forma tornarà qual era. —

21.   Il giovanetto pien di cortesia
Promesse a quella non la abandonare,
Sin che condotta in loco salvo sia.
La falsa dama con dolce parlare
Alla riviera del Riso se invia;

Né vi doveti già meravigliare
Se còlto fu Rugiero a questo ponto,
Ché il saggio e il paccio è da le dame gionto.

22.   Come condotto fu sopra a la riva,
La vaga ninfa per la mano il prese,
E de lo animo usato al tutto il priva,
Sì che una voglia nel suo cuor se accese
De gettarsi nel fiume a l'acqua viva.
Né la donzella questo gli contese;
Ma seco, così a braccio, come istava,
Ne la chiara onda al fiume se gettava.

23.   Là giù nel bel palazo de cristallo
Fôrno raccolti con molta letizia.
Orlando e Sacripante era in quel stallo
E molti altri baroni e gran milizia.
Le Naiàde con questi erano in ballo;
Ciuffali e tamburelli a gran divizia
Sonavano ivi, e in danze e giochi e canto
Se consumava il giorno tutto quanto.

24.   Gradasso era rimaso alla boscaglia,
Né trova al suo passar strata o sentiero,
E sempre avanti il varco gli travaglia
Tra l'altre piante un frassino legiero.
Lui questo con la spata intorno taglia,
Subito uscitte al tronco un gran destriero;
Leardo ed arodato era il mantello:
Natura mai ne fece un così bello.

21. — 8. *gionto*: *giunto* o *giuntato* valevano: gabbato.
23. — 3. *Sacripante*. Questa è nel poema l'ultima citazione di Sacripante.
Lo ritroveremo al I canto del *Furioso*, presso Angelica. Come egli fosse capitato
qui alla Fonte del Riso, il B. non dice; aveva lasciato Isolieri al sepolcro
di Narciso partendo in cerca di Gradasso: poi lo incontrammo prigioniero
con Gradasso stesso, al castello ove Mandricardo li liberò, conquistando le
armi di Ettore (III, II, 38). Di là uscito rimase ancora con Isolieri, ma
mentre di questi non si parla più, ritroviamo Sacripante: il quale poi
viene dimenticato in fondo alla fonte mentre gli altri se ne liberano
(sotto, 33-35). Il più arduo alla spiegazione è come Sacripante, che cercava
Gradasso, e Gradasso, desiderato ad Albraca, capitassero al Castello della
Fata, e ora in Francia. Come si vede, l'Autore non segue ora più i suoi
eroi con la sollecitudine di una volta. — 6. *Ciuffali*, zuffoli (flauti).
24. — 7. *Leardo*, detto di cavallo con mantello grigio o baio; *arodato*,
pomellato (chiazzato a rotelle).

25.　La briglia che egli ha in bocca è tutta d'oro,
E così adorno è 'l ricco guarnimento
Di pietre e perle, e vale un gran tesoro.
Gradasso non vi pone intendimento
Che per inganno è fatto quel lavoro;
Anci se accosta con molto ardimento
E dà di mano a quella briglia bella
Senza contrasto, e salta ne la sella.

26.　Subito prese quel destriero un salto,
Né poscia in terra più se ebbe a callare;
Per l'aria via camina e monta ad alto,
Come tal volta un sogna di volare.
Battaglia non fu mai né alcuno assalto,
Qual potesse Gradasso ispaventare;
Ma in questo, vi confesso, ebbe paura,
Veggendose levato in tanta altura;

27.　Perché ne l'aria cento passi o piue
L'avia portato quella bestia vana.
Il baron spesso riguardava in giue,
Ma a scender gli parea la scala strana.
Quando così bon pezzo andato fue
E ritrovosse sopra alla fiumana,
Cader si lascia la incantata bestia;
Nel fiume se atuffò senza molestia.

28.　Così Gradasso al fondo se atuffoe,
E 'l gran caval natando a sommo venne,
Poi per la selva via si deleguoe
Sì ratto come avesse a' piè le penne.
Ma il cavallier, che a l'acqua si trovoe,
Subito un altro nel suo cor divenne;
Scordando tutte le passate cose,
Con le Naiàde a festeggiar se pose.

29.　A suon de trombe quivi se trescava
Zoiosa danza, che di qua non se usa:
Nel contrapasso l'un l'altro baciava,
Né se potea tener la bocca chiusa.
A cotale atto se dimenticava

Ciascun se stesso; ed io faccio la scusa,
E credo che un bel baso a bocca aperta
Per la dolcezza ogni anima converta.

30.   In cotal festa facevan dimora
Tutti e baroni in suoni e balli e canti;
Sol Brandimarte se affatica ancora,
Né per la selva può passare avanti,
Benché col brando de intorno lavora
Tagliando il bosco; e da diversi incanti
Era assalito, ed esso alcun non piglia,
Ché Fiordelisa sempre lo consiglia.

31.   Lui tagliò de le piante più che vinte,
E de ciascuna uscia novo lavoro,
Or grandi occelli con penne depinte,
Or bei palagi, or monti de tesoro;
Ma queste cose rimasero estinte,
Ché Brandimarte ad alcuna di loro
Mai non se apiglia e dietro a sé le lassa,
E per la selva sino al fiume passa.

32.   Come alla riva fu gionto il barone,
Divenne in faccia di color di rosa
E tutto se cangiò de opinïone
Per trabuccarse ne l'acqua amorosa;
E per gran forza de incantazïone
Non se amentava Orlando né altra cosa,
E gioso se gettava ad ogni guisa,
Se a ciò non reparava Fiordelisa.

33.   Perché essa già composti avea per arte
Quattro cerchielli in forma di corona
Con fiori ed erbe acolte in strane parte,
Per liberar de incanti ogni persona;
E pose un de essi in capo a Brandimarte,
Quindi de ponto in ponto li ragiona
Lo ordine e il modo e il fatto tutto quanto
Per trare Orlando fuor di quello incanto.

34.   Il franco cavalliero incontinente
Fa tutto ciò che la dama comanda;

Nel fiume se gettò tra quella gente,
Che danza e suona e canta in ogni banda.
Ma lui non era uscito di sua mente,
Come eron gli altri, per quella ghirlanda
Che Fiordelisa nel capo gli pose,
Fatta per arte de incantate rose.

35.   Come fo gionto giù tra quella festa
Nel bel palagio de cristallo e de oro,
Un de' cerchielli al conte pose in testa,
E li altri a li altri duo senza dimoro.
Così la fatason fu manifesta
Subitamente a tutti quattro loro;
E le dame lasciarno e ogni diletto,
Uscendo fuor del fiume a lor dispetto.

36.   Sì come zucche in su vennero a galla;
Prima de l'acqua sorsero e cimieri,
Poi l'elmo apparve e l'una e l'altra spalla,
Ed alla riva gionsero legieri.
Quindi, levati a guisa di farfalla
Che intorno al foco agira volentieri,
Sospesi fuôr da un vento in poco de ora,
Qual li soffiò di quella selva fuora.

37.   Chi avesse chiesto a lor come andò il fatto,
Non l'avrebbon saputo racontare,
Come om che sogna e se sveglia di tratto,
Né può quel che sognava ramentare.
Eccoti avanti a lor ariva ratto
Un nano, e solo attende a speronare;
E, come presso e cavallier si vede,
— Segnor, — cridava — odeti per mercede!

38.   Segnor, se amati la cavalleria,
Se adiffendeti il dritto e la iustizia,
Fati vendetta de una fellonia
Maggior del mondo e più strana nequizia. —
Disse Gradasso: — Per la fede mia!
Se io non temessi di qualche malizia
E de esser per incanto ritenuto,
Io te darebbi volentieri aiuto. —

39.   Il nano allora sacramenta e giura
Che non è a questa impresa incantamento.
— Oh! — disse il conte, — e chi me ne assicura?
Tanto credetti già, che io me ne pento.
Lo augel ch'esce dal laccio, ha poi paura
De ogni fraschetta che se move al vento;
Ed io gabbato fui cotanto spesso,
Che, non che altrui, ma non credo a me stesso. —

40.   Disse Rugier: — Non è solo un parere,
E ciascun loda la sua opinïone.
Direbbe altrui che fosser da temere
L'opre de' spirti e queste fatagione;
Ma se il bon cavallier fa el suo dovere
Non dee ritrarse per condizïone
Di cosa alcuna; ogni strana ventura
Provar se deve, e non aver paura.

41.   Menami, o nano, e nel mare e nel foco,
E se per l'aria me mostri a volare,
Verrò teco a ogni impresa, in ogni loco:
Che io mi spaventi mai, non dubitare. —
Gradasso e 'l conte se arrossirno un poco
Odendo in cotal modo ragionare;
E Brandimarte al nano prese a dire:
— Camina avanti, ogniom ti vôl seguire. —

42.   Il nano aveva un palafreno amblante:
Via se ne va per la campagna piana.
Dicea Gradasso verso il sir de Anglante:
— Se questa impresa fia sublime e strana,
E per sorte mi tocca il gire avante,
Io voglio adoperar tua Durindana,
Anci pur mia, però che il re Carlone
Me la promisse, essendo mio pregione. —

43.   — Se lui te la promisse, e lui te attenda! —
Rispose il conte, in collera salito
— Ben parlo chiaro, e vo' che tu me intenda,
Che non è cavallier cotanto ardito,
Dal qual mia spata ben non mi diffenda;
E se a te piace mo questo partito

---

43. — 1. *te attenda,* ti mantenga la promessa.

Di guadagnarla in battaglia per forza,
Eccola qua: ma guàrdati la scorza. —

44. Così dicendo avea già tratto il brando,
A cui piastra né usbergo non ripara;
Gradasso d'altra parte fulminando
Trasse del fodro la sua simitara.
Araldo non vi è qua che faccia il bando,
Né re che doni il campo chiuso a sbara;
Ma senza cerimonie e tante ciacare
Ben se azufarno, e senza trombe e gnacare.

45. E cominciano il gioco con tal fretta,
Con tanta furia e con tanta ruina,
Che l'una botta l'altra non aspetta;
De intorno al capo l'elmo gli tintina,
E ciascun colpo fuoco e fiama getta.
Come sfavilla un ferro alla fucina,
Come chiocca le fronde alla tempesta,
Cotal l'un l'altro mena e mai non resta.

46. Menò a due mano il conte un colpo crudo,
Con tal furor che par che il mondo cada;
Gradasso il vidde e riparò col scudo,
Ma non giova riparo a quella spada:
La targa e usbergo in fino al petto nudo
Convien che 'n pezzi a la campagna vada,
E la gorzera e parte del camaglio
Ne portò seco a terra de un sol taglio.

47. Quando il re franco del colpo se avvide,
Mena a due mano e il fren frangendo rode;
Sino alla carne ogni arma li divide,
E 'l gran rimbombo assai de intorno se ode.
Dice Gradasso, e tutta fiata ride:
— Se ben ti rado, fàcciati bon prode!
In questa volta più non te ne toglio,
Perché a mio senno il pel non è ancor moglio. —

48. Diceva il conte: — Che bufonchie, che?
Prima che quindi te possi dividere,

44. — 7. *ciacare*, chiacchiere.
47. — 8. *moglio*, molle (a sufficienza per raderti bene).

Tante te ne darò che guai a te,
E insegnarotti in altro modo a ridere. —
Rispose a lui Gradasso: — Per mia fè!
Se omo del mondo me avesse a conquidere,
Esser potrebbe che fusti colui;
Ma in verità né te stimo né altrui.

49.   Quando un tuo pare avessi alla centura,
Non restarei di correre a mia posta.
Se pur te piace, prova tua ventura:
Vieni oltra, vieni, e a tuo piacer te accosta. —
Orlando se avampò fuor di misura,
Dicendo: — Poco lo avantar ti costa;
Ma tra fatti e parole è differenzia,
Del che vedremo presto esperïenzia. —

50.   Tuttavia parla e mena Durindana,
Ad ambe mano un gran colpo gli lassa;
Manda il cimiero a pezzi in terra piana,
E 'l copo col torchion tutto fraccassa.
Risuonò l'elmo come una campana,
E il re chinò giù il viso a terra bassa;
Di sangue ha il naso e la bocca vermiglia,
Perse una staffa e abandonò la briglia.

51.   Ma non perciò perdette la baldanza
Quel re superbo, e divenne più fiero;
Parea di foco in faccia alla sembianza.
Mena a duo mani e gionse nel cimiero
Con tanto orgoglio e con tanta possanza,
Che il coppo e il torchio manda nel sentiero.
Risuonò l'elmo, ed accerta Turpino
Che un miglio o più se odette in quel confino.

52.   E fu per trabuccar de lo arcion fuore
Il franco conte a quel colpo diverso;
La sembianza proprio ha d'un om che more,
E piedi ha fuor di staffe e 'l freno ha perso.
Fuggendo via ne 'l porta il corridore

---

50. — 4. *copo* è venez. per *coppo*, dato sotto alla 51, 6, ove *torchion* diventa *torchio*. Coppo o coppa (vedi Dante, *Inf.* XXXIII, 99) significa nuca o cranio, ma qui è la parte concava dell'elmo, come torchione ne è la parte soprastante (v. III, II, 29, 3).

Per la campagna, a dritto ed a traverso,
E 'l re Gradasso il segue con la alfana,
Per darli morte e tuorli Durindana.

53.   Pur ne la istoria il ver se convien dire:
A suo dispetto li dava de piglio;
Ma Brandimarte non puote soffrire
Vedere Orlando posto in tal periglio,
Onde correndo se 'l pose a seguire.
Voltò Gradasso il viso, alciando il ciglio,
E disse: — Anco tu vai cercando noglia?
Io ne ho per tutti; venga chi ne ha voglia. —

54.   Ma in questo Orlando se fu risentito,
E ver Gradasso vien col brando in mano.
Rugiero allora, el giovane fiorito,
Fra lor se pose con parlare umano,
Cercando de accordargli ogni partito;
E similmente ancor faceva il nano
Pregando per pietate e per mercede
Che vadano alla impresa che lui chiede.

55.   E tanto seppon confortare e dire,
Che tra lor fu la zuffa raquetata;
Ma ben la compagnia voglion partire,
E ciascadun ha sua strata pigliata.
Gradasso con Rugier presero a gire
Ove il nano una torre ha dimostrata;
E Brandimarte e il conte paladino
Verso Parigi presero il camino.

56.   Quel che Rugier facesse e il re Gradasso,
Vi fia poi racontato in altra parte,
Perché al presente a dir di lor vi lasso,
E seguo come il conte e Brandimarte
Vennero in Francia caminando a passo,
Con Fiordelisa, maestra in tutte l'arte;

---

53. — 2. a dispetto di Orlando l'avrebbe raggiunto.
56. — Questa avventura sarà toccata dall'Ariosto mediante un semplice
racconto per bocca di Pinabello (*Fur.*, II, 45-57). I due sarebbero giunti
al castello di Atlante, che con le sue arti li fa ambedue prigioni. Il Rajna
notava questo rappicco come supplemento difettoso e discontinuo: di
fatto – oltre che il B. accennava ad una *torre* (che però potrebbe anche
voler dire *castello*) – nell'VIII, 57 un frate racconterà a Bradamante d'aver

E una mattina, al cominciar del giorno,
Vidder Parigi, che ha lo assedio intorno.

57. Perché Agramante, come io vi contai,
Sconfitto avendo in campo Carlo Mano
E morta e presa di sua gente assai,
Se era atendato a cerco per quel piano.
Tanta ciurmaglia non se vidde mai
Quanta adunata avea quello africano;
Ben sette leghe il campo intorno tiene,
Che valle e monti e le campagne ha piene.

58. Quei de la terra stavano in diffese,
E notte e giorno attendono alle mura,
Ché sol de' paladin vi era il Danese,
Che a far beltresche e riparar procura.
Ma quando il conte mirando comprese
Cotal sconfita e tal disaventura,
Sì gran cordoglio prese e dolor tanto,
Che for de gli occhi li scoppiava il pianto.

59. — Chi se confida in questa vita frale —
Diceva lui — e in questo mondo vano,
Lasci gli alti pensieri e chiuda l'ale,
Prendendo esempio dal re Carlo Mano,
Che sì vittorïoso e trïonfale
Facea tremar ciascun presso e lontano;
Or l'ha del tutto la fortuna privo
In un momento, e forse non è vivo. —

60. Ma, mentre che dicea queste parole,
Nel campo si levò sì gran romore,
Che par che il cel risuoni insino al sole,
E sempre il crido cresce e vien maggiore.
Or, bella gente, certo assai mi dole
Non poter mo chiarir tutto il tenore;
Ma apresso il contarò ne l'altra stanza,
Ché in questo canto abbiam detto a bastanza.

visto passare per l'aria una barca carica di spiriti, che gli annunciarono essere Rugiero *partito già di Francia* (quindi presumibilmente deviato verso il castello africano di Atlante), mentre nel *Furioso* il castello di Atlante è tra i Pirenei.

CANTO OTTAVO

1.   Dio doni zoia ad ogni inamorato,
     Ad ogni cavallier doni vittoria,
     A' principi e baroni onore e stato,
     E chiunque ama virtù, cresca di gloria:
     Sia pace ed abundanzia in ogni lato!
     Ma a voi, che intorno odeti questa istoria,
     Conceda il re del cel senza tardare
     Ciò che sapriti a bocca dimandare.

2.   Donevi la ventura per il freno,
     E da voi scacci ogni fortuna ria;
     Ogni vostro desio conceda a pieno,
     Senno, beltade, robba e gagliardia,
     Quanto è vostro voler, né più né meno,
     Sì come per bontate e cortesia
     Ciascun di voi ad ascoltare è pronto
     La bella istoria che cantando io conto.

3.   La qual lasciai, se vi racorda, quando
     Sorse il gran crido al campo de' Pagani,
     Talabalachi e timpani suonando,
     Corni di brongio ed instrumenti istrani,
     Alor che Brandimarte e il conte Orlando,

CANTO VIII. — Incomincia l'assalto di Parigi: Orlando e Brandimarte liberano i paladini prigionieri; Mandricardo e Rodamonte infuriano. La battaglia è interrotta dal temporale. Bradamante vien medicata da un romito e quindi s'addormenta presso un boschetto, ove Fiordespina credendola maschio, se ne innamora.

2. — 1. (*il re del cel*) vi dia nella mani il freno della fortuna.
3. — 3. i *talabala(c)chi* erano degli strumenti moreschi suonati in battaglia.

> Gionti ne' poggi e riguardando e piani,
> Vider cotanta gente e tante schiere
> Che un bosco par di lancie e di bandiere.

4.   Perché sappiati il fatto tutto quanto,
> L'ordine è dato a ponto per quel giorno
> Di combatter Parigi in ogni canto,
> E lo assalto ordinato intorno intorno.
> De li Africani ogni om se dà più vanto,
> L'un più che l'altro se dimostra adorno;
> Chi promette a Macone, e chi lo giura,
> Passar de un salto sopra a quella mura.

5.   Scale con rote e torre aveano assai,
> Che se movean tirate per ingegno.
> Più nove cose non se vidder mai:
> Gatti tessuti a vimine e di legno,
> Baltresche di cor' cotto ed arcolai,
> Ch'erano a rimirare un strano ordegno,
> Qual con romor se chiude e se disserra,
> E pietre e foco tra' dentro alla terra.

6.   Da l'altra parte il nobile Danese,
> Che fatto è capitan per lo imperiere,
> Fa gran ripari ed ordina in diffese
> Saettamenti e mangani e petriere.
> Con gli occhi suoi veder vôl lui palese,
> Ché con li altrui non guarda volentiere,
> E sassi e travi e solfo e piombo e foco
> Per torre e merli assetta in ciascun loco.

7.   Sopra a ogni cosa egli ordina e procura
> La gente armata a piede ed a cavallo;
> Mo qua mo là scorrendo per le mura,
> Non pone a l'ordinar tempo o intervallo.
> Già se odeno e Pagani alla pianura

---

4. — L'Ariosto descrisse nuovamente per conto suo l'assedio e la battaglia di Parigi a cominciare dal XIV, 65, mentre l'inizio del *Furioso*, con la fuga di Angelica, risale addietro alla battaglia presso Montealbano.

5. — 2. *ingegno*, congegno meccanico.

6. — 4. *saettamenti*, balestre; *màngani*, macchine da scagliar pietre; *petriere*: petriero o pietriera era propriamente un'arma ant. da fuoco.

Con tamburacci e corni di metallo,
Sonando sifonie, gnacare e trombe,
Che l'aria trema e par che 'l cel rimbombe.

8.   O re del celo! O Vergine serena!
Che era a veder la misera citate!
Già non mi credo che il demonio apena
Se rallegrasse a tanta crudeltate.
De strida e pianti è quella terra piena:
Piccoli infanti e dame scapigliate
E vecchi e infermi e gente di tal sorte
Battonsi il viso, a Dio chiedendo morte.

9.   Di qua di là correa ciascuno a guaccio,
Pallidi e rossi, e timidi è li arditi;
Triste le moglie con figlioli in braccio,
Sempre piangendo, pregano e mariti
Che le diffendan da cotanto impaccio;
E disperate a li ultimi partiti,
Caccian da sé la feminil paura,
Ed acqua e pietre portano alle mura.

10.   Suonano a l'arme tutte le campane;
De cridi e trombe è sì grande il rumore,
Che nol potrian contar le voce umane.
Va per la terra Carlo imperatore:
Ogni omo il segue, alcun non vi rimane,
Che non voglia morir col suo segnore;
E lui qua questo e là quell'altro manda,
Provede intorno ed ordina ogni banda.

11.   Lo esercito pagano è già vicino,
Che intorno se distende a schiera a schiera:
Alla porta San Celso è il re Sobrino
Con Bucifar, il re de la Algazera;
E Baliverzo, il falso saracino,
Là dove entra di Senna la riviera

---

7. — 7. *sifonie*, sinfonie, zampogne.
9. — 1. *a guaccio*, disordinatamente. — 2. questa è la lez. dei testi,
e significa: pallidi sono diventati i rossi, e timidi gli arditi (pallidi i rossi,
e timidi è – cioè sono – gli arditi). Si può anche eliminare quell'*è*.

Se sforza entrar con sua gente perversa;
E seco è il re de Arzila e quel de Fersa.

12.   A San Dionigi il re di Nasamona
Col re de la Zumara era accostato:
E il re di Cetta e quel di Tremisona
Combatteno alla porta del mercato;
L'aria fremisce e la terra risona,
Ché la battaglia è intorno ad ogni lato,
E foco e ferri e pietre con gran fretta
Da l'una parte a l'altra se saetta.

13.   Non sorse più giamai furor cotale
Tra Cristïani e gente saracina:
Ciascun tanto più fa quanto più vale.
Giù vengon travi e solforo e calcina,
E se sentiva un fraccassar di scale,
Un suon de arme spezzate, una roina,
E fumo e polve, e tenebroso velo,
Come caduto il sol fosse dal celo.

14.   Ma non per tanto par che satisfaccia
La gran diffesa contra a quei felloni.
Come la mosca torna a chi la scaccia,
O la vespe aticciata, o i calavroni:
Cotal parea la maledetta raccia,
Da' merli trabuccata e da' torroni,
Che dirupando al fondo giù ne viene;
Già son de morti quelle fosse piene.

15.   Onde era fatto su per l'acqua un ponte,
Orribile a vedere e sanguinoso.
Quivi era Mandricardo e Rodamonte,
Ciascun più di salir voluntaroso;
Ni Feraguto, quella ardita fronte,
Né il re Agramante si stava ocïoso:
L'un più che l'altro di montar se afreza
Tra frizze e dardi, e sua vita non preza.

16.   Orlando, che attendeva il caso rio,
Quasi era nella mente sbigotito;
Forte piangendo se acomanda a Dio,

Né sa pigliare apena alcun partito.
— Che deggio fare, o Brandimarte mio, —
Diceva lui — che il re Carlo è perito?
Perso è Parigi ormai! Che più far deggio,
Che ruïnato in foco e fiama il veggio?

17.   Ogni soccorso, al mio parer, si è tardo:
Su per le mura già sono e Pagani. —
Brandimarte dicea: — Se ben vi guardo,
Là se combatte, e sono anco alle mani.
Deh lasciami callar, ché nel core ardo
Di fare un tal fraccasso in questi cani,
Che, se Parigi aiuto non aspetta,
Non fia disfatta almen senza vendetta! —

18.   Orlando alle parole non rispose,
Ma con gran fretta chiuse la visiera,
E Brandimarte a seguitar se pose,
Che vien correndo giù per la costiera.
Fiordelisa la dama se nascose
In un boschetto a canto alla riviera,
E quei duo cavallier menando vampo
Passarno il fiume e gionsero nel campo.

19.   Ciascun di lor fu presto cognosciuto:
Sua insegna avea scoperta e suo penone.
— Arme! arme! — se cridava — aiuto! aiuto! —
Ma già son gionti al mastro pavaglione,
Che era di scorta assai ben proveduto.
Il re Marsilio vi era e Falsirone,
Molta sua gente e re de altri paesi,
Per far la guardia a' nostri che son presi.

20.   Come sapeti, il nobile Olivieri
Quivi è legato e il bon re di Bertagna,
Ricardo e 'l conte Gano da Pontieri,
E 'l re lombardo e molti de Alemagna.
Or qua son gionti e franchi cavallieri:
Ben dir vi so che alcun non se sparagna.
Chi se diffende, e chi fugge, e chi resta:
Tutti li mena al paro una tempesta.

21.   Al pavaglione, ove era la battaglia,
Non puote il re Marsilio aver diffese;
Gran parte è morta de la sua canaglia,
Lui, bon partito via fuggendo prese.
Orlando il pavaglion tutto sbaraglia,
Squarzato in pezi a terra lo distese;
Ma quando quei pregion viddero il conte,
Per meraviglia se signâr la fronte.

22.   Oh che spezzar de corde e di catene
Faceva Brandimarte in questo stallo!
De arme e ronzoni ivi eron tende piene,
Onde èno armati e montano a cavallo.
L'un più che l'altro a gran voglia ne viene
Per seguitare Orlando in questo ballo,
Qual ver Parigi a corso se distese,
E seco è Gano e Oliviero el marchese;

23.   Re Desiderio e lo re Salamone
E Brandimarte (che era dimorato
Alquanto per disciorre ogni pregione),
Ricardo e Belengieri apresïato.
Seguiva apresso Avorio, Avino e Ottone,
Il duca Namo e il duca Amone a lato,
Ed altri, tutti gente da gorzera,
Che più di cento sono in una schiera.

24.   E' già son gionti presso a quelle mura,
Ove la zuffa è più cruda che mai,
Che era cosa a vedere orrenda e scura,
Come di sopra poco io ve contai.
Grande era quel rumor fuor di misura
De cridi estremi e de istrumenti assai,
E facevan tremar de intorno il loco,
Né altro se odìa che morte e sangue e foco.

25.   Già Mandricardo avea pigliato un ponte,
Rotte le sbarre e spezzata la porta,
Ed avea gente a seguitar sì pronte,

23. — 7. gente da portare la gorgèra, quindi l'armatura; guerrieri.

Che ciascun dentro molto se sconforta.
Da un'altra parte il crudo Rodamonte
Su per le mura ha tanta gente morta
Con dardi e sassi, e tanta n'ha percossa,
Che vien da' merli il sangue nella fossa.

26.   Guarda le torre e spreza quella altezza,
Battendo e denti a schiuma come un verro.
Non fu veduta mai tanta fierezza.
Il scudo ha in collo e una scala di ferro
E pali e graffie e corde fatte in trezza,
E il foco acceso al tronco de un gran cerro;
Vien biastemando e sotto ben se acosta,
La scala apoggia e monta senza sosta.

27.   Come egli andasse per la strata a passo,
Cotal saliva quel pagano arguto.
Quivi era il ruïnare e il gran fraccasso:
Adosso a lui ciascun cridava aiuto.
Se Lucifero uscito o Satanasso
Fosse giù da lo abisso e qua venuto
Per disertar Parigi e ogni sua altura,
Non avria posto a lor tanta paura.

28.   E nondimanco in tanti disconforti
Se adiffendiano per disperazione,
Ché ad ogni modo se reputan morti,
Né stiman più la vita o le persone.
Poi che, condotti a dolorosi porti,
Veggion palese sua destruzïone,
E pali e dardi tranno a più non posso
Con sassi e travi a quel gigante adosso.

29.   Lui pur salisce e più de ciò non cura,
Come di penne o paglia mosse al vento;
Già sopra a' merli è sino alla cintura,
Né 'l contrastar val, forza né ardimento.
Come egli agionse in cima a quelle mura,
E nella terra apparve il gran spavento,
Levossi un pianto e un strido sì feroce,
Sino al cel, credo io, gionse quella voce.

30.   Ma quel superbo una gran torre afferra,
E tanta ne spiccò quanta ne prese;
Quei pezzi lancia dentro dalla terra,
Dissipa case e campanili e chiese.
Orlando non sapea di tanta guerra,
Ché in altra parte stava alle contese;
Ma la gran voce che di là si spande
Venir lo fece a quel periglio grande.

31.   Gionse correndo ove è l'aspra battaglia:
Non fo giamai da l'ira sì commosso.
La gran scala di ferro a un colpo taglia,
E Rodamonte roinò nel fosso,
E dietro a lui gran pezzi de muraglia,
Ché gli è caduta meza torre adosso;
E un merlo gionse Orlando nella testa,
Qual lo distese a terra con tempesta.

32.   Fo Rodamonte sviluppato e presto.
Tanta fierezza avea il forte pagano,
Che non mostrava più curar di questo,
Come se stato fosse un sogno vano.
Ma il franco conte non era ancor desto,
Qual tramortito se trovava al piano;
Or Rodamonte già non se ritiene,
Esce dal fosso e contro a i nostri viene.

33.   De esser gagliardo ben li fa mestiero,
Ché a lui de intorno sta la nostra gente:
Su l'orlo aponto è Gano da Pontiero.
Benché sia falso e tristo della mente,
Purché esser voglia è prodo e bon guerrero;
Ma la sua forza alor giovò nïente,
Ché Rodamonte, che de l'acqua usciva,
De un colpo a terra il pose in su la riva.

34.   Questo abandona e ponto non se arresta.
Ché sopra 'l campo afronta Rodolfone;

---

33. — 5. È l'unico elogio, pur condizionato, fatto a Gano, e stona un po' con altre affermazioni sulla sua paurosa viltà nel pericolo.

Parente era di Namo e di sua gesta:
Tutto il fende il pagan sino allo arcione.
Poi mena al re lombardo ne la testa:
Come a Dio piacque, colse di piatone,
Ma pur cadde di sella Desiderio
A gambe aperte e con gran vituperio.

35. La gente saracina, che è fuggita
Per la gionta de Orlando, ora tornava,
Più assai che prima mostrandosi ardita;
Ché Rodamonte sì se adoperava,
Che ciascuno altro volentier lo aita.
Di qua di là gran gente se adunava:
Balifronte di Mulga e il re Grifaldo
E Baliverzo, il perfido ribaldo.

36. Quivi era Farurante di Maurina
E il franco Alzirdo, re di Tremisona,
Il re Gualciotto di Bellamarina
Ed altri assai che 'l canto non ragiona;
Tutti non giongeranno a domatina,
Ché Brandimarte, la franca persona,
Ne mandarà qualcun pur allo inferno,
E qualcuno Olivier, se ben discerno.

37. Stati ad odire il fatto tutto a pieno,
Ché or se incomincia da dover la danza.
Salamon vide il figlio de Ulïeno,
Qual più de un braccio sopra alli altri avanza:
Ove il colpo segnò, né più né meno,
A mezo il petto il colse con la lanza;
Quella se ruppe, e 'l Pagan non se mosse,
Ma con la spada il Cristïan percosse.

38. Il scuto gli spezzò quel maledetto,
Le piastre aperse, come fosser carte,
E crudelmente lo piagò nel petto;
Gionse allo arcione e tutto lo disparte,
Il collo al suo ronzon tagliò via netto.
Ora a quel colpo gionse Brandimarte,
E, destinato di farne vendetta,
Sprona il destriero e la sua lancia assetta.

39.   A tutta briglia il cavallier valente
Percosse Rodamonte nel costato,
Che era guarnito a scaglie di serpente;
Quel lo diffese, e pur giù cade al prato.
Come il romor d'uno arboro si sente,
Quando è dal vento rotto e dibarbato,
Sotto a sé frange sterpi e minor piante:
Tal nel cader suonò quello africante.

40.   Or Brandimarte volta al re Gualciotto,
Poi che caduto è il franco re di Sarza;
Ad ambe man lo percosse di botto,
Per mezo il scudo lo divide e squarza.
Lo usbergo e panciron che egli avea sotto
Partitte a guisa de una tela marza;
Per il traverso il petto li disserra,
E in duo cavezzi il fece andare a terra.

41.   Ed Olivieri, il franco combattente,
Mostra ben quel che egli era per espresso;
Alla sua gesta il cavallier non mente,
Ché il re Grifaldo insino al petto ha fesso.
In questo tempo Orlando se risente;
Stato gli è sempre Brigliadoro apresso,
Tanto era savio, quella bestia bona!
Sta col suo conte e mai non lo abandona.

42.   Onde salito è subito a destriero,
Esce del fosso la anima sicura.
Quando quei dentro videro il quartiero,
Levase il crido intorno a quelle mura.
Fu reportato insino allo imperiero
Come apparito è Orlando alla pianura,
E che scampati sono e Cristïani
Da' Saracini, e son seco alle mani.

43.   Non domandati se lo imperatore
Di tal novella zoia e festa prese;
A tutti quanti sfavillava il core,
Brama ciascun de uscire alle contese
Aperta fu la porta a gran furore,

E salta fuori armato il bon Danese,
E Guido de Borgogna è seco in sella,
Duodo de Antona e Ivone de Bordella.

44.   Avanti a tutti è il figlio de Pipino,
Ché non vôl restar dentro il re gagliardo;
Solo in Parigi rimase Turpino,
Per aver della terra bon riguardo.
Or torniamo al Danese paladino,
Che sopra al ponte scontra Mandricardo,
Qual, come io dissi su, poco davante,
Là combatteva, e seco era Agramante.

45.   Correndo viene Ogier con l'asta grossa,
E gionse Mandricardo, che era a piede;
Gettar se 'l crede de urto nella fossa,
Ma quello è ben altro om che lui non crede.
Fermosse il saracin con tanta possa,
Che al scontro della lancia già non cede;
Via passava Rondello a corso pieno,
Ma quel pagan gli dà di man a freno.

46.   Ed Agramante, che era lì da lato,
Se sforza scavalcarlo a sua possancia;
Ma Carlo Mano, che ivi era arivato,
Percosse il re Agramante con la lancia
Trabuccandolo a terra riversato,
E passolli il destrier sopra la pancia.
Or qua la zuffa grossa se rinova,
Ché ogniom se affronta e vôl vincer la prova.

47.   Raportato era già di voce in voce
Come abattuto se trova Agramante,
Onde ciascun se aduna in quella foce:

45. — 7. *Rondello*: nelle *chansons* Rondello era un cavallo fatato che
non poteva esser cavalcato se non da un nobile valoroso: nella biblioteca
estense esisteva un codice intitolato *Rondel*, probabilmente parte del
romanzo di *Buovo de Antona* rappresentato da altri codici. A Buovo
apparteneva appunto quel destriero, che poi passò a Uggeri il Danese:
nel *Morgante* lo usa Orlando, avendolo tolto insieme con la spada *Cortana*
alla moglie di Uggeri per ira (I, 17).

Lo un più che l'altro vôl ficcarse avante.
Quivi è Grandonio, il saracin feroce,
E seco è Feraguto e Balugante;
Ma sopra tutti Mandricardo è quello
Che fa diffesa e mena gran flagello.

48.   Sol fu quel lui che Agramante riscosse
Per sua prodezza e 'l trasse di travaglia.
Oh quanti morti andarno in quelle fosse,
Perché era sopra al ponte la battaglia,
E l'acque dentro diventorno rosse
Per tanto sangue che la vista abaglia;
Re Carlo, Ogieri e li altri tutti insieme
Adosso a quei pagan con furia preme.

49.   E già cacciati for gli avea del ponte:
Pur tra le sbarre ancor se contrastava;
Ecco alle spalle de' Pagani il conte
E Brandimarte, che lo seguitava,
Con l'altre gente vigorose e pronte.
Or la baruffa terribile e brava
Qua se radoppia, e tanto dispietata
Che simigliante mai non fu contata.

50.   Però che Rodamonte, quello altiero,
Sempre ha seguìto Orlando alla spiegata;
Più non si tien né strata né sentiero,
Tutta la zuffa è in sé ramescolata;
Né adoperarse ormai facea mestiero:
Tanto è la gente stretta ed adunata,
Che Rodamonte solo e solo Orlando
Fan piazza larga quanto è lungo il brando.

51.   Ma fusse o per quel populo devoto
Che in Parigi pregava con lamento,
O per altro destino al mondo ignoto,
Ne l'aria se levò tempesta e vento,
E sopra al campo sorse un terremoto,
Dal qual tremava tutto il tenimento;
Terribil pioggia e nebbia orrenda e scura
Ripieno aveano il mondo di paura.

52.   E già chinava il giorno ver la sera,
Che più facea la cosa paventosa;
Di qua, di là se ritrasse ogni schiera,
E mancò la battaglia tenebrosa.
Ma Turpin lascia qua la istoria vera,
Che in questi versi ho tratto di sua prosa,
E torna a ragionar di Bradamante,
De la qual vi lasciai poco davante,

53.   Quando ella occise al campo Daniforte,
Quello avisato e falso saracino
Che a tradimento la feritte a morte:
Ma lui perse la vita, essa il camino,
Ché era la notte ombrosa e scura forte.
Lei sempre via passò sera e matino
Per quel deserto inospite e selvaggio,
Ove atrovò nel mezo un romitaggio.

54.   E gran bisogno avendo di riposo,
Per molto sangue che perduto avia,
E per il camin lungo e faticoso,
Smontava a terra e alla porta battia;
E quel romito, che stava nascoso,
Signosse il viso e disse: — Ave Maria!
Chi condotto ha costui? O che miracolo
Fa che omo arivi al povero abitacolo? —

55.   — Io sono un cavallier, — disse la dama —
Ch'ier me smaritti in questa selva oscura,
Ed ho de riposar bisogno e brama.
Ché son ferito e stracco oltra misura. —
Rispose quel romito: — In questa lama
Mai non discese umana creatura;
Da sessanta anni in qua che vi son stato,
Non vidi una sol volta uno omo nato.

56.   Ma spesse fiate il demonio me appare,
In tante forme ch'io non saprei dirti,

---

55. — 5. *lama* (dal lat. *lama*, pantano), tratto di campagna acquitri-
noso (usato anche per certi luoghi della Maremma). Qui è generico per
luogo impraticato. È in Dante anche nel senso di « cavità fonda e umida ».

E poco avante io presi a dubitare
Che fosti quello, e stei per non aprirti.
Questa matina qua viddi passare
Una barchetta carica de spirti,
Che ne andava per l'aria alla seconda
Battendo e remi come fusse in onda.

57.   Colui che stava in poppa per nocchiero,
Mi disse: "Fratacchione, al tuo dispetto
Partito è già di Francia il bon Rugiero,
Qual serìa stato un cristïan perfetto.
Tolto lo abbiamo dal dritto sentiero,
Ché vòlto avria le spalle a Macometto;
Ma di sua legge ormai non credo che esca,
Ed hollo detto acciò che ti rincresca."

58.   Passò la barca, poi che ebbe parlato
Quel tristo spirto, e più non fu veduta;
Ed io rimasi assai disconsolato,
Pensando che era l'anima perduta
Di quel baron, che morirà dannato,
Se Dio per sua pietate non lo aiuta,
O se persona non li mette in core
Di batezarse e uscir di tanto errore. —

59.   Quando queste parole udì la dama,
Tutta se accese in viso come un foco;
Pensando al cavallier che cotanto ama,
Nella sua mente non ritrova loco;
E sì desia di rivederlo e brama,
Che cura di riposo o nulla, o poco,
A benché quel romito assai la invita
A medicarse, perché era ferita.

60.   E tanto ben la seppe confortare,
Che pur al fine ella pigliò lo invito;
Ma, volendoli il capo medicare,
Vide la trezza e fo tutto smarito.
Battese il petto e non sa che si fare,
— Tapino me, — dicendo — io son perito!
Questo è il demonio, certo (il vedo a l'orma),
Che per tentarmi ha preso questa forma. —

61.   Pur cognoscendo poi per il toccare
       Ch'ella avea corpo e non era ombra vana,
       Con erbe assai la prese a medicare,
       Sì che la fece in poco de ora sana;
       Benché convenne le chiome tagliare
       Per la ferita, che era grande e strana:
       Le chiome li tagliò come a garzone,
       Poi li donò la sua benedizione,

62.   Dicendo: — Vanne altrove a ogni maniera,
       Ché donna non può star con omo onesta. —
       Lei se partitte e gionse a una riviera,
       Qual traversava per quella foresta.
       Il sole a mezo giorno salito era:
       E fame e sete e 'l caldo la molesta,
       Onde alla ripa discese per bere;
       Bevuto avendo, posese a giacere.

63.   Lo elmo si trasse e il scudo se dislaccia,
       Ché qua persona non vede vicina;
       Prese a posar col capo in su le braccia.
       Così dormendo quella peregrina,
       Era venuta in questo bosco a caccia
       Una dama, nomata Fiordespina,
       Figliola di Marsilio, re di Spagna,
       Con cani e occelli e con molta compagna.

64.   Questa cacciando gionse in su la riva
       De la fiumana che io dissi primiero,
       E vide Bradamante che dormiva:
       Pensò che fosse un qualche cavalliero.
       Mirando il viso e sua forma giuliva,
       De amor se accese forte nel pensiero,
       « Macon — fra sé dicendo — né natura
       Potria formar più bella creatura.

65.   Oh che non fosse alcun meco rimaso!
       Fosse nel bosco tutta la mia gente,

63. — 6. *Fiordespina*: già incontrata al principio del IV del Libro I,
quando accompagnò Feraguto in Ispagna.

O partita da me per qualche caso,
O morta ancora, io ne daria nïente,
Pur che io potessi dare a questo un baso,
Mentre che el dorme sì suavemente.
Ora aver pazïenza mi bisogna,
Ché gran piacer se perde per vergogna. »

66.   Parlava Fiordespina in cotal forma,
Né se puotea mirando sazïare.
Sì dolcemente par che colui dorma,
Che non se atenta ponto a disvegliare.
Ma già vargata abbiam la usata norma
Del canto nostro, e convien riposare;
Apresso narrarò la bella istoria:
Dio ce conservi con piacere e gloria.

CANTO NONO

1.   Poi che il mio canto tanto a voi diletta,
     Ché ben ne vedo nella faccia il signo,
     Io vo' trar for la citera più eletta
     E le più argute corde che abbia in scrigno.
     Or vieni, Amore, e qua meco te assetta,
     E se io ben son di tal richiesta indigno,
     Perché e mirti al mio capo non se avoltano,
     Degni ne son costor che intorno ascoltano.

2.   Come nanti l'aurora, al primo albore,
     Splendono stelle chiare e matutine,
     Tal questa corte luce in tant'onore
     De cavallieri e dame peregrine,
     Che tu pôi ben dal cel scendere, Amore,
     Tra queste genti angelice e divine;
     Se tu vien' tra costoro, io te so dire
     Che starai nosco e non vorai partire.

3.   Qui trovarai un altro paradiso;
     Or vieni adunque e spirami, di graccia,
     Il tuo dolce diletto e 'l dolce riso,
     Sì che cantando a questi satisfaccia
     De Fiordespina, che mirando in viso
     A Bradamante par che se disfaccia

CANTO IX. — Per star seco sola a solo, Fiordespina dona a Bradamante un cavallo sfrenato, sicché col pretesto di una caccia si trovano insieme sul prato presso un rivo. Poiché l'Italia è tutta a fiamma e foco, il Poeta interrompe il suo canto.

1. — 4. *argute*, qui col senso classico: sonore. — 6-7. benché indegno, poiché non sono inghirlandato del mirto degli amanti.

E del disio se strugga a poco a poco,
Come rugiada al sole o cera al foco.

4. E non potea da tal vista levarsi:
Quanto più mira, de mirar più brama,
Sì come e farfallin, sin che sono arsi,
Non se sanno spiccar mai dalla fiama.
Erano e cacciatori intorno sparsi,
E qual suo cane e qual suo falcon chiama,
Con corni e cridi menando tempesta;
Onde al romor la fia de Amon se desta.

5. Sì come gli occhi aperse, incontinente
Una luce ne uscitte, uno splendore,
Che abbagliò Fiordespina primamente,
Poi per la vista li passò nel core;
E ben ne dimostrò segno evidente,
Tingendo la sua faccia in quel colore
Che fa la rosa, alorché aprir se vôle
Nella bella alba, allo aparir del sole.

6. Già Bradamante se era rilevata,
E perché a gli atti e allo abito comprese
Quest'altra esser gran dama e pregïata,
La salutò con modo assai cortese;
E dove la iumenta avia legata,
Quando da prima in su il fiume discese,
Ne venne, ché trovarvela vi crede;
Ma non la trova ed ove sia non vede,

7. Perché a se stessa avia tratta la briglia,
E nel bosco più folto errando andava.
Or tal sconforto la dama se piglia,
Che quasi gli occhi a lacrime bagnava;
Ma amor, che ogni intelletto resviglia,
A Fiordespina subito mostrava
Con qual facilitate de legiero
Se trovi sola con quel cavalliero.

8. Essa aveva un destrier de Andologia,
Che non trovava parangone al corso;

Forte e legiero, un sol diffetto avia,
Che, potendo pigliar co' denti il morso,
Al suo dispetto l'om portava via,
Né si trovava a sua furia soccorso.
Sol con parole si puotea tenire:
Ciò sa la dama e ad altri nol vôl dire.

9. Per questo crede lei di fare acquisto
Di Bradamante, che stima un barone,
E dice: — Cavallier, tanto stai tristo
Forse per aver perso il tuo ronzone.
Se ben non te abbia cognosciuto o visto,
La ciera tua mi mostra per ragione
Che non pôi esser di natura fello:
Alle più volte bono è quel che è bello.

10. Onde non credo poter collocare
In altrui meglio una mia cosa eletta;
Però questo destrier ti vo' donare,
Che non ha il mondo bestia più perfetta.
Sol colui dà, qual dà le cose care;
Ciascun privar se sa de cosa abietta:
E, per stimarme di poco valore,
Io non ardisco di donarti il core. —

11. Così dicendo salta della sella
E il corsier per la briglia li presenta.
Bradamante, che vide la donzella
Nel viso di color de amor dipenta,
E gli occhi tremolare e la favella,
Dicea tra sé: « Qualche una mal contenta
Serà de noi e ingannata alla vista,
Ché gratugia a gratugia poco acquista. »

12. Così tra sé pensando, Bradamante
Disse alla dama: — Questo dono è tale

10. — 6. chiunque saprebbe donare ciò che non val nulla.
11. — 8. donna non serve a donna, come una grattugia non può grattarne un'altra. Vedi *Morgante*, XXV, 266: *Grattugia con grattugia non guadagna*. Il verso fu modificato sguaiatamente dal Berni: *Ché per grattare il dolce non s'acquista*; e il Berni suppone che Bradamante stessa s'accenda d'amore. Vedi varie congetture su questo passo in Z., *Dal B. all'Ariosto*, cit., pp. 85-87, Nota.

Che a meritarlo io non serìa bastante:
Se ben tutto mi dono, poco vale.
Ma il dar per merto è cosa di mercante,
E voi, che aveti lo animo regale,
Degnareti accettarmi quale io sono,
Che il corpo insieme e l'anima vi dono. —

13.   — Ciò non rifiuto, — disse Fiordespina —
Né di cosa ch'io tengo, più me esalto;
Non fece mai, che io creda, un don regina,
Che ne pigliasse guidardon tanto alto. —
Bradamante tacendo a lei se inclina,
E sì come era armata prese un salto,
Che avria passato sopra una ziraffa;
Salì a destriero, e non toccò la staffa.

14.   La Saracina a quello atto se affisse,
Con gli occhi fermi e di mirar non saccia,
Poi chiamando e compagni intorno, disse:
— Per me, non per voi fatta è questa caccia.
Se al mio comando alcun disobidisse,
Serà caduto nella mia disgraccia,
Che meglio vi serà cader nel foco:
Vo' che ciascun stia fermo nel suo loco.

15.   Stativi quieti e come gente mute,
E lasciate venir le bestie fuora,
Però che io sola le vo' seguir tute;
E tu, barone, apresso a me dimora.
Piacer non ho maggior, se Dio m'aiute,
Che quando un forastier per me se onora,
E non è cosa, a mia fè te prometto,
Che io non facessi per darti diletto. —

16.   Acquetossi ciascun per obedire:
Chi stende lo arco, e chi suo cane agroppa;
Già tutto il bosco si sentia stromire
De corni e abagli, e 'l gran romor se incoppa.

---

12. — 5. dar per merto, contraccambiare secondo il valore preciso.
16. — 2. agroppa, mette a guinzaglio. — 4. se incoppa, si confonde.

Eccoti un cervo de la selva uscire,
Che avea le corne insino in su la groppa,
Un cervo per molti anni cognosciuto,
Perché il maggior giamai non fu veduto.

17.　　Questo uscì al prato de un corso sì subito,
Che non par che lo aresti pruno o lapola,
E venne presso a Fiordespina un cubito,
Sì che aponto alla coda e can li scapola;
E fra se stessa diceva: « Io me dubito
Che costui resti e non senti la trapola,
Se, pregando che segua, non impetro »;
E poi se volse e disse: — Vienmi dietro. —

18.　　Nel fin de le parole volta il freno,
Seguendo il cervo, e pur costui dimanda.
Benché avesse uno amblante palafreno
(Quale era nato nel regno de Irlanda,
E correa come un veltro, o poco meno,
Come tutti i roncin di quella banda;
Non già che fosse in corso simigliante
A l'altro, che avea dato a Bradamante),

19.　　Quello andaluzo correva assai più
Che non volea il patrone alcuna fiata.
Ora apena nel corso posto fu,
Che varcò Fiordespina de una arcata.
Già se pente la dama esservi su,
E vede ben che la bocca ha sfrenata;
Ora tira di possa, or tira piano,
Ma a retenerlo ogni remedio è vano.

20.　　Era davanti un monte rilevato,
Pien di cespugli e de arboscelli istrani,
Ma non ritenne il cavallo affogato:
Questo passò, come ha passato e piani.

---

17. — 2. *lap(p)ola* è propriamente una pianticella che fa pallottole che s'attaccano alle vesti: qui sta per pianta spinosa e ingombrante al passaggio. — 4. gli fuggono dietro alla coda. *Scapolare* vale sfuggire (*uscir dal cappio* secondo il Caix). — 6. temo che senta l'inganno e rimanga.
19. — 1. *Quello andaluzo*, il cavallo d'Andalusia (cavalcato da Bradamante).
20. — 3. *affogato*, pieno di foga. F.: *sfrenato*.

Il cervo alle sue spalle avia lasciato;
Ben lo ha vicino, e presso a questo e cani,
E poco longe a' cani è Fior de spina,
Che studia il corso e quanto può camina.

21.   Nella scesa del monte a ponto a ponto
Fo preso il cervo da un can corridore;
E come fu da questo primo agionto,
Li altri poi lo aterrarno a gran furore.
Ora faceva Fiordespina conto
De non lasciar più gire il suo amatore,
E scridando al destrier, come far suole,
Fermar lo fa ben presto come vôle.

22.   Non dimandar se Bradamante alora,
Vedendo il destrier fermo, se conforta,
E smontò de lo arcion senza dimora,
Che quasi già se avea posta per morta,
Tanto che li batteva il core ancora.
E Fiordespina, che è di questo accorta,
Gli disse: — O cavallier, vo' che tu imagine
Che un fal commesso ho sol per smenticagine.

23.   Ben si suol dir: non falla chi non fa.
Non so come mi sia di mente uscito
Di farti noto che il destrier, che te ha
Quasi condutto di morte al partito,
Qualunche volta se gli dice: "Sta!"
Non passarebbe più nel corso un dito;
Ma, come io dissi, me dimenticai
Farlo a te noto, e ciò mi dole assai. —

24.   Rimase Bradamante satisfatta
Per le parole ed anco per le prove,
Ché, correndo il cavallo a briglia tratta,
Come odiva dir: "Sta!" più non se move.
La esperïenza fo più volte fatta;
Al fin smontarno in su l'erbette nove,
Sottesso l'ombra del fronzuto monte,
Ove era un rivo e sopra a quello un ponte.

25.   Quivi smontarno le due damigelle.
Bradamante avia l'arme ancora intorno,
L'altra uno abito biavo, fatto a stelle
Quale eran d'oro, e l'arco e i strali e 'l corno;
Ambe tanto legiadre, ambe sì belle,
Che avrian di sue bellezze il mondo adorno.
L'una de l'altra accesa è nel disio,
Quel che li manca ben sapre' dir io.

26.   Mentre che io canto, o Iddio redentore,
Vedo la Italia tutta a fiama e a foco
Per questi Galli, che con gran valore
Vengon per disertar non so che loco;
Però vi lascio in questo vano amore
De Fiordespina ardente a poco a poco;
Un'altra fiata, se mi fia concesso,
Racontai ovi il tutto per espresso.

25. — 3. *biavo*, azzurro (blavo).
26. — L'Ariosto intesserà le sue meraviglie con molta lena intorno a
Fiordespina e i suoi amori per Ricciardetto, fratello di Bradamante (ma
non prima del XXV, 27 del *Fur.*).
Intanto il poema si arresta bruscamente, con questo trapasso tonale
che dà quasi un brivido. Il C. ricorda qui una toccante immagine del
Panzini, secondo cui questa famosa ottava « pare come il quadrante d'un
orologio di cui la lancetta si è fermata nel momento in cui accadde grande
sventura ». Era la calata di Carlo VIII, le cui milizie passando anche per
l'Emilia, diedero al B. stesso, capitano di Reggio, le molte noie che risul-
tano dall'*Epistolario*. E con la chiusa ben contrasta la splendida serenità
delle ottave iniziali, che invitavano Amore a *trovare un altro paradiso*
nell'Italia felice del Rinascimento!

INDICI

INDICE DEI NOMI

Sono esclusi dall'Indice i nomi dell'Introduzione, come pure le sigle delle note. Sono in corsivo i nomi di luogo e di cosa, fra parentesi tonda le varianti boiardesche, fra parentesi quadra la grafia moderna.

INDICE DEL VOLUME